XIANDAI HANYU TONGYONGZI BISHUN GUIFAN

现代汉语通用字笔顺规范

国家语言文字工作委员会标准化工作委员会 编

语文出版社

·北京·

图书在版编目（CIP）数据

现代汉语通用字笔顺规范 / 国家语言文字工作委员会标准化工作委员会编. 一 北京 ：语文出版社，1997.8（2019.4重印）
ISBN 978-7-80126-201-1

Ⅰ. ①现… Ⅱ. ①国… Ⅲ. ①汉字一书写规则 Ⅳ. ①H124.7

中国版本图书馆CIP数据核字（2018）第230113号

责任编辑 傅雪梅
装帧设计 刘瑞祯
出　　版 语文出版社
地　　址 北京市东城区朝阳门内南小街51号 100010
电子信箱 ywcbsywp@163.com
排　　版 语文出版社照排室
印刷装订 北京楠萍印刷有限公司
发　　行 语文出版社 新华书店经销
规　　格 787mm×1092mm
开　　本 1/16
印　　张 28.75
字　　数 40千字
版　　次 1997年8月第1版
印　　次 2019年4月第21次印刷
印　　数 90,001-100,000
定　　价 58.00元

010-65253954（咨询） 010-65251033（购书） 010-65250075（印装质量）

目　录

国家语言文字工作委员会
中华人民共和国新闻出版署

关于发布《现代汉语通用字笔顺规范》的联合通知

（1997年4月7日）

各省、自治区、直辖市语言文字工作委员会、新闻出版局：

1988年3月25日国家语言文字工作委员会和新闻出版署联合发布的《现代汉语通用字表》确定了7000个汉字的规范笔顺。由于字表中的规范笔顺是隐性的，在应用中因理解不同出现了汉字笔顺的不规范现象。此外，规范笔顺本身又存在一些难点。为了促进我国语言文字规范化，满足汉字研究、汉字教学、汉字信息处理、出版印刷、辞书编纂等方面的需要，特对现行规范笔顺进行完善，形成了《现代汉语通用字笔顺规范》，现予发布。

《现代汉语通用字笔顺规范》是在《现代汉语通用字表》的基础上形成的，将隐性的规范笔顺变成显性的，列出了三种形式的笔顺。同时，明确了字表中难以根据字序推断出规范笔顺的“火”、“叉”、“鬯”、“爽”等一些字的笔顺，调整了“敝”、“脊”两个字的笔顺。

《现代汉语通用字笔顺规范》自发布之日起在全国施行。

现代汉语通用字笔顺规范

说　明

1988年3月25日国家语言文字工作委员会和新闻出版署联合发布的《现代汉语通用字表》依据1965年发布的《印刷通用汉字字形表》确定的笔顺规范规定了7000个汉字的规范笔顺。由于字表中的字未列出跟随式笔顺，使用时只能根据字序进行推断，有的则难于判定。因此，在应用中因理解和推断不同出现了汉字笔顺的不规范现象。此外，规范笔顺本身尚存在一些难点。为了促进我国语言文字规范化，消除规范笔顺本身存在的难点，满足汉字研究、汉字教学、汉字信息处理、出版印刷和辞书编纂等方面的需要，国家语言文字工作委员会和新闻出版署决定对现行规范笔顺进行完善，形成了《现代汉语通用字笔顺规范》。

规范笔顺完善工作中采用了稳定性与系统性兼顾的原则，即在保持现行规范笔顺稳定的前提下，调整少数字的笔顺，尽量增强规范笔顺的系统性。

规范笔顺完善的具体内容有三个方面：一是在《现代汉语通用字表》的基础上，把隐性的规范笔顺变成显性的，列出了7000个汉字的跟随式笔顺；二是明确了字表中“火”、“叉”、“鬯”、“爽”等一些字的笔顺；三是调整了“敝”、“脊”两个字的笔顺。

《现代汉语通用字笔顺规范》中每个汉字的笔顺用三种形式表示：一是跟随式，一笔接一笔地写出整字；二是笔画式，用一（横）、丨（竖）、丿（撇）、丶（点）、乛（折）五个基本笔画表示，其中，㇀（提）归为一（横），亅（竖钩）归为丨（竖），㇏（捺）归为丶（点），各种折笔笔画归为乛（折）；三是序号式，用横、竖、撇、点、折五个基本笔画的序号1、2、3、4、5表示。

《现代汉语通用字笔顺规范》中7000个汉字的字序与《现代汉语通用字表》基本一致，按汉字的笔画数排列，同笔画数的字依笔顺以“横、竖、撇、点、折”为序。由于“敝”、“脊”笔顺调整等原因，有些字的字序做了相应调整。

参加《现代汉语通用字笔顺规范》完善研制工作的有傅永和、刘连元、王翠叶。陈敏、张萍、王丹卉、王奇同志在编写过程中提供了许多帮助。汉字研究、汉字教学、汉字信息处理、出版印刷和辞书编纂等领域的许多专家学者参加了本规范的研讨和审定工作。

编　者

1997年2月25日

字	笔顺	笔画	代号
一（1画）	一	一	1
乙（1画）	乙	乛	5
二（2画）	一 二	一 一	1 1
十（2画）	一 十	一 丨	1 2
丁（2画）	一 丁	一 丨	1 2
厂（2画）	一 厂	一 ノ	1 3
七（2画）	一 七	一 乛	1 5
卜（2画）	丨 卜	丨 丶	2 4
八（2画）	ノ 八	ノ 丶	3 4
人（2画）	ノ 人	ノ 丶	3 4
入（2画）	ノ 入	ノ 丶	3 4
乂（2画）	ノ 乂	ノ 丶	3 4
儿（2画）	丿 儿	ノ 乛	3 5
九（2画）	丿 九	ノ 乛	3 5
匕（2画）	ノ 匕	ノ 乛	3 5
几（2画）	丿 几	ノ 乛	3 5
刁（2画）	𠃍 刁	乛 一	5 1
了（2画）	乛 了	乛 丨	5 2
乃（2画）	𠄎 乃	乛 ノ	5 3
刀（2画）	𠃍 刀	乛 ノ	5 3

力（2画）
㇆力
乛ノ
5 3

又（2画）
フ又
乛、
5 4

乜（2画）
㇆乜
乛乛
5 5

三（3画）
一二三
一一一
1 1 1

干（3画）
一二干
一一丨
1 1 2

亍（3画）
一二亍
一一丨
1 1 2

于（3画）
一二于
一一丨
1 1 2

亏（3画）
一二亏
一一乛
1 1 5

士（3画）
一十士
一丨一
1 2 1

土（3画）
一十土
一丨一
1 2 1

工（3画）
一丅工
一丨一
1 2 1

才（3画）
一丁才
一丨ノ
1 2 3

下（3画）
一丅下
一丨、
1 2 4

寸（3画）
一丁寸
一丨、
1 2 4

丈（3画）
一ナ丈
一ノ、
1 3 4

大（3画）
一ナ大
一ノ、
1 3 4

兀（3画）
一丆兀
一ノ乛
1 3 5

与（3画）
一与与
一乛一
1 5 1

万（3画）
一丁万
一乛ノ
1 5 3

弋（3画）
一七弋
一乛、
1 5 4

字	笔顺
上（3画）	丨 ⺊ 上 丨 一 一 2 1 1
小（3画）	亅 ⺌ 小 丨 丿 丶 2 3 4
口（3画）	丨 冂 口 丨 ㇕ 一 2 5 1
山（3画）	丨 屮 山 丨 ㇗ 丨 2 5 2
巾（3画）	丨 冂 巾 丨 ㇕ 丨 2 5 2
千（3画）	丿 二 千 丿 一 丨 3 1 2
乞（3画）	丿 𠂉 乞 丿 一 ㇠ 3 1 5
川（3画）	丿 儿 川 丿 丨 丨 3 2 2
亿（3画）	丿 亻 亿 丿 丨 ㇠ 3 2 5
彳（3画）	丿 彡 彳 丿 丿 丨 3 3 2
个（3画）	丿 人 个 丿 丶 丨 3 4 2
么（3画）	丿 厶 么 丿 ㇜ 丶 3 5 4
久（3画）	丿 ク 久 丿 ㇇ 丶 3 5 4
勺（3画）	丿 勹 勺 丿 ㇆ 丶 3 5 4
丸（3画）	丿 九 丸 丿 ㇈ 丶 3 5 4
夕（3画）	丿 ク 夕 丿 ㇇ 丶 3 5 4
凡（3画）	丿 几 凡 丿 ㇈ 丶 3 5 4
及（3画）	丿 乃 及 丿 ㇋ 丶 3 5 4
广（3画）	丶 亠 广 丶 一 丿 4 1 3
亡（3画）	丶 亠 亡 丶 一 ㇗ 4 1 5

字	笔顺	笔画	笔画号
门（3画）	丶 丶丨 门	丶 丨 乛	4 2 5
丫（3画）	丶 丷 丫	丶 丿 丨	4 3 2
义（3画）	丶 丶丿 义	丶 丿 丶	4 3 4
之（3画）	丶 丶乛 之	丶 乛 丶	4 5 4
尸（3画）	乛 コ 尸	乛 一 丿	5 1 3
已（3画）	乛 コ 已	乛 一 乛	5 1 5
巳（3画）	乛 コ 巳	乛 一 乛	5 1 5
弓（3画）	乛 コ 弓	乛 一 乛	5 1 5
己（3画）	乛 コ 己	乛 一 乛	5 1 5
卫（3画）	乛 卩 卫	乛 丨 一	5 2 1
孑（3画）	乛 了 孑	乛 丨 一	5 2 1
子（3画）	乛 了 子	乛 丨 一	5 2 1
孓（3画）	乛 了 孓	乛 丨 丶	5 2 4
也（3画）	乛 乛丨 也	乛 丨 乛	5 2 5
女（3画）	𡿨 𡿨丿 女	乛 丿 一	5 3 1
飞（3画）	⺄ ⺄丿 飞	乛 丿 丶	5 3 4
刃（3画）	𠃌 刀 刃	乛 丿 丶	5 3 4
习（3画）	𠃌 𠃌丶 习	乛 丶 一	5 4 1
叉（3画）	乛 又 叉	乛 丶 丶	5 4 4
马（3画）	乛 乛乛 马	乛 乛 一	5 5 1

乡（3画）
𠃋 乡 乡
㇇ ㇇ ノ
5 5 3

幺（3画）
𠃋 幺 幺
㇇ ㇇ 、
5 5 4

丰（4画）
一 二 三 丰
一 一 一 丨
1 1 1 2

王（4画）
一 二 干 王
一 一 丨 一
1 1 2 1

井（4画）
一 二 井 井
一 一 ノ 丨
1 1 3 2

开（4画）
一 二 升 开
一 一 ノ 丨
1 1 3 2

亓（4画）
一 二 亍 亓
一 一 ノ 丨
1 1 3 2

夫（4画）
一 二 夫 夫
一 一 ノ 、
1 1 3 4

天（4画）
一 二 天 天
一 一 ノ 、
1 1 3 4

元（4画）
一 二 亓 元
一 一 ノ ㇇
1 1 3 5

无（4画）
一 二 无 无
一 一 ノ ㇇
1 1 3 5

韦（4画）
一 二 韦 韦
一 一 ㇇ 丨
1 1 5 2

云（4画）
一 二 云 云
一 一 ㇇ 、
1 1 5 4

专（4画）
一 二 专 专
一 一 ㇇ 、
1 1 5 4

丐（4画）
一 丅 丆 丐
一 丨 一 ㇇
1 2 1 5

扎（4画）
一 扌 扌 扎
一 丨 一 ㇇
1 2 1 5

廿（4画）
一 十 廾 廿
一 丨 丨 一
1 2 2 1

艺（4画）
一 十 艹 艺
一 丨 丨 ㇇
1 2 2 5

木（4画）
一 十 木 木
一 丨 ノ 、
1 2 3 4

五（4画）
一 丆 五 五
一 丨 ㇇ 一
1 2 5 1

支（4画）
一 十 支 支
一 丨 乛 丶
1 2 5 4

厅（4画）
一 厂 𠂆 厅
一 丿 一 丨
1 3 1 2

卅（4画）
一 十 卄 卅
一 丿 丨 丨
1 3 2 2

不（4画）
一 𠃌 不 不
一 丿 丨 丶
1 3 2 4

仄（4画）
一 厂 仄 仄
一 丿 丿 丶
1 3 3 4

太（4画）
一 ナ 大 太
一 丿 丶 丶
1 3 4 4

犬（4画）
一 ナ 大 犬
一 丿 丶 丶
1 3 4 4

区（4画）
一 フ 㐅 区
一 丿 丶 乛
1 3 4 5

历（4画）
一 厂 厉 历
一 丿 乛 丿
1 3 5 3

友（4画）
一 ナ 方 友
一 丿 乛 丶
1 3 5 4

歹（4画）
一 𠃌 万 歹
一 丿 乛 丶
1 3 5 4

尤（4画）
一 ナ 九 尤
一 丿 乛 丶
1 3 5 4

匹（4画）
一 厂 兀 匹
一 丿 乛 乛
1 3 5 5

厄（4画）
一 厂 厅 厄
一 丿 乛 乛
1 3 5 5

车①（4画）
一 𠂉 㐄 车
一 乛 一 丨
1 5 1 2

巨（4画）
一 𠃍 彐 巨
一 乛 一 乛
1 5 1 5

牙（4画）
一 𠄎 于 牙
一 乛 丨 丿
1 5 2 3

屯（4画）
一 𠃋 口 屯
一 乛 丨 乛
1 5 2 5

戈（4画）
一 七 戈 戈
一 乛 丿 丶
1 5 3 4

比（4画）
一 𠤎 比 比
一 乛 丿 乛
1 5 3 5

字	笔顺	笔画	编号
互（4画）	一 工 互 互	一 ㇆ ㇆ 一	1 5 5 1
切（4画）	一 七 切 切	一 ㇆ ㇆ ノ	1 5 5 3
瓦（4画）	一 工 瓦 瓦	一 ㇆ ㇆ 丶	1 5 5 4
止（4画）	丨 卜 止 止	丨 一 丨 一	2 1 2 1
少（4画）	丨 小 小 少	丨 ノ 丶 ノ	2 3 4 3
曰（4画）	丨 冂 曰 曰	丨 ㇆ 一 一	2 5 1 1
日（4画）	丨 冂 月 日	丨 ㇆ 一 一	2 5 1 1
中（4画）	丨 冂 口 中	丨 ㇆ 一 丨	2 5 1 2
贝（4画）	丨 冂 贝 贝	丨 ㇆ ノ 丶	2 5 3 4
内（4画）	丨 冂 内 内	丨 ㇆ ノ 丶	2 5 3 4
水（4画）	亅 才 水 水	丨 ㇆ ノ 丶	2 5 3 4
冈（4画）	丨 冂 冈 冈	丨 ㇆ ノ 丶	2 5 3 4
见（4画）	丨 冂 贝 见	丨 ㇆ ノ ㇆	2 5 3 5
手（4画）	一 二 三 手	ノ 一 一 丨	3 1 1 2
午（4画）	ノ 𠂉 午 午	ノ 一 一 丨	3 1 1 2
牛[2]（4画）	ノ 𠂉 牛 牛	ノ 一 一 丨	3 1 1 2
毛（4画）	一 二 三 毛	ノ 一 一 ㇆	3 1 1 5
气（4画）	ノ 𠂉 气 气	ノ 一 一 ㇆	3 1 1 5
壬（4画）	一 二 千 壬	ノ 一 丨 一	3 1 2 1
升（4画）	一 二 千 升	ノ 一 ノ 丨	3 1 3 2

夭（4画）
一 二 チ 夭
丿 一 丿 丶
3 1 3 4

长（4画）
丿 ㇀ 长 长
丿 一 ㇕ 丶
3 1 5 4

仁（4画）
丿 亻 仁 仁
丿 丨 一 一
3 2 1 1

仃（4画）
丿 亻 仁 仃
丿 丨 一 丨
3 2 1 2

什（4画）
丿 亻 仁 什
丿 丨 一 丨
3 2 1 2

片（4画）
丿 丿 片 片
丿 丨 一 ㇕
3 2 1 5

仆（4画）
丿 亻 仆 仆
丿 丨 丨 丶
3 2 2 4

仉（4画）
丿 亻 仉 仉
丿 丨 丿 ㇕
3 2 3 5

化（4画）
丿 亻 亻 化
丿 丨 丿 ㇕
3 2 3 5

仇（4画）
丿 亻 仇 仇
丿 丨 丿 ㇕
3 2 3 5

币（4画）
一 冂 币 币
丿 丨 ㇕ 丨
3 2 5 2

仂（4画）
丿 亻 仂 仂
丿 丨 ㇕ 丿
3 2 5 3

仍（4画）
丿 亻 仍 仍
丿 丨 ㇕ 丿
3 2 5 3

仅（4画）
丿 亻 仅 仅
丿 丨 ㇕ 丶
3 2 5 4

斤（4画）
一 厂 斤 斤
丿 丿 一 丨
3 3 1 2

爪（4画）
一 厂 爪 爪
丿 丿 丨 丶
3 3 2 4

反（4画）
一 厂 反 反
丿 丿 ㇕ 丶
3 3 5 4

兮（4画）
丿 八 兮 兮
丿 丶 一 ㇕
3 4 1 5

刈（4画）
丿 乂 刈 刈
丿 丶 丨 丨
3 4 2 2

介（4画）
丿 人 介 介
丿 丶 丿 丨
3 4 3 2

字	笔顺	笔画	编号
父（4画）	ノ 八 父 父	ノ 丶 ノ 丶	3 4 3 4
爻（4画）	ノ 乂 爻 爻	ノ 丶 ノ 丶	3 4 3 4
从（4画）	丿 卜 从 从	ノ 丶 ノ 丶	3 4 3 4
仑（4画）	ノ 人 仒 仑	ノ 丶 ノ 乛	3 4 3 5
今（4画）	ノ 人 亼 今	ノ 丶 丶 乛	3 4 4 5
凶（4画）	ノ 乂 区 凶	ノ 丶 乛 丨	3 4 5 2
分（4画）	ノ 八 兮 分	ノ 丶 乛 ノ	3 4 5 3
乏（4画）	一 丆 乏 乏	ノ 丶 乛 丶	3 4 5 4
公（4画）	ノ 八 公 公	ノ 丶 乛 丶	3 4 5 4
仓（4画）	ノ 人 今 仓	ノ 丶 乛 乛	3 4 5 5
月（4画）	丿 冂 月 月	ノ 乛 一 一	3 5 1 1
氏（4画）	一 𠂆 氏 氏	ノ 乛 一 乛	3 5 1 5
勿（4画）	ノ 勹 勺 勿	ノ 乛 ノ ノ	3 5 3 3
风（4画）	丿 几 风 风	ノ 乛 ノ 丶	3 5 3 4
欠（4画）	ノ 𠂊 欠 欠	ノ 乛 ノ 丶	3 5 3 4
丹（4画）	丿 冂 月 丹	ノ 乛 丶 一	3 5 4 1
匀（4画）	ノ 勹 勺 匀	ノ 乛 丶 一	3 5 4 1
乌（4画）	ノ 勹 乌 乌	ノ 乛 乛 一	3 5 5 1
勾（4画）	ノ 勹 勾 勾	ノ 乛 乛 丶	3 5 5 4
殳（4画）	丿 几 殳 殳	ノ 乛 乛 丶	3 5 5 4

凤（4画）
丿 几 凡 凤
丿 乛 乛 丶
3 5 5 4

卞（4画）
丶 亠 亠 卞
丶 一 丨 丶
4 1 2 4

六（4画）
丶 亠 亠 六
丶 一 丿 丶
4 1 3 4

文（4画）
丶 亠 亠 文
丶 一 丿 丶
4 1 3 4

亢（4画）
丶 亠 亠 亢
丶 一 丿 乛
4 1 3 5

方（4画）
丶 亠 亠 方
丶 一 乛 丿
4 1 5 3

闩（4画）
丶 丶 门 闩
丶 丨 乛 一
4 2 5 1

火（4画）
丶 丷 丷 火
丶 丿 丿 丶
4 3 3 4

为（4画）
丶 丶 力 为
丶 丿 乛 丶
4 3 5 4

斗（4画）
丶 丶 丶 斗
丶 丶 一 丨
4 4 1 2

忆（4画）
丶 丷 忄 忆
丶 丶 丨 乛
4 4 2 5

计（4画）
丶 讠 讠 计
丶 乛 一 丨
4 5 1 2

订（4画）
丶 讠 讠 订
丶 乛 一 丨
4 5 1 2

户（4画）
丶 丶 丶 户
丶 乛 一 丿
4 5 1 3

讣（4画）
丶 讠 讠 讣
丶 乛 丨 丶
4 5 2 4

认（4画）
丶 讠 讠 认
丶 乛 丿 丶
4 5 3 4

讥（4画）
丶 讠 讠 讥
丶 乛 丿 乛
4 5 3 5

冗（4画）
丶 冖 冖 冗
丶 乛 丿 乛
4 5 3 5

心（4画）
丶 心 心 心
丶 乛 丶 丶
4 5 4 4

尹（4画）
乛 尹 尹 尹
乛 一 一 丿
5 1 1 3

尺（4画）
㇆ コ 尸 尺
乛 一 丿 丶
5 1 3 4

央（4画）
㇆ 彐 央 央
乛 一 丿 丶
5 1 3 4

引（4画）
㇆ ㇆ 弓 引
乛 一 乛 丨
5 1 5 2

丑（4画）
㇆ 刀 丑 丑
乛 丨 一 一
5 2 1 1

爿（4画）
㇄ 丩 爿 爿
乛 丨 一 丿
5 2 1 3

巴（4画）
㇆ 巴 巴 巴
乛 丨 一 乛
5 2 1 5

孔（4画）
乛 了 子 孔
乛 丨 一 乛
5 2 1 5

队（4画）
阝 阝 队 队
乛 丨 丿 丶
5 2 3 4

办（4画）
𠃌 力 办 办
乛 丿 丶 丶
5 3 4 4

以（4画）
𠄌 以 以 以
乛 丶 丿 丶
5 4 3 4

允（4画）
𠂉 厶 允 允
乛 丶 丿 乛
5 4 3 5

邓（4画）
㇇ 又 邓 邓
乛 丶 乛 丨
5 4 5 2

予（4画）
乛 龴 予 予
乛 丶 乛 丨
5 4 5 2

劝（4画）
㇇ 又 劝 劝
乛 丶 乛 丿
5 4 5 3

双（4画）
㇇ 又 双 双
乛 丶 乛 丶
5 4 5 4

书（4画）
乛 书 书 书
乛 乛 丨 丶
5 5 2 4

毋（4画）
㇄ 毋 毋 毋
乛 乛 丿 一
5 5 3 1

幻（4画）
𠃋 幺 幺 幻
乛 乛 丶 乛
5 5 4 5

玉（5画）
一 二 干 王 玉
一 一 丨 一 丶
1 1 2 1 4

刊（5画）
一 二 干 刊 刊
一 一 丨 丨 丨
1 1 2 2 2

末（5画）
一 二 丰 朩 末
一 一 丨 丿 丶
1 1 2 3 4

未（5画）
一 二 丰 朩 未
一 一 丨 丿 丶
1 1 2 3 4

示（5画）
一 二 亍 亓 示
一 一 丨 丿 丶
1 1 2 3 4

击（5画）
一 二 丰 击 击
一 一 丨 乛 丨
1 1 2 5 2

邗（5画）
一 二 干 干阝 邗
一 一 丨 乛 丨
1 1 2 5 2

戋（5画）
一 二 乇 戋 戋
一 一 乛 丿 丶
1 1 5 3 4

打（5画）
一 十 扌 扌 打
一 丨 一 一 丨
1 2 1 1 2

巧（5画）
一 丅 工 工 巧
一 丨 一 一 乛
1 2 1 1 5

正（5画）
一 丅 下 正 正
一 丨 一 丨 一
1 2 1 2 1

扑（5画）
一 十 扌 扌 扑
一 丨 一 丨 丶
1 2 1 2 4

卉（5画）
一 十 士 卉 卉
一 丨 一 丿 丨
1 2 1 3 2

扒（5画）
一 十 扌 扌 扒
一 丨 一 丿 丶
1 2 1 3 4

邛（5画）
一 丅 工 工阝 邛
一 丨 一 乛 丨
1 2 1 5 2

功（5画）
一 丅 工 功 功
一 丨 一 乛 丿
1 2 1 5 3

扔（5画）
一 十 扌 扔 扔
一 丨 一 乛 丿
1 2 1 5 3

去（5画）
一 十 土 去 去
一 丨 一 乛 丶
1 2 1 5 4

甘（5画）
一 十 卄 廿 甘
一 丨 丨 一 一
1 2 2 1 1

世（5画）
一 十 卄 廿 世
一 丨 丨 一 乛
1 2 2 1 5

艾（5画）
一 十 艹 艾 艾
一 丨 丨 丿 丶
1 2 2 3 4

艽（5画）
一 十 艹 艽 艽
一 丨 丨 丿 乛
1 2 2 3 5

古（5画）
一十古古古
一丨丨乛一
1 2 2 5 1

节（5画）
一十艹艹节
一丨丨乛丨
1 2 2 5 2

艻（5画）
一十艹艹艻
一丨丨乛丿
1 2 2 5 3

本（5画）
一十才木本
一丨丿丶一
1 2 3 4 1

术（5画）
一十才木术
一丨丿丶丶
1 2 3 4 4

札（5画）
一十才木札
一丨丿丶乛
1 2 3 4 5

可（5画）
一丅可可可
一丨乛一丨
1 2 5 1 2

叵（5画）
一丅叵叵叵
一丨乛一乛
1 2 5 1 5

匝（5画）
一丅匝匝匝
一丨乛丨乛
1 2 5 2 5

丙（5画）
一丅冂内丙
一丨乛丿丶
1 2 5 3 4

左（5画）
一ナ左左左
一丿一丨一
1 3 1 2 1

厉（5画）
一厂厉厉厉
一丿一乛丿
1 3 1 5 3

丕（5画）
一丆不不丕
一丿丨丶一
1 3 2 4 1

石（5画）
一丆石石石
一丿丨乛一
1 3 2 5 1

右（5画）
一ナ右右右
一丿丨乛一
1 3 2 5 1

布（5画）
一ナ布右布
一丿丨乛丨
1 3 2 5 2

夯（5画）
一ナ大夯夯
一丿丶乛丿
1 3 4 5 3

龙（5画）
一ナ尢龙龙
一丿乛丿丶
1 3 5 3 4

戊（5画）
一厂戊戊戊
一丿乛丿丶
1 3 5 3 4

平（5画）
一丷平平平
一丶丿一丨
1 4 3 1 2

字	笔画	笔顺	编号
灭	（5画）	一丶丿丿丶	1 4 3 3 4
轧	（5画）	一乛丨一乛	1 5 2 1 5
东	（5画）	一乛丨丿丶	1 5 2 3 4
匜	（5画）	一乛丨乛乛	1 5 2 5 5
励	（5画）	一乛丿乛丿	1 5 3 5 3
卡	（5画）	丨一一丨丶	2 1 1 2 4
北	（5画）	丨一一丿乛	2 1 1 3 5
占	（5画）	丨一丨乛一	2 1 2 5 1
凸	（5画）	丨一丨乛一	2 1 2 5 1
卢	（5画）	丨一乛一丿	2 1 5 1 3
业	（5画）	丨丨丶丿一	2 2 4 3 1
旧	（5画）	丨丨乛一一	2 2 5 1 1
帅	（5画）	丨丿丨乛丨	2 3 2 5 2
归	（5画）	丨丿乛一一	2 3 5 1 1
目	（5画）	丨乛一一一	2 5 1 1 1
旦	（5画）	丨乛一一一	2 5 1 1 1
且	（5画）	丨乛一一一	2 5 1 1 1
叮	（5画）	丨乛一一丨	2 5 1 1 2
叶	（5画）	丨乛一一丨	2 5 1 1 2
甲	（5画）	丨乛一一丨	2 5 1 1 2

申（5画）
丨 冂 日 曰 申
丨 ㇕ 一 一 丨
2 5 1 1 2

号（5画）
丨 冂 口 旦 号
丨 ㇕ 一 一 ㇕
2 5 1 1 5

电（5画）
丨 冂 日 曰 电
丨 ㇕ 一 一 ㇕
2 5 1 1 5

田（画）
丨 冂 日 田 田
丨 ㇕ 一 丨 一
2 5 1 2 1

由（5画）
丨 冂 日 由 由
丨 ㇕ 一 丨 一
2 5 1 2 1

卟（5画）
丨 冂 口 叫 卟
丨 ㇕ 一 丨 丶
2 5 1 2 4

叭（5画）
丨 冂 口 叭 叭
丨 ㇕ 一 丿 丶
2 5 1 3 4

只（5画）
丨 冂 口 只 只
丨 ㇕ 一 丿 丶
2 5 1 3 4

央（5画）
丨 冂 口 央 央
丨 ㇕ 一 丿 丶
2 5 1 3 4

史（5画）
丨 冂 口 史 史
丨 ㇕ 一 丿 丶
2 5 1 3 4

叱（5画）
丨 冂 口 叱 叱
丨 ㇕ 一 丿 ㇕
2 5 1 3 5

叽（5画）
丨 冂 口 叽 叽
丨 ㇕ 一 丿 ㇕
2 5 1 3 5

兄（5画）
丨 冂 口 兄 兄
丨 ㇕ 一 丿 ㇕
2 5 1 3 5

叼（5画）
丨 冂 口 叼 叼
丨 ㇕ 一 ㇕ 一
2 5 1 5 1

叩（5画）
丨 冂 口 叩 叩
丨 ㇕ 一 ㇕ 丨
2 5 1 5 2

叫（5画）
丨 冂 口 叫 叫
丨 ㇕ 一 ㇕ 丨
2 5 1 5 2

叻（5画）
丨 冂 口 叻 叻
丨 ㇕ 一 ㇕ 丿
2 5 1 5 3

叨（5画）
丨 冂 口 叨 叨
丨 ㇕ 一 ㇕ 丿
2 5 1 5 3

另（5画）
丨 冂 口 号 另
丨 ㇕ 一 ㇕ 丿
2 5 1 5 3

叹（5画）
丨 冂 口 叹 叹
丨 ㇕ 一 ㇕ 丶
2 5 1 5 4

冉（5画）
丨 冂 冂 冉 冉
丨 乛 丨 一 一
2 5 2 1 1

皿（5画）
丨 冂 冂 罒 皿
丨 乛 丨 丨 一
2 5 2 2 1

凹（5画）
丨 ⺊ ⺊ 凹 凹
丨 乛 丨 乛 一
2 5 2 5 1

囚（5画）
丨 冂 冂 囚 囚
丨 乛 丿 丶 一
2 5 3 4 1

四（5画）
丨 冂 冂 四 四
丨 乛 丿 乛 一
2 5 3 5 1

生（5画）
丿 𠂉 𠂉 牛 生
丿 一 一 丨 一
3 1 1 2 1

失（5画）
丿 𠂉 𠂉 失 失
丿 一 一 丿 丶
3 1 1 3 4

矢（5画）
丿 𠂉 𠂉 矢 矢
丿 一 一 丿 丶
3 1 1 3 4

氕（5画）
丿 𠂉 气 气 氕
丿 一 一 乛 丿
3 1 1 5 3

乍（5画）
丿 𠂉 乍 乍 乍
丿 一 丨 一 一
3 1 2 1 1

禾（5画）
一 二 千 禾 禾
丿 一 丨 丿 丶
3 1 2 3 4

仨（5画）
丿 亻 仁 仨 仨
丿 丨 一 一 一
3 2 1 1 1

仕（5画）
丿 亻 仁 什 仕
丿 丨 一 丨 一
3 2 1 2 1

丘（5画）
丿 厂 斤 斤 丘
丿 丨 一 丨 一
3 2 1 2 1

付（5画）
丿 亻 仁 付 付
丿 丨 一 丨 丶
3 2 1 2 4

仗（5画）
丿 亻 仁 仗 仗
丿 丨 一 丿 丶
3 2 1 3 4

代（5画）
丿 亻 仁 代 代
丿 丨 一 乛 丶
3 2 1 5 4

仙（5画）
丿 亻 仙 仙 仙
丿 丨 丨 乛 丨
3 2 2 5 2

仟（5画）
丿 亻 仁 仟 仟
丿 丨 丿 一 丨
3 2 3 1 2

仡（5画）
丿 亻 仁 仁 仡
丿 丨 丿 一 乛
3 2 3 1 5

仫（5画）
丿 亻 亻 仫 仫
丿 丨 丿 乛 丶
3 2 3 5 4

伋（5画）
丿 亻 亻 伋 伋
丿 丨 丿 乛 丶
3 2 3 5 4

们（5画）
丿 亻 亻 们 们
丿 丨 丶 丨 乛
3 2 4 2 5

仪（5画）
丿 亻 亻 仪 仪
丿 丨 丶 丿 丶
3 2 4 3 4

白（5画）
丿 丿 白 白 白
丿 丨 乛 一 一
3 2 5 1 1

仔（5画）
丿 亻 仔 仔 仔
丿 丨 乛 丨 一
3 2 5 2 1

他（5画）
丿 亻 他 他 他
丿 丨 乛 丨 乛
3 2 5 2 5

仞（5画）
丿 亻 仞 仞 仞
丿 丨 乛 丿 丶
3 2 5 3 4

斥（5画）
丿 厂 斤 斤 斥
丿 丿 一 丨 丶
3 3 1 2 4

卮（5画）
丿 厂 卮 卮 卮
丿 丿 一 乛 乛
3 3 1 5 5

瓜（5画）
丿 厂 瓜 瓜 瓜
丿 丿 乛 丶 丶
3 3 5 4 4

乎（5画）
丿 乎 乎 乎 乎
丿 丶 丿 一 丨
3 4 3 1 2

丛（5画）
丿 人 从 从 丛
丿 丶 丿 丶 一
3 4 3 4 1

令（5画）
丿 人 亼 今 令
丿 丶 丶 乛 丶
3 4 4 5 4

用（5画）
丿 冂 月 月 用
丿 乛 一 一 丨
3 5 1 1 2

甩（5画）
丿 冂 月 月 甩
丿 乛 一 一 乛
3 5 1 1 5

印（5画）
丿 𠂆 印 印 印
丿 乛 一 乛 丨
3 5 1 5 2

氏（5画）
丿 厂 氏 氏 氏
丿 乛 一 乛 丶
3 5 1 5 4

乐（5画）
丿 乐 乐 乐 乐
丿 乛 丨 丿 丶
3 5 2 3 4

尔（5画）
丿 𠂊 尔 尔 尔
丿 乛 丨 丿 丶
3 5 2 3 4

字	笔顺	笔形	编号
句（5画）	丿 勹 勹 句 句	丿 乛 丨 乛 一	3 5 2 5 1
匆（5画）	丿 勹 勺 匆 匆	丿 乛 丿 丿 丶	3 5 3 3 4
犰（5画）	丿 犭 犭 犭丿 犰	丿 乛 丿 丿 乛	3 5 3 3 5
册（5画）	丿 冂 冂丿 冊 册	丿 乛 丿 乛 一	3 5 3 5 1
卯（5画）	丿 ㇉ 卯 卯 卯	丿 乛 丿 乛 丨	3 5 3 5 2
犯（5画）	丿 犭 犭 犭㇆ 犯	丿 乛 丿 乛 乛	3 5 3 5 5
外（5画）	丿 夕 夕 夕丨 外	丿 乛 丶 丨 丶	3 5 4 2 4
处（5画）	丿 ク 夂 处 处	丿 乛 丶 丨 丶	3 5 4 2 4
冬（5画）	丿 ク 夂 冬 冬	丿 乛 丶 丶 丶	3 5 4 4 4
鸟（5画）	丿 ㇉ 勹 鸟 鸟	丿 乛 丶 乛 一	3 5 4 5 1
务（5画）	丿 ク 夂 务 务	丿 乛 丶 乛 丿	3 5 4 5 3
刍（5画）	丿 ク 刍 刍 刍	丿 乛 乛 一 一	3 5 5 1 1
包（5画）	丿 勹 勹 句 包	丿 乛 乛 一 乛	3 5 5 1 5
饥（5画）	丿 𠂊 饣 饣丿 饥	丿 乛 乛 丿 乛	3 5 5 3 5
主（5画）	丶 亠 亠 丰 主	丶 一 一 丨 一	4 1 1 2 1
市（5画）	丶 亠 亠 市 市	丶 一 丨 乛 丨	4 1 2 5 2
庀（5画）	丶 亠 广 庀 庀	丶 一 丿 丿 乛	4 1 3 3 5
邝（5画）	丶 亠 广 广阝 邝	丶 一 丿 乛 丨	4 1 3 5 2
立（5画）	丶 亠 亠 立 立	丶 一 丶 丿 一	4 1 4 3 1
冯（5画）	丶 冫 冫 冯 冯	丶 一 乛 乛 一	4 1 5 5 1

邙（5画）
丶 亠 亡 亡⻏ 邙
、一乛乛丨
4 1 5 5 2

玄（5画）
丶 亠 亡 玄 玄
、一乛乛、
4 1 5 5 4

闪（5画）
丶 丨 门 闪 闪
、丨乛丿、
4 2 5 3 4

兰（5画）
丶 丷 䒑 兰 兰
、丿一一一
4 3 1 1 1

半（5画）
丶 丷 䒑 兰 半
、丿一一丨
4 3 1 1 2

汀（5画）
丶 冫 氵 汀 汀
、、一一丨
4 4 1 1 2

汁（5画）
丶 冫 氵 汁 汁
、、一一丨
4 4 1 1 2

汇（5画）
丶 冫 氵 汇 汇
、、一一乛
4 4 1 1 5

头（5画）
丶 冫 头 头 头
、、一丿、
4 4 1 3 4

汈（5画）
丶 冫 氵 汈 汈
、、一乛一
4 4 1 5 1

汉（5画）
丶 冫 氵 汉 汉
、、一乛、
4 4 1 5 4

忉（5画）
丶 忄 忄 忉 忉
、、丨乛丿
4 4 2 5 3

宁（5画）
丶 宀 宀 宁 宁
、、乛一丨
4 4 5 1 2

穴（5画）
丶 宀 宀 穴 穴
、、乛丿、
4 4 5 3 4

宄（5画）
丶 宀 宀 宄 宄
、、乛丿乛
4 4 5 3 5

它（5画）
丶 宀 宀 它 它
、、乛丿乛
4 4 5 3 5

讦（5画）
丶 讠 讠 讦 讦
、乛一一丨
4 5 1 1 2

讧（5画）
丶 讠 讠 讧 讧
、乛一丨一
4 5 1 2 1

讨（5画）
丶 讠 讠 讨 讨
、乛一丨、
4 5 1 2 4

写（5画）
丶 冖 写 写 写
、乛一乛一
4 5 1 5 1

让（5画）
` 讠 讠 计 让
丶 乛 丨 一 一
4 5 2 1 1

礼（5画）
` ⺈ 礻 礻 礼
丶 乛 丨 丶 乛
4 5 2 4 5

讪（5画）
` 讠 讠 讪 讪
丶 乛 丨 乛 丨
4 5 2 5 2

讫（5画）
` 讠 讠 讫 讫
丶 乛 丿 一 乛
4 5 3 1 5

训（5画）
` 讠 训 训 训
丶 乛 丿 丨 丨
4 5 3 2 2

必（5画）
丶 心 心 必 必
丶 乛 丶 丿 丶
4 5 4 3 4

议（5画）
` 讠 讠 议 议
丶 乛 丶 丿 丶
4 5 4 3 4

讯（5画）
` 讠 讯 讯 讯
丶 乛 乛 一 丨
4 5 5 1 2

记（5画）
` 讠 记 记 记
丶 乛 乛 一 乛
4 5 5 1 5

永（5画）
` 亅 永 永 永
丶 乛 乛 丿 丶
4 5 5 3 4

司（5画）
𠃌 ⺕ 司 司 司
乛 一 丨 乛 一
5 1 2 5 1

尻（5画）
𠃌 ⺕ 尸 尸 尻
乛 一 丿 丿 乛
5 1 3 3 5

尼（5画）
𠃌 ⺕ 尸 尸 尼
乛 一 丿 丿 乛
5 1 3 3 5

民（5画）
𠃌 ⺕ 巳 民 民
乛 一 乛 一 乛
5 1 5 1 5

弗（5画）
𠃌 ⺕ 弓 弗 弗
乛 一 乛 丿 丨
5 1 5 3 2

弘（5画）
𠃌 ⺕ 弓 弘 弘
乛 一 乛 乛 丶
5 1 5 5 4

阢（5画）
阝 阝 阝 阢 阢
乛 丨 一 丿 乛
5 2 1 3 5

出（5画）
乚 凵 屮 出 出
乛 丨 丨 乛 丨
5 2 2 5 2

阡（5画）
阝 阝 阝 阡 阡
乛 丨 丿 一 丨
5 2 3 1 2

辽（5画）
乛 了 了 辽 辽
乛 丨 丶 乛 丶
5 2 4 5 4

奶（5画）
ㄑ 女 女 奶 奶
乛 丿 一 乛 丿
5 3 1 5 3

奴（5画）
ㄑ 女 女 奴 奴
乛 丿 一 乛 丶
5 3 1 5 4

尕（5画）
乃 乃 孕 尕 尕
乛 丿 丨 丿 丶
5 3 2 3 4

加（5画）
𠃌 力 加 加 加
乛 丿 丨 乛 一
5 3 2 5 1

召（5画）
𠃌 刀 召 召 召
乛 丿 丨 乛 一
5 3 2 5 1

皮（5画）
乛 广 广 皮 皮
乛 丿 丨 乛 丶
5 3 2 5 4

边（5画）
𠃌 力 力 边 边
乛 丿 丶 乛 丶
5 3 4 5 4

孕（5画）
乃 乃 孕 孕 孕
乛 丿 乛 丨 一
5 3 5 2 1

发（5画）
𠃋 𠂇 发 发 发
乛 丿 乛 丶 丶
5 3 5 4 4

圣（5画）
𠃌 又 圣 圣 圣
乛 丶 一 丨 一
5 4 1 2 1

对（5画）
𠃌 又 对 对 对
乛 丶 一 丨 丶
5 4 1 2 4

弁（5画）
𠃋 厶 弁 弁 弁
乛 丶 一 丿 丨
5 4 1 3 2

台（5画）
𠃋 厶 台 台 台
乛 丶 丨 乛 一
5 4 2 5 1

矛（5画）
乛 龴 矛 矛 矛
乛 丶 乛 丨 丿
5 4 5 2 3

纠（5画）
𠃋 纟 纟 纠 纠
乛 乛 一 乛 丨
5 5 1 5 2

驭（5画）
𠃌 马 马 驭 驭
乛 乛 一 乛 丶
5 5 1 5 4

母（5画）
𠃊 母 母 母 母
乛 乛 丶 一 丶
5 5 4 1 4

幼（5画）
𠃋 幺 幺 幼 幼
乛 乛 丶 乛 丿
5 5 4 5 3

丝（5画）
𠃋 纟 丝 丝 丝
乛 乛 乛 乛 一
5 5 5 5 1

匡（6画）
一 二 三 王 王 匡
一 一 一 丨 一 乛
1 1 1 2 1 5

耒（6画）
一 二 三 丰 耒 耒
一 一 一 丨 丿 丶
1 1 1 2 3 4

邦（6画）
一 二 三 丰 邦 邦
一 一 一 丿 乛 丨
1 1 1 3 5 2

玎（6画）
一 二 干 王 玎 玎
一 一 丨 一 一 丨
1 1 2 1 1 2

玑（6画）
一 二 干 王 玑 玑
一 一 丨 一 丿 乛
1 1 2 1 3 5

式（6画）
一 二 亍 工 式 式
一 一 丨 一 乛 丶
1 1 2 1 5 4

迂（6画）
一 二 于 于 迂 迂
一 一 丨 丶 乛 丶
1 1 2 4 5 4

刑（6画）
一 二 于 开 刑 刑
一 一 丿 丨 丨 丨
1 1 3 2 2 2

邢（6画）
一 二 于 开 邢 邢
一 一 丿 丨 乛 丨
1 1 3 2 5 2

戎（6画）
一 二 于 戎 戎 戎
一 一 丿 乛 丿 丶
1 1 3 5 3 4

动（6画）
一 二 云 云 动 动
一 一 乛 丶 乛 丿
1 1 5 4 5 3

圩（6画）
一 十 土 圩 圩 圩
一 丨 一 一 一 丨
1 2 1 1 1 2

圬（6画）
一 十 土 圬 圬 圬
一 丨 一 一 一 乛
1 2 1 1 1 5

圭（6画）
一 十 土 圭 圭 圭
一 丨 一 一 丨 一
1 2 1 1 2 1

扛（6画）
一 十 扌 扛 扛 扛
一 丨 一 一 丨 一
1 2 1 1 2 1

寺（6画）
一 十 土 寺 寺 寺
一 丨 一 一 丨 丶
1 2 1 1 2 4

吉（6画）
一 十 士 吉 吉 吉
一 丨 一 丨 乛 一
1 2 1 2 5 1

扣（6画）
一 十 扌 扣 扣 扣
一 丨 一 丨 乛 一
1 2 1 2 5 1

扦（6画）
一 十 扌 扦 扦 扦
一 丨 一 丿 一 丨
1 2 1 3 1 2

圪（6画）
一 十 土 圪 圪 圪
一 丨 一 丿 一 乛
1 2 1 3 1 5

考（6画）
一 十 土 耂 考 考
一 丨 一 丿 一 乛
1 2 1 3 1 5

托（6画）
一 亅 扌 扌 扌 托
一丨一丿一乛
1 2 1 3 1 5

圳（6画）
一 十 土 圳 圳 圳
一丨一丿丨丨
1 2 1 3 2 2

老（6画）
一 十 土 耂 耂 老
一丨一丿丿乛
1 2 1 3 3 5

圾（6画）
一 十 土 圾 圾 圾
一丨一丿乛丶
1 2 1 3 5 4

巩（6画）
一 丅 工 巩 巩 巩
一丨一丿乛丶
1 2 1 3 5 4

执（6画）
一 亅 扌 执 执 执
一丨一丿乛丶
1 2 1 3 5 4

扩（6画）
一 亅 扌 扩 扩 扩
一丨一丶一丿
1 2 1 4 1 3

圹（6画）
一 十 土 圹 圹 圹
一丨一丶一丿
1 2 1 4 1 3

扪（6画）
一 亅 扌 扪 扪 扪
一丨一丶丨乛
1 2 1 4 2 5

扫（6画）
一 亅 扌 扫 扫 扫
一丨一乛一一
1 2 1 5 1 1

圯（6画）
一 十 土 圯 圯 圯
一丨一乛一乛
1 2 1 5 1 5

圮（6画）
一 十 土 圮 圮 圮
一丨一乛一乛
1 2 1 5 1 5

地（6画）
一 十 土 地 地 地
一丨一乛丨乛
1 2 1 5 2 5

扬（6画）
一 亅 扌 扬 扬 扬
一丨一乛丿丿
1 2 1 5 3 3

场（6画）
一 十 土 场 场 场
一丨一乛丿丿
1 2 1 5 3 3

耳（6画）
一 厂 丌 耳 耳 耳
一丨丨一一一
1 2 2 1 1 1

芋（6画）
一 十 艹 芋 芋 芋
一丨丨一一丨
1 2 2 1 1 2

芏（6画）
一 十 艹 芏 芏 芏
一丨丨一丨一
1 2 2 1 2 1

共（6画）
一 十 艹 共 共 共
一丨丨一丿丶
1 2 2 1 3 4

芊（6画）
一 十 艹 芊 芊 芊
一丨丨丿一丨
1 2 2 3 1 2

芍（6画）
一 十 廾 艹 芍 芍
一 丨 丨 丿 乛 丶
1 2 2 3 5 4

芨（6画）
一 十 廾 艹 芨 芨
一 丨 丨 丿 乛 丶
1 2 2 3 5 4

芄（6画）
一 十 廾 艹 芄 芄
一 丨 丨 丿 乛 丶
1 2 2 3 5 4

芒（6画）
一 十 廾 艹 芒 芒
一 丨 丨 丶 一 乛
1 2 2 4 1 5

亚（6画）
一 丅 丌 亚 亚 亚
一 丨 丨 丶 丿 一
1 2 2 4 3 1

芝（6画）
一 十 廾 艹 芝 芝
一 丨 丨 丶 乛 丶
1 2 2 4 5 4

芎（6画）
一 十 廾 艹 芎 芎
一 丨 丨 乛 一 乛
1 2 2 5 1 5

芑（6画）
一 十 廾 艹 芑 芑
一 丨 丨 乛 一 乛
1 2 2 5 1 5

芗（6画）
一 十 廾 艹 芗 芗
一 丨 丨 乛 乛 丿
1 2 2 5 5 3

朽（6画）
一 十 才 木 朽 朽
一 丨 丿 丶 一 乛
1 2 3 4 1 5

朴（6画）
一 十 才 木 朴 朴
一 丨 丿 丶 丨 丶
1 2 3 4 2 4

机（6画）
一 十 才 木 机 机
一 丨 丿 丶 丿 乛
1 2 3 4 3 5

权（6画）
一 十 才 木 权 权
一 丨 丿 丶 乛 丶
1 2 3 4 5 4

过（6画）
一 寸 寸 寸 讨 过
一 丨 丶 丶 乛 丶
1 2 4 4 5 4

亘（6画）
一 厂 冂 日 旦 亘
一 丨 乛 一 一 一
1 2 5 1 1 1

臣（6画）
一 丅 丐 丐 丐 臣
一 丨 乛 一 丨 乛
1 2 5 1 2 5

吏（6画）
一 一 口 曰 吏 吏
一 丨 乛 一 丿 丶
1 2 5 1 3 4

再（6画）
一 厂 冂 丙 再 再
一 丨 乛 丨 一 一
1 2 5 2 1 1

协（6画）
一 十 十 协 协 协
一 丨 乛 丿 丶 丶
1 2 5 3 4 4

西（6画）
一 厂 冂 丙 西 西
一 丨 乛 丿 乛 一
1 2 5 3 5 1

压（6画）
一丿一丨一丶
1 3 1 2 1 4

厌（6画）
一丿一丿丶丶
1 3 1 3 4 4

库（6画）
一丿一乛一丨
1 3 1 5 1 2

戌（6画）
一丿一乛丿丶
1 3 1 5 3 4

在（6画）
一丿丨一丨一
1 3 2 1 2 1

百（6画）
一丿丨乛一一
1 3 2 5 1 1

有（6画）
一丿丨乛一一
1 3 2 5 1 1

存（6画）
一丿丨乛丨一
1 3 2 5 2 1

而（6画）
一丿丨乛丨丨
1 3 2 5 2 2

页（6画）
一丿丨乛丿丶
1 3 2 5 3 4

匠（6画）
一丿丿一丨乛
1 3 3 1 2 5

夸（6画）
一丿丶一一乛
1 3 4 1 1 5

夺（6画）
一丿丶一丨丶
1 3 4 1 2 4

夼（6画）
一丿丶丿丨丨
1 3 4 3 2 2

灰（6画）
一丿丶丿丿丶
1 3 4 3 3 4

达（6画）
一丿丶丶乛丶
1 3 4 4 5 4

戍（6画）
一丿丶乛丿丶
1 3 4 5 3 4

尥（6画）
一丿乛丿乛丶
1 3 5 3 5 4

列（6画）
一丿乛丶丨丨
1 3 5 4 2 2

死（6画）
一丿乛丶丿乛
1 3 5 4 3 5

成（6画）
一厂万成成成
一丿乛乛丿丶
1 3 5 5 3 4

夹（6画）
一丷丷䒑夹夹
一丶丿一丿丶
1 4 3 1 3 4

夷（6画）
一弓弓弓弗夷
一乛一乛丿丶
1 5 1 5 3 4

轨（6画）
一𠂇车车轨轨
一乛丨一丿乛
1 5 2 1 3 5

邪（6画）
一二于牙牙邪
一乛丨丿乛丨
1 5 2 3 5 2

尧（6画）
一七戈尧尧尧
一乛丿一丿乛
1 5 3 1 3 5

划（6画）
一七戈戈划划
一乛丿丶丨丨
1 5 3 4 2 2

迈（6画）
一丁万万迈迈
一乛丿丶乛丶
1 5 3 4 5 4

毕（6画）
一匕比比毕毕
一乛丿乛一丨
1 5 3 5 1 2

至（6画）
一云云至至至
一乛丶一丨一
1 5 4 1 2 1

此（6画）
丨卜止止此此
丨一丨一丿乛
2 1 2 1 3 5

乩（6画）
丨卜占占占乩
丨一丨乛一乛
2 1 2 5 1 5

贞（6画）
丨⺊卢占贞贞
丨一丨乛丿丶
2 1 2 5 3 4

师（6画）
丨刂师师师师
丨丿一丨乛丨
2 3 1 2 5 2

尘（6画）
丨小小尘尘尘
丨丿丶一丨一
2 3 4 1 2 1

尖（6画）
丨小小尖尖尖
丨丿丶一丿丶
2 3 4 1 3 4

劣（6画）
丨小小少劣劣
丨丿丶丿乛丿
2 3 4 3 5 3

光（6画）
丨⺌业光光光
丨丶丿一丿乛
2 4 3 1 3 5

当（6画）
丨⺌当当当当
丨丶丿乛一一
2 4 3 5 1 1

吁（6画）
丨口口吁吁吁
丨乛一一一丨
2 5 1 1 1 2

早（6画）
丨 冂 日 日 旦 早
丨 ㇆ 一 一 一 丨
2 5 1 1 1 2

吐（6画）
丨 ㄇ 口 口一 叶 吐
丨 ㇆ 一 一 丨 一
2 5 1 1 2 1

吓（6画）
丨 ㄇ 口 口一 叮 吓
丨 ㇆ 一 一 丨 丶
2 5 1 1 2 4

旯（6画）
丨 冂 日 日 旦 旯
丨 ㇆ 一 一 丿 ㇆
2 5 1 1 3 5

曳（6画）
丨 冂 日 日 电 曳
丨 ㇆ 一 一 ㇆ 丿
2 5 1 1 5 3

虫（6画）
丨 冂 口 中 虫 虫
丨 ㇆ 一 丨 一 丶
2 5 1 2 1 4

曲（6画）
丨 冂 日 由 曲 曲
丨 ㇆ 一 丨 丨 一
2 5 1 2 2 1

团（6画）
丨 冂 冃 用 团 团
丨 ㇆ 一 丨 丿 一
2 5 1 2 3 1

同（6画）
丨 冂 冂 冋 同 同
丨 ㇆ 一 丨 ㇆ 一
2 5 1 2 5 1

吕（6画）
丨 冂 口 尸 吕 吕
丨 ㇆ 一 丨 ㇆ 一
2 5 1 2 5 1

吊（6画）
丨 冂 口 尸 吕 吊
丨 ㇆ 一 丨 ㇆ 丨
2 5 1 2 5 2

吃（6画）
丨 ㄇ 口 口丿 口𠂉 吃
丨 ㇆ 一 丿 一 ㇆
2 5 1 3 1 5

因（6画）
丨 冂 冃 冈 因 因
丨 ㇆ 一 丿 丶 一
2 5 1 3 4 1

吸（6画）
丨 ㄇ 口 叨 吸 吸
丨 ㇆ 一 丿 ㇆ 丶
2 5 1 3 5 4

吗（6画）
丨 ㄇ 口 叼 吗 吗
丨 ㇆ 一 ㇆ ㇆ 一
2 5 1 5 5 1

吆（6画）
丨 ㄇ 口 口乙 吆 吆
丨 ㇆ 一 ㇆ ㇆ 丶
2 5 1 5 5 4

屿（6画）
丨 山 山 山一 屿 屿
丨 ㇆ 丨 一 ㇆ 一
2 5 2 1 5 1

屹（6画）
丨 山 山 山丿 山𠂉 屹
丨 ㇆ 丨 丿 一 ㇆
2 5 2 3 1 5

岌（6画）
丨 山 山 屵 岁 岌
丨 ㇆ 丨 丿 ㇆ 丶
2 5 2 3 5 4

帆（6画）
丨 冂 巾 巾丿 帆 帆
丨 ㇆ 丨 丿 ㇆ 丶
2 5 2 3 5 4

岁（6画）
丨乛丨丿乛丶
2 5 2 3 5 4

回（6画）
丨乛丨乛一一
2 5 2 5 1 1

岂（6画）
丨乛丨乛一乛
2 5 2 5 1 5

屺（6画）
丨乛丨乛一乛
2 5 2 5 1 5

则（6画）
丨乛丿丶丨丨
2 5 3 4 2 2

刚（6画）
丨乛丿丶丨丨
2 5 3 4 2 2

网（6画）
丨乛丿丶丿丶
2 5 3 4 3 4

肉（6画）
丨乛丿丶丿丶
2 5 3 4 3 4

凼（6画）
丨乛丿丶乛丨
2 5 3 4 5 2

团（6画）
丨乛乛丨一一
2 5 5 2 1 1

囡（6画）
丨乛乛丿一一
2 5 5 3 1 1

钆（6画）
丿一一一乛乛
3 1 1 1 5 5

钇（6画）
丿一一一乛乛
3 1 1 1 5 5

年（6画）
丿一一丨一丨
3 1 1 2 1 2

朱（6画）
丿一一丨丿丶
3 1 1 2 3 4

缶（6画）
丿一一丨乛丨
3 1 1 2 5 2

氘（6画）
丿一一乛丿丨
3 1 1 5 3 2

氖（6画）
丿一一乛乛丿
3 1 1 5 5 3

牝（6画）
丿一丨一丿乛
3 1 2 1 3 5

先（6画）
丿一丨一丿乛
3 1 2 1 3 5

字	笔画数	笔形	笔顺编号
丢	（6画）	丿一丨一乛丶	3 1 2 1 5 4
廷	（6画）	丿一丨一乛丶	3 1 2 1 5 4
舌	（6画）	丿一丨丨乛一	3 1 2 2 5 1
竹	（6画）	丿一丨丿一丨	3 1 2 3 1 2
迁	（6画）	丿一丨丶乛丶	3 1 2 4 5 4
乔	（6画）	丿一丿丶丿丨	3 1 3 4 3 2
迄	（6画）	丿一乛丶乛丶	3 1 5 4 5 4
伟	（6画）	丿丨一一乛丨	3 2 1 1 5 2
传	（6画）	丿丨一一乛丶	3 2 1 1 5 4
乒	（6画）	丿丨一丨一丿	3 2 1 2 1 3
乓	（6画）	丿丨一丨一丶	3 2 1 2 1 4
休	（6画）	丿丨一丨丿丶	3 2 1 2 3 4
伍	（6画）	丿丨一丨乛一	3 2 1 2 5 1
伎	（6画）	丿丨一丨乛丶	3 2 1 2 5 4
伏	（6画）	丿丨一丿丶丶	3 2 1 3 4 4
伛	（6画）	丿丨一丿丶乛	3 2 1 3 4 5
优	（6画）	丿丨一丿乛丶	3 2 1 3 5 4
臼	（6画）	丿丨一乛一一	3 2 1 5 1 1
伢	（6画）	丿丨一乛丨丿	3 2 1 5 2 3
伐	（6画）	丿丨一乛丿丶	3 2 1 5 3 4

仳（6画）
丿 亻 … 仳
丿 丨 一 乛 丿 乛
3 2 1 5 3 5

延（6画）
㇀ 丅 … 延
丿 丨 一 乛 乛 丶
3 2 1 5 5 4

佤（6画）
丿 亻 … 佤
丿 丨 一 乛 乛 丶
3 2 1 5 5 4

仲（6画）
丿 亻 … 仲
丿 丨 丨 乛 一 丨
3 2 2 5 1 2

仵（6画）
丿 亻 … 仵
丿 丨 丿 一 一 丨
3 2 3 1 1 2

件（6画）
丿 亻 … 件
丿 丨 丿 一 一 丨
3 2 3 1 1 2

任（6画）
丿 亻 … 任
丿 丨 丿 一 丨 一
3 2 3 1 2 1

伤（6画）
丿 亻 … 伤
丿 丨 丿 一 乛 丿
3 2 3 1 5 3

伥（6画）
丿 亻 … 伥
丿 丨 丿 一 乛 丶
3 2 3 1 5 4

价（6画）
丿 亻 … 价
丿 丨 丿 丶 丿 丨
3 2 3 4 3 2

伦（6画）
丿 亻 … 伦
丿 丨 丿 丶 丿 乛
3 2 3 4 3 5

份（6画）
丿 亻 … 份
丿 丨 丿 丶 乛 丿
3 2 3 4 5 3

伧（6画）
丿 亻 … 伧
丿 丨 丿 丶 乛 乛
3 2 3 4 5 5

华（6画）
丿 亻 … 华
丿 丨 丿 乛 一 丨
3 2 3 5 1 2

仰（6画）
丿 亻 … 仰
丿 丨 丿 乛 乛 丨
3 2 3 5 5 2

伉（6画）
丿 亻 … 伉
丿 丨 丶 一 丿 乛
3 2 4 1 3 5

仿（6画）
丿 亻 … 仿
丿 丨 丶 一 乛 丿
3 2 4 1 5 3

伙（6画）
丿 亻 … 伙
丿 丨 丶 丿 丿 丶
3 2 4 3 3 4

伪（6画）
丿 亻 … 伪
丿 丨 丶 丿 乛 丶
3 2 4 3 5 4

伫（6画）
丿 亻 … 伫
丿 丨 丶 丶 乛 一
3 2 4 4 5 1

字	笔顺	笔画	笔画编号
自（6画）	′ 𠂆 ⺆ 白 自 自	丿 丨 𠃍 一 一 一	3 2 5 1 1 1
伊（6画）	′ 亻 们 伊 伊 伊	丿 丨 𠃍 一 一 丿	3 2 5 1 1 3
血（6画）	′ 𠂆 ⺆ 血 血 血	丿 丨 𠃍 丨 丨 一	3 2 5 2 2 1
向（6画）	′ 𠂆 门 向 向 向	丿 丨 𠃍 丨 𠃍 一	3 2 5 2 5 1
囟（6画）	′ 𠂆 冂 冈 囟 囟	丿 丨 𠃍 丿 丶 一	3 2 5 3 4 1
似（6画）	′ 亻 似 似 似 似	丿 丨 𠃍 丶 丿 丶	3 2 5 4 3 4
后（6画）	一 厂 户 后 后 后	丿 丿 一 丨 𠃍 一	3 3 1 2 5 1
行（6画）	′ 彳 彳 彳 行 行	丿 丿 丨 一 一 丨	3 3 2 1 1 2
角（6画）	′ 𠂊 ⺈ 角 角 角	丿 丿 𠃍 一 一 丨	3 3 5 1 1 2
舟（6画）	′ 𠂊 ⺆ 舟 舟 舟	丿 丿 𠃍 丶 一 丶	3 3 5 4 1 4
全（6画）	丿 人 亼 全 全 全	丿 丶 一 一 丨 一	3 4 1 1 2 1
会（6画）	丿 人 亼 会 会 会	丿 丶 一 一 𠃍 丶	3 4 1 1 5 4
杀（6画）	丿 乂 杀 杀 杀 杀	丿 丶 一 丨 丿 丶	3 4 1 2 3 4
合（6画）	丿 人 亼 合 合 合	丿 丶 一 丨 𠃍 一	3 4 1 2 5 1
兆（6画）	丿 兆 兆 兆 兆 兆	丿 丶 一 𠃍 丿 丶	3 4 1 5 3 4
企（6画）	丿 人 个 企 企 企	丿 丶 丨 一 丨 一	3 4 2 1 2 1
氽（6画）	丿 人 个 氽 氽 氽	丿 丶 丨 𠃍 丿 丶	3 4 2 5 3 4
汆（6画）	丿 人 个 汆 汆 汆	丿 丶 丨 𠃍 丿 丶	3 4 2 5 3 4
众（6画）	丿 人 介 众 众 众	丿 丶 丿 丶 丿 丶	3 4 3 4 3 4
爷（6画）	丿 八 父 爷 爷 爷	丿 丶 丿 丶 𠃍 丨	3 4 3 4 5 2

伞（6画）
丿 𠆢 亽 仒 仐 伞
丿 丶 丶 丿 一 丨
3 4 4 3 1 2

创（6画）
丿 𠆢 今 仓 创 创
丿 丶 乛 乛 丨 丨
3 4 5 5 2 2

刖（6画）
丿 冂 月 月 刖 刖
丿 乛 一 一 丨 丨
3 5 1 1 2 2

肌（6画）
丿 冂 月 月 肌 肌
丿 乛 一 一 丿 乛
3 5 1 1 3 5

肋（6画）
丿 冂 月 月 肋 肋
丿 乛 一 一 乛 丿
3 5 1 1 5 3

朵（6画）
丿 几 朵 朵 朵 朵
丿 乛 一 丨 丿 丶
3 5 1 2 3 4

杂（6画）
丿 九 杂 杂 杂 杂
丿 乛 一 丨 丿 丶
3 5 1 2 3 4

夙（6画）
丿 几 凡 夙 夙 夙
丿 乛 一 丿 乛 丶
3 5 1 3 5 4

危（6画）
丿 ⺈ 危 危 危 危
丿 乛 一 丿 乛 乛
3 5 1 3 5 5

旬（6画）
丿 勹 旬 旬 旬 旬
丿 乛 丨 乛 一 一
3 5 2 5 1 1

旭（6画）
丿 九 旭 旭 旭 旭
丿 乛 丨 乛 一 一
3 5 2 5 1 1

旮（6画）
丿 九 旮 旮 旮 旮
丿 乛 丨 乛 一 一
3 5 2 5 1 1

旨（6画）
一 匕 旨 旨 旨 旨
丿 乛 丨 乛 一 一
3 5 2 5 1 1

负（6画）
丿 ⺈ 负 负 负 负
丿 乛 丨 乛 丿 丶
3 5 2 5 3 4

犴（6画）
丿 犭 犭 犴 犴 犴
丿 乛 丿 一 一 丨
3 5 3 1 1 2

刎（6画）
丿 勹 勿 勿 刎 刎
丿 乛 丿 丿 丨 丨
3 5 3 3 2 2

犷（6画）
丿 犭 犭 犷 犷 犷
丿 乛 丿 丶 一 丿
3 5 3 4 1 3

匈（6画）
丿 勹 匈 匈 匈 匈
丿 乛 丿 丶 乛 丨
3 5 3 4 5 2

犸（6画）
丿 犭 犭 犸 犸 犸
丿 乛 丿 乛 乛 一
3 5 3 5 5 1

舛（6画）
丿 ク 夕 舛 舛 舛
丿 乛 丶 一 乛 丨
3 5 4 1 5 2

各（6画）
丿 ㇇ 丶 丨 ㇕ 一
3 5 4 2 5 1

名（6画）
丿 ㇇ 丶 丨 ㇕ 一
3 5 4 2 5 1

多（6画）
丿 ㇇ 丶 丿 ㇇ 丶
3 5 4 3 5 4

凫（6画）
丿 ㇕ 丶 ㇉ 丿 ㇈
3 5 4 5 3 5

争（6画）
丿 ㇇ ㇕ 一 一 亅
3 5 5 1 1 2

邬（6画）
丿 ㇕ ㇉ 一 ㇋ 丨
3 5 5 1 5 2

色（6画）
丿 ㇇ ㇕ 丨 一 ㇟
3 5 5 2 1 5

饧（6画）
丿 ㇖ ㇙ ㇋ 丿 丿
3 5 5 5 3 3

冱（6画）
丶 ㇀ 一 ㇄ ㇕ 一
4 1 1 5 5 1

壮（6画）
丶 ㇀ 丨 一 丨 一
4 1 2 1 2 1

冲（6画）
丶 ㇀ 丨 ㇕ 一 丨
4 1 2 5 1 2

妆（6画）
丶 ㇀ 丨 ㇛ 丿 一
4 1 2 5 3 1

冰（6画）
丶 ㇀ 亅 ㇀ 丿 ㇏
4 1 2 5 3 4

庄（6画）
丶 一 丿 一 丨 一
4 1 3 1 2 1

庆（6画）
丶 一 丿 一 丿 ㇏
4 1 3 1 3 4

亦（6画）
丶 一 丿 亅 丿 丶
4 1 3 2 3 4

刘（6画）
丶 一 丿 ㇏ 丨 亅
4 1 3 4 2 2

齐（6画）
丶 一 丿 ㇏ 丿 丨
4 1 3 4 3 2

交（6画）
丶 一 丿 丶 丿 ㇏
4 1 3 4 3 4

次（6画）
丶 ㇀ 丿 ㇇ 丿 ㇏
4 1 3 5 3 4

字	笔顺	笔画	代码
衣（6画）	丶亠𠂇𧘇𧘇衣	、一丿乛丿、	4 1 3 5 3 4
产（6画）	丶亠亠立产产	、一、丿一丿	4 1 4 3 1 3
决（6画）	丶冫冫冫决决	、一乛一丿、	4 1 5 1 3 4
亥（6画）	丶亠亠亥亥亥	、一乛丿丿、	4 1 5 3 3 4
邡（6画）	丶亠亠方方邡	、一乛丿乛丨	4 1 5 3 5 2
充（6画）	丶亠亠云充充	、一乛、丿乛	4 1 5 4 3 5
妄（6画）	丶亠亡妄妄妄	、一乛乛丿一	4 1 5 5 3 1
闭（6画）	丶丨门门闭闭	、丨乛一丨丿	4 2 5 1 2 3
问（6画）	丶丨门问问问	、丨乛丨乛一	4 2 5 2 5 1
闯（6画）	丶丨门门闯闯	、丨乛乛乛一	4 2 5 5 5 1
羊（6画）	丶丷䒑兰兰羊	、丿一一一丨	4 3 1 1 1 2
并（6画）	丶丷䒑兰𢆉并	、丿一一丿丨	4 3 1 1 3 2
关（6画）	丶丷䒑兰𢆉关	、丿一一丿、	4 3 1 1 3 4
米（6画）	丶丷䒑半米米	、丿一丨丿、	4 3 1 2 3 4
灯（6画）	丶丷火火灯灯	、丿丿、一丨	4 3 3 4 1 2
州（6画）	丶丿丿州州州	、丿、丨、丨	4 3 4 2 4 2
汗（6画）	丶冫氵汀汗汗	、、一一一丨	4 4 1 1 1 2
污（6画）	丶冫氵汀污污	、、一一一乛	4 4 1 1 1 5
江（6画）	丶冫氵汀江江	、、一一丨一	4 4 1 1 2 1
汕（6画）	丶冫氵汕汕汕	、、一丨乛丨	4 4 1 2 5 2

汔（6画）
丶 冫 氵 氵丿 汇 汔
丶 丶 一 丿 一 乛
4 4 1 3 1 5

汲（6画）
丶 冫 氵 氵丿 汲 汲
丶 丶 一 丿 乛 丶
4 4 1 3 5 4

汐（6画）
丶 冫 氵 氵丿 汐 汐
丶 丶 一 丿 乛 丶
4 4 1 3 5 4

汛（6画）
丶 冫 氵 汎 汛 汛
丶 丶 一 乛 一 丨
4 4 1 5 1 2

汜（6画）
丶 冫 氵 氵㇆ 氵⺕ 汜
丶 丶 一 乛 一 乛
4 4 1 5 1 5

池（6画）
丶 冫 氵 氵㇆ 氵⺈丨 池
丶 丶 一 乛 丨 乛
4 4 1 5 2 5

汝（6画）
丶 冫 氵 氵㇛ 汝 汝
丶 丶 一 乛 丿 一
4 4 1 5 3 1

汤（6画）
丶 冫 氵 氵𠃌 汤 汤
丶 丶 一 乛 丿 丿
4 4 1 5 3 3

汉（6画）
丶 冫 氵 氵㇇ 汉 汉
丶 丶 一 乛 丶 丶
4 4 1 5 4 4

忖（6画）
丶 丷 忄 忄一 忖 忖
丶 丶 丨 一 丨 丶
4 4 2 1 2 4

忏（6画）
丶 丷 忄 忄丿 忄𠂉 忏
丶 丶 丨 丿 一 丨
4 4 2 3 1 2

忙（6画）
丶 丷 忄 忄丶 忄亠 忙
丶 丶 丨 丶 一 乛
4 4 2 4 1 5

兴（6画）
丶 丷 𭕄 兴 兴 兴
丶 丶 丿 一 丿 丶
4 4 3 1 3 4

宇（6画）
丶 丷 宀 宀一 宀二 宇
丶 丶 乛 一 一 丨
4 4 5 1 1 2

守（6画）
丶 丷 宀 宀一 宀寸 守
丶 丶 乛 一 丨 丶
4 4 5 1 2 4

宅（6画）
丶 丷 宀 宀丿 宀𠂉 宅
丶 丶 乛 丿 一 乛
4 4 5 3 1 5

字（6画）
丶 丷 宀 宀乛 宀了 字
丶 丶 乛 乛 丨 一
4 4 5 5 2 1

安（6画）
丶 丷 宀 宀㇛ 安 安
丶 丶 乛 乛 丿 一
4 4 5 5 3 1

讲（6画）
丶 讠 讠一 讠二 讠井 讲
丶 乛 一 一 丿 丨
4 5 1 1 3 2

讳（6画）
丶 讠 讠一 讠二 讠彐 讳
丶 乛 一 一 乛 丨
4 5 1 1 5 2

字	笔形	笔顺号
讴（6画）	丶乛一丿丶乛	4 5 1 3 4 5
军（6画）	丶乛一乛一丨	4 5 1 5 1 2
讵（6画）	丶乛一乛一乛	4 5 1 5 1 5
讶（6画）	丶乛一乛丨丿	4 5 1 5 2 3
祁（6画）	丶乛丨丶乛丨	4 5 2 4 5 2
讷（6画）	丶乛丨乛丿丶	4 5 2 5 3 4
许（6画）	丶乛丿一一丨	4 5 3 1 1 2
讹（6画）	丶乛丿丨丿乛	4 5 3 2 3 5
论（6画）	丶乛丿丶丿乛	4 5 3 4 3 5
讼（6画）	丶乛丿丶乛丶	4 5 3 4 5 4
农（6画）	丶乛丿乛丿丶	4 5 3 5 3 4
讽（6画）	丶乛丿乛丿丶	4 5 3 5 3 4
设（6画）	丶乛丿乛乛丶	4 5 3 5 5 4
访（6画）	丶乛丶一乛丿	4 5 4 1 5 3
诀（6画）	丶乛乛一丿丶	4 5 5 1 3 4
聿（6画）	乛一一一一丨	5 1 1 1 1 2
寻（6画）	乛一一一丨丶	5 1 1 1 2 4
那（6画）	乛一一丿乛丨	5 1 1 3 5 2
艮（6画）	乛一一乛丿丶	5 1 1 5 3 4
厾（6画）	乛一丨一乛丶	5 1 2 1 5 4

迅（6画）
乁 乁 卂 卂 讯 迅
乛 一 丨 丶 乛 丶
5 1 2 4 5 4

尽（6画）
㇇ コ 尸 尺 尽 尽
乛 一 丿 丶 丶 丶
5 1 3 4 4 4

导（6画）
乛 コ 巳 巳 导 导
乛 一 乛 一 丨 丶
5 1 5 1 2 4

异（6画）
乛 コ 巳 巳 异 异
乛 一 乛 一 丿 丨
5 1 5 1 3 2

弛（6画）
乛 コ 弓 弓 弛 弛
乛 一 乛 乛 丨 乛
5 1 5 5 2 5

阱（6画）
阝 阝 阝 阝 阱 阱
乛 丨 一 一 丿 丨
5 2 1 1 3 2

阮（6画）
阝 阝 阝 阝 阮 阮
乛 丨 一 一 丿 乛
5 2 1 1 3 5

孙（6画）
乛 了 子 孑 孙 孙
乛 丨 一 丨 丿 丶
5 2 1 2 3 4

阵（6画）
阝 阝 阝 阵 阵 阵
乛 丨 一 乛 一 丨
5 2 1 5 1 2

阳（6画）
阝 阝 阝 阳 阳 阳
乛 丨 丨 乛 一 一
5 2 2 5 1 1

收（6画）
丨 丩 丩 收 收 收
乛 丨 丿 一 丿 丶
5 2 3 1 3 4

阪（6画）
阝 阝 阝 阝 阪 阪
乛 丨 丿 丿 乛 丶
5 2 3 3 5 4

阶（6画）
阝 阝 阝 阶 阶 阶
乛 丨 丿 丶 丿 丨
5 2 3 4 3 2

阴（6画）
阝 阝 阴 阴 阴 阴
乛 丨 丿 乛 一 一
5 2 3 5 1 1

防（6画）
阝 阝 阝 阝 防 防
乛 丨 丶 一 乛 丿
5 2 4 1 5 3

丞（6画）
乛 了 了 丞 丞 丞
乛 丨 乛 丿 丶 一
5 2 5 3 4 1

奸（6画）
㇛ 女 女 奸 奸 奸
乛 丿 一 一 一 丨
5 3 1 1 1 2

如（6画）
㇛ 女 女 如 如 如
乛 丿 一 丨 乛 一
5 3 1 2 5 1

妁（6画）
㇛ 女 女 妁 妁 妁
乛 丿 一 丿 乛 丶
5 3 1 3 5 4

妇（6画）
㇛ 女 女 妇 妇 妇
乛 丿 一 乛 一 一
5 3 1 5 1 1

字	笔画	笔形	笔顺编号
妃	(6画)	乛丿一乛一乛	5 3 1 5 1 5
好	(6画)	乛丿一乛丨一	5 3 1 5 2 1
她	(6画)	乛丿一乛丨乛	5 3 1 5 2 5
妈	(6画)	乛丿一乛乛一	5 3 1 5 5 1
戏	(6画)	乛丶一乛丿丶	5 4 1 5 3 4
羽	(6画)	乛丶一乛丶一	5 4 1 5 4 1
观	(6画)	乛丶丨乛丿乛	5 4 2 5 3 5
牟	(6画)	乛丶丿一一丨	5 4 3 1 1 2
欢	(6画)	乛丶丿乛丿丶	5 4 3 5 3 4
买	(6画)	乛丶丶一丿丶	5 4 4 1 3 4
纡	(6画)	乛乛一一一丨	5 5 1 1 1 2
红	(6画)	乛乛一一丨一	5 5 1 1 2 1
纣	(6画)	乛乛一一丨丶	5 5 1 1 2 4
驮	(6画)	乛乛一一丿丶	5 5 1 1 3 4
纤	(6画)	乛乛一丿一丨	5 5 1 3 1 2
纥	(6画)	乛乛一丿一乛	5 5 1 3 1 5
驯	(6画)	乛乛一丿丨丨	5 5 1 3 2 2
纨	(6画)	乛乛一丿乛丶	5 5 1 3 5 4
约	(6画)	乛乛一丿乛丶	5 5 1 3 5 4
级	(6画)	乛乛一丿乛丶	5 5 1 3 5 4

纩（6画）
𠃋 纟 纟 纟 纩 纩
乛乛一丶一丿
5 5 1 4 1 3

纪（6画）
𠃋 纟 纟 纟 纪 纪
乛乛一乛一乛
5 5 1 5 1 5

驰（6画）
𠃌 马 马 马 驰 驰
乛乛一乛丨乛
5 5 1 5 2 5

纫（6画）
𠃋 纟 纟 纫 纫 纫
乛乛一乛丿丶
5 5 1 5 3 4

巡（6画）
𡿨 巛 巛 巛 巡 巡
乛乛乛丶乛丶
5 5 5 4 5 4

寿（7画）
一 二 三 寿 寿 寿 寿
一一一丿一丨丶
1 1 1 3 1 2 4

玕（7画）
一 二 干 王 玕 玕 玕
一一丨一一一丨
1 1 2 1 1 1 2

弄（7画）
一 二 干 王 王 弄 弄
一一丨一一丿丨
1 1 2 1 1 3 2

玙（7画）
一 二 干 王 玙 玙 玙
一一丨一一乛一
1 1 2 1 1 5 1

麦（7画）
一 二 丰 丰 麦 麦 麦
一一丨一丿乛丶
1 1 2 1 3 5 4

玖（7画）
一 二 干 王 玖 玖 玖
一一丨一丿乛丶
1 1 2 1 3 5 4

玚（7画）
一 二 干 王 玚 玚 玚
一一丨一乛丿丿
1 1 2 1 5 3 3

玛（7画）
一 二 干 王 玛 玛 玛
一一丨一乛乛一
1 1 2 1 5 5 1

形（7画）
一 二 于 开 开 形 形
一一丿丨丿丿丿
1 1 3 2 3 3 3

进（7画）
一 二 井 井 井 进 进
一一丿丨丶乛丶
1 1 3 2 4 5 4

戒（7画）
一 二 开 开 戒 戒 戒
一一丿丨乛丿丶
1 1 3 2 5 3 4

吞（7画）
一 二 チ 天 吞 吞 吞
一一丿丶丨乛一
1 1 3 4 2 5 1

远（7画）
一 二 亍 元 元 远 远
一一丿乛丶乛丶
1 1 3 5 4 5 4

违（7画）
一 二 亏 韦 韦 违 违
一一乛丨丶乛丶
1 1 5 2 4 5 4

韧（7画）
一 二 亏 韦 韧 韧 韧
一一乛丨乛丿丶
1 1 5 2 5 3 4

运（7画）
一 二 云 云 沄 沄 运
一 一 ㄱ 丶 丶 ㄱ 丶
1 1 5 4 4 5 4

扶（7画）
一 扌 扌 扌 扌 扶 扶
一 丨 一 一 一 丿 丶
1 2 1 1 1 3 4

抚（7画）
一 扌 扌 扌 扌 抚 抚
一 丨 一 一 一 丿 ㄱ
1 2 1 1 1 3 5

坛（7画）
一 十 土 坛 坛 坛 坛
一 丨 一 一 一 ㄱ 丶
1 2 1 1 1 5 4

抟（7画）
一 扌 扌 扌 扌 抟 抟
一 丨 一 一 一 ㄱ 丶
1 2 1 1 1 5 4

技（7画）
一 扌 扌 扌 扌 技 技
一 丨 一 一 丨 ㄱ 丶
1 2 1 1 2 5 4

坏（7画）
一 十 土 坏 坏 坏 坏
一 丨 一 一 丿 丨 丶
1 2 1 1 3 2 4

抔（7画）
一 扌 扌 扌 扌 抔 抔
一 丨 一 一 丿 丨 丶
1 2 1 1 3 2 4

抠（7画）
一 扌 扌 扌 扌 抠 抠
一 丨 一 一 丿 丶 ㄱ
1 2 1 1 3 4 5

坜（7画）
一 十 土 坜 坜 坜 坜
一 丨 一 一 丿 ㄱ 丿
1 2 1 1 3 5 3

扰（7画）
一 扌 扌 扌 扌 扰 扰
一 丨 一 一 丿 ㄱ 丶
1 2 1 1 3 5 4

扼（7画）
一 扌 扌 扌 扌 扼 扼
一 丨 一 一 丿 ㄱ ㄱ
1 2 1 1 3 5 5

拒（7画）
一 扌 扌 扌 扌 扌 拒
一 丨 一 一 ㄱ 一 ㄱ
1 2 1 1 5 1 5

找（7画）
一 扌 扌 扌 扌 找 找
一 丨 一 一 ㄱ 丿 丶
1 2 1 1 5 3 4

批（7画）
一 扌 扌 扌 扌 扌 批
一 丨 一 一 ㄱ 丿 ㄱ
1 2 1 1 5 3 5

扯（7画）
一 扌 扌 扌 扌 扌 扯
一 丨 一 丨 一 丨 一
1 2 1 2 1 2 1

址（7画）
一 十 土 址 址 址 址
一 丨 一 丨 一 丨 一
1 2 1 2 1 2 1

走（7画）
一 十 土 丰 走 走 走
一 丨 一 丨 一 丿 丶
1 2 1 2 1 3 4

抄（7画）
一 扌 扌 扌 扌 抄 抄
一 丨 一 丨 丿 丶 丿
1 2 1 2 3 4 3

汞（7画）
一 丅 工 于 汞 汞 汞
一 丨 一 丨 ㄱ 丿 丶
1 2 1 2 5 3 4

坝（7画）
一 十 土 圠 圳 坝 坝
一 丨 一 丨 乛 丿 丶
1 2 1 2 5 3 4

贡（7画）
一 丅 工 工 舌 贡 贡
一 丨 一 丨 乛 丿 丶
1 2 1 2 5 3 4

攻（7画）
一 丅 工 工 巧 攻 攻
一 丨 一 丿 一 丿 丶
1 2 1 3 1 3 4

赤（7画）
一 十 土 圹 赤 赤 赤
一 丨 一 丿 丨 丿 丶
1 2 1 3 2 3 4

坼（7画）
一 十 土 圻 圻 坼 坼
一 丨 一 丿 丿 一 丨
1 2 1 3 3 1 2

折（7画）
一 十 扌 扌 扩 折 折
一 丨 一 丿 丿 一 丨
1 2 1 3 3 1 2

抓（7画）
一 十 扌 扌 扩 抓 抓
一 丨 一 丿 丿 丨 丶
1 2 1 3 3 2 4

扳（7画）
一 十 扌 扌 扩 扳 扳
一 丨 一 丿 丿 乛 丶
1 2 1 3 3 5 4

坂（7画）
一 十 土 圹 圹 坂 坂
一 丨 一 丿 丿 乛 丶
1 2 1 3 3 5 4

抡（7画）
一 十 扌 扌 扒 抡 抡
一 丨 一 丿 丶 丿 乛
1 2 1 3 4 3 5

扮（7画）
一 十 扌 扌 扒 扮 扮
一 丨 一 丿 丶 乛 丿
1 2 1 3 4 5 3

抢（7画）
一 十 扌 扌 扒 抢 抢
一 丨 一 丿 丶 乛 乛
1 2 1 3 4 5 5

抵（7画）
一 十 扌 扌 扺 抵 抵
一 丨 一 丿 乛 一 乛
1 2 1 3 5 1 5

孝（7画）
一 十 土 耂 孝 孝 孝
一 丨 一 丿 乛 丨 一
1 2 1 3 5 2 1

坎（7画）
一 十 土 圹 圹 坎 坎
一 丨 一 丿 乛 丿 丶
1 2 1 3 5 3 4

坍（7画）
一 十 土 圴 坍 坍 坍
一 丨 一 丿 乛 丶 一
1 2 1 3 5 4 1

均（7画）
一 十 土 圴 均 均 均
一 丨 一 丿 乛 丶 一
1 2 1 3 5 4 1

坞（7画）
一 十 土 圴 圴 坞 坞
一 丨 一 丿 乛 乛 一
1 2 1 3 5 5 1

抑（7画）
一 十 扌 扌 扌 扣 抑
一 丨 一 丿 乛 乛 丨
1 2 1 3 5 5 2

抛（7画）
一 十 扌 扌 执 抛 抛
一 丨 一 丿 乛 乛 丿
1 2 1 3 5 5 3

投（7画）
一丨一丿乛乛丶
1 2 1 3 5 5 4

抃（7画）
一丨一丶一丨丶
1 2 1 4 1 2 4

坟（7画）
一丨一丶一丿丶
1 2 1 4 1 3 4

坑（7画）
一丨一丶一丿乛
1 2 1 4 1 3 5

抗（7画）
一丨一丶一丿乛
1 2 1 4 1 3 5

坊（7画）
一丨一丶一乛丿
1 2 1 4 1 5 3

抖（7画）
一丨一丶丶一丨
1 2 1 4 4 1 2

护（7画）
一丨一丶乛一丿
1 2 1 4 5 1 3

壳（7画）
一丨一丶乛丿乛
1 2 1 4 5 3 5

志（7画）
一丨一丶乛丶丶
1 2 1 4 5 4 4

块（7画）
一丨一乛一丿丶
1 2 1 5 1 3 4

抉（7画）
一丨一乛一丿丶
1 2 1 5 1 3 4

扭（7画）
一丨一乛丨一一
1 2 1 5 2 1 1

声（7画）
一丨一乛丨一丿
1 2 1 5 2 1 3

把（7画）
一丨一乛丨一乛
1 2 1 5 2 1 5

报（7画）
一丨一乛丨乛丶
1 2 1 5 2 5 4

拟（7画）
一丨一乛丶丿丶
1 2 1 5 4 3 4

抒（7画）
一丨一乛丶乛丨
1 2 1 5 4 5 2

却（7画）
一丨一乛丶乛丨
1 2 1 5 4 5 2

劫（7画）
一丨一乛丶乛丿
1 2 1 5 4 5 3

毐（7画）
一丨一乛乛丿一
1 2 1 5 5 3 1

芙（7画）
一丨丨一一丿丶
1 2 2 1 1 3 4

芫（7画）
一丨丨一一丿乛
1 2 2 1 1 3 5

芜（7画）
一丨丨一一丿乛
1 2 2 1 1 3 5

苇（7画）
一丨丨一一乛丨
1 2 2 1 1 5 2

邯（7画）
一丨丨一一乛丨
1 2 2 1 1 5 2

芸（7画）
一丨丨一一乛丶
1 2 2 1 1 5 4

芾（7画）
一丨丨一丨乛丨
1 2 2 1 2 5 2

芰（7画）
一丨丨一丨乛丶
1 2 2 1 2 5 4

苈（7画）
一丨丨一丿乛丿
1 2 2 1 3 5 3

苊（7画）
一丨丨一丿乛乛
1 2 2 1 3 5 5

苣（7画）
一丨丨一乛一乛
1 2 2 1 5 1 5

芽（7画）
一丨丨一乛丨丿
1 2 2 1 5 2 3

芷（7画）
一丨丨丨一丨一
1 2 2 2 1 2 1

芮（7画）
一丨丨丨乛丿丶
1 2 2 2 5 3 4

苋（7画）
一丨丨丨乛丿乛
1 2 2 2 5 3 5

芼（7画）
一丨丨丿一一乛
1 2 2 3 1 1 5

苌（7画）
一丨丨丿一乛丶
1 2 2 3 1 5 4

花（7画）
一丨丨丿丨丿乛
1 2 2 3 2 3 5

芹（7画）
一丨丨丿丿一丨
1 2 2 3 3 1 2

字	笔画	笔顺编号
芥（7画）	一丨丨丿丶丿丨	1 2 2 3 4 3 2
苁（7画）	一丨丨丿丶丿丶	1 2 2 3 4 3 4
芩（7画）	一丨丨丿丶丶㇇	1 2 2 3 4 4 5
芬（7画）	一丨丨丿丶㇇丿	1 2 2 3 4 5 3
苍（7画）	一丨丨丿丶㇇㇇	1 2 2 3 4 5 5
苠（7画）	一丨丨丿㇇一㇇	1 2 2 3 5 1 5
芴（7画）	一丨丨丿㇇丿丿	1 2 2 3 5 3 3
芡（7画）	一丨丨丿㇇丿丶	1 2 2 3 5 3 4
芟（7画）	一丨丨丿㇇㇇丶	1 2 2 3 5 5 4
苄（7画）	一丨丨丶一丨丶	1 2 2 4 1 2 4
芳（7画）	一丨丨丶一㇇丿	1 2 2 4 1 5 3
严（7画）	一丨丨丶丿一丿	1 2 2 4 3 1 3
苎（7画）	一丨丨丶丶㇇一	1 2 2 4 4 5 1
芦（7画）	一丨丨丶㇇一丿	1 2 2 4 5 1 3
芯（7画）	一丨丨丶㇇丶丶	1 2 2 4 5 4 4
劳（7画）	一丨丨丶㇇㇇丿	1 2 2 4 5 5 3
克（7画）	一丨丨㇇一丿㇇	1 2 2 5 1 3 5
芭（7画）	一丨丨㇇丨一㇇	1 2 2 5 2 1 5
苏（7画）	一丨丨㇇丿丶丶	1 2 2 5 3 4 4
苡（7画）	一丨丨㇇丶丿丶	1 2 2 5 4 3 4

杆（7画）
一 十 才 木 杧 杅 杆
一 丨 丿 丶 一 一 丨
1 2 3 4 1 1 2

杜（7画）
一 十 才 木 杧 杜 杜
一 丨 丿 丶 一 丨 一
1 2 3 4 1 2 1

杠（7画）
一 十 才 木 杧 杠 杠
一 丨 丿 丶 一 丨 一
1 2 3 4 1 2 1

材（7画）
一 十 才 木 杧 村 材
一 丨 丿 丶 一 丨 丿
1 2 3 4 1 2 3

村（7画）
一 十 才 木 杧 村 村
一 丨 丿 丶 一 丨 丶
1 2 3 4 1 2 4

杖（7画）
一 十 才 木 杧 杖 杖
一 丨 丿 丶 一 丿 丶
1 2 3 4 1 3 4

机（7画）
一 十 才 木 杧 杌 机
一 丨 丿 丶 一 丿 乛
1 2 3 4 1 3 5

杏（7画）
一 十 才 木 杏 杏 杏
一 丨 丿 丶 丨 乛 一
1 2 3 4 2 5 1

杉（7画）
一 十 才 木 杉 杉 杉
一 丨 丿 丶 丿 丿 丿
1 2 3 4 3 3 3

巫（7画）
一 丅 丌 丌 巫 巫 巫
一 丨 丿 丶 丿 丶 一
1 2 3 4 3 4 1

杓（7画）
一 十 才 木 杓 杓 杓
一 丨 丿 丶 丿 乛 丶
1 2 3 4 3 5 4

极（7画）
一 十 才 木 杓 极 极
一 丨 丿 丶 丿 乛 丶
1 2 3 4 3 5 4

杧（7画）
一 十 才 木 杧 杧 杧
一 丨 丿 丶 丶 一 乛
1 2 3 4 4 1 5

杞（7画）
一 十 才 木 杞 杞 杞
一 丨 丿 丶 乛 一 乛
1 2 3 4 5 1 5

李（7画）
一 十 木 木 李 李 李
一 丨 丿 丶 乛 丨 一
1 2 3 4 5 2 1

杨（7画）
一 十 才 木 杨 杨 杨
一 丨 丿 丶 乛 丿 丿
1 2 3 4 5 3 3

杈（7画）
一 十 才 木 杈 杈 杈
一 丨 丿 丶 乛 丶 丶
1 2 3 4 5 4 4

求（7画）
一 十 寸 求 求 求 求
一 丨 丶 一 丿 丶 丶
1 2 4 1 3 4 4

忑（7画）
一 丅 下 下 忑 忑 忑
一 丨 丶 丶 乛 丶 丶
1 2 4 4 5 4 4

孛（7画）
一 十 孛 孛 孛 孛 孛
一 丨 丶 乛 乛 丨 一
1 2 4 5 5 2 1

字	笔画数	笔形	笔顺编号
甫	（7画）	一丨乛一一丨丶	1 2 5 1 1 2 4
匣	（7画）	一丨乛一一丨乛	1 2 5 1 1 2 5
更	（7画）	一丨乛一一丿丶	1 2 5 1 1 3 4
束	（7画）	一丨乛一丨丿丶	1 2 5 1 2 3 4
吾	（7画）	一丨乛一丨乛一	1 2 5 1 2 5 1
豆	（7画）	一丨乛一丶丿一	1 2 5 1 4 3 1
两	（7画）	一丨乛丿丶丿丶	1 2 5 3 4 3 4
邴	（7画）	一丨乛丿丶乛丨	1 2 5 3 4 5 2
酉	（7画）	一丨乛丿乛一一	1 2 5 3 5 1 1
丽	（7画）	一丨乛丶丨乛丶	1 2 5 4 2 5 4
医	（7画）	一丿一一丿丶乛	1 3 1 1 3 4 5
辰	（7画）	一丿一一乛丿丶	1 3 1 1 5 3 4
励	（7画）	一丿一乛丿乛丿	1 3 1 5 3 5 3
邳	（7画）	一丿丨丶一乛丨	1 3 2 4 1 5 2
否	（7画）	一丿丨丶丨乛一	1 3 2 4 2 5 1
还	（7画）	一丿丨丶丶乛丶	1 3 2 4 4 5 4
矶	（7画）	一丿丨乛一丿乛	1 3 2 5 1 3 5
奁	（7画）	一丿丶一丿丶乛	1 3 4 1 3 4 5
豕	（7画）	一丿乛丿丿丿丶	1 3 5 3 3 3 4
尬	（7画）	一丿乛丿丶丿丨	1 3 5 3 4 3 2

歼（7画）
一 丆 歹 歹 歹 歼 歼
一丿乛丶丿一丨
1 3 5 4 3 1 2

来（7画）
一 丆 亚 平 来 来
一丶丿一丨丿丶
1 4 3 1 2 3 4

忒（7画）
一 一 忒 忒 忒 忒 忒
一丶乛丶丶乛丶
1 4 5 4 4 5 4

连（7画）
一 车 车 车 车 连 连
一乛一丨丶乛丶
1 5 1 2 4 5 4

欤（7画）
一 与 与 与 与 欤 欤
一乛一丿乛丿丶
1 5 1 3 5 3 4

轩（7画）
一 车 车 车 车 轩 轩
一乛丨一一一丨
1 5 2 1 1 1 2

轪（7画）
一 车 车 车 车 轪 轪
一乛丨一一丿丶
1 5 2 1 1 3 4

轫（7画）
一 车 车 车 轫 轫 轫
一乛丨一乛丿丶
1 5 2 1 5 3 4

迓（7画）
一 二 于 牙 牙 讶 迓
一乛丨丿丶乛丶
1 5 2 3 4 5 4

邶（7画）
丨 十 扌 北 北 邶 邶
丨一一一乛乛丨
2 1 1 1 5 5 2

忐（7画）
丨 卜 上 上 忐 忐 忐
丨一一丶乛丶丶
2 1 1 4 5 4 4

芈（7画）
丨 十 卄 卄 芈 芈 芈
丨一丨一一一丨
2 1 2 1 1 1 2

步（7画）
丨 卜 止 止 步 步 步
丨一丨一丨丿丿
2 1 2 1 2 3 3

卤（7画）
丨 卜 冂 内 内 卤 卤
丨一丨乛丿丶一
2 1 2 5 3 4 1

卣（7画）
丨 卜 冂 冂 冂 卣 卣
丨一丨乛乛一一
2 1 2 5 5 1 1

邺（7画）
丨 丨 业 业 业 邺 邺
丨丨丶丿一乛丨
2 2 4 3 1 5 2

坚（7画）
丨 丨 収 収 坚 坚 坚
丨丨乛丶一丨一
2 2 5 4 1 2 1

肖（7画）
丨 丷 丷 肖 肖 肖 肖
丨丶丿丨乛一一
2 4 3 2 5 1 1

旰（7画）
丨 日 日 日 旰 旰 旰
丨乛一一一一丨
2 5 1 1 1 1 2

旱（7画）
丨 日 日 日 旦 旱 旱
丨乛一一一一丨
2 5 1 1 1 1 2

盯（7画）
丨 ㇕ 一 一 一 一 丨
2 5 1 1 1 1 2

呈（7画）
丨 ㇕ 一 一 一 丨 一
2 5 1 1 1 2 1

时（7画）
丨 ㇕ 一 一 一 丨 丶
2 5 1 1 1 2 4

吴（7画）
丨 ㇕ 一 一 一 丿 丶
2 5 1 1 1 3 4

呋（7画）
丨 ㇕ 一 一 一 丿 丶
2 5 1 1 1 3 4

助（7画）
丨 ㇕ 一 一 一 ㇕ 丿
2 5 1 1 1 5 3

县（7画）
丨 ㇕ 一 一 一 ㇕ 丶
2 5 1 1 1 5 4

里（7画）
丨 ㇕ 一 一 丨 一 一
2 5 1 1 2 1 1

呓（7画）
丨 ㇕ 一 一 丨 丨 ㇕
2 5 1 1 2 2 5

呆（7画）
丨 ㇕ 一 一 丨 丿 丶
2 5 1 1 2 3 4

吱（7画）
丨 ㇕ 一 一 丨 ㇕ 丶
2 5 1 1 2 5 4

吠（7画）
丨 ㇕ 一 一 丿 丶 丶
2 5 1 1 3 4 4

呔（7画）
丨 ㇕ 一 一 丿 丶 丶
2 5 1 1 3 4 4

呕（7画）
丨 ㇕ 一 一 丿 丶 ㇕
2 5 1 1 3 4 5

园（7画）
丨 ㇕ 一 一 丿 ㇕ 一
2 5 1 1 3 5 1

呖（7画）
丨 ㇕ 一 一 丿 ㇕ 丿
2 5 1 1 3 5 3

呃（7画）
丨 ㇕ 一 一 丿 ㇕ ㇕
2 5 1 1 3 5 5

旷（7画）
丨 ㇕ 一 一 丶 一 丿
2 5 1 1 4 1 3

围（7画）
丨 ㇕ 一 一 ㇕ 丨 一
2 5 1 1 5 2 1

呀（7画）
丨 ㇕ 一 一 ㇕ 丨 丿
2 5 1 1 5 2 3

字	笔画	笔顺编号
吨（7画）	丨乛一一乛丨乛	2 5 1 1 5 2 5
旸（7画）	丨乛一一乛丿丿	2 5 1 1 5 3 3
吡（7画）	丨乛一一乛丿乛	2 5 1 1 5 3 5
町（7画）	丨乛一丨一一丨	2 5 1 2 1 1 2
足（7画）	丨乛一丨一丿丶	2 5 1 2 1 3 4
虬（7画）	丨乛一丨一丶乛	2 5 1 2 1 4 5
邮（7画）	丨乛一丨一乛丨	2 5 1 2 1 5 2
男（7画）	丨乛一丨一乛丿	2 5 1 2 1 5 3
困（7画）	丨乛一丨丿丶一	2 5 1 2 3 4 1
吵（7画）	丨乛一丨丿丶丿	2 5 1 2 3 4 3
串（7画）	丨乛一丨乛一丨	2 5 1 2 5 1 2
呙（7画）	丨乛一丨乛丿丶	2 5 1 2 5 3 4
呐（7画）	丨乛一丨乛丿丶	2 5 1 2 5 3 4
呗（7画）	丨乛一丨乛丿丶	2 5 1 2 5 3 4
员（7画）	丨乛一丨乛丿丶	2 5 1 2 5 3 4
听（7画）	丨乛一丿丿一丨	2 5 1 3 3 1 2
吟（7画）	丨乛一丿丶丶乛	2 5 1 3 4 4 5
吩（7画）	丨乛一丿丶乛丿	2 5 1 3 4 5 3
呛（7画）	丨乛一丿丶乛乛	2 5 1 3 4 5 5
吻（7画）	丨乛一丿乛丿丿	2 5 1 3 5 3 3

字	笔顺	笔画	编号
吹（7画）	丨 冂 口 口丿 口𠂊 吹 吹	丨乛一丿乛丿丶	2 5 1 3 5 3 4
呜（7画）	丨 冂 口 口丿 口勹 呜 呜	丨乛一丿乛乛一	2 5 1 3 5 5 1
吭（7画）	丨 冂 口 口丶 口亠 吭 吭	丨乛一丶一丿乛	2 5 1 4 1 3 5
吣（7画）	丨 冂 口 口丶 口乚 吣 吣	丨乛一丶乛丶丶	2 5 1 4 5 4 4
吲（7画）	丨 冂 口 口乛 口コ 口弓 吲	丨乛一乛一乛丨	2 5 1 5 1 5 2
吼（7画）	丨 冂 口 口乛 口了 口子 吼	丨乛一乛丨一乛	2 5 1 5 2 1 5
邑（7画）	丨 冂 口 口乛 口コ 口巳 邑	丨乛一乛丨一乛	2 5 1 5 2 1 5
吧（7画）	丨 冂 口 口乛 口ㄇ 口巴 吧	丨乛一乛丨一乛	2 5 1 5 2 1 5
囤（7画）	丨 冂 冂一 冂コ 冂屯 囤 囤	丨乛一乛丨乛一	2 5 1 5 2 5 1
别（7画）	丨 冂 口 口乛 另 别 别	丨乛一乛丿丨丨	2 5 1 5 3 2 2
吮（7画）	丨 冂 口 口厶 口允 吮 吮	丨乛一乛丶丿乛	2 5 1 5 4 3 5
岍（7画）	丨 山 山 山一 山二 山开 岍	丨乛丨一一丿丨	2 5 2 1 1 3 2
帏（7画）	丨 冂 巾 巾一 巾二 帏 帏	丨乛丨一一乛丨	2 5 2 1 1 5 2
岐（7画）	丨 山 山 山一 山十 山支 岐	丨乛丨一丨乛丶	2 5 2 1 2 5 4
岖（7画）	丨 山 山 山一 山ナ 山又 岖	丨乛丨一丿丶乛	2 5 2 1 3 4 5
岈（7画）	丨 山 山 山一 山二 岈 岈	丨乛丨一乛丨丿	2 5 2 1 5 2 3
岗（7画）	丨 山 山 山丨 山冂 岗 岗	丨乛丨丨乛丿丶	2 5 2 2 5 3 4
岘（7画）	丨 山 山 山丨 山冂 岘 岘	丨乛丨丨乛丿乛	2 5 2 2 5 3 5
帐（7画）	丨 冂 巾 巾丿 巾一 帐 帐	丨乛丨丿一乛丶	2 5 2 3 1 5 4
岑（7画）	丨 山 山 山人 山人丶 山今 岑	丨乛丨丿丶丶乛	2 5 2 3 4 4 5

字	笔顺	笔画代号
岚（7画）	丨乛丨丿乛丿丶	2 5 2 3 5 3 4
兕（7画）	丨乛丨乛一丿乛	2 5 2 5 1 3 5
财（7画）	丨乛丿丶一丨丿	2 5 3 4 1 2 3
囱（7画）	丨乛丿丶丿乛一	2 5 3 4 3 5 1
囫（7画）	丨乛丿乛丿丿一	2 5 3 5 3 3 1
钉（7画）	丿一一一乛一丨	3 1 1 1 5 1 2
针（7画）	丿一一一乛一丨	3 1 1 1 5 1 2
钊（7画）	丿一一一乛丨丨	3 1 1 1 5 2 2
钋（7画）	丿一一一乛丨丶	3 1 1 1 5 2 4
钌（7画）	丿一一一乛乛丨	3 1 1 1 5 5 2
迕（7画）	丿一一丨丶乛丶	3 1 1 2 4 5 4
氙（7画）	丿一一乛丨乛丨	3 1 1 5 2 5 2
氚（7画）	丿一一乛丿丨丨	3 1 1 5 3 2 2
牡（7画）	丿一丨一一丨一	3 1 2 1 1 2 1
告（7画）	丿一丨一丨乛一	3 1 2 1 2 5 1
我（7画）	丿一丨一乛丿丶	3 1 2 1 5 3 4
乱（7画）	丿一丨丨乛一乛	3 1 2 2 5 1 5
利（7画）	丿一丨丿丶丨丨	3 1 2 3 4 2 2
秃（7画）	丿一丨丿丶丿乛	3 1 2 3 4 3 5
秀（7画）	丿一丨丿丶乛丿	3 1 2 3 4 5 3

字	笔顺	笔画	编号
私（7画）	一 二 千 禾 禾 私 私	ノ 一 丨 ノ 丶 乛 丶	3 1 2 3 4 5 4
岙（7画）	一 二 チ 夭 夭 岙 岙	ノ 一 ノ 丶 丨 乛 丨	3 1 3 4 2 5 2
每（7画）	ノ 仁 仁 句 每 每 每	ノ 一 乛 乛 丶 一 丶	3 1 5 5 4 1 4
佞（7画）	ノ 亻 仁 仁 佞 佞 佞	ノ 丨 一 一 乛 ノ 一	3 2 1 1 5 3 1
兵（7画）	一 厂 斤 斤 丘 乒 兵	ノ 丨 一 丨 一 ノ 丶	3 2 1 2 1 3 4
邱（7画）	一 厂 斤 斤 丘 丘 邱	ノ 丨 一 丨 一 乛 丨	3 2 1 2 1 5 2
估（7画）	ノ 亻 仁 什 什 估 估	ノ 丨 一 丨 丨 乛 一	3 2 1 2 2 5 1
体（7画）	ノ 亻 仁 什 休 休 体	ノ 丨 一 丨 ノ 丶 一	3 2 1 2 3 4 1
何（7画）	ノ 亻 仁 仃 何 何 何	ノ 丨 一 丨 乛 一 丨	3 2 1 2 5 1 2
佐（7画）	ノ 亻 仁 仕 仕 佐 佐	ノ 丨 一 ノ 一 丨 一	3 2 1 3 1 2 1
伾（7画）	ノ 亻 仁 仁 伓 伓 伾	ノ 丨 一 ノ 丨 丶 一	3 2 1 3 2 4 1
佑（7画）	ノ 亻 仁 仕 仕 佑 佑	ノ 丨 一 ノ 丨 乛 一	3 2 1 3 2 5 1
攸（7画）	ノ 亻 仆 仆 仆 攸 攸	ノ 丨 丨 ノ 一 ノ 丶	3 2 2 3 1 3 4
但（7画）	ノ 亻 仆 们 但 但 但	ノ 丨 丨 乛 一 一 一	3 2 2 5 1 1 1
伸（7画）	ノ 亻 仆 们 伯 伸 伸	ノ 丨 丨 乛 一 一 丨	3 2 2 5 1 1 2
佃（7画）	ノ 亻 仆 们 伯 佃 佃	ノ 丨 丨 乛 一 丨 一	3 2 2 5 1 2 1
佚（7画）	ノ 亻 仁 仁 仁 佚 佚	ノ 丨 ノ 一 一 ノ 丶	3 2 3 1 1 3 4
作（7画）	ノ 亻 仁 仁 作 作 作	ノ 丨 ノ 一 丨 一 一	3 2 3 1 2 1 1
伯（7画）	ノ 亻 亻 伯 伯 伯 伯	ノ 丨 ノ 丨 乛 一 一	3 2 3 2 5 1 1
伶（7画）	ノ 亻 亻 仒 仒 伶 伶	ノ 丨 ノ 丶 丶 乛 丶	3 2 3 4 4 5 4

佣 （7画）
丿 丨 丿 乛 一 一 丨
3 2 3 5 1 1 2

低 （7画）
丿 丨 丿 乛 一 乛 丶
3 2 3 5 1 5 4

你 （7画）
丿 丨 丿 乛 丨 丿 丶
3 2 3 5 2 3 4

佝 （7画）
丿 丨 丿 乛 丨 乛 一
3 2 3 5 2 5 1

佟 （7画）
丿 丨 丿 乛 丶 丶 丶
3 2 3 5 4 4 4

住 （7画）
丿 丨 丶 一 一 丨 一
3 2 4 1 1 2 1

位 （7画）
丿 丨 丶 一 丶 丿 一
3 2 4 1 4 3 1

伴 （7画）
丿 丨 丶 丿 一 一 丨
3 2 4 3 1 1 2

佗 （7画）
丿 丨 丶 丶 乛 丿 乛
3 2 4 4 5 3 5

身 （7画）
丿 丨 乛 一 一 一 丿
3 2 5 1 1 1 3

皂 （7画）
丿 丨 乛 一 一 一 乛
3 2 5 1 1 1 5

伺 （7画）
丿 丨 乛 一 丨 乛 一
3 2 5 1 2 5 1

佛 （7画）
丿 丨 乛 一 乛 丿 丨
3 2 5 1 5 3 2

伽 （7画）
丿 丨 乛 丿 丨 乛 一
3 2 5 3 2 5 1

囱 （7画）
丿 丨 乛 丿 乛 丶 一
3 2 5 3 5 4 1

近 （7画）
丿 丿 一 丨 丶 乛 丶
3 3 1 2 4 5 4

彻 （7画）
丿 丿 丨 一 乛 乛 丿
3 3 2 1 5 5 3

役 （7画）
丿 丿 丨 丿 乛 乛 丶
3 3 2 3 5 5 4

彷 （7画）
丿 丿 丨 丶 一 乛 丿
3 3 2 4 1 5 3

返 （7画）
丿 丿 乛 丶 丶 乛 丶
3 3 5 4 4 5 4

佘（7画）
丿 亼 亼 佘 佘 佘 佘
丿 丶 一 一 丨 丿 丶
3 4 1 1 2 3 4

余（7画）
丿 亼 亼 佘 佘 余 余
丿 丶 一 一 丨 丿 丶
3 4 1 1 2 3 4

希（7画）
丿 乂 乄 孑 㐅 肴 希
丿 丶 一 丿 丨 乛 丨
3 4 1 3 2 5 2

佥（7画）
丿 人 亼 今 佥 佥 佥
丿 丶 一 丶 丶 丿 一
3 4 1 4 4 3 1

坐（7画）
丿 人 从 从 坐 坐 坐
丿 丶 丿 丶 一 丨 一
3 4 3 4 1 2 1

谷（7画）
丿 八 八 仌 仌 谷 谷
丿 丶 丿 丶 丨 乛 一
3 4 3 4 2 5 1

孚（7画）
一 乛 爫 爫 爫 孚 孚
丿 丶 丶 丿 乛 丨 一
3 4 4 3 5 2 1

妥（7画）
一 乛 爫 爫 妥 妥 妥
丿 丶 丶 丿 乛 丿 一
3 4 4 3 5 3 1

豸（7画）
一 乛 乛 乡 豸 豸 豸
丿 丶 丶 丿 乛 丿 丿
3 4 4 3 5 3 3

含（7画）
丿 人 亼 今 今 含 含
丿 丶 丶 乛 丨 乛 一
3 4 4 5 2 5 1

邻（7画）
丿 人 亽 今 令 令阝 邻
丿 丶 丶 乛 丶 乛 丨
3 4 4 5 4 5 2

坌（7画）
丿 八 分 分 坌 坌 坌
丿 丶 乛 丿 一 丨 一
3 4 5 3 1 2 1

岔（7画）
丿 八 分 分 分 岔 岔
丿 丶 乛 丿 丨 乛 丨
3 4 5 3 2 5 2

肝（7画）
丿 月 月 月 肝 肝 肝
丿 乛 一 一 一 一 丨
3 5 1 1 1 1 2

肟（7画）
丿 月 月 月 肟 肟 肟
丿 乛 一 一 一 一 乛
3 5 1 1 1 1 5

肛（7画）
丿 月 月 月 肛 肛 肛
丿 乛 一 一 一 丨 一
3 5 1 1 1 2 1

肚（7画）
丿 月 月 月 肚 肚 肚
丿 乛 一 一 一 丨 一
3 5 1 1 1 2 1

肘（7画）
丿 月 月 月 肘 肘 肘
丿 乛 一 一 一 丨 丶
3 5 1 1 1 2 4

肠（7画）
丿 月 月 月 肠 肠 肠
丿 乛 一 一 乛 丿 丿
3 5 1 1 5 3 3

邸（7画）
一 厂 F 氏 氐 氐阝 邸
丿 乛 一 乛 丶 乛 丨
3 5 1 5 4 5 2

字	画数	笔画	笔画编号
龟	（7画）	丿 ㇕ 丨 ㇕ 一 一 ㇕	3 5 2 5 1 1 5
甸	（7画）	丿 ㇕ 丨 ㇕ 一 丨 一	3 5 2 5 1 2 1
奂	（7画）	丿 ㇕ 丨 ㇕ 一 丿 丶	3 5 2 5 1 3 4
免	（7画）	丿 ㇕ 丨 ㇕ 一 丿 ㇕	3 5 2 5 1 3 5
甸力	（7画）	丿 ㇕ 丨 ㇕ 一 ㇕ 丿	3 5 2 5 1 5 3
狂	（7画）	丿 ㇕ 丿 一 一 丨 一	3 5 3 1 1 2 1
犹	（7画）	丿 ㇕ 丿 一 丿 ㇕ 丶	3 5 3 1 3 5 4
狈	（7画）	丿 ㇕ 丿 丨 ㇕ 丿 丶	3 5 3 2 5 3 4
狄	（7画）	丿 ㇕ 丿 丶 丿 丿 丶	3 5 3 4 3 3 4
角	（7画）	丿 ㇕ 丿 ㇕ 一 一 丨	3 5 3 5 1 1 2
删	（7画）	丿 ㇕ 丿 ㇕ 一 丨 丨	3 5 3 5 1 2 2
狃	（7画）	丿 ㇕ 丿 ㇕ 丨 一 一	3 5 3 5 2 1 1
犹	（7画）	丿 ㇕ 丿 ㇕ 丶 丿 ㇕	3 5 3 5 4 3 5
鸠	（7画）	丿 ㇕ 丿 ㇕ 丶 ㇕ 一	3 5 3 5 4 5 1
条	（7画）	丿 ㇕ 丶 一 丨 丿 丶	3 5 4 1 2 3 4
彤	（7画）	丿 ㇕ 丶 一 丿 丿 丿	3 5 4 1 3 3 3
卵	（7画）	丿 ㇕ 丶 丿 ㇕ 丨 丶	3 5 4 3 5 2 4
灸	（7画）	丿 ㇕ 丶 丶 丿 丿 丶	3 5 4 4 3 3 4
岛	（7画）	丿 ㇕ 丶 ㇕ 丨 ㇕ 丨	3 5 4 5 2 5 2
邹	（7画）	丿 ㇕ ㇕ 一 一 ㇕ 丨	3 5 5 1 1 5 2

刨（7画）
丿 乛 乛 一 乛 丨 丨
3 5 5 1 5 2 2

饨（7画）
丿 乛 乛 一 乛 丨 乛
3 5 5 1 5 2 5

迎（7画）
丿 乛 乛 丨 丶 乛 丶
3 5 5 2 4 5 4

饩（7画）
丿 乛 乛 丿 一 一 乛
3 5 5 3 1 1 5

饪（7画）
丿 乛 乛 丿 一 丨 一
3 5 5 3 1 2 1

饫（7画）
丿 乛 乛 丿 一 丿 丶
3 5 5 3 1 3 4

饬（7画）
丿 乛 乛 丿 一 乛 丿
3 5 5 3 1 5 3

饭（7画）
丿 乛 乛 丿 丿 乛 丶
3 5 5 3 3 5 4

饮（7画）
丿 乛 乛 丿 乛 丿 丶
3 5 5 3 5 3 4

系（7画）
丿 乛 乛 丶 丨 丿 丶
3 5 5 4 2 3 4

言（7画）
丶 一 一 一 丨 乛 一
4 1 1 1 2 5 1

冻（7画）
丶 一 一 乛 丨 丿 丶
4 1 1 5 2 3 4

状（7画）
丶 一 丨 一 丿 丶 丶
4 1 2 1 3 4 4

亩（7画）
丶 一 丨 乛 一 丨 一
4 1 2 5 1 2 1

况（7画）
丶 一 丨 乛 一 丿 乛
4 1 2 5 1 3 5

亨（7画）
丶 一 丨 乛 一 乛 丨
4 1 2 5 1 5 2

庑（7画）
丶 一 丿 一 一 丿 乛
4 1 3 1 1 3 5

床（7画）
丶 一 丿 一 丨 丿 丶
4 1 3 1 2 3 4

庋（7画）
丶 一 丿 一 丨 乛 丶
4 1 3 1 2 5 4

库（7画）
丶 一 丿 一 乛 一 丨
4 1 3 1 5 1 2

庇（7画）
丶 亠 广 户 庀 庀 庇
、一ノ一乛ノ乛
4 1 3 1 5 3 5

疔（7画）
丶 亠 广 广 疒 疔 疔
、一ノ、一一丨
4 1 3 4 1 1 2

疖（7画）
丶 亠 广 广 疒 疔 疖
、一ノ、一乛丨
4 1 3 4 1 5 2

疗（7画）
丶 亠 广 广 疒 疗 疗
、一ノ、一乛丨
4 1 3 4 1 5 2

吝（7画）
丶 亠 ナ 文 吝 吝 吝
、一ノ、丨乛一
4 1 3 4 2 5 1

应（7画）
丶 亠 广 广 庁 应 应
、一ノ、、ノ一
4 1 3 4 4 3 1

冷（7画）
丶 冫 冫 冷 冷 冷 冷
、一ノ、、乛、
4 1 3 4 4 5 4

这（7画）
丶 亠 ナ 文 文 这 这
、一ノ、、乛、
4 1 3 4 4 5 4

庐（7画）
丶 亠 广 广 庐 庐 庐
、一ノ、乛一ノ
4 1 3 4 5 1 3

序（7画）
丶 亠 广 庀 序 序 序
、一ノ乛、乛丨
4 1 3 5 4 5 2

辛（7画）
丶 亠 立 立 立 辛 辛
、一、ノ一一丨
4 1 4 3 1 1 2

肓（7画）
丶 亠 亡 亡 肓 肓 肓
、一乛丨乛一一
4 1 5 2 5 1 1

弃（7画）
丶 亠 亡 去 去 弃 弃
、一乛、一ノ丨
4 1 5 4 1 3 2

冶（7画）
丶 冫 冫 冶 冶 冶 冶
、一乛、丨乛一
4 1 5 4 2 5 1

忘（7画）
丶 亠 亡 亡 忘 忘 忘
、一乛、乛、、
4 1 5 4 5 4 4

闰（7画）
丶 门 门 门 闩 闰 闰
、丨乛一一丨一
4 2 5 1 1 2 1

闹（7画）
丶 门 门 门 闩 闹 闹
、丨乛一一乛丨
4 2 5 1 1 5 2

闲（7画）
丶 门 门 门 闲 闲 闲
、丨乛一丨ノ、
4 2 5 1 2 3 4

闳（7画）
丶 门 门 门 闳 闳 闳
、丨乛一ノ乛、
4 2 5 1 3 5 4

间（7画）
丶 门 门 门 间 间 间
、丨乛丨乛一一
4 2 5 2 5 1 1

闵（7画）
丶 丨 𠃌 丶 一 丿 丶
4 2 5 4 1 3 4

闶（7画）
丶 丨 𠃌 丶 一 丿 𠃌
4 2 5 4 1 3 5

闷（7画）
丶 丨 𠃌 丶 𠃌 丶 丶
4 2 5 4 5 4 4

羌（7画）
丶 丿 一 一 一 丿 𠃌
4 3 1 1 1 3 5

判（7画）
丶 丿 一 一 丿 丨 丨
4 3 1 1 3 2 2

兑（7画）
丶 丿 丨 𠃌 一 丿 𠃌
4 3 2 5 1 3 5

灶（7画）
丶 丿 丿 丶 一 丨 一
4 3 3 4 1 2 1

灿（7画）
丶 丿 丿 丶 丨 𠃌 丨
4 3 3 4 2 5 2

灼（7画）
丶 丿 丿 丶 丿 𠃌 丶
4 3 3 4 3 5 4

炀（7画）
丶 丿 丿 丶 𠃌 丿 丿
4 3 3 4 5 3 3

弟（7画）
丶 丿 𠃌 一 𠃌 丨 丿
4 3 5 1 5 2 3

沣（7画）
丶 丶 一 一 一 一 丨
4 4 1 1 1 1 2

汪（7画）
丶 丶 一 一 一 丨 一
4 4 1 1 1 2 1

沅（7画）
丶 丶 一 一 一 丿 𠃌
4 4 1 1 1 3 5

沄（7画）
丶 丶 一 一 一 𠃌 丶
4 4 1 1 1 5 4

沐（7画）
丶 丶 一 一 丨 丿 丶
4 4 1 1 2 3 4

沛（7画）
丶 丶 一 一 丨 𠃌 丨
4 4 1 1 2 5 2

沔（7画）
丶 丶 一 一 丨 𠃌 𠃌
4 4 1 1 2 5 5

汰（7画）
丶 丶 一 一 丿 丶 丶
4 4 1 1 3 4 4

沤（7画）
丶 丶 一 一 丿 丶 𠃌
4 4 1 1 3 4 5

沥（7画）
氵氵氵沪沥沥沥
丶丶一一丿𠃌丿
4 4 1 1 3 5 3

沌（7画）
氵氵氵沪沪沍沌
丶丶一一𠃌丨𠃌
4 4 1 1 5 2 5

沘（7画）
氵氵氵汢沘沘沘
丶丶一一𠃌丿𠃌
4 4 1 1 5 3 5

沏（7画）
氵氵氵汢沏沏沏
丶丶一一𠃌𠃌丿
4 4 1 1 5 5 3

沚（7画）
氵氵氵汁汁沚沚
丶丶一丨一丨一
4 4 1 2 1 2 1

沙（7画）
氵氵氵汁沙沙沙
丶丶一丨丿丶丿
4 4 1 2 3 4 3

汩（7画）
氵氵氵汩汩汩汩
丶丶一丨𠃌一一
4 4 1 2 5 1 1

汨（7画）
氵氵氵汨汨汨汨
丶丶一丨𠃌一一
4 4 1 2 5 1 1

汭（7画）
氵氵氵汭汭汭汭
丶丶一丨𠃌丿丶
4 4 1 2 5 3 4

汽（7画）
氵氵氵汽汽汽汽
丶丶一丿一一𠃌
4 4 1 3 1 1 5

沃（7画）
氵氵氵沃沃沃沃
丶丶一丿一丿丶
4 4 1 3 1 3 4

沂（7画）
氵氵氵沂沂沂沂
丶丶一丿丿一丨
4 4 1 3 3 1 2

沦（7画）
氵氵氵沦沦沦沦
丶丶一丿丶丿𠃌
4 4 1 3 4 3 5

汹（7画）
氵氵氵汹汹汹汹
丶丶一丿丶𠃌丨
4 4 1 3 4 5 2

汾（7画）
氵氵氵汾汾汾汾
丶丶一丿丶𠃌丿
4 4 1 3 4 5 3

泛（7画）
氵氵氵泛泛泛泛
丶丶一丿丶𠃌丶
4 4 1 3 4 5 4

沧（7画）
氵氵氵沧沧沧沧
丶丶一丿丶𠃌𠃌
4 4 1 3 4 5 5

沨（7画）
氵氵氵沨沨沨沨
丶丶一丿𠃌丿丶
4 4 1 3 5 3 4

沟（7画）
氵氵氵沟沟沟沟
丶丶一丿𠃌𠃌丶
4 4 1 3 5 5 4

没（7画）
氵氵氵没没没没
丶丶一丿𠃌𠃌丶
4 4 1 3 5 5 4

汴（7画）
丶 丷 氵 氵丶 氵亠 汴 汴
丶 丶 一 丶 一 丨 丶
4 4 1 4 1 2 4

汶（7画）
丶 丷 氵 氵丶 氵亠 汶 汶
丶 丶 一 丶 一 丿 丶
4 4 1 4 1 3 4

沆（7画）
丶 丷 氵 氵丶 氵亠 沆 沆
丶 丶 一 丶 一 丿 乛
4 4 1 4 1 3 5

沩（7画）
丶 丷 氵 氵丶 氵丿 沩 沩
丶 丶 一 丶 丿 乛 丶
4 4 1 4 3 5 4

沪（7画）
丶 丷 氵 氵丶 沪 沪 沪
丶 丶 一 丶 乛 一 丿
4 4 1 4 5 1 3

沈（7画）
丶 丷 氵 氵丶 氵冖 沈 沈
丶 丶 一 丶 乛 丿 乛
4 4 1 4 5 3 5

沉（7画）
丶 丷 氵 氵丶 氵冖 沉 沉
丶 丶 一 丶 乛 丿 乛
4 4 1 4 5 3 5

沁（7画）
丶 丷 氵 氵丶 沁 沁 沁
丶 丶 一 丶 乛 丶 丶
4 4 1 4 5 4 4

泐（7画）
丶 丷 氵 泐 泐 泐 泐
丶 丶 一 乛 丨 乛 丿
4 4 1 5 2 5 3

怃（7画）
丶 丷 忄 忄一 忄二 怃 怃
丶 丶 丨 一 一 丿 乛
4 4 2 1 1 3 5

忮（7画）
丶 丷 忄 忄一 忄十 忮 忮
丶 丶 丨 一 丨 乛 丶
4 4 2 1 2 5 4

怀（7画）
丶 丷 忄 忄一 怀 怀 怀
丶 丶 丨 一 丿 丨 丶
4 4 2 1 3 2 4

怄（7画）
丶 丷 忄 忄一 怄 怄 怄
丶 丶 丨 一 丿 丶 乛
4 4 2 1 3 4 5

忧（7画）
丶 丷 忄 忄一 忧 忧 忧
丶 丶 丨 一 丿 乛 丶
4 4 2 1 3 5 4

忡（7画）
丶 丷 忄 忄丨 忡 忡 忡
丶 丶 丨 丨 乛 一 丨
4 4 2 2 5 1 2

忤（7画）
丶 丷 忄 忄丿 忤 忤 忤
丶 丶 丨 丿 一 一 丨
4 4 2 3 1 1 2

忾（7画）
丶 丷 忄 忄丿 忾 忾 忾
丶 丶 丨 丿 一 一 乛
4 4 2 3 1 1 5

怅（7画）
丶 丷 忄 忄丿 怅 怅 怅
丶 丶 丨 丿 一 乛 丶
4 4 2 3 1 5 4

忻（7画）
丶 丷 忄 忄丿 忻 忻 忻
丶 丶 丨 丿 丿 一 丨
4 4 2 3 3 1 2

忪（7画）
丶 丷 忄 忄丿 忪 忪 忪
丶 丶 丨 丿 丶 乛 丶
4 4 2 3 4 5 4

怆（7画）
、、丨丿、乛乛
4 4 2 3 4 5 5

忭（7画）
、、丨、一丨、
4 4 2 4 1 2 4

忱（7画）
、、丨、乛丿乛
4 4 2 4 5 3 5

快（7画）
、、丨乛一丿、
4 4 2 5 1 3 4

忸（7画）
、、丨乛丨一一
4 4 2 5 2 1 1

完（7画）
、、乛一一丿乛
4 4 5 1 1 3 5

宋（7画）
、、乛一丨丿、
4 4 5 1 2 3 4

宏（7画）
、、乛一丿乛、
4 4 5 1 3 5 4

牢（7画）
、、乛丿一一丨
4 4 5 3 1 1 2

究（7画）
、、乛丿、丿乛
4 4 5 3 4 3 5

穷（7画）
、、乛丿、乛丿
4 4 5 3 4 5 3

灾（7画）
、、乛、丿丿、
4 4 5 4 3 3 4

良（7画）
、乛一一乛丿、
4 5 1 1 5 3 4

证（7画）
、乛一丨一丨一
4 5 1 2 1 2 1

诂（7画）
、乛一丨丨乛一
4 5 1 2 2 5 1

诃（7画）
、乛一丨乛一丨
4 5 1 2 5 1 2

启（7画）
、乛一丿丨乛一
4 5 1 3 2 5 1

评（7画）
、乛一、丿一丨
4 5 1 4 3 1 2

补（7画）
、乛丨丿、丨、
4 5 2 3 4 2 4

初（7画）
、乛丨丿、乛丿
4 5 2 3 4 5 3

社（7画）
、乛丨、一丨一
4 5 2 4 1 2 1

祀（7画）
、乛丨、乛一乛
4 5 2 4 5 1 5

祃（7画）
、乛丨、乛乛一
4 5 2 4 5 5 1

诅（7画）
、乛丨乛一一一
4 5 2 5 1 1 1

识（7画）
、乛丨乛一丿、
4 5 2 5 1 3 4

诈（7画）
、乛丿一丨一一
4 5 3 1 2 1 1

诉（7画）
、乛丿丿一丨、
4 5 3 3 1 2 4

罕（7画）
、乛丿、一一丨
4 5 3 4 1 1 2

诊（7画）
、乛丿、丿丿丿
4 5 3 4 3 3 3

诋（7画）
、乛丿乛一乛、
4 5 3 5 1 5 4

诌（7画）
、乛丿乛乛一一
4 5 3 5 5 1 1

词（7画）
、乛乛一丨乛一
4 5 5 1 2 5 1

诎（7画）
、乛乛丨丨乛丨
4 5 5 2 2 5 2

诏（7画）
、乛乛丿丨乛一
4 5 5 3 2 5 1

诐（7画）
、乛乛丿丨乛、
4 5 5 3 2 5 4

译（7画）
、乛乛、一一丨
4 5 5 4 1 1 2

诒（7画）
、乛乛、丨乛一
4 5 5 4 2 5 1

君（7画）
乛一一丿丨乛一
5 1 1 3 2 5 1

灵（7画）
乛一一、丿丿、
5 1 1 4 3 3 4

即（7画）
乛一一乛、乛丨
5 1 1 5 4 5 2

层（7画）
乛 コ 尸 尸 尸 层 层
乛 一 丿 一 一 乛 丶
5 1 3 1 1 5 4

屁（7画）
乛 コ 尸 尸 尼 屁 屁
乛 一 丿 一 乛 丿 乛
5 1 3 1 5 3 5

屃（7画）
乛 コ 尸 尸 尸 屃 屃
乛 一 丿 丨 乛 丿 丶
5 1 3 2 5 3 4

尿（7画）
乛 コ 尸 尸 尸 尿 尿
乛 一 丿 丨 乛 丿 丶
5 1 3 2 5 3 4

尾（7画）
乛 コ 尸 尸 尸 尸 尾
乛 一 丿 丿 一 一 乛
5 1 3 3 1 1 5

迟（7画）
乛 コ 尸 尺 尺 迟 迟
乛 一 丿 丶 丶 乛 丶
5 1 3 4 4 5 4

局（7画）
乛 コ 尸 月 局 局 局
乛 一 丿 乛 丨 乛 一
5 1 3 5 2 5 1

改（7画）
乛 コ 己 己 改 改 改
乛 一 乛 丿 一 丿 丶
5 1 5 3 1 3 4

张（7画）
乛 コ 弓 弓 弓 张 张
乛 一 乛 丿 一 乛 丶
5 1 5 3 1 5 4

忌（7画）
乛 コ 己 己 己 忌 忌
乛 一 乛 丶 乛 丶 丶
5 1 5 4 5 4 4

际（7画）
㇋ 阝 阝 阝 阝 际 际
乛 丨 一 一 丨 丿 丶
5 2 1 1 2 3 4

陆（7画）
㇋ 阝 阝 阝 阝 陆 陆
乛 丨 一 一 丨 乛 丨
5 2 1 1 2 5 2

阿（7画）
㇋ 阝 阝 阝 阿 阿 阿
乛 丨 一 丨 乛 一 丨
5 2 1 2 5 1 2

孜（7画）
乛 了 子 孑 孜 孜 孜
乛 丨 一 丿 一 丿 丶
5 2 1 3 1 3 4

陇（7画）
㇋ 阝 阝 阝 陇 陇 陇
乛 丨 一 丿 乛 丿 丶
5 2 1 3 5 3 4

陈（7画）
㇋ 阝 阝 阝 阵 阵 陈
乛 丨 一 乛 丨 丿 丶
5 2 1 5 2 3 4

阽（7画）
㇋ 阝 阝 阝 阝 阽 阽
乛 丨 丨 一 丨 乛 一
5 2 2 1 2 5 1

阻（7画）
㇋ 阝 阝 阳 阳 阳 阻
乛 丨 丨 乛 一 一 一
5 2 2 5 1 1 1

阼（7画）
㇋ 阝 阝 阝 阝 阼 阼
乛 丨 丿 一 丨 一 一
5 2 3 1 2 1 1

附（7画）
㇋ 阝 阝 阝 阝 附 附
乛 丨 丿 丨 一 丨 丶
5 2 3 2 1 2 4

坠（7画）
㇌ 阝 阝丿 队 队 坠 坠
乛 丨 丿 丶 一 丨 一
5 2 3 4 1 2 1

陀（7画）
㇌ 阝 阝丶 阝丶 阝宀 陀 陀
乛 丨 丶 丶 乛 丿 乛
5 2 4 4 5 3 5

陂（7画）
㇌ 阝 阝乛 阝厂 阝广 陂 陂
乛 丨 乛 丿 丨 乛 丶
5 2 5 3 2 5 4

陉（7画）
㇌ 阝 阝フ 阝ス 陉 陉 陉
乛 丨 乛 丶 一 丨 一
5 2 5 4 1 2 1

妍（7画）
ㄑ 女 女 女一 女二 妍 妍
乛 丿 一 一 一 丿 丨
5 3 1 1 1 3 2

妩（7画）
ㄑ 女 女 女一 女二 妩 妩
乛 丿 一 一 一 丿 乛
5 3 1 1 1 3 5

妓（7画）
ㄑ 女 女 女一 女十 妓 妓
乛 丿 一 一 丨 乛 丶
5 3 1 1 2 5 4

妪（7画）
ㄑ 女 女 女一 女ㄏ 妪 妪
乛 丿 一 一 丿 丶 乛
5 3 1 1 3 4 5

妣（7画）
ㄑ 女 女 女一 女比 妣 妣
乛 丿 一 一 乛 丿 乛
5 3 1 1 5 3 5

妙（7画）
ㄑ 女 女 女丨 女小 妙 妙
乛 丿 一 丨 丿 丶 丿
5 3 1 2 3 4 3

妊（7画）
ㄑ 女 女 女丿 女壬 妊 妊
乛 丿 一 丿 一 丨 一
5 3 1 3 1 2 1

妖（7画）
ㄑ 女 女 女丿 女二 妖 妖
乛 丿 一 丿 一 丿 丶
5 3 1 3 1 3 4

妗（7画）
ㄑ 女 女 女丿 女人 妗 妗
乛 丿 一 丿 丶 丶 乛
5 3 1 3 4 4 5

姊（7画）
ㄑ 女 女 女丿 女弓 姊 姊
乛 丿 一 丿 乛 丨 丿
5 3 1 3 5 2 3

妨（7画）
ㄑ 女 女 女丶 女亠 妨 妨
乛 丿 一 丶 一 乛 丿
5 3 1 4 1 5 3

妫（7画）
ㄑ 女 女 女丶 女丿 妫 妫
乛 丿 一 丶 丿 乛 丶
5 3 1 4 3 5 4

妒（7画）
ㄑ 女 女 女丶 女户 妒 妒
乛 丿 一 丶 乛 一 丿
5 3 1 4 5 1 3

妞（7画）
ㄑ 女 女 女乛 女丑 妞 妞
乛 丿 一 乛 丨 一 一
5 3 1 5 2 1 1

姒（7画）
ㄑ 女 女 女乚 女乚丶 姒 姒
乛 丿 一 乛 丶 丿 丶
5 3 1 5 4 3 4

妤（7画）
ㄑ 女 女 女乛 女予 妤 妤
乛 丿 一 乛 丶 乛 丨
5 3 1 5 4 5 2

努（7画）
ㄑ 女 女 女㇇ 奴 努 努
乛 丿 一 乛 丶 乛 丿
5 3 1 5 4 5 3

邵（7画）
㇆ 刀 刀 召 召 召阝 邵
乛 丿 丨 乛 一 乛 丨
5 3 2 5 1 5 2

劭（7画）
㇆ 刀 刀 召 召 召㇆ 劭
乛 丿 丨 乛 一 乛 丿
5 3 2 5 1 5 3

忍（7画）
㇆ 刀 刃 刃 忍 忍 忍
乛 丿 丶 丶 乛 丶 丶
5 3 4 4 5 4 4

到（7画）
㇇ ス 𠫔 至 至 到 到
乛 丶 一 丨 一 丨 丨
5 4 1 2 1 2 2

劲（7画）
㇇ ス 𠫔 圣 圣 劲 劲
乛 丶 一 丨 一 乛 丿
5 4 1 2 1 5 3

甬（7画）
乛 マ 甬 甬 甬 甬 甬
乛 丶 丨 乛 一 一 丨
5 4 2 5 1 1 2

郃（7画）
𠂉 厶 台 台 台 台阝 郃
乛 丶 丨 乛 一 乛 丨
5 4 2 5 1 5 2

矣（7画）
𠂉 厶 厶 矣 矣 矣 矣
乛 丶 丿 一 一 丿 丶
5 4 3 1 1 3 4

鸡（7画）
㇇ 又 又 鸡 鸡 鸡 鸡
乛 丶 丿 乛 丶 乛 一
5 4 3 5 4 5 1

纬（7画）
𠃋 纟 纟 纟 纟 纬 纬
乛 乛 一 一 一 乛 丨
5 5 1 1 1 5 2

纭（7画）
𠃋 纟 纟 纟 纟 纭 纭
乛 乛 一 一 一 乛 丶
5 5 1 1 1 5 4

驱（7画）
㇆ 马 马 马 马 驱 驱
乛 乛 一 一 丿 丶 乛
5 5 1 1 3 4 5

纯（7画）
𠃋 纟 纟 纟 纟 纯 纯
乛 乛 一 一 乛 丨 乛
5 5 1 1 5 2 5

纰（7画）
𠃋 纟 纟 纟 纟 纟 纰
乛 乛 一 一 乛 丿 乛
5 5 1 1 5 3 5

纱（7画）
𠃋 纟 纟 纟 纟 纱 纱
乛 乛 一 丨 丿 丶 丿
5 5 1 2 3 4 3

纲（7画）
𠃋 纟 纟 纟 纟 纲 纲
乛 乛 一 丨 乛 丿 丶
5 5 1 2 5 3 4

纳（7画）
𠃋 纟 纟 纟 纟 纳 纳
乛 乛 一 丨 乛 丿 丶
5 5 1 2 5 3 4

纴（7画）
𠃋 纟 纟 纟 纟 纴 纴
乛 乛 一 丿 一 丨 一
5 5 1 3 1 2 1

纵（7画）
𠃋 纟 纟 纟 纟 纵 纵
乛 乛 一 丿 丶 丿 丶
5 5 1 3 4 3 4

驳（7画）
乛乛一丿丶丿丶
5 5 1 3 4 3 4

纶（7画）
乛乛一丿丶丿乛
5 5 1 3 4 3 5

纷（7画）
乛乛一丿丶乛丿
5 5 1 3 4 5 3

纸（7画）
乛乛一丿乛一乛
5 5 1 3 5 1 5

纹（7画）
乛乛一丶一丿丶
5 5 1 4 1 3 4

纺（7画）
乛乛一丶一乛丿
5 5 1 4 1 5 3

纻（7画）
乛乛一丶丶乛一
5 5 1 4 4 5 1

驴（7画）
乛乛一丶乛一丿
5 5 1 4 5 1 3

纽（7画）
乛乛一乛丨一一
5 5 1 5 2 1 1

纾（7画）
乛乛一乛丶乛丨
5 5 1 5 4 5 2

奉（8画）
一一一丿丶一一丨
1 1 1 3 4 1 1 2

玩（8画）
一一丨一一一丿乛
1 1 2 1 1 1 3 5

玮（8画）
一一丨一一一乛丨
1 1 2 1 1 1 5 2

环（8画）
一一丨一一丿丨丶
1 1 2 1 1 3 2 4

玡（8画）
一一丨一一乛丨丿
1 1 2 1 1 5 2 3

武（8画）
一一丨一丨一乛丶
1 1 2 1 2 1 5 4

青（8画）
一一丨一丨乛一一
1 1 2 1 2 5 1 1

责（8画）
一一丨一丨乛丿丶
1 1 2 1 2 5 3 4

现（8画）
一一丨一丨乛丿乛
1 1 2 1 2 5 3 5

玫（8画）
一一丨一丿一丿丶
1 1 2 1 3 1 3 4

玠（8画）
一一丨一丿丶丿丨
1 1 2 1 3 4 3 2

玢（8画）
一一丨一丿丶乛丿
1 1 2 1 3 4 5 3

玥（8画）
一一丨一丿乛一一
1 1 2 1 3 5 1 1

表（8画）
一一丨一丿乛丿丶
1 1 2 1 3 5 3 4

玦（8画）
一一丨一乛一丿丶
1 1 2 1 5 1 3 4

甙（8画）
一一丨丨一一乛丶
1 1 2 2 1 1 5 4

盂（8画）
一一丨丨乛丨丨一
1 1 2 2 5 2 2 1

忝（8画）
一一丿丶丨丶丶丶
1 1 3 4 2 4 4 4

规（8画）
一一丿丶丨乛丿乛
1 1 3 4 2 5 3 5

瓩（8画）
一一乛丨一丿乛乛
1 1 5 2 1 3 5 5

抹（8画）
一丨一一一丨丿丶
1 2 1 1 1 2 3 4

卦（8画）
一丨一一丨一丨丶
1 2 1 1 2 1 2 4

邽（8画）
一丨一一丨一乛丨
1 2 1 1 2 1 5 2

坩（8画）
一丨一一丨丨一一
1 2 1 1 2 2 1 1

坷（8画）
一丨一一丨乛一丨
1 2 1 1 2 5 1 2

坯（8画）
一丨一一丿丨丶一
1 2 1 1 3 2 4 1

拓（8画）
一丨一一丿丨乛一
1 2 1 1 3 2 5 1

垅（8画）
一丨一一丿乛丿丶
1 2 1 1 3 5 3 4

拢（8画）
一丨一一丿乛丿丶
1 2 1 1 3 5 3 4

拔（8画）
一丨一一丿乛丶丶
1 2 1 1 3 5 4 4

字	笔画	笔顺
抨（8画）	一丨一一丶丿一丨	1 2 1 1 4 3 1 2
坪（8画）	一丨一一丶丿一丨	1 2 1 1 4 3 1 2
拣（8画）	一丨一一㇆㇆丿丶	1 2 1 1 5 5 3 4
拤（8画）	一丨一丨一一丨丶	1 2 1 2 1 1 2 4
拈（8画）	一丨一丨一丨㇆一	1 2 1 2 1 2 5 1
坫（8画）	一丨一丨一丨㇆一	1 2 1 2 1 2 5 1
垆（8画）	一丨一丨一㇆一丿	1 2 1 2 1 5 1 3
坦（8画）	一丨一丨㇆一一一	1 2 1 2 5 1 1 1
担（8画）	一丨一丨㇆一一一	1 2 1 2 5 1 1 1
坤（8画）	一丨一丨㇆一一丨	1 2 1 2 5 1 1 2
押（8画）	一丨一丨㇆一一丨	1 2 1 2 5 1 1 2
抻（8画）	一丨一丨㇆一一丨	1 2 1 2 5 1 1 2
抽（8画）	一丨一丨㇆一丨一	1 2 1 2 5 1 2 1
拐（8画）	一丨一丨㇆一㇆丿	1 2 1 2 5 1 5 3
拃（8画）	一丨一丿一丨一一	1 2 1 3 1 2 1 1
拖（8画）	一丨一丿一㇆丨㇆	1 2 1 3 1 5 2 5
拊（8画）	一丨一丿丨一丨丶	1 2 1 3 2 1 2 4
者（8画）	一丨一丿丨㇆一一	1 2 1 3 2 5 1 1
拍（8画）	一丨一丿丨㇆一一	1 2 1 3 2 5 1 1
顶（8画）	一丨一丿丨㇆丿丶	1 2 1 3 2 5 3 4

坼（8画）
一丨一丿丿一丨丶
1 2 1 3 3 1 2 4

拆（8画）
一丨一丿丿一丨丶
1 2 1 3 3 1 2 4

拎（8画）
一丨一丿丶丶乛丶
1 2 1 3 4 4 5 4

拥（8画）
一丨一丿乛一一丨
1 2 1 3 5 1 1 2

抵（8画）
一丨一丿乛一乛丶
1 2 1 3 5 1 5 4

坻（8画）
一丨一丿乛一乛丶
1 2 1 3 5 1 5 4

拘（8画）
一丨一丿乛丨乛一
1 2 1 3 5 2 5 1

势（8画）
一丨一丿乛丶乛丿
1 2 1 3 5 4 5 3

抱（8画）
一丨一丿乛乛一乛
1 2 1 3 5 5 1 5

拄（8画）
一丨一丶一一丨一
1 2 1 4 1 1 2 1

垃（8画）
一丨一丶一丶丿一
1 2 1 4 1 4 3 1

拉（8画）
一丨一丶一丶丿一
1 2 1 4 1 4 3 1

拦（8画）
一丨一丶丿一一一
1 2 1 4 3 1 1 1

幸（8画）
一丨一丶丿一一丨
1 2 1 4 3 1 1 2

拌（8画）
一丨一丶丿一一丨
1 2 1 4 3 1 1 2

拧（8画）
一丨一丶丶乛一丨
1 2 1 4 4 5 1 2

坨（8画）
一丨一丶丶乛丿乛
1 2 1 4 4 5 3 5

坭（8画）
一丨一乛一丿丿乛
1 2 1 5 1 3 3 5

抿（8画）
一丨一乛一乛一乛
1 2 1 5 1 5 1 5

拂（8画）
一丨一乛一乛丿丨
1 2 1 5 1 5 3 2

拙（8画）
一 十 扌 扌 扌 抻 拙 拙
一 丨 一 乛 丨 丨 乛 丨
1 2 1 5 2 2 5 2

招（8画）
一 十 扌 扌 扨 扨 招 招
一 丨 一 乛 丿 丨 乛 一
1 2 1 5 3 2 5 1

坡（8画）
一 十 土 圵 圹 圹 坡 坡
一 丨 一 乛 丿 丨 乛 丶
1 2 1 5 3 2 5 4

披（8画）
一 十 扌 扌 扩 扩 披 披
一 丨 一 乛 丿 丨 乛 丶
1 2 1 5 3 2 5 4

拨（8画）
一 十 扌 扌 扐 扐 拨 拨
一 丨 一 乛 丿 乛 丶 丶
1 2 1 5 3 5 4 4

择（8画）
一 十 扌 扌 扠 扠 择 择
一 丨 一 乛 丶 一 一 丨
1 2 1 5 4 1 1 2

拚（8画）
一 十 扌 扌 扌 拚 拚 拚
一 丨 一 乛 丶 一 丿 丨
1 2 1 5 4 1 3 2

抬（8画）
一 十 扌 扌 扌 抬 抬 抬
一 丨 一 乛 丶 丨 乛 一
1 2 1 5 4 2 5 1

拇（8画）
一 十 扌 扎 扣 拇 拇 拇
一 丨 一 乛 乛 丶 一 丶
1 2 1 5 5 4 1 4

坳（8画）
一 十 土 圵 圵 坳 坳 坳
一 丨 一 乛 乛 丶 乛 丿
1 2 1 5 5 4 5 3

拗（8画）
一 十 扌 扌 扌 扌 拗 拗
一 丨 一 乛 乛 丶 乛 丿
1 2 1 5 5 4 5 3

盯（8画）
一 厂 丌 丌 耳 耳 耵 耵
一 丨 丨 一 一 一 一 丨
1 2 2 1 1 1 1 2

其（8画）
一 十 廾 廾 甘 且 其 其
一 丨 丨 一 一 一 丿 丶
1 2 2 1 1 1 3 4

耶（8画）
一 厂 丌 丌 耳 耳 耶 耶
一 丨 丨 一 一 一 乛 丨
1 2 2 1 1 1 5 2

取（8画）
一 厂 丌 丌 耳 耳 取 取
一 丨 丨 一 一 一 乛 丶
1 2 2 1 1 1 5 4

茉（8画）
一 十 艹 艹 芏 芏 茉 茉
一 丨 丨 一 一 丨 丿 丶
1 2 2 1 1 2 3 4

苷（8画）
一 十 艹 艹 芇 苷 苷 苷
一 丨 丨 一 丨 丨 一 一
1 2 2 1 2 2 1 1

苦（8画）
一 十 艹 艹 芏 芏 苦 苦
一 丨 丨 一 丨 丨 乛 一
1 2 2 1 2 2 5 1

苯（8画）
一 十 艹 艹 芏 芊 苯 苯
一 丨 丨 一 丨 丿 丶 一
1 2 2 1 2 3 4 1

昔（8画）
一 十 廾 廾 艹 昔 昔 昔
一 丨 丨 一 丨 乛 一 一
1 2 2 1 2 5 1 1

字	笔画	笔形	笔顺
苛	（8画）	一丨丨一丨乛一丨	1 2 2 1 2 5 1 2
茉	（8画）	一丨丨一丿丨丶一	1 2 2 1 3 2 4 1
若	（8画）	一丨丨一丿丨乛一	1 2 2 1 3 2 5 1
茂	（8画）	一丨丨一丿乛丿丶	1 2 2 1 3 5 3 4
茏	（8画）	一丨丨一丿乛丿丶	1 2 2 1 3 5 3 4
苹	（8画）	一丨丨一丶丿一丨	1 2 2 1 4 3 1 2
苫	（8画）	一丨丨丨一丨乛一	1 2 2 2 1 2 5 1
苴	（8画）	一丨丨丨乛一一一	1 2 2 2 5 1 1 1
苜	（8画）	一丨丨丨乛一一一	1 2 2 2 5 1 1 1
苗	（8画）	一丨丨丨乛一丨一	1 2 2 2 5 1 2 1
英	（8画）	一丨丨丨乛一丿丶	1 2 2 2 5 1 3 4
苒	（8画）	一丨丨丨乛丨一一	1 2 2 2 5 2 1 1
苘	（8画）	一丨丨丨乛丨乛一	1 2 2 2 5 2 5 1
茌	（8画）	一丨丨丿丨一丨一	1 2 2 3 2 1 2 1
苻	（8画）	一丨丨丿丨一丨丶	1 2 2 3 2 1 2 4
苓	（8画）	一丨丨丿丶丶乛丶	1 2 2 3 4 4 5 4
茚	（8画）	一丨丨丿乛一乛丨	1 2 2 3 5 1 5 2
苟	（8画）	一丨丨丿乛丨乛一	1 2 2 3 5 2 5 1
茆	（8画）	一丨丨丿乛丿乛丨	1 2 2 3 5 3 5 2
茑	（8画）	一丨丨丿乛丶乛一	1 2 2 3 5 4 5 1

字	笔画	笔形	笔顺
苑	（8画）	一丨丨丿乛丶乛乛	1 2 2 3 5 4 5 5
苞	（8画）	一丨丨丿乛乛一乛	1 2 2 3 5 5 1 5
范	（8画）	一丨丨丶丶一乛乛	1 2 2 4 4 1 5 5
茓	（8画）	一丨丨丶丶乛丿丶	1 2 2 4 4 5 3 4
茔	（8画）	一丨丨丶乛一丨一	1 2 2 4 5 1 2 1
茕	（8画）	一丨丨丶乛乛一丨	1 2 2 4 5 5 1 2
直	（8画）	一丨丨乛一一一一	1 2 2 5 1 1 1 1
苠	（8画）	一丨丨乛一乛一乛	1 2 2 5 1 5 1 5
茀	（8画）	一丨丨乛一乛丿丨	1 2 2 5 1 5 3 2
茁	（8画）	一丨丨乛丨丨乛丨	1 2 2 5 2 2 5 2
茄	（8画）	一丨丨乛丿丨乛一	1 2 2 5 3 2 5 1
苕	（8画）	一丨丨乛丿丨乛一	1 2 2 5 3 2 5 1
茎	（8画）	一丨丨乛丶一丨一	1 2 2 5 4 1 2 1
苔	（8画）	一丨丨乛丶丨乛一	1 2 2 5 4 2 5 1
茅	（8画）	一丨丨乛丶乛丨丿	1 2 2 5 4 5 2 3
枉	（8画）	一丨丿丶一一丨一	1 2 3 4 1 1 2 1
林	（8画）	一丨丿丶一丨丿丶	1 2 3 4 1 2 3 4
枝	（8画）	一丨丿丶一丨乛丶	1 2 3 4 1 2 5 4
杯	（8画）	一丨丿丶一丿丨丶	1 2 3 4 1 3 2 4
枢	（8画）	一丨丿丶一丿丶乛	1 2 3 4 1 3 4 5

枥（8画）
一 十 才 木 木一 木厂 杤 枥
一丨丿丶一丿乛丿
1 2 3 4 1 3 5 3

柜（8画）
一 十 才 木 木一 木乛 柜 柜
一丨丿丶一乛一乛
1 2 3 4 1 5 1 5

枇（8画）
一 十 才 木 木一 木𠄌 木比 枇
一丨丿丶一乛丿乛
1 2 3 4 1 5 3 5

杪（8画）
一 十 才 木 木丨 木小 杪 杪
一丨丿丶丨丿丶丿
1 2 3 4 2 3 4 3

杳（8画）
一 十 才 木 木丨 杏 杳 杳
一丨丿丶丨乛一一
1 2 3 4 2 5 1 1

枘（8画）
一 十 才 木 木丨 木冂 枘 枘
一丨丿丶丨乛丿丶
1 2 3 4 2 5 3 4

枧（8画）
一 十 才 木 木丨 木冂 枧 枧
一丨丿丶丨乛丿乛
1 2 3 4 2 5 3 5

杵（8画）
一 十 才 木 木丿 木𠂉 木午 杵
一丨丿丶丿一一丨
1 2 3 4 3 1 1 2

枚（8画）
一 十 才 木 木丿 木𠂉 枚 枚
一丨丿丶丿一丿丶
1 2 3 4 3 1 3 4

枨（8画）
一 十 才 木 木丿 木𠂉 枨 枨
一丨丿丶丿一乛丶
1 2 3 4 3 1 5 4

析（8画）
一 十 才 木 木丿 木厂 木斤 析
一丨丿丶丿丿一丨
1 2 3 4 3 3 1 2

板（8画）
一 十 才 木 木丿 木厂 木反 板
一丨丿丶丿丿乛丶
1 2 3 4 3 3 5 4

枞（8画）
一 十 才 木 木丿 木人 木从 枞
一丨丿丶丿丶丿丶
1 2 3 4 3 4 3 4

松（8画）
一 十 才 木 木丿 木八 松 松
一丨丿丶丿丶乛丶
1 2 3 4 3 4 5 4

枪（8画）
一 十 才 木 木丿 木人 枪 枪
一丨丿丶丿丶乛乛
1 2 3 4 3 4 5 5

枫（8画）
一 十 才 木 木丿 机 枫 枫
一丨丿丶丿乛丿丶
1 2 3 4 3 5 3 4

构（8画）
一 十 才 木 木丿 杓 构 构
一丨丿丶丿乛乛丶
1 2 3 4 3 5 5 4

杭（8画）
一 十 才 木 木丶 木亠 杭 杭
一丨丿丶丶一丿乛
1 2 3 4 4 1 3 5

枋（8画）
一 十 才 木 木丶 木亠 枋 枋
一丨丿丶丶一乛丿
1 2 3 4 4 1 5 3

杰（8画）
一 十 才 木 木丶 杰 杰 杰
一丨丿丶丶丶丶丶
1 2 3 4 4 4 4 4

述（8画）
一 十 才 木 朮 朮 述 述
一 丨 丿 丶 丶 丶 乛 丶
1 2 3 4 4 4 5 4

枕（8画）
一 十 才 木 木 杧 枕 枕
一 丨 丿 丶 丶 乛 丿 乛
1 2 3 4 4 5 3 5

杻（8画）
一 十 才 木 朷 杽 杽 杻
一 丨 丿 丶 乛 丨 一 一
1 2 3 4 5 2 1 1

杷（8画）
一 十 才 木 朷 杷 杷 杷
一 丨 丿 丶 乛 丨 一 乛
1 2 3 4 5 2 1 5

杼（8画）
一 十 才 木 朷 杼 杼 杼
一 丨 丿 丶 乛 丶 乛 丨
1 2 3 4 5 4 5 2

丧（8画）
一 十 亠 卉 卉 丧 丧 丧
一 丨 丶 丿 一 乛 丿 丶
1 2 4 3 1 5 3 4

或（8画）
一 丅 丆 丆 可 式 或 或
一 丨 乛 一 一 乛 丿 丶
1 2 5 1 1 5 3 4

画（8画）
一 丅 冂 日 田 田 画 画
一 丨 乛 一 丨 一 乛 丨
1 2 5 1 2 1 5 2

卧（8画）
一 丅 ㄈ 五 臣 臣 卧 卧
一 丨 乛 一 丨 乛 丨 丶
1 2 5 1 2 5 2 4

事（8画）
一 丅 戸 亘 事 事 事 事
一 丨 乛 一 乛 一 一 丨
1 2 5 1 5 1 1 2

刺（8画）
一 丅 冂 巿 朿 朿 刺 刺
一 丨 乛 丨 丿 丶 丨 丨
1 2 5 2 3 4 2 2

枣（8画）
一 丅 冂 巿 朿 朿 朿 枣
一 丨 乛 丨 丿 丶 丶 丶
1 2 5 2 3 4 4 4

雨③（8画）
一 丅 冂 巾 雨 雨 雨 雨
一 丨 乛 丨 丶 丶 丶 丶
1 2 5 2 4 4 4 4

卖（8画）
一 十 亠 卉 卉 卉 卖 卖
一 丨 乛 丶 丶 一 丿 丶
1 2 5 4 4 1 3 4

研（8画）
一 丆 石 石 石 矸 矸 研
一 丿 丨 乛 一 一 一 丨
1 3 2 5 1 1 1 2

郁（8画）
一 ナ 冇 有 有 有 有 郁
一 丿 丨 乛 一 一 乛 丨
1 3 2 5 1 1 5 2

矻（8画）
一 丆 石 石 石 矻 矻 矻
一 丿 丨 乛 一 丿 一 乛
1 3 2 5 1 3 1 5

矾（8画）
一 丆 石 石 石 矾 矾 矾
一 丿 丨 乛 一 丿 乛 丶
1 3 2 5 1 3 5 4

矽（8画）
一 丆 石 石 石 矽 矽 矽
一 丿 丨 乛 一 丿 乛 丶
1 3 2 5 1 3 5 4

矿（8画）
一 丆 石 石 石 矿 矿 矿
一 丿 丨 乛 一 丶 一 丿
1 3 2 5 1 4 1 3

字	笔画数	笔画	笔顺编号
砀	（8画）	一丿丨乛一乛丿丿	1 3 2 5 1 5 3 3
码	（8画）	一丿丨乛一乛乛一	1 3 2 5 1 5 5 1
厕	（8画）	一丿丨乛丿丶丨丨	1 3 2 5 3 4 2 2
奈	（8画）	一丿丶一一丨丿丶	1 3 4 1 1 2 3 4
刳	（8画）	一丿丶一一乛丨丨	1 3 4 1 1 5 2 2
奔	（8画）	一丿丶一丨一丿丨	1 3 4 1 2 1 3 2
奇	（8画）	一丿丶一丨乛一丨	1 3 4 1 2 5 1 2
奄	（8画）	一丿丶丨乛一一乛	1 3 4 2 5 1 1 5
奋	（8画）	一丿丶丨乛一丨一	1 3 4 2 5 1 2 1
态	（8画）	一丿丶丶丶乛丶丶	1 3 4 4 4 5 4 4
瓯	（8画）	一丿丶乛一乛乛丶	1 3 4 5 1 5 5 4
欧	（8画）	一丿丶乛丿乛丿丶	1 3 4 5 3 5 3 4
殴	（8画）	一丿丶乛丿乛乛丶	1 3 4 5 3 5 5 4
垄	（8画）	一丿乛丿丶一丨一	1 3 5 3 4 1 2 1
殁	（8画）	一丿乛丶丿乛乛丶	1 3 5 4 3 5 5 4
郏	（8画）	一丶丿一丿丶乛丨	1 4 3 1 3 4 5 2
妻	（8画）	一乛一一丨乛丿一	1 5 1 1 2 5 3 1
轰	（8画）	一乛一丨乛丶乛丶	1 5 1 2 5 4 5 4
顷	（8画）	一乛一丿丨乛丿丶	1 5 1 3 2 5 3 4
转	（8画）	一乛丨一一一乛丶	1 5 2 1 1 1 5 4

轭（8画）
一 七 车 车 车一 车厂 车厄 轭
一乛丨一一丿乛乛
1 5 2 1 1 3 5 5

斩（8画）
一 七 车 车 车丿 车厂 车斤 斩
一乛丨一丿丿一丨
1 5 2 1 3 3 1 2

轮（8画）
一 七 车 车 车丿 车人 车今 轮
一乛丨一丿丶丿乛
1 5 2 1 3 4 3 5

软（8画）
一 七 车 车 车丿 车𠂊 车欠 软
一乛丨一丿乛丿丶
1 5 2 1 3 5 3 4

到（8画）
一 𠫔 云 至 至 至 到 到
一乛丶一丨一丨丨
1 5 4 1 2 1 2 2

郅（8画）
一 𠫔 云 至 至 至 至阝 郅
一乛丶一丨一乛丨
1 5 4 1 2 1 5 2

鸢（8画）
一 七 弋 弋 弋 弋 鸢 鸢
一乛丶丿乛丶乛一
1 5 4 3 5 4 5 1

非（8画）
丨 丨 彐 彐 非 非 非 非
丨一一一丨一一一
2 1 1 1 2 1 1 1

叔（8画）
丨 卜 上 上 未 未 叔 叔
丨一一丨丿丶乛丶
2 1 1 2 3 4 5 4

歧（8画）
丨 卜 止 止 止 止 歧 歧
丨一丨一一丨乛丶
2 1 2 1 1 2 5 4

肯（8画）
丨 卜 止 止 肯 肯 肯 肯
丨一丨一丨乛一一
2 1 2 1 2 5 1 1

齿（8画）
丨 卜 止 止 步 齿 齿 齿
丨一丨一丿丶乛丨
2 1 2 1 3 4 5 2

些（8画）
丨 卜 止 止 此 此 此 些
丨一丨一丿乛一一
2 1 2 1 3 5 1 1

卓（8画）
丨 卜 卢 占 占 卓 卓 卓
丨一丨乛一一一丨
2 1 2 5 1 1 1 2

虎（8画）
丨 卜 广 卢 卢 虍 虎 虎
丨一乛丿一乛丿乛
2 1 5 3 1 5 3 5

虏（8画）
丨 卜 广 卢 卢 虍 虏 虏
丨一乛丿一乛乛丿
2 1 5 3 1 5 5 3

肾（8画）
丨 刂 𠬤 𠬤 肾 肾 肾 肾
丨丨乛丶丨乛一一
2 2 5 4 2 5 1 1

贤（8画）
丨 刂 𠬤 𠬤 贤 贤 贤 贤
丨丨乛丶丨乛丿丶
2 2 5 4 2 5 3 4

尚（8画）
丨 丷 丷 尚 尚 尚 尚 尚
丨丶丿丨乛丨乛一
2 4 3 2 5 2 5 1

旰（8画）
丨 冂 日 日 日 旰 旰 旰
丨乛一一一一一丨
2 5 1 1 1 1 1 2

字	画数	笔顺	笔顺编号
旺	（8画）	丨乛一一一一丨一	2 5 1 1 1 1 2 1
具	（8画）	丨乛一一一一丿丶	2 5 1 1 1 1 3 4
昊	（8画）	丨乛一一一一丿丶	2 5 1 1 1 1 3 4
昙	（8画）	丨乛一一一一乛丶	2 5 1 1 1 1 5 4
果	（8画）	丨乛一一一丨丿丶	2 5 1 1 1 2 3 4
味	（8画）	丨乛一一一丨丿丶	2 5 1 1 1 2 3 4
杲	（8画）	丨乛一一一丨丿丶	2 5 1 1 1 2 3 4
昃	（8画）	丨乛一一一丿丿丶	2 5 1 1 1 3 3 4
昆	（8画）	丨乛一一一乛丿乛	2 5 1 1 1 5 3 5
国	（8画）	丨乛一一丨一丶一	2 5 1 1 2 1 4 1
哎	（8画）	丨乛一一丨丨丿丶	2 5 1 1 2 2 3 4
咕	（8画）	丨乛一一丨丨乛一	2 5 1 1 2 2 5 1
昌	（8画）	丨乛一一丨乛一一	2 5 1 1 2 5 1 1
呵	（8画）	丨乛一一丨乛一丨	2 5 1 1 2 5 1 2
哂	（8画）	丨乛一一丨乛丨乛	2 5 1 1 2 5 2 5
畅	（8画）	丨乛一一丨乛丿丿	2 5 1 1 2 5 3 3
呸	（8画）	丨乛一一丿丨丶一	2 5 1 1 3 2 4 1
昕	（8画）	丨乛一一丿丿一丨	2 5 1 1 3 3 1 2
明	（8画）	丨乛一一丿乛一一	2 5 1 1 3 5 1 1
易	（8画）	丨乛一一丿乛丿丿	2 5 1 1 3 5 3 3

昽（8画）
丨㇆一一丿㇆丿丶
2 5 1 1 3 5 3 4

昀（8画）
丨㇆一一丿㇆丶一
2 5 1 1 3 5 4 1

昂（8画）
丨㇆一一丿㇆㇆丨
2 5 1 1 3 5 5 2

旻（8画）
丨㇆一一丶一丿丶
2 5 1 1 4 1 3 4

昉（8画）
丨㇆一一丶一㇆丿
2 5 1 1 4 1 5 3

炅（8画）
丨㇆一一丶丿丿丶
2 5 1 1 4 3 3 4

咔（8画）
丨㇆一丨一一丨丶
2 5 1 2 1 1 2 4

畀（8画）
丨㇆一丨一一丿丨
2 5 1 2 1 1 3 2

虮（8画）
丨㇆一丨一丶丿㇆
2 5 1 2 1 4 3 5

迪（8画）
丨㇆一丨一丶㇆丶
2 5 1 2 1 4 5 4

典（8画）
丨㇆一丨丨一丿丶
2 5 1 2 2 1 3 4

固（8画）
丨㇆一丨丨㇆一一
2 5 1 2 2 5 1 1

忠（8画）
丨㇆一丨丶㇆丶丶
2 5 1 2 4 5 4 4

咀（8画）
丨㇆一丨㇆一一一
2 5 1 2 5 1 1 1

呷（8画）
丨㇆一丨㇆一一丨
2 5 1 2 5 1 1 2

呻（8画）
丨㇆一丨㇆一一丨
2 5 1 2 5 1 1 2

黾（8画）
丨㇆一丨㇆一一㇆
2 5 1 2 5 1 1 5

咒（8画）
丨㇆一丨㇆一丿㇆
2 5 1 2 5 1 3 5

咋（8画）
丨㇆一丿一丨一一
2 5 1 3 1 2 1 1

咐（8画）
丨㇆一丿丨一丨丶
2 5 1 3 2 1 2 4

呱（8画）
丨乛一丿丿乛丶丶
2 5 1 3 3 5 4 4

呼（8画）
丨乛一丿丶丿一丨
2 5 1 3 4 3 1 2

呤（8画）
丨乛一丿丶丶乛丶
2 5 1 3 4 4 5 4

咚（8画）
丨乛一丿乛丶丶丶
2 5 1 3 5 4 4 4

鸣（8画）
丨乛一丿乛丶乛一
2 5 1 3 5 4 5 1

咆（8画）
丨乛一丿乛乛一乛
2 5 1 3 5 5 1 5

咛（8画）
丨乛一丶丶乛一丨
2 5 1 4 4 5 1 2

咏（8画）
丨乛一丶乛乛丿丶
2 5 1 4 5 5 3 4

呢（8画）
丨乛一乛一丿丿乛
2 5 1 5 1 3 3 5

咄（8画）
丨乛一乛丨丨乛丨
2 5 1 5 2 2 5 2

呶（8画）
丨乛一乛丿一乛丶
2 5 1 5 3 1 5 4

咖（8画）
丨乛一乛丿丨乛一
2 5 1 5 3 2 5 1

呦（8画）
丨乛一乛乛丶乛丿
2 5 1 5 5 4 5 3

咝（8画）
丨乛一乛乛乛乛一
2 5 1 5 5 5 5 1

岵（8画）
丨乛丨一丨丨乛一
2 5 2 1 2 2 5 1

岢（8画）
丨乛丨一丨乛一丨
2 5 2 1 2 5 1 2

岸（8画）
丨乛丨一丿一一丨
2 5 2 1 3 1 1 2

岩（8画）
丨乛丨一丿丨乛一
2 5 2 1 3 2 5 1

帖（8画）
丨乛丨丨一丨乛一
2 5 2 2 1 2 5 1

罗（8画）
丨乛丨丨一丿乛丶
2 5 2 2 1 3 5 4

字	笔画	笔形	笔顺编号
岿	（8画）	丨乛丨丨丿乛一一	2 5 2 2 3 5 1 1
岬	（8画）	丨乛丨丨乛一一丨	2 5 2 2 5 1 1 2
岫	（8画）	丨乛丨丨乛一丨一	2 5 2 2 5 1 2 1
帜	（8画）	丨乛丨丨乛一丿丶	2 5 2 2 5 1 3 4
帙	（8画）	丨乛丨丿一一丿丶	2 5 2 3 1 1 3 4
帕	（8画）	丨乛丨丿丨乛一一	2 5 2 3 2 5 1 1
岭	（8画）	丨乛丨丿丶丶乛丶	2 5 2 3 4 4 5 4
岣	（8画）	丨乛丨丿乛丨乛一	2 5 2 3 5 2 5 1
峁	（8画）	丨乛丨丿乛丿乛丨	2 5 2 3 5 3 5 2
刿	（8画）	丨乛丨丿乛丶丨丨	2 5 2 3 5 4 2 2
峂	（8画）	丨乛丨丿乛丶丶丶	2 5 2 3 5 4 4 4
迥	（8画）	丨乛丨乛一丶乛丶	2 5 2 5 1 4 5 4
岷	（8画）	丨乛丨乛一乛一乛	2 5 2 5 1 5 1 5
剀	（8画）	丨乛丨乛一乛丨丨	2 5 2 5 1 5 2 2
凯	（8画）	丨乛丨乛一乛丿乛	2 5 2 5 1 5 3 5
帔	（8画）	丨乛丨乛丿丨乛丶	2 5 2 5 3 2 5 4
峄	（8画）	丨乛丨乛丶一一丨	2 5 2 5 4 1 1 2
沓	（8画）	丨乛丿丶丨乛一一	2 5 3 4 2 5 1 1
败	（8画）	丨乛丿丶丿一丿丶	2 5 3 4 3 1 3 4
账	（8画）	丨乛丿丶丿一乛丶	2 5 3 4 3 1 5 4

贩（8画）
丨乛丿丶丿丿乛丶
2 5 3 4 3 3 5 4

贬（8画）
丨乛丿丶丿丶乛丶
2 5 3 4 3 4 5 4

购（8画）
丨乛丿丶丿乛乛丶
2 5 3 4 3 5 5 4

贮（8画）
丨乛丿丶丶丶乛一
2 5 3 4 4 4 5 1

囹（8画）
丨乛丿丶丶乛丶一
2 5 3 4 4 5 4 1

图（8画）
丨乛丿乛丶丶丶一
2 5 3 5 4 4 4 1

罔（8画）
丨乛丶丿一丶一乛
2 5 4 3 1 4 1 5

钍（8画）
丿一一一乛一丨一
3 1 1 1 5 1 2 1

钎（8画）
丿一一一乛丿一丨
3 1 1 1 5 3 1 2

钏（8画）
丿一一一乛丿丨丨
3 1 1 1 5 3 2 2

钐（8画）
丿一一一乛丿丿丿
3 1 1 1 5 3 3 3

钓（8画）
丿一一一乛丿乛丶
3 1 1 1 5 3 5 4

钒（8画）
丿一一一乛丿乛丶
3 1 1 1 5 3 5 4

钔（8画）
丿一一一乛丶丨乛
3 1 1 1 5 4 2 5

钕（8画）
丿一一一乛乛丿一
3 1 1 1 5 5 3 1

钗（8画）
丿一一一乛乛丶丶
3 1 1 1 5 5 4 4

邾（8画）
丿一一丨丿丶乛丨
3 1 1 2 3 4 5 2

制（8画）
丿一一丨乛丨丨丨
3 1 1 2 5 2 2 2

知（8画）
丿一一丿丶丨乛一
3 1 1 3 4 2 5 1

迭（8画）
丿一一丿丶丶乛丶
3 1 1 3 4 4 5 4

字	笔画	笔顺代码
氛（8画）	丿一一乛丿丶乛丿	3 1 1 5 3 4 5 3
迮（8画）	丿一丨一一丶乛丶	3 1 2 1 1 4 5 4
垂（8画）	丿一丨一丨丨一一	3 1 2 1 2 2 1 1
牦（8画）	丿一丨一丿一一乛	3 1 2 1 3 1 1 5
牧（8画）	丿一丨一丿一丿丶	3 1 2 1 3 1 3 4
物（8画）	丿一丨一丿乛丿丿	3 1 2 1 3 5 3 3
乖（8画）	丿一丨丨一一丿乛	3 1 2 2 1 1 3 5
刮（8画）	丿一丨丨乛一丨丨	3 1 2 2 5 1 2 2
秆（8画）	丿一丨丿丶一一丨	3 1 2 3 4 1 1 2
和（8画）	丿一丨丿丶丨乛一	3 1 2 3 4 2 5 1
季（8画）	丿一丨丿丶乛丨一	3 1 2 3 4 5 2 1
委（8画）	丿一丨丿丶乛丿一	3 1 2 3 4 5 3 1
竺（8画）	丿一丶丿一丶一一	3 1 4 3 1 4 1 1
秉（8画）	丿一乛一一丨丿丶	3 1 5 1 1 2 3 4
迤（8画）	丿一乛丨乛丶乛丶	3 1 5 2 5 4 5 4
佳（8画）	丿丨一丨一一丨一	3 2 1 2 1 1 2 1
侍（8画）	丿丨一丨一一丨丶	3 2 1 2 1 1 2 4
佶（8画）	丿丨一丨一丨乛一	3 2 1 2 1 2 5 1
岳（8画）	丿丨一丨一丨乛丨	3 2 1 2 1 2 5 2
佬（8画）	丿丨一丨一丿丿乛	3 2 1 2 1 3 3 5

佴（8画）
丿丨一丨丨一一一
3 2 1 2 2 1 1 1

供（8画）
丿丨一丨丨一丿丶
3 2 1 2 2 1 3 4

使（8画）
丿丨一丨𠃍一丿丶
3 2 1 2 5 1 3 4

侑（8画）
丿丨一丿丨𠃍一一
3 2 1 3 2 5 1 1

佰（8画）
丿丨一丿丨𠃍一一
3 2 1 3 2 5 1 1

侉（8画）
丿丨一丿丶一一𠃍
3 2 1 3 4 1 1 5

例（8画）
丿丨一丿𠃍丶丨丨
3 2 1 3 5 4 2 2

侠（8画）
丿丨一丶丿一丿丶
3 2 1 4 3 1 3 4

臾（8画）
丿丨一𠃍一一丿丶
3 2 1 5 1 1 3 4

侥（8画）
丿丨一𠃍丿一丿𠃍
3 2 1 5 3 1 3 5

版（8画）
丿丨一𠃍丿丿𠃍丶
3 2 1 5 3 3 5 4

侄（8画）
丿丨一𠃍丶一丨一
3 2 1 5 4 1 2 1

岱（8画）
丿丨一𠃍丶丨𠃍丨
3 2 1 5 4 2 5 2

侦（8画）
丿丨丨一丨𠃍丿丶
3 2 2 1 2 5 3 4

侣（8画）
丿丨丨𠃍一丨𠃍一
3 2 2 5 1 2 5 1

侗（8画）
丿丨丨𠃍一丨𠃍一
3 2 2 5 1 2 5 1

侃（8画）
丿丨丨𠃍一丿丨𠃍
3 2 2 5 1 3 2 5

侧（8画）
丿丨丨𠃍丿丶丨丨
3 2 2 5 3 4 2 2

侏（8画）
丿丨丿一一丨丿丶
3 2 3 1 1 2 3 4

凭（8画）
丿丨丿一丨一丿𠃍
3 2 3 1 2 1 3 5

侨（8画）
丿 丨 丿 一 丿 丶 丿 丨
3 2 3 1 3 4 3 2

侩（8画）
丿 丨 丿 丶 一 一 乛 丶
3 2 3 4 1 1 5 4

佻（8画）
丿 丨 丿 丶 一 乛 丿 丶
3 2 3 4 1 5 3 4

佾（8画）
丿 丨 丿 丶 丨 乛 一 一
3 2 3 4 2 5 1 1

佩（8画）
丿 丨 丿 乛 一 丨 乛 丨
3 2 3 5 1 2 5 2

货（8画）
丿 丨 丿 乛 丨 乛 丿 丶
3 2 3 5 2 5 3 4

侈（8画）
丿 丨 丿 乛 丶 丿 乛 丶
3 2 3 5 4 3 5 4

侪（8画）
丿 丨 丶 一 丿 丶 丿 丨
3 2 4 1 3 4 3 2

佼（8画）
丿 丨 丶 一 丿 丶 丿 丶
3 2 4 1 3 4 3 4

依（8画）
丿 丨 丶 一 丿 乛 丿 丶
3 2 4 1 3 5 3 4

佯（8画）
丿 丨 丶 丿 一 一 一 丨
3 2 4 3 1 1 1 2

侬（8画）
丿 丨 丶 乛 丿 乛 丿 丶
3 2 4 5 3 5 3 4

帛（8画）
丿 丨 乛 一 一 丨 乛 丨
3 2 5 1 1 2 5 2

卑（8画）
丿 丨 乛 一 一 丿 一 丨
3 2 5 1 1 3 1 2

的（8画）
丿 丨 乛 一 一 丿 乛 丶
3 2 5 1 1 3 5 4

迫（8画）
丿 丨 乛 一 一 丶 乛 丶
3 2 5 1 1 4 5 4

阜（8画）
丿 丨 乛 一 乛 一 一 丨
3 2 5 1 5 1 1 2

侔（8画）
丿 丨 乛 丶 丿 一 一 丨
3 2 5 4 3 1 1 2

质（8画）
丿 丿 一 丨 丨 乛 丿 丶
3 3 1 2 2 5 3 4

欣（8画）
丿 丿 一 丨 丿 乛 丿 丶
3 3 1 2 3 5 3 4

邱（8画）
丿丿一丨㇕一㇋丨
3 3 1 2 5 1 5 2

征（8画）
丿丿丨一丨一丨一
3 3 2 1 2 1 2 1

徂（8画）
丿丿丨丨㇕一一一
3 3 2 2 5 1 1 1

往（8画）
丿丿丨丶一一丨一
3 3 2 4 1 1 2 1

爬（8画）
丿丿丨丶㇕丨一㇟
3 3 2 4 5 2 1 5

彼（8画）
丿丿丨㇇丿丨㇇㇏
3 3 2 5 3 2 5 4

径（8画）
丿丿丨㇇丶一丨一
3 3 2 5 4 1 2 1

所（8画）
丿丿㇕一丿丿一丨
3 3 5 1 3 3 1 2

舍（8画）
丿丶一一丨丨㇕一
3 4 1 1 2 2 5 1

金（8画）
丿丶一一丨丶丿一
3 4 1 1 2 4 3 1

剑（8画）
丿丶一一㇇丶丨丨
3 4 1 1 5 4 2 2

郐（8画）
丿丶一一㇇丶㇋丨
3 4 1 1 5 4 5 2

刹（8画）
丿丶一丨丿丶丨丨
3 4 1 2 3 4 2 2

命（8画）
丿丶一丨㇕一㇆丨
3 4 1 2 5 1 5 2

肴（8画）
丿丶一丿丨㇕一一
3 4 1 3 2 5 1 1

郄（8画）
丿丶一丿㇇丶㇋丨
3 4 1 3 5 4 5 2

斧（8画）
丿丶丿丶丿丿一丨
3 4 3 4 3 3 1 2

怂（8画）
丿丶丿丶丶㇃丶丶
3 4 3 4 4 5 4 4

爸（8画）
丿丶丿丶㇕丨一㇟
3 4 3 4 5 2 1·5

采（8画）
丿丶丶丿一丨丿丶
3 4 4 3 1 2 3 4

籴（8画）
丿 入 仌 仌 亼 籴 籴 籴
丿 丶 丶 丿 一 丨 丿 丶
3 4 4 3 1 2 3 4

觅（8画）
一 ⺈ 爫 爫 觅 觅 觅 觅
丿 丶 丶 丿 丨 乛 丿 乛
3 4 4 3 2 5 3 5

受（8画）
一 ⺈ 爫 爫 爫 受 受 受
丿 丶 丶 丿 丶 乛 乛 丶
3 4 4 3 4 5 5 4

乳（8画）
一 ⺈ 爫 爫 孚 孚 孚 乳
丿 丶 丶 丿 乛 丨 一 乛
3 4 4 3 5 2 1 5

贪（8画）
丿 人 亼 今 贪 贪 贪 贪
丿 丶 丶 乛 丨 乛 丿 丶
3 4 4 5 2 5 3 4

念（8画）
丿 人 亼 今 今 念 念 念
丿 丶 丶 乛 丶 乛 丶 丶
3 4 4 5 4 5 4 4

贫（8画）
丿 八 分 分 贫 贫 贫 贫
丿 丶 乛 丿 丨 乛 丿 丶
3 4 5 3 2 5 3 4

忿（8画）
丿 八 分 分 分 忿 忿 忿
丿 丶 乛 丿 丶 乛 丶 丶
3 4 5 3 4 5 4 4

瓮（8画）
丿 八 公 公 公 瓮 瓮 瓮
丿 丶 乛 丶 一 乛 乛 丶
3 4 5 4 1 5 5 4

戗（8画）
丿 𠆢 今 仓 仓 戗 戗 戗
丿 丶 乛 乛 一 乛 丿 丶
3 4 5 5 1 5 3 4

肼（8画）
丿 月 月 月 肝 肝 肼 肼
丿 乛 一 一 一 一 丿 丨
3 5 1 1 1 1 3 2

肤（8画）
丿 月 月 月 肝 肝 肤 肤
丿 乛 一 一 一 一 丿 丶
3 5 1 1 1 1 3 4

朊（8画）
丿 月 月 月 肝 肝 朊 朊
丿 乛 一 一 一 一 丿 乛
3 5 1 1 1 1 3 5

肺（8画）
丿 月 月 月 肝 肝 肺 肺
丿 乛 一 一 一 丨 乛 丨
3 5 1 1 1 2 5 2

肢（8画）
丿 月 月 月 肝 肢 肢 肢
丿 乛 一 一 一 丨 乛 丶
3 5 1 1 1 2 5 4

肽（8画）
丿 月 月 月 肝 肽 肽 肽
丿 乛 一 一 一 丿 丶 丶
3 5 1 1 1 3 4 4

肱（8画）
丿 月 月 月 肝 肱 肱 肱
丿 乛 一 一 一 丿 乛 丶
3 5 1 1 1 3 5 4

肫（8画）
丿 月 月 月 肝 肫 肫 肫
丿 乛 一 一 一 乛 丨 乛
3 5 1 1 1 5 2 5

肿（8画）
丿 月 月 月 肿 肿 肿 肿
丿 乛 一 一 丨 乛 一 丨
3 5 1 1 2 5 1 2

肭（8画）
丿 月 月 月 肭 肭 肭 肭
丿 乛 一 一 丨 乛 丿 丶
3 5 1 1 2 5 3 4

胀（8画）
丿乛一一丿一乛丶
3 5 1 1 3 1 5 4

朋（8画）
丿乛一一丿乛一一
3 5 1 1 3 5 1 1

肷（8画）
丿乛一一丿乛丿丶
3 5 1 1 3 5 3 4

股（8画）
丿乛一一丿乛乛丶
3 5 1 1 3 5 5 4

肮（8画）
丿乛一一丶一丿乛
3 5 1 1 4 1 3 5

肪（8画）
丿乛一一丶一乛丿
3 5 1 1 4 1 5 3

肥（8画）
丿乛一一乛丨一乛
3 5 1 1 5 2 1 5

服（8画）
丿乛一一乛丨乛丶
3 5 1 1 5 2 5 4

胁（8画）
丿乛一一乛丿丶丶
3 5 1 1 5 3 4 4

周（8画）
丿乛一丨一丨乛一
3 5 1 2 1 2 5 1

剁（8画）
丿乛一丨丿丶丨丨
3 5 1 2 3 4 2 2

昏（8画）
丿乛一乛丨乛一一
3 5 1 5 2 5 1 1

迩（8画）
丿乛丨丿丶丶乛丶
3 5 2 3 4 4 5 4

郇（8画）
丿乛丨乛一一乛丨
3 5 2 5 1 1 5 2

鱼（8画）
丿乛丨乛一丨一一
3 5 2 5 1 2 1 1

兔（8画）
丿乛丨乛一丿乛丶
3 5 2 5 1 3 5 4

狉（8画）
丿乛丿一丿丨丶一
3 5 3 1 3 2 4 1

狙（8画）
丿乛丿丨乛一一一
3 5 3 2 5 1 1 1

狎（8画）
丿乛丿丨乛一一丨
3 5 3 2 5 1 1 2

狐（8画）
丿乛丿丿丿乛丶丶
3 5 3 3 3 5 4 4

忽（8画）
丿乛丿丿丶乛丶丶
3 5 3 3 4 5 4 4

狝（8画）
丿乛丿丿乛丨丿丶
3 5 3 3 5 2 3 4

狗（8画）
丿乛丿丿乛丨乛一
3 5 3 3 5 2 5 1

狍（8画）
丿乛丿丿乛乛一乛
3 5 3 3 5 5 1 5

狞（8画）
丿乛丿丶丶乛一丨
3 5 3 4 4 5 1 2

狒（8画）
丿乛丿乛一乛丿丨
3 5 3 5 1 5 3 2

咎（8画）
丿乛丶丨丶丨乛一
3 5 4 2 4 2 5 1

备（8画）
丿乛丶丨乛一丨一
3 5 4 2 5 1 2 1

炙（8画）
丿乛丶丶丶丿丿丶
3 5 4 4 4 3 3 4

枭（8画）
丿乛丶乛一丨丿丶
3 5 4 5 1 2 3 4

饯（8画）
丿乛乛一一乛丿丶
3 5 5 1 1 5 3 4

饰（8画）
丿乛乛丿一丨乛丨
3 5 5 3 1 2 5 2

饱（8画）
丿乛乛丿乛乛一乛
3 5 5 3 5 5 1 5

饲（8画）
丿乛乛乛一丨乛一
3 5 5 5 1 2 5 1

饳（8画）
丿乛乛乛丨丨乛丨
3 5 5 5 2 2 5 2

饴（8画）
丿乛乛乛丶丨乛一
3 5 5 5 4 2 5 1

冽（8画）
丶一一丿乛丶丨丨
4 1 1 3 5 4 2 2

变（8画）
丶一丨丨丿丶乛丶
4 1 2 2 3 4 5 4

京（8画）
丶一丨乛一丨丿丶
4 1 2 5 1 2 3 4

享（8画）
丶一丨乛一乛丨一
4 1 2 5 1 5 2 1

洗（8画）
丶 氵 氵 氵 汁 浐 涉 洗
丶 一 丿 一 丨 一 丿 乛
4 1 3 1 2 1 3 5

庞（8画）
丶 亠 广 广 庐 庑 庞 庞
丶 一 丿 一 丿 乛 丿 丶
4 1 3 1 3 5 3 4

店（8画）
丶 亠 广 广 庐 庐 店 店
丶 一 丿 丨 一 丨 乛 一
4 1 3 2 1 2 5 1

夜（8画）
丶 亠 广 亻 疒 夜 夜 夜
丶 一 丿 丨 丿 乛 丶 丶
4 1 3 2 3 5 4 4

庙（8画）
丶 亠 广 广 庁 店 庙 庙
丶 一 丿 丨 乛 一 丨 一
4 1 3 2 5 1 2 1

府（8画）
丶 亠 广 广 庁 庁 府 府
丶 一 丿 丿 丨 一 丨 丶
4 1 3 3 2 1 2 4

底（8画）
丶 亠 广 广 庀 庀 底 底
丶 一 丿 丿 乛 一 乛 丶
4 1 3 3 5 1 5 4

庖（8画）
丶 亠 广 广 庁 庁 庁 庖
丶 一 丿 丿 乛 乛 一 乛
4 1 3 3 5 5 1 5

疟（8画）
丶 亠 广 疒 疒 疒 疟 疟
丶 一 丿 丶 一 一 乛 一
4 1 3 4 1 1 5 1

疠（8画）
丶 亠 广 疒 疒 疒 疠 疠
丶 一 丿 丶 一 一 乛 丿
4 1 3 4 1 1 5 3

疝（8画）
丶 亠 广 疒 疒 疒 疝 疝
丶 一 丿 丶 一 丨 乛 丨
4 1 3 4 1 2 5 2

疙（8画）
丶 亠 广 疒 疒 疒 疒 疙
丶 一 丿 丶 一 丿 一 乛
4 1 3 4 1 3 1 5

疚（8画）
丶 亠 广 疒 疒 疒 疚 疚
丶 一 丿 丶 一 丿 乛 丶
4 1 3 4 1 3 5 4

疡（8画）
丶 亠 广 疒 疒 疒 疡 疡
丶 一 丿 丶 一 乛 丿 丿
4 1 3 4 1 5 3 3

剂（8画）
丶 亠 文 文 齐 齐 剂 剂
丶 一 丿 丶 丿 丨 丨 丨
4 1 3 4 3 2 2 2

卒（8画）
丶 亠 ⺈ 亣 亣 亣 卒 卒
丶 一 丿 丶 丿 丶 一 丨
4 1 3 4 3 4 1 2

郊（8画）
丶 亠 亣 六 交 交 郊 郊
丶 一 丿 丶 丿 丶 乛 丨
4 1 3 4 3 4 5 2

究（8画）
丶 亠 亣 穴 穴 穴 究 究
丶 一 丿 丶 乛 丶 丿 乛
4 1 3 4 5 4 3 5

庚（8画）
丶 亠 广 户 庐 肩 庚 庚
丶 一 丿 乛 一 一 丿 丶
4 1 3 5 1 1 3 4

废（8画）
丶 亠 广 庐 庐 庐 废 废
丶 一 丿 乛 丿 乛 丶 丶
4 1 3 5 3 5 4 4

字	笔画	笔顺	代码
净	（8画）	丶一丿乛乛一一丨	4 1 3 5 5 1 1 2
妾	（8画）	丶一丶丿一乛丿一	4 1 4 3 1 5 3 1
盲	（8画）	丶一乛丨乛一一一	4 1 5 2 5 1 1 1
放	（8画）	丶一乛丿丿一丿丶	4 1 5 3 3 1 3 4
刻	（8画）	丶一乛丿丿丶丨丨	4 1 5 3 3 4 2 2
於	（8画）	丶一乛丿丿丶丶丶	4 1 5 3 3 4 4 4
劾	（8画）	丶一乛丿丿丶乛丿	4 1 5 3 3 4 5 3
育	（8画）	丶一乛丶丨乛一一	4 1 5 4 2 5 1 1
氓	（8画）	丶一乛乛一乛一乛	4 1 5 5 1 5 1 5
闸	（8画）	丶丨乛丨乛一一丨	4 2 5 2 5 1 1 2
闹	（8画）	丶丨乛丶一丨乛丨	4 2 5 4 1 2 5 2
郑	（8画）	丶丿一一丿丶乛丨	4 3 1 1 3 4 5 2
券	（8画）	丶丿一一丿丶乛丿	4 3 1 1 3 4 5 3
卷	（8画）	丶丿一一丿丶乛乛	4 3 1 1 3 4 5 5
单	（8画）	丶丿丨乛一一一丨	4 3 2 5 1 1 1 2
炜	（8画）	丶丿丿丶一一乛丨	4 3 3 4 1 1 5 2
炬	（8画）	丶丿丿丶一乛一乛	4 3 3 4 1 5 1 5
炖	（8画）	丶丿丿丶一乛丨乛	4 3 3 4 1 5 2 5
炒	（8画）	丶丿丿丶丨丿丶丿	4 3 3 4 2 3 4 3
炝	（8画）	丶丿丿丶丿丶乛乛	4 3 3 4 3 4 5 5

字	笔画	笔顺	编号
炊	(8画)	丶丿丿丶丿乛丿丶	4 3 3 4 3 5 3 4
炕	(8画)	丶丿丿丶丶一丿乛	4 3 3 4 4 1 3 5
炎	(8画)	丶丿丿丶丶丿丿丶	4 3 3 4 4 3 3 4
炉	(8画)	丶丿丿丶丶乛一丿	4 3 3 4 4 5 1 3
炔	(8画)	丶丿丿丶乛一丿丶	4 3 3 4 5 1 3 4
沫	(8画)	丶丶一一一丨丿丶	4 4 1 1 1 2 3 4
浅	(8画)	丶丶一一一乛丿丶	4 4 1 1 1 5 3 4
法	(8画)	丶丶一一丨一乛丶	4 4 1 1 2 1 5 4
泔	(8画)	丶丶一一丨丨一一	4 4 1 1 2 2 1 1
泄	(8画)	丶丶一一丨丨一乛	4 4 1 1 2 2 1 5
沽	(8画)	丶丶一一丨丨乛一	4 4 1 1 2 2 5 1
沭	(8画)	丶丶一一丨丿丶丶	4 4 1 1 2 3 4 4
河	(8画)	丶丶一一丨乛一丨	4 4 1 1 2 5 1 2
泷	(8画)	丶丶一一丿乛丿丶	4 4 1 1 3 5 3 4
沾	(8画)	丶丶一丨一丨乛一	4 4 1 2 1 2 5 1
泸	(8画)	丶丶一丨一乛一丿	4 4 1 2 1 5 1 3
沮	(8画)	丶丶一丨乛一一一	4 4 1 2 5 1 1 1
泪	(8画)	丶丶一丨乛一一一	4 4 1 2 5 1 1 1
油	(8画)	丶丶一丨乛一丨一	4 4 1 2 5 1 2 1
泱	(8画)	丶丶一丨乛一丿丶	4 4 1 2 5 1 3 4

泅（8画）
丶丶一丨乛丿丶一
4 4 1 2 5 3 4 1

泗（8画）
丶丶一丨乛丿乛一
4 4 1 2 5 3 5 1

泊（8画）
丶丶一丿丨乛一一
4 4 1 3 2 5 1 1

泠（8画）
丶丶一丿丶丶乛丶
4 4 1 3 4 4 5 4

泜（8画）
丶丶一丿乛一乛丶
4 4 1 3 5 1 5 4

泺（8画）
丶丶一丿乛丨丿丶
4 4 1 3 5 2 3 4

泃（8画）
丶丶一丿乛丨乛一
4 4 1 3 5 2 5 1

沿（8画）
丶丶一丿乛丨乛一
4 4 1 3 5 2 5 1

泖（8画）
丶丶一丿乛丿乛丨
4 4 1 3 5 3 5 2

泡（8画）
丶丶一丿乛乛一乛
4 4 1 3 5 5 1 5

注（8画）
丶丶一丶一一丨一
4 4 1 4 1 1 2 1

泣（8画）
丶丶一丶一丶丿一
4 4 1 4 1 4 3 1

泫（8画）
丶丶一丶一乛乛丶
4 4 1 4 1 5 5 4

泮（8画）
丶丶一丶丿一一丨
4 4 1 4 3 1 1 2

泞（8画）
丶丶一丶丶乛一丨
4 4 1 4 4 5 1 2

沱（8画）
丶丶一丶丶乛丿乛
4 4 1 4 4 5 3 5

泻（8画）
丶丶一丶乛一乛一
4 4 1 4 5 1 5 1

泌（8画）
丶丶一丶乛丶丿丶
4 4 1 4 5 4 3 4

泳（8画）
丶丶一丶乛乛丿丶
4 4 1 4 5 5 3 4

泥（8画）
丶丶一乛一丿丿乛
4 4 1 5 1 3 3 5

泯（8画）
丶 冫 氵 氵 沪 泥 泯 泯
、、一𠃍一𠃍一𠃍
4 4 1 5 1 5 1 5

沸（8画）
丶 冫 氵 氵 沪 泻 沸 沸
、、一𠃍一𠃍丿丨
4 4 1 5 1 5 3 2

泓（8画）
丶 冫 氵 氵 沪 泓 泓 泓
、、一𠃍一𠃍𠃍、
4 4 1 5 1 5 5 4

沼（8画）
丶 冫 氵 氵 沪 沼 沼 沼
、、一𠃍丿丨𠃍一
4 4 1 5 3 2 5 1

波（8画）
丶 冫 氵 氵 沪 沪 波 波
、、一𠃍丿丨𠃍、
4 4 1 5 3 2 5 4

泼（8画）
丶 冫 氵 氵 汸 泼 泼 泼
、、一𠃍丿𠃍、、
4 4 1 5 3 5 4 4

泽（8画）
丶 冫 氵 氵 泽 泽 泽 泽
、、一𠃍、一一丨
4 4 1 5 4 1 1 2

泾（8画）
丶 冫 氵 氵 泾 泾 泾 泾
、、一𠃍、一丨一
4 4 1 5 4 1 2 1

治（8画）
丶 冫 氵 氵 治 治 治 治
、、一𠃍、丨𠃍一
4 4 1 5 4 2 5 1

怔（8画）
丶 丷 忄 忄 忊 忓 怔 怔
、、丨一丨一丨一
4 4 2 1 2 1 2 1

怯（8画）
丶 丷 忄 忄 忙 怯 怯 怯
、、丨一丨一𠃍、
4 4 2 1 2 1 5 4

怙（8画）
丶 丷 忄 忄 忙 怙 怙 怙
、、丨一丨丨𠃍一
4 4 2 1 2 2 5 1

怵（8画）
丶 丷 忄 忄 忖 怵 怵 怵
、、丨一丨丿、、
4 4 2 1 2 3 4 4

怖（8画）
丶 丷 忄 忄 怖 怖 怖 怖
、、丨一丿丨𠃍丨
4 4 2 1 3 2 5 2

怦（8画）
丶 丷 忄 忄 怦 怦 怦 怦
、、丨一、丿一丨
4 4 2 1 4 3 1 2

怛（8画）
丶 丷 忄 忄 怛 怛 怛 怛
、、丨丨𠃍一一一
4 4 2 2 5 1 1 1

怏（8画）
丶 丷 忄 忄 怏 怏 怏 怏
、、丨丨𠃍一丿、
4 4 2 2 5 1 3 4

性（8画）
丶 丷 忄 忄 性 性 性 性
、、丨丿一一丨一
4 4 2 3 1 1 2 1

怍（8画）
丶 丷 忄 忄 怍 怍 怍 怍
、、丨丿一丨一一
4 4 2 3 1 2 1 1

怕（8画）
丶 丷 忄 忄 怕 怕 怕 怕
、、丨丿丨𠃍一一
4 4 2 3 2 5 1 1

怜（8画）
丶 丷 忄 忄丿 忄人 怜 怜 怜
丶 丶 丨 丿 丶 丶 乛 丶
4 4 2 3 4 4 5 4

怩（8画）
丶 丷 忄 忄乛 怩 怩 怩 怩
丶 丶 丨 乛 一 丿 丿 乛
4 4 2 5 1 3 3 5

怫（8画）
丶 丷 忄 忄乛 怫 怫 怫 怫
丶 丶 丨 乛 一 乛 丿 丨
4 4 2 5 1 5 3 2

怊（8画）
丶 丷 忄 忄乛 怊 怊 怊 怊
丶 丶 丨 乛 丿 丨 乛 一
4 4 2 5 3 2 5 1

怿（8画）
丶 丷 忄 忄乛 怿 怿 怿 怿
丶 丶 丨 乛 丶 一 一 丨
4 4 2 5 4 1 1 2

怪（8画）
丶 丷 忄 忄乛 怪 怪 怪 怪
丶 丶 丨 乛 丶 一 丨 一
4 4 2 5 4 1 2 1

怡（8画）
丶 丷 忄 忄乛 怡 怡 怡 怡
丶 丶 丨 乛 丶 丨 乛 一
4 4 2 5 4 2 5 1

学（8画）
丶 丷 䒑 ⺍ 学 学 学 学
丶 丶 丿 丶 乛 乛 丨 一
4 4 3 4 5 5 2 1

宝（8画）
丶 丷 宀 宀 宝 宝 宝 宝
丶 丶 乛 一 一 丨 一 丶
4 4 5 1 1 2 1 4

宗（8画）
丶 丷 宀 宀 宗 宗 宗 宗
丶 丶 乛 一 一 丨 丿 丶
4 4 5 1 1 2 3 4

定（8画）
丶 丷 宀 宀 宁 定 定 定
丶 丶 乛 一 丨 一 丿 丶
4 4 5 1 2 1 3 4

宕（8画）
丶 丷 宀 宀 宕 宕 宕 宕
丶 丶 乛 一 丿 丨 乛 一
4 4 5 1 3 2 5 1

宠（8画）
丶 丷 宀 宀 宠 宠 宠 宠
丶 丶 乛 一 丿 乛 丿 丶
4 4 5 1 3 5 3 4

宜（8画）
丶 丷 宀 宀 宜 宜 宜 宜
丶 丶 乛 丨 乛 一 一 一
4 4 5 2 5 1 1 1

审（8画）
丶 丷 宀 宀 审 审 审 审
丶 丶 乛 丨 乛 一 一 丨
4 4 5 2 5 1 1 2

宙（8画）
丶 丷 宀 宀 宙 宙 宙 宙
丶 丶 乛 丨 乛 一 丨 一
4 4 5 2 5 1 2 1

官（8画）
丶 丷 宀 宀 官 官 官 官
丶 丶 乛 丨 乛 一 乛 一
4 4 5 2 5 1 5 1

空（8画）
丶 丷 宀 穴 空 空 空 空
丶 丶 乛 丿 丶 一 丨 一
4 4 5 3 4 1 2 1

帘（8画）
丶 丷 宀 穴 帘 帘 帘 帘
丶 丶 乛 丿 丶 丨 乛 丨
4 4 5 3 4 2 5 2

穸（8画）
丶 丷 宀 穴 穸 穸 穸 穸
丶 丶 乛 丿 丶 丿 乛 丶
4 4 5 3 4 3 5 4

穹（8画）
丶丶乛丿丶乛一乛
4 4 5 3 4 5 1 5

宛（8画）
丶丶乛丿乛丶乛乛
4 4 5 3 5 4 5 5

实（8画）
丶丶乛丶丶一丿丶
4 4 5 4 4 1 3 4

宓（8画）
丶丶乛丶乛丶丿丶
4 4 5 4 5 4 3 4

诓（8画）
丶乛一一一丨一乛
4 5 1 1 1 2 1 5

诔（8画）
丶乛一一一丨丿丶
4 5 1 1 1 2 3 4

试（8画）
丶乛一一丨一乛丶
4 5 1 1 2 1 5 4

郎（8画）
丶乛一一乛丶乛丨
4 5 1 1 5 4 5 2

诖（8画）
丶乛一丨一一丨一
4 5 1 2 1 1 2 1

诗（8画）
丶乛一丨一一丨丶
4 5 1 2 1 1 2 4

诘（8画）
丶乛一丨一丨乛一
4 5 1 2 1 2 5 1

戾（8画）
丶乛一丿一丿丶丶
4 5 1 3 1 3 4 4

肩（8画）
丶乛一丿丨乛一一
4 5 1 3 2 5 1 1

房（8画）
丶乛一丿丶一乛丿
4 5 1 3 4 1 5 3

诙（8画）
丶乛一丿丶丿丿丶
4 5 1 3 4 3 3 4

戽（8画）
丶乛一丿丶丶一丨
4 5 1 3 4 4 1 2

诚（8画）
丶乛一丿乛乛丿丶
4 5 1 3 5 5 3 4

郓（8画）
丶乛一乛丨一乛丨
4 5 1 5 2 1 5 2

衬（8画）
丶乛丨丿丶一丨丶
4 5 2 3 4 1 2 4

衫（8画）
丶乛丨丿丶丿丿丿
4 5 2 3 4 3 3 3

祋（8画）
丶乛丨丿丶乛丶丶
4 5 2 3 4 5 4 4

祆（8画）
丶乛丨丶一一丿丶
4 5 2 4 1 1 3 4

祎（8画）
丶乛丨丶一一乛丨
4 5 2 4 1 1 5 2

祉（8画）
丶乛丨丶丨一丨一
4 5 2 4 2 1 2 1

视（8画）
丶乛丨丶丨乛丿乛
4 5 2 4 2 5 3 5

祈（8画）
丶乛丨丶丿丿一丨
4 5 2 4 3 3 1 2

诛（8画）
丶乛丿一一丨丿丶
4 5 3 1 1 2 3 4

诜（8画）
丶乛丿一丨一丿乛
4 5 3 1 2 1 3 5

话（8画）
丶乛丿一丨丨乛一
4 5 3 1 2 2 5 1

诞（8画）
丶乛丿丨一乛乛丶
4 5 3 2 1 5 5 4

诟（8画）
丶乛丿丿一丨乛一
4 5 3 3 1 2 5 1

诠（8画）
丶乛丿丶一一丨一
4 5 3 4 1 1 2 1

诡（8画）
丶乛丿乛一丿乛乛
4 5 3 5 1 3 5 5

询（8画）
丶乛丿乛丨乛一一
4 5 3 5 2 5 1 1

诣（8画）
丶乛丿乛丨乛一一
4 5 3 5 2 5 1 1

诤（8画）
丶乛丿乛乛一一丨
4 5 3 5 5 1 1 2

该（8画）
丶乛丶一乛丿丿丶
4 5 4 1 5 3 3 4

详（8画）
丶乛丶丿一一一丨
4 5 4 3 1 1 1 2

诧（8画）
丶乛丶丶乛丿一乛
4 5 4 4 5 3 1 5

诨（8画）
丶乛丶乛一乛一丨
4 5 4 5 1 5 1 2

诩（8画）
丶 乛 乛 丶 一 乛 丶 一
4 5 5 4 1 5 4 1

建（8画）
乛 一 一 一 一 丨 乛 丶
5 1 1 1 1 2 5 4

肃（8画）
乛 一 一 丨 丿 丨 丿 丶
5 1 1 2 3 2 3 4

隶（8画）
乛 一 一 丨 丶 一 丿 丶
5 1 1 2 4 1 3 4

录（8画）
乛 一 一 丨 丶 一 丿 丶
5 1 1 2 4 1 3 4

帚（8画）
乛 一 一 丶 乛 丨 乛 丨
5 1 1 4 5 2 5 2

屉（8画）
乛 一 丿 一 丨 丨 一 乛
5 1 3 1 2 2 1 5

居（8画）
乛 一 丿 一 丨 丨 乛 一
5 1 3 1 2 2 5 1

届（8画）
乛 一 丿 丨 乛 一 丨 一
5 1 3 2 5 1 2 1

刷（8画）
乛 一 丿 丨 乛 丨 丨 丨
5 1 3 2 5 2 2 2

鸤（8画）
乛 一 丿 丿 乛 丶 乛 一
5 1 3 3 5 4 5 1

屈（8画）
乛 一 丿 乛 丨 丨 乛 丨
5 1 3 5 2 2 5 2

弧（8画）
乛 一 乛 丿 丿 乛 丶 丶
5 1 5 3 3 5 4 4

弥（8画）
乛 一 乛 丿 乛 丨 丿 丶
5 1 5 3 5 2 3 4

弦（8画）
乛 一 乛 丶 一 乛 乛 丶
5 1 5 4 1 5 5 4

承（8画）
乛 丨 一 一 一 乛 丿 丶
5 2 1 1 1 5 3 4

孟（8画）
乛 丨 一 丨 乛 丨 丨 一
5 2 1 2 5 2 2 1

陋（8画）
乛 丨 一 丨 乛 丿 丶 乛
5 2 1 2 5 3 4 5

戕（8画）
乛 丨 一 丿 一 乛 丿 丶
5 2 1 3 1 5 3 4

陌（8画）
乛 丨 一 丿 丨 乛 一 一
5 2 1 3 2 5 1 1

孤（8画）
乛丨一丿丿乛丶丶
5 2 1 3 3 5 4 4

孢（8画）
乛丨一丿乛乛一乛
5 2 1 3 5 5 1 5

陕（8画）
乛丨一丶丿一丿丶
5 2 1 4 3 1 3 4

亟（8画）
乛丨丨乛一乛丶一
5 2 2 5 1 5 4 1

降（8画）
乛丨丿乛丶一乛丨
5 2 3 5 4 1 5 2

函（8画）
乛丨丶一丿丶乛丨
5 2 4 1 3 4 5 2

陔（8画）
乛丨丶一乛丿丿丶
5 2 4 1 5 3 3 4

限（8画）
乛丨乛一一乛丿丶
5 2 5 1 1 5 3 4

卺（8画）
乛丨乛丿丶一乛乛
5 2 5 3 4 1 5 5

妹（8画）
乛丿一一一丨丿丶
5 3 1 1 1 2 3 4

姑（8画）
乛丿一一丨丨乛一
5 3 1 1 2 2 5 1

姐（8画）
乛丿一丨乛一一一
5 3 1 2 5 1 1 1

妲（8画）
乛丿一丨乛一一一
5 3 1 2 5 1 1 1

妯（8画）
乛丿一丨乛一丨一
5 3 1 2 5 1 2 1

姓（8画）
乛丿一丿一一丨一
5 3 1 3 1 1 2 1

姗（8画）
乛丿一丿乛丿乛一
5 3 1 3 5 3 5 1

妮（8画）
乛丿一乛一丿丿乛
5 3 1 5 1 3 3 5

始（8画）
乛丿一乛丶丨乛一
5 3 1 5 4 2 5 1

帑（8画）
乛丿一乛丶丨乛丨
5 3 1 5 4 2 5 2

弩（8画）
乛丿一乛丶乛一乛
5 3 1 5 4 5 1 5

字	画数	笔画	笔顺编号
努	(8画)	𠃍 丿 一 𠃍 丶 𠃍 丨 一	5 3 1 5 4 5 2 1
弩	(8画)	𠃍 丿 一 𠃍 丶 𠃍 𠃍 一	5 3 1 5 4 5 5 1
姆	(8画)	𠃍 丿 一 𠃍 𠃍 丶 一 丶	5 3 1 5 5 4 1 4
虱	(8画)	𠃍 丿 丨 𠃍 一 丨 一 丶	5 3 2 5 1 2 1 4
迦	(8画)	𠃍 丿 丨 𠃍 一 丶 𠃍 丶	5 3 2 5 1 4 5 4
迢	(8画)	𠃍 丿 丨 𠃍 一 丶 𠃍 丶	5 3 2 5 1 4 5 4
驾	(8画)	𠃍 丿 丨 𠃍 一 𠃍 𠃍 一	5 3 2 5 1 5 5 1
叁	(8画)	𠃍 丶 一 丿 丶 一 一 一	5 4 1 3 4 1 1 1
参	(8画)	𠃍 丶 一 丿 丶 丿 丿 丿	5 4 1 3 4 3 3 3
迨	(8画)	𠃍 丶 丨 𠃍 一 丶 𠃍 丶	5 4 2 5 1 4 5 4
艰	(8画)	𠃍 丶 𠃍 一 一 𠃍 丿 丶	5 4 5 1 1 5 3 4
线	(8画)	𠃍 𠃍 一 一 一 𠃍 丿 丶	5 5 1 1 1 5 3 4
绀	(8画)	𠃍 𠃍 一 一 丨 丨 一 一	5 5 1 1 2 2 1 1
绁	(8画)	𠃍 𠃍 一 一 丨 丨 一 𠃍	5 5 1 1 2 2 1 5
绂	(8画)	𠃍 𠃍 一 一 丿 𠃍 丶 丶	5 5 1 1 3 5 4 4
练	(8画)	𠃍 𠃍 一 一 𠃍 𠃍 丿 丶	5 5 1 1 5 5 3 4
驵	(8画)	𠃍 𠃍 一 丨 𠃍 一 一 一	5 5 1 2 5 1 1 1
组	(8画)	𠃍 𠃍 一 丨 𠃍 一 一 一	5 5 1 2 5 1 1 1
绅	(8画)	𠃍 𠃍 一 丨 𠃍 一 一 丨	5 5 1 2 5 1 1 2
细	(8画)	𠃍 𠃍 一 丨 𠃍 一 丨 一	5 5 1 2 5 1 2 1

字	画数	笔形	笔顺
驶	（8画）	乛乛一丨乛一丿丶	5 5 1 2 5 1 3 4
织	（8画）	乛乛一丨乛一丿丶	5 5 1 2 5 1 3 4
驷	（8画）	乛乛一丨乛丿乛一	5 5 1 2 5 3 5 1
驸	（8画）	乛乛一丿丨一丨丶	5 5 1 3 2 1 2 4
驹	（8画）	乛乛一丿乛丨乛一	5 5 1 3 5 2 5 1
终	（8画）	乛乛一丿乛丶丶丶	5 5 1 3 5 4 4 4
绉	（8画）	乛乛一丿乛乛一一	5 5 1 3 5 5 1 1
驺	（8画）	乛乛一丿乛乛一一	5 5 1 3 5 5 1 1
驻	（8画）	乛乛一丶一一丨一	5 5 1 4 1 1 2 1
绊	（8画）	乛乛一丶丿一一丨	5 5 1 4 3 1 1 2
驼	（8画）	乛乛一丶丶乛丿乛	5 5 1 4 4 5 3 5
绋	（8画）	乛乛一乛一乛丿丨	5 5 1 5 1 5 3 2
绌	（8画）	乛乛一乛丨丨乛丨	5 5 1 5 2 2 5 2
绍	（8画）	乛乛一乛丿丨乛一	5 5 1 5 3 2 5 1
驿	（8画）	乛乛一乛丶一一丨	5 5 1 5 4 1 1 2
绎	（8画）	乛乛一乛丶一一丨	5 5 1 5 4 1 1 2
经	（8画）	乛乛一乛丶一丨一	5 5 1 5 4 1 2 1
骀	（8画）	乛乛一乛丶丨乛一	5 5 1 5 4 2 5 1
贯	（8画）	乛乛丨一丨乛丿丶	5 5 2 1 2 5 3 4
甾	（8画）	乛乛乛丨乛一丨一	5 5 5 2 5 1 2 1

砉（9画）
一一一丨一丿丨乛一
1 1 1 2 1 3 2 5 1

耔（9画）
一一一丨丿丶乛丨一
1 1 1 2 3 4 5 2 1

契（9画）
一一一丨乛丿一丿丶
1 1 1 2 5 3 1 3 4

贰（9画）
一一一丨乛丿丶乛丶
1 1 1 2 5 3 4 5 4

奏（9画）
一一一丿丶一一丿丶
1 1 1 3 4 1 1 3 4

春（9画）
一一一丿丶丨乛一一
1 1 1 3 4 2 5 1 1

帮（9画）
一一一丿乛丨丨乛丨
1 1 1 3 5 2 2 5 2

珏（9画）
一一丨一一一丨一丶
1 1 2 1 1 1 2 1 4

珐（9画）
一一丨一一丨一乛丶
1 1 2 1 1 2 1 5 4

珂（9画）
一一丨一一丨乛一丨
1 1 2 1 1 2 5 1 2

珑（9画）
一一丨一一丿乛丿丶
1 1 2 1 1 3 5 3 4

玷（9画）
一一丨一丨一丨乛一
1 1 2 1 2 1 2 5 1

玳（9画）
一一丨一丿丨一乛丶
1 1 2 1 3 2 1 5 4

珀（9画）
一一丨一丿丨乛一一
1 1 2 1 3 2 5 1 1

顸（9画）
一一丨一丿丨乛丿丶
1 1 2 1 3 2 5 3 4

珍（9画）
一一丨一丿丶丿丿丿
1 1 2 1 3 4 3 3 3

玲（9画）
一一丨一丿丶丶乛丶
1 1 2 1 3 4 4 5 4

珊（9画）
一一丨一丿乛丿乛一
1 1 2 1 3 5 3 5 1

珉（9画）
一一丨一乛一乛一乛
1 1 2 1 5 1 5 1 5

珈（9画）
一一丨一乛丿丨乛一
1 1 2 1 5 3 2 5 1

玻（9画）
一 二 干 王 王𠂇 王𠂆 王皮 玻 玻
一一丨一乛丿丨乛丶
1 1 2 1 5 3 2 5 4

毒（9画）
一 二 丰 龶 龶𠃊 龶母 毒 毒 毒
一一丨一乛乛丶一丶
1 1 2 1 5 5 4 1 4

型（9画）
一 二 于 开 刑 刑 型 型 型
一一丿丨丨丨一丨一
1 1 3 2 2 2 1 2 1

韨（9画）
一 二 韦 韦 韦一 韦𠂇 韦犮 韨 韨
一一乛丨一丿乛丶丶
1 1 5 2 1 3 5 4 4

拭（9画）
一 十 扌 扌一 扌二 扌丁 扌工 拭 拭
一丨一一一丨一乛丶
1 2 1 1 1 2 1 5 4

挂（9画）
一 十 扌 扌一 扌十 扌土 扌圭 挂 挂
一丨一一丨一一丨一
1 2 1 1 2 1 1 2 1

封（9画）
一 十 土 圭 圭 圭 圭一 封 封
一丨一一丨一一丨丶
1 2 1 1 2 1 1 2 4

持（9画）
一 十 扌 扌一 扌十 扌土 扌土一 持 持
一丨一一丨一一丨丶
1 2 1 1 2 1 1 2 4

拮（9画）
一 十 扌 扌一 扌十 扌士 扌士丨 拮 拮
一丨一一丨一丨乛一
1 2 1 1 2 1 2 5 1

拷（9画）
一 十 扌 扌一 扌十 扌土 扌耂 拷 拷
一丨一一丨一丿一乛
1 2 1 1 2 1 3 1 5

拱（9画）
一 十 扌 扌一 扌丨 扌廾 扌共 拱 拱
一丨一一丨丨一丿丶
1 2 1 1 2 2 1 3 4

垭（9画）
一 十 土 土一 土丨 土丨丨 垭 垭 垭
一丨一一丨丨丶丿一
1 2 1 1 2 2 4 3 1

挝（9画）
一 十 扌 扌一 扌寸 扌寸 扌寸 挝 挝
一丨一一丨丶丶乛丶
1 2 1 1 2 4 4 5 4

垣（9画）
一 十 土 土一 土丨 土𠃍 垣 垣 垣
一丨一一丨乛一一一
1 2 1 1 2 5 1 1 1

项（9画）
一 丅 工 工一 工丿 工丿丨 项 项 项
一丨一一丿丨乛丿丶
1 2 1 1 3 2 5 3 4

垮（9画）
一 十 土 土一 土𠂇 土大 垮 垮 垮
一丨一一丿丶一一乛
1 2 1 1 3 4 1 1 5

挎（9画）
一 十 扌 扌一 扌𠂇 扌大 挎 挎 挎
一丨一一丿丶一一乛
1 2 1 1 3 4 1 1 5

垯（9画）
一 十 土 土一 土𠂇 土大 土大 垯 垯
一丨一一丿丶丶乛丶
1 2 1 1 3 4 4 5 4

挞（9画）
一 十 扌 扌一 扌𠂇 扌大 扌大 挞 挞
一丨一一丿丶丶乛丶
1 2 1 1 3 4 4 5 4

城（9画）
一 十 土 土一 土厂 土厂 城 城 城
一丨一一丿乛乛丿丶
1 2 1 1 3 5 5 3 4

挟（9画）
一丨一一丶丿一丿丶
1 2 1 1 4 3 1 3 4

挠（9画）
一丨一一乛丿一丿乛
1 2 1 1 5 3 1 3 5

垤（9画）
一丨一一乛丶一丨一
1 2 1 1 5 4 1 2 1

政（9画）
一丨一丨一丿一丿丶
1 2 1 2 1 3 1 3 4

赴（9画）
一丨一丨一丿丶丨丶
1 2 1 2 1 3 4 2 4

赵（9画）
一丨一丨一丿丶丿丶
1 2 1 2 1 3 4 3 4

赳（9画）
一丨一丨一丿丶乛丨
1 2 1 2 1 3 4 5 2

赍（9画）
一丨一丨丨丨乛丿丶
1 2 1 2 2 2 5 3 4

垱（9画）
一丨一丨丶丿乛一一
1 2 1 2 4 3 5 1 1

挡（9画）
一丨一丨丶丿乛一一
1 2 1 2 4 3 5 1 1

拽（9画）
一丨一丨乛一一乛丿
1 2 1 2 5 1 1 5 3

垌（9画）
一丨一丨乛一丨乛一
1 2 1 2 5 1 2 5 1

哉（9画）
一丨一丨乛一乛丿丶
1 2 1 2 5 1 5 3 4

垲（9画）
一丨一丨乛丨乛一乛
1 2 1 2 5 2 5 1 5

挺（9画）
一丨一丿一丨一乛丶
1 2 1 3 1 2 1 5 4

括（9画）
一丨一丿一丨丨乛一
1 2 1 3 1 2 2 5 1

挢（9画）
一丨一丿一丿丶丿丨
1 2 1 3 1 3 4 3 2

埏（9画）
一丨一丿丨一乛乛丶
1 2 1 3 2 1 5 5 4

郝（9画）
一丨一丿丨丿丶乛丨
1 2 1 3 2 3 4 5 2

垍（9画）
一丨一丿丨乛一一一
1 2 1 3 2 5 1 1 1

垧（9画）
一 十 土 圵 圵 坰 坰 垧 垧
一丨一丿丨乛丨乛一
1 2 1 3 2 5 2 5 1

垢（9画）
一 十 土 圢 圢 坧 坧 垢 垢
一丨一丿丿一丨乛一
1 2 1 3 3 1 2 5 1

拴（9画）
一 十 扌 扒 扖 扖 拴 拴 拴
一丨一丿丶一一丨一
1 2 1 3 4 1 1 2 1

拾（9画）
一 十 扌 扒 扖 拎 拎 拾 拾
一丨一丿丶一丨乛一
1 2 1 3 4 1 2 5 1

挑（9画）
一 十 扌 扌 扌 扌 挑 挑 挑
一丨一丿丶一乛丿丶
1 2 1 3 4 1 5 3 4

垛（9画）
一 十 土 圠 圮 圮 垛 垛 垛
一丨一丿乛一丨丿丶
1 2 1 3 5 1 2 3 4

指（9画）
一 十 扌 扌 扎 扎 指 指 指
一丨一丿乛丨乛一一
1 2 1 3 5 2 5 1 1

垫（9画）
一 十 扌 扎 执 执 垫 垫 垫
一丨一丿乛丶一丨一
1 2 1 3 5 4 1 2 1

挣（9画）
一 十 扌 扌 扌 扌 挣 挣 挣
一丨一丿乛乛一一丨
1 2 1 3 5 5 1 1 2

挤（9画）
一 十 扌 扌 扩 护 挤 挤 挤
一丨一丶一丿丶丿丨
1 2 1 4 1 3 4 3 2

垓（9画）
一 十 土 圹 圹 圹 垓 垓 垓
一丨一丶一乛丿丿丶
1 2 1 4 1 5 3 3 4

垟（9画）
一 十 土 圹 圹 垟 垟 垟 垟
一丨一丶丿一一一丨
1 2 1 4 3 1 1 1 2

拼（9画）
一 十 扌 扌 扌 拦 拦 拼 拼
一丨一丶丿一一丿丨
1 2 1 4 3 1 1 3 2

垞（9画）
一 十 土 圹 圹 圹 垞 垞 垞
一丨一丶丶乛丿一乛
1 2 1 4 4 5 3 1 5

挖（9画）
一 十 扌 扌 扌 扌 扌 挖 挖
一丨一丶丶乛丿丶乛
1 2 1 4 4 5 3 4 5

按（9画）
一 十 扌 扌 扌 扌 按 按 按
一丨一丶丶乛乛丿一
1 2 1 4 4 5 5 3 1

挥（9画）
一 十 扌 扌 扌 扌 挥 挥 挥
一丨一丶乛一乛一丨
1 2 1 4 5 1 5 1 2

挦（9画）
一 十 扌 扌 扌 扌 挦 挦 挦
一丨一乛一一一丨丶
1 2 1 5 1 1 1 2 4

挪（9画）
一 十 扌 打 打 扫 挪 挪 挪
一丨一乛一一丿乛丨
1 2 1 5 1 1 3 5 2

垠（9画）
一 十 土 圼 圼 圼 垠 垠 垠
一丨一乛一一乛丿丶
1 2 1 5 1 1 5 3 4

拯（9画）
一丨一乛丨乛丿丶一
1 2 1 5 2 5 3 4 1

捞（9画）
一丨一乛乛乛丿乛丶
1 2 1 5 5 5 3 5 4

某（9画）
一丨丨一一一丨丿丶
1 2 2 1 1 1 2 3 4

甚（9画）
一丨丨一一一丿丶乛
1 2 2 1 1 1 3 4 5

荆（9画）
一丨丨一一丿丨丨丨
1 2 2 1 1 3 2 2 2

茸（9画）
一丨丨一丨丨一一一
1 2 2 1 2 2 1 1 1

革（9画）
一丨丨一丨乛一一丨
1 2 2 1 2 5 1 1 2

茜（9画）
一丨丨一丨乛丿乛一
1 2 2 1 2 5 3 5 1

茬（9画）
一丨丨一丿丨一丨一
1 2 2 1 3 2 1 2 1

荐（9画）
一丨丨一丿丨乛丨一
1 2 2 1 3 2 5 2 1

茧（9画）
一丨丨一丿丶丶乛丶
1 2 2 1 3 4 4 5 4

巷（9画）
一丨丨一丿丶乛一乛
1 2 2 1 3 4 5 1 5

荚（9画）
一丨丨一丶丿一丿丶
1 2 2 1 4 3 1 3 4

荑（9画）
一丨丨一乛一乛丿丶
1 2 2 1 5 1 5 3 4

贯（9画）
一丨丨一乛丨乛丿丶
1 2 2 1 5 2 5 3 4

荛（9画）
一丨丨一乛丿一丿乛
1 2 2 1 5 3 1 3 5

荜（9画）
一丨丨一乛丿乛一丨
1 2 2 1 5 3 5 1 2

茈（9画）
一丨丨丨一丨一丿乛
1 2 2 2 1 2 1 3 5

带（9画）
一丨丨丨丶乛丨乛丨
1 2 2 2 4 5 2 5 2

草（9画）
一丨丨丨乛一一一丨
1 2 2 2 5 1 1 1 2

字	笔画数	笔顺	笔顺编号
茧	（9画）	一丨丨丨乛一丨一丶	1 2 2 2 5 1 2 1 4
茼	（9画）	一丨丨丨乛一丨乛一	1 2 2 2 5 1 2 5 1
莒	（9画）	一丨丨丨乛一丨乛一	1 2 2 2 5 1 2 5 1
茵	（9画）	一丨丨丨乛一丿丶一	1 2 2 2 5 1 3 4 1
茴	（9画）	一丨丨丨乛丨乛一一	1 2 2 2 5 2 5 1 1
茱	（9画）	一丨丨丿一一丨丿丶	1 2 2 3 1 1 2 3 4
莛	（9画）	一丨丨丿一丨一乛丶	1 2 2 3 1 2 1 5 4
荞	（9画）	一丨丨丿一丿丶丿丨	1 2 2 3 1 3 4 3 2
茯	（9画）	一丨丨丿丨一丿丶丶	1 2 2 3 2 1 3 4 4
荏	（9画）	一丨丨丿丨丿一丨一	1 2 2 3 2 3 1 2 1
荇	（9画）	一丨丨丿丿丨一一丨	1 2 2 3 3 2 1 1 2
荃	（9画）	一丨丨丿丶一一丨一	1 2 2 3 4 1 1 2 1
荟	（9画）	一丨丨丿丶一一乛丶	1 2 2 3 4 1 1 5 4
茶	（9画）	一丨丨丿丶一丨丿丶	1 2 2 3 4 1 2 3 4
荀	（9画）	一丨丨丿乛丨乛一一	1 2 2 3 5 2 5 1 1
茗	（9画）	一丨丨丿乛丶丨乛一	1 2 2 3 5 4 2 5 1
荠	（9画）	一丨丨丶一丿丶丿丨	1 2 2 4 1 3 4 3 2
茭	（9画）	一丨丨丶一丿丶丿丶	1 2 2 4 1 3 4 3 4
茨	（9画）	一丨丨丶一丿乛丿丶	1 2 2 4 1 3 5 3 4
荒	（9画）	一丨丨丶一乛丿丨乛	1 2 2 4 1 5 3 2 5

垩（9画）
一丨丨丶丿一一丨一
1 2 2 4 3 1 1 2 1

茳（9画）
一丨丨丶丶一一丨一
1 2 2 4 4 1 1 2 1

茫（9画）
一丨丨丶丶一丶一乛
1 2 2 4 4 1 4 1 5

荡（9画）
一丨丨丶丶一乛丿丿
1 2 2 4 4 1 5 3 3

荣（9画）
一丨丨丶乛一丨丿丶
1 2 2 4 5 1 2 3 4

荤（9画）
一丨丨丶乛一乛一丨
1 2 2 4 5 1 5 1 2

荥（9画）
一丨丨丶乛丨乛丿丶
1 2 2 4 5 2 5 3 4

荦（9画）
一丨丨丶乛丿一一丨
1 2 2 4 5 3 1 1 2

荧（9画）
一丨丨丶乛丶丿丿丶
1 2 2 4 5 4 3 3 4

荨（9画）
一丨丨乛一一一丨丶
1 2 2 5 1 1 1 2 4

茛（9画）
一丨丨乛一一乛丿丶
1 2 2 5 1 1 5 3 4

故（9画）
一丨丨乛一丿一丿丶
1 2 2 5 1 3 1 3 4

荩（9画）
一丨丨乛一丿丶丶丶
1 2 2 5 1 3 4 4 4

胡（9画）
一丨丨乛一丿乛一一
1 2 2 5 1 3 5 1 1

荪（9画）
一丨丨乛丨一丨丿丶
1 2 2 5 2 1 2 3 4

荫（9画）
一丨丨乛丨丿乛一一
1 2 2 5 2 3 5 1 1

茹（9画）
一丨丨乛丿一丨乛一
1 2 2 5 3 1 2 5 1

荔（9画）
一丨丨乛丿乛丿乛丿
1 2 2 5 3 5 3 5 3

南（9画）
一丨丨乛丶丿一一丨
1 2 2 5 4 3 1 1 2

荬（9画）
一丨丨乛丶丶一丿丶
1 2 2 5 4 4 1 3 4

茳（9画）
一丨丨乛乛一一丨一
1 2 2 5 5 1 1 2 1

药（9画）
一丨丨乛乛一丿乛丶
1 2 2 5 5 1 3 5 4

柰（9画）
一丨丿丶一一丨丿丶
1 2 3 4 1 1 2 3 4

标（9画）
一丨丿丶一一丨丿丶
1 2 3 4 1 1 2 3 4

栈（9画）
一丨丿丶一一乛丿丶
1 2 3 4 1 1 5 3 4

柑（9画）
一丨丿丶一丨丨一一
1 2 3 4 1 2 2 1 1

枯（9画）
一丨丿丶一丨丨乛一
1 2 3 4 1 2 2 5 1

栉（9画）
一丨丿丶一丨丨乛丨
1 2 3 4 1 2 2 5 2

柯（9画）
一丨丿丶一丨乛一丨
1 2 3 4 1 2 5 1 2

柄（9画）
一丨丿丶一丨乛丿丶
1 2 3 4 1 2 5 3 4

柘（9画）
一丨丿丶一丿丨乛一
1 2 3 4 1 3 2 5 1

栊（9画）
一丨丿丶一丿乛丿丶
1 2 3 4 1 3 5 3 4

柩（9画）
一丨丿丶一丿乛丶乛
1 2 3 4 1 3 5 4 5

枰（9画）
一丨丿丶一丶丿一丨
1 2 3 4 1 4 3 1 2

栋（9画）
一丨丿丶一乛丨丿丶
1 2 3 4 1 5 2 3 4

栌（9画）
一丨丿丶丨一乛一丿
1 2 3 4 2 1 5 1 3

相（9画）
一丨丿丶丨乛一一一
1 2 3 4 2 5 1 1 1

查（9画）
一丨丿丶丨乛一一一
1 2 3 4 2 5 1 1 1

柙（9画）
一丨丿丶丨乛一一丨
1 2 3 4 2 5 1 1 2

枵（9画）
一丨丿丶丨乛一一乛
1 2 3 4 2 5 1 1 5

柚（9画）
一 十 才 木 朩 机 柦 柚 柚
一 丨 丿 丶 丨 乛 一 丨 一
1 2 3 4 2 5 1 2 1

枳（9画）
一 十 才 木 朩 机 杩 枳 枳
一 丨 丿 丶 丨 乛 一 丿 丶
1 2 3 4 2 5 1 3 4

柞（9画）
一 十 才 木 朳 杄 杵 柞 柞
一 丨 丿 丶 丿 一 丨 一 一
1 2 3 4 3 1 2 1 1

柏（9画）
一 十 才 木 朳 杓 柏 柏 柏
一 丨 丿 丶 丿 丨 乛 一 一
1 2 3 4 3 2 5 1 1

柝（9画）
一 十 才 木 朳 杔 析 析 柝
一 丨 丿 丶 丿 丿 一 丨 丶
1 2 3 4 3 3 1 2 4

栀（9画）
一 十 才 木 朳 杔 析 栀 栀
一 丨 丿 丶 丿 丿 一 乛 乛
1 2 3 4 3 3 1 5 5

柃（9画）
一 十 才 木 朳 枀 枀 柃 柃
一 丨 丿 丶 丿 丶 丶 乛 丶
1 2 3 4 3 4 4 5 4

柢（9画）
一 十 才 木 朳 杙 柢 柢 柢
一 丨 丿 丶 丿 乛 一 乛 丶
1 2 3 4 3 5 1 5 4

栎（9画）
一 十 才 木 朳 杇 栎 栎 栎
一 丨 丿 丶 丿 乛 丨 丿 丶
1 2 3 4 3 5 2 3 4

枸（9画）
一 十 才 木 朳 杓 枸 枸 枸
一 丨 丿 丶 丿 乛 丨 乛 一
1 2 3 4 3 5 2 5 1

栅（9画）
一 十 才 木 朳 机 机 栅 栅
一 丨 丿 丶 丿 乛 丿 乛 一
1 2 3 4 3 5 3 5 1

柳（9画）
一 十 才 木 朳 杒 杒 柳 柳
一 丨 丿 丶 丿 乛 丿 乛 丨
1 2 3 4 3 5 3 5 2

柱（9画）
一 十 才 木 朴 柠 柱 柱 柱
一 丨 丿 丶 丶 一 一 丨 一
1 2 3 4 4 1 1 2 1

柿（9画）
一 十 才 木 朴 柠 柿 柿 柿
一 丨 丿 丶 丶 一 丨 乛 丨
1 2 3 4 4 1 2 5 2

栏（9画）
一 十 才 木 朴 朴 栏 栏 栏
一 丨 丿 丶 丶 丿 一 一 一
1 2 3 4 4 3 1 1 1

柈（9画）
一 十 才 木 朴 朴 栏 栏 柈
一 丨 丿 丶 丶 丿 一 一 丨
1 2 3 4 4 3 1 1 2

柠（9画）
一 十 才 木 朴 朴 柠 柠 柠
一 丨 丿 丶 丶 丶 乛 一 丨
1 2 3 4 4 4 5 1 2

柁（9画）
一 十 才 木 朴 朴 柠 柠 柁
一 丨 丿 丶 丶 丶 乛 丿 乛
1 2 3 4 4 4 5 3 5

枷（9画）
一 十 才 木 朷 朸 枷 枷 枷
一 丨 丿 丶 乛 丿 丨 乛 一
1 2 3 4 5 3 2 5 1

柽（9画）
一 十 才 木 杈 杈 柽 柽 柽
一 丨 丿 丶 乛 丶 一 丨 一
1 2 3 4 5 4 1 2 1

字	笔形	笔顺
树（9画）	一丨丿丶乛丶一丨丶	1 2 3 4 5 4 1 2 4
勃（9画）	一丨丶乛乛丨一乛丿	1 2 4 5 5 2 1 5 3
刺（9画）	一丨乛一丨丿丶丨丨	1 2 5 1 2 3 4 2 2
部（9画）	一丨乛一丨乛一乛丨	1 2 5 1 2 5 1 5 2
剅（9画）	一丨乛一丶丿一丨丨	1 2 5 1 4 3 1 2 2
要（9画）	一丨乛丨丨一乛丿一	1 2 5 2 2 1 5 3 1
酊（9画）	一丨乛丿乛一一一丨	1 2 5 3 5 1 1 1 2
郦（9画）	一丨乛丶丨乛丶乛丨	1 2 5 4 2 5 4 5 2
柬（9画）	一丨乛丶丿一丨丿丶	1 2 5 4 3 1 2 3 4
咸（9画）	一丿一丨乛一乛丿丶	1 3 1 2 5 1 5 3 4
威（9画）	一丿一乛丿一乛丿丶	1 3 1 5 3 1 5 3 4
歪（9画）	一丿丨丶一丨一丨一	1 3 2 4 1 2 1 2 1
甭（9画）	一丿丨丶丿乛一一丨	1 3 2 4 3 5 1 1 2
研（9画）	一丿丨乛一一一丿丨	1 3 2 5 1 1 1 3 2
砖（9画）	一丿丨乛一一一乛丶	1 3 2 5 1 1 1 5 4
厘（9画）	一丿丨乛一一丨一一	1 3 2 5 1 1 2 1 1
砗（9画）	一丿丨乛一一乛一丨	1 3 2 5 1 1 5 1 2
厚（9画）	一丿丨乛一一乛丨一	1 3 2 5 1 1 5 2 1
砑（9画）	一丿丨乛一一乛丨丿	1 3 2 5 1 1 5 2 3
砘（9画）	一丿丨乛一一乛丨乛	1 3 2 5 1 1 5 2 5

砒（9画）
一丿丨㇕一一㇕丿㇕
1 3 2 5 1 1 5 3 5

砌（9画）
一丿丨㇕一一㇕㇕丿
1 3 2 5 1 1 5 5 3

砂（9画）
一丿丨㇕一丨丿丶丿
1 3 2 5 1 2 3 4 3

泵（9画）
一丿丨㇕一丨㇕丿丶
1 3 2 5 1 2 5 3 4

砚（9画）
一丿丨㇕一丨㇕丿㇕
1 3 2 5 1 2 5 3 5

斫（9画）
一丿丨㇕一丿丿一丨
1 3 2 5 1 3 3 1 2

砭（9画）
一丿丨㇕一丿丶㇕丶
1 3 2 5 1 3 4 5 4

砜（9画）
一丿丨㇕一丿㇕丿丶
1 3 2 5 1 3 5 3 4

砍（9画）
一丿丨㇕一丿㇕丿丶
1 3 2 5 1 3 5 3 4

面（9画）
一丿丨㇕丨丨一一一
1 3 2 5 2 2 1 1 1

耐（9画）
一丿丨㇕丨丨一丨丶
1 3 2 5 2 2 1 2 4

要（9画）
一丿丨㇕丨丨㇕丿一
1 3 2 5 2 2 5 3 1

奎（9画）
一丿丶一丨一一丨一
1 3 4 1 2 1 1 2 1

耷（9画）
一丿丶一丨丨一一一
1 3 4 1 2 2 1 1 1

牵（9画）
一丿丶丶㇕丿一一丨
1 3 4 4 5 3 1 1 2

鸥（9画）
一丿丶㇕丿㇕丶㇕一
1 3 4 5 3 5 4 5 1

虺（9画）
一丿㇕丨㇕一丨一丶
1 3 5 2 5 1 2 1 4

残（9画）
一丿㇕丶一一㇕丿丶
1 3 5 4 1 1 5 3 4

殂（9画）
一丿㇕丶丨㇕一一一
1 3 5 4 2 5 1 1 1

殃（9画）
一丿㇕丶丨㇕一丿丶
1 3 5 4 2 5 1 3 4

殇（9画）
一 丆 万 歹 歹 歹 殇 殇 殇
一 丿 乛 丶 丿 一 乛 丿 丿
1 3 5 4 3 1 5 3 3

殄（9画）
一 丆 万 歹 歹 歺 殄 殄 殄
一 丿 乛 丶 丿 丶 丿 丿 丿
1 3 5 4 3 4 3 3 3

殆（9画）
一 丆 万 歹 歹 歹 殆 殆 殆
一 丿 乛 丶 乛 丶 丨 乛 一
1 3 5 4 5 4 2 5 1

轱（9画）
一 𠂇 车 车 车 轩 轩 轱 轱
一 乛 丨 一 一 丨 丨 乛 一
1 5 2 1 1 2 2 5 1

轲（9画）
一 𠂇 车 车 车 轲 轲 轲 轲
一 乛 丨 一 一 丨 乛 一 丨
1 5 2 1 1 2 5 1 2

轳（9画）
一 𠂇 车 车 车 轳 轳 轳 轳
一 乛 丨 一 丨 一 乛 一 丿
1 5 2 1 2 1 5 1 3

轴（9画）
一 𠂇 车 车 轴 轴 轴 轴 轴
一 乛 丨 一 丨 乛 一 丨 一
1 5 2 1 2 5 1 2 1

轵（9画）
一 𠂇 车 车 轵 轵 轵 轵 轵
一 乛 丨 一 丨 乛 一 丿 丶
1 5 2 1 2 5 1 3 4

轶（9画）
一 𠂇 车 车 轶 轶 轶 轶 轶
一 乛 丨 一 丿 一 一 丿 丶
1 5 2 1 3 1 1 3 4

轷（9画）
一 𠂇 车 车 轷 轷 轷 轷 轷
一 乛 丨 一 丿 丶 丿 一 丨
1 5 2 1 3 4 3 1 2

轸（9画）
一 𠂇 车 车 轸 轸 轸 轸 轸
一 乛 丨 一 丿 丶 丿 丿 丿
1 5 2 1 3 4 3 3 3

轹（9画）
一 𠂇 车 车 轩 轩 轹 轹 轹
一 乛 丨 一 丿 乛 丨 丿 丶
1 5 2 1 3 5 2 3 4

轺（9画）
一 𠂇 车 车 轺 轺 轺 轺 轺
一 乛 丨 一 乛 丿 丨 乛 一
1 5 2 1 5 3 2 5 1

轻（9画）
一 𠂇 车 车 轻 轻 轻 轻 轻
一 乛 丨 一 乛 丶 一 丨 一
1 5 2 1 5 4 1 2 1

鸦（9画）
一 二 于 牙 牙 鸦 鸦 鸦 鸦
一 乛 丨 丿 丿 乛 丶 乛 一
1 5 2 3 3 5 4 5 1

虿（9画）
一 丂 万 万 万 万 虿 虿 虿
一 乛 丿 丨 乛 一 丨 一 丶
1 5 3 2 5 1 2 1 4

皆（9画）
一 匕 比 比 比 皆 皆 皆 皆
一 乛 丿 乛 丿 丨 乛 一 一
1 5 3 5 3 2 5 1 1

毖（9画）
一 匕 比 比 比 毖 毖 毖 毖
一 乛 丿 乛 丶 乛 丶 丿 丶
1 5 3 5 4 5 4 3 4

韭（9画）
丨 丨 丰 丰 非 非 非 非 韭
丨 一 一 一 丨 一 一 一 一
2 1 1 1 2 1 1 1 1

背（9画）
丨 丨 丬 北 北 背 背 背 背
丨 一 一 丿 乛 丨 乛 一 一
2 1 1 3 5 2 5 1 1

战（9画）
丨 一 丨 乛 一 一 乛 丿 丶
2 1 2 5 1 1 5 3 4

觇（9画）
丨 一 丨 乛 一 丨 乛 丿 乛
2 1 2 5 1 2 5 3 5

点（9画）
丨 一 丨 乛 一 丶 丶 丶 丶
2 1 2 5 1 4 4 4 4

虐（9画）
丨 一 乛 丿 一 乛 一 乛 一
2 1 5 3 1 5 1 5 1

临（9画）
丨 丨 丿 一 丶 丨 乛 丨 一
2 2 3 1 4 2 5 2 1

览（9画）
丨 丨 丿 一 丶 丨 乛 丿 乛
2 2 3 1 4 2 5 3 5

竖（9画）
丨 丨 乛 丶 丶 一 丶 丿 一
2 2 5 4 4 1 4 3 1

尜（9画）
丨 丿 丶 一 丿 丶 丨 丿 丶
2 3 4 1 3 4 2 3 4

省（9画）
丨 丿 丶 丿 丨 乛 一 一 一
2 3 4 3 2 5 1 1 1

削（9画）
丨 丶 丿 丨 乛 一 一 丨 丨
2 4 3 2 5 1 1 2 2

尝（9画）
丨 丶 丿 丶 乛 一 一 乛 丶
2 4 3 4 5 1 1 5 4

哐（9画）
丨 乛 一 一 一 一 丨 一 乛
2 5 1 1 1 1 2 1 5

昧（9画）
丨 乛 一 一 一 一 丨 丿 丶
2 5 1 1 1 1 2 3 4

眄（9画）
丨 乛 一 一 一 一 丨 乛 乛
2 5 1 1 1 1 2 5 5

眍（9画）
丨 乛 一 一 一 一 丿 丶 乛
2 5 1 1 1 1 3 4 5

盹（9画）
丨 乛 一 一 一 一 乛 丨 乛
2 5 1 1 1 1 5 2 5

是（9画）
丨 乛 一 一 一 丨 一 丿 丶
2 5 1 1 1 2 1 3 4

郢（9画）
丨 乛 一 一 一 丨 一 乛 丨
2 5 1 1 1 2 1 5 2

眇（9画）
丨 乛 一 一 一 丨 丿 丶 丿
2 5 1 1 1 2 3 4 3

眊（9画）
丨 乛 一 一 一 丿 一 一 乛
2 5 1 1 1 3 1 1 5

盼（9画）
丨乛一一一丿丶乛丿
2 5 1 1 1 3 4 5 3

眨（9画）
丨乛一一一丿丶乛丶
2 5 1 1 1 3 4 5 4

昽（9画）
丨乛一一一丿乛丿丶
2 5 1 1 1 3 5 3 4

眈（9画）
丨乛一一一丶乛丿乛
2 5 1 1 1 4 5 3 5

哇（9画）
丨乛一一丨一一丨一
2 5 1 1 2 1 1 2 1

咭（9画）
丨乛一一丨一丨乛一
2 5 1 1 2 1 2 5 1

哄（9画）
丨乛一一丨丨一丿丶
2 5 1 1 2 2 1 3 4

哑（9画）
丨乛一一丨丨丶丿一
2 5 1 1 2 2 4 3 1

显（9画）
丨乛一一丨丨丶丿一
2 5 1 1 2 2 4 3 1

冒（9画）
丨乛一一丨乛一一一
2 5 1 1 2 5 1 1 1

映（9画）
丨乛一一丨乛一丿丶
2 5 1 1 2 5 1 3 4

禺（9画）
丨乛一一丨乛丨一丶
2 5 1 1 2 5 2 1 4

哂（9画）
丨乛一一丨乛丿乛一
2 5 1 1 2 5 3 5 1

星（9画）
丨乛一一丿一一丨一
2 5 1 1 3 1 1 2 1

昨（9画）
丨乛一一丿一丨一一
2 5 1 1 3 1 2 1 1

咴（9画）
丨乛一一丿丶丿丿丶
2 5 1 1 3 4 3 3 4

曷（9画）
丨乛一一丿乛丿丶乛
2 5 1 1 3 5 3 4 5

昴（9画）
丨乛一一丿乛丿乛丨
2 5 1 1 3 5 3 5 2

咧（9画）
丨乛一一丿乛丶丨丨
2 5 1 1 3 5 4 2 2

昱（9画）
丨乛一一丶一丶丿一
2 5 1 1 4 1 4 3 1

昵（9画）
丨 乛 一 一 乛 一 丿 丿 乛
2 5 1 1 5 1 3 3 5

咦（9画）
丨 乛 一 一 乛 一 乛 丿 丶
2 5 1 1 5 1 5 3 4

哓（9画）
丨 乛 一 一 乛 丿 一 丿 乛
2 5 1 1 5 3 1 3 5

昭（9画）
丨 乛 一 一 乛 丿 丨 乛 一
2 5 1 1 5 3 2 5 1

哔（9画）
丨 乛 一 一 乛 丿 乛 一 丨
2 5 1 1 5 3 5 1 2

畎（9画）
丨 乛 一 丨 一 一 丿 丶 丶
2 5 1 2 1 1 3 4 4

畏（9画）
丨 乛 一 丨 一 一 乛 丿 丶
2 5 1 2 1 1 5 3 4

毗（9画）
丨 乛 一 丨 一 一 乛 丿 乛
2 5 1 2 1 1 5 3 5

趴（9画）
丨 乛 一 丨 一 丨 一 丿 丶
2 5 1 2 1 2 1 3 4

呲（9画）
丨 乛 一 丨 一 丨 一 丿 乛
2 5 1 2 1 2 1 3 5

胄（9画）
丨 乛 一 丨 一 丨 乛 一 一
2 5 1 2 1 2 5 1 1

胃（9画）
丨 乛 一 丨 一 丨 乛 一 一
2 5 1 2 1 2 5 1 1

贵（9画）
丨 乛 一 丨 一 丨 乛 丿 丶
2 5 1 2 1 2 5 3 4

畋（9画）
丨 乛 一 丨 一 丿 一 丿 丶
2 5 1 2 1 3 1 3 4

畈（9画）
丨 乛 一 丨 一 丿 丿 乛 丶
2 5 1 2 1 3 3 5 4

界（9画）
丨 乛 一 丨 一 丿 丶 丿 丨
2 5 1 2 1 3 4 3 2

虹（9画）
丨 乛 一 丨 一 丶 一 丨 一
2 5 1 2 1 4 1 2 1

虾（9画）
丨 乛 一 丨 一 丶 一 丨 丶
2 5 1 2 1 4 1 2 4

虼（9画）
丨 乛 一 丨 一 丶 丿 一 乛
2 5 1 2 1 4 3 1 5

虻（9画）
丨 乛 一 丨 一 丶 丶 一 乛
2 5 1 2 1 4 4 1 5

字	画数	笔顺	笔顺编号
蚊	（9画）	丨乛一丨一丶丶丿丶	2 5 1 2 1 4 4 3 4
思	（9画）	丨乛一丨一丶乛丶丶	2 5 1 2 1 4 5 4 4
蚂	（9画）	丨乛一丨一丶乛乛一	2 5 1 2 1 4 5 5 1
盅	（9画）	丨乛一丨丨乛丨丨一	2 5 1 2 2 5 2 2 1
咣	（9画）	丨乛一丨丶丿一丿乛	2 5 1 2 4 3 1 3 5
虽	（9画）	丨乛一丨乛一丨一丶	2 5 1 2 5 1 2 1 4
品	（9画）	丨乛一丨乛一丨乛一	2 5 1 2 5 1 2 5 1
咽	（9画）	丨乛一丨乛一丿丶一	2 5 1 2 5 1 3 4 1
骂	（9画）	丨乛一丨乛一乛乛一	2 5 1 2 5 1 5 5 1
哕	（9画）	丨乛一丨乛丨丿乛丶	2 5 1 2 5 2 3 5 4
剐	（9画）	丨乛一丨乛丿丶丨丨	2 5 1 2 5 3 4 2 2
郧	（9画）	丨乛一丨乛丿丶乛丨	2 5 1 2 5 3 4 5 2
勋	（9画）	丨乛一丨乛丿丶乛丿	2 5 1 2 5 3 4 5 3
咻	（9画）	丨乛一丿丨一丨丿丶	2 5 1 3 2 1 2 3 4
哗	（9画）	丨乛一丿丨丿乛一丨	2 5 1 3 2 3 5 1 2
囿	（9画）	丨乛一丿丨乛一一一	2 5 1 3 2 5 1 1 1
咱	（9画）	丨乛一丿丨乛一一一	2 5 1 3 2 5 1 1 1
咿	（9画）	丨乛一丿丨乛一一丿	2 5 1 3 2 5 1 1 3
响	（9画）	丨乛一丿丨乛丨乛一	2 5 1 3 2 5 2 5 1
哌	（9画）	丨乛一丿丿丿乛丿丶	2 5 1 3 3 3 5 3 4

哙（9画）
丨㇕一ノ丶一一㇕丶
2 5 1 3 4 1 1 5 4

哈（9画）
丨㇕一ノ丶一丨㇕一
2 5 1 3 4 1 2 5 1

哚（9画）
丨㇕一ノ㇕一丨ノ丶
2 5 1 3 5 1 2 3 4

咯（9画）
丨㇕一ノ㇕丶丨㇕一
2 5 1 3 5 4 2 5 1

哆（9画）
丨㇕一ノ㇕丶ノ㇕丶
2 5 1 3 5 4 3 5 4

咬（9画）
丨㇕一丶一ノ丶ノ丶
2 5 1 4 1 3 4 3 4

咳（9画）
丨㇕一丶一㇕ノノ丶
2 5 1 4 1 5 3 3 4

咩（9画）
丨㇕一丶ノ一一一丨
2 5 1 4 3 1 1 1 2

咪（9画）
丨㇕一丶ノ一丨ノ丶
2 5 1 4 3 1 2 3 4

咤（9画）
丨㇕一丶丶㇕ノ一㇕
2 5 1 4 4 5 3 1 5

哝（9画）
丨㇕一丶㇕ノ㇕ノ丶
2 5 1 4 5 3 5 3 4

哪（9画）
丨㇕一㇕一一ノ㇕丨
2 5 1 5 1 1 3 5 2

哏（9画）
丨㇕一㇕一一㇕ノ丶
2 5 1 5 1 1 5 3 4

哞（9画）
丨㇕一㇕丶ノ一一丨
2 5 1 5 4 3 1 1 2

哟（9画）
丨㇕一㇕㇕一ノ㇕丶
2 5 1 5 5 1 3 5 4

峙（9画）
丨㇕丨一丨一一丨丶
2 5 2 1 2 1 1 2 4

炭（9画）
丨㇕丨一ノ丶ノノ丶
2 5 2 1 3 4 3 3 4

峡（9画）
丨㇕丨一丶ノ一ノ丶
2 5 2 1 4 3 1 3 4

峣（9画）
丨㇕丨一㇕ノ一ノ㇕
2 5 2 1 5 3 1 3 5

罘（9画）
丨㇕丨丨一一ノ丨丶
2 5 2 2 1 1 3 2 4

字	笔顺	笔画序号
帧（9画）	丨 ㇕ 丨 丨 一 丨 ㇕ 丿 丶	2 5 2 2 1 2 5 3 4
罚（9画）	丨 ㇕ 丨 丨 一 丶 ㇕ 丨 丨	2 5 2 2 1 4 5 2 2
峒（9画）	丨 ㇕ 丨 丨 ㇕ 一 丨 ㇕ 一	2 5 2 2 5 1 2 5 1
峤（9画）	丨 ㇕ 丨 丿 一 丿 丶 丿 丨	2 5 2 3 1 3 4 3 2
岣（9画）	丨 ㇕ 丨 丿 ㇕ 丨 ㇕ 一 一	2 5 2 3 5 2 5 1 1
峥（9画）	丨 ㇕ 丨 丿 ㇕ ㇕ 一 一 丨	2 5 2 3 5 5 1 1 2
峧（9画）	丨 ㇕ 丨 丶 一 丿 丶 丿 丶	2 5 2 4 1 3 4 3 4
帡（9画）	丨 ㇕ 丨 丶 丿 一 一 丿 丨	2 5 2 4 3 1 1 3 2
贱（9画）	丨 ㇕ 丿 丶 一 一 ㇕ 丿 丶	2 5 3 4 1 1 5 3 4
贴（9画）	丨 ㇕ 丿 丶 丨 一 丨 ㇕ 一	2 5 3 4 2 1 2 5 1
贶（9画）	丨 ㇕ 丿 丶 丨 ㇕ 一 丿 ㇕	2 5 3 4 2 5 1 3 5
贻（9画）	丨 ㇕ 丿 丶 ㇕ 丶 丨 ㇕ 一	2 5 3 4 5 4 2 5 1
骨（9画）	丨 ㇕ ㇕ 丶 ㇕ 丨 ㇕ 一 一	2 5 5 4 5 2 5 1 1
幽（9画）	丨 ㇕ ㇕ 丶 ㇕ ㇕ 丶 ㇕ 丨	2 5 5 4 5 5 4 5 2
钘（9画）	丿 一 一 一 ㇕ 一 一 丿 丨	3 1 1 1 5 1 1 3 2
钙（9画）	丿 一 一 一 ㇕ 一 丨 一 ㇕	3 1 1 1 5 1 2 1 5
钚（9画）	丿 一 一 一 ㇕ 一 丿 丨 丶	3 1 1 1 5 1 3 2 4
钛（9画）	丿 一 一 一 ㇕ 一 丿 丶 丶	3 1 1 1 5 1 3 4 4
钝（9画）	丿 一 一 一 ㇕ 一 ㇕ 丨 ㇕	3 1 1 1 5 1 5 2 5
钞（9画）	丿 一 一 一 ㇕ 丨 丿 丶 丿	3 1 1 1 5 2 3 4 3

钟（9画）
丿 ⺈ 𠂉 𠂒 钅 钅 钔 钔 钟
丿 一 一 一 乛 丨 乛 一 丨
3 1 1 1 5 2 5 1 2

钡（9画）
丿 ⺈ 𠂉 𠂒 钅 钅 钔 钔 钡
丿 一 一 一 乛 丨 乛 丿 丶
3 1 1 1 5 2 5 3 4

钠（9画）
丿 ⺈ 𠂉 𠂒 钅 钅 钔 钠 钠
丿 一 一 一 乛 丨 乛 丿 丶
3 1 1 1 5 2 5 3 4

钢（9画）
丿 ⺈ 𠂉 𠂒 钅 钅 钔 钢 钢
丿 一 一 一 乛 丨 乛 丿 丶
3 1 1 1 5 2 5 3 4

钣（9画）
丿 ⺈ 𠂉 𠂒 钅 钅 钅 钣 钣
丿 一 一 一 乛 丿 丿 乛 丶
3 1 1 1 5 3 3 5 4

钤（9画）
丿 ⺈ 𠂉 𠂒 钅 钅 钤 钤 钤
丿 一 一 一 乛 丿 丶 丶 乛
3 1 1 1 5 3 4 4 5

钥（9画）
丿 ⺈ 𠂉 𠂒 钅 钅 钥 钥 钥
丿 一 一 一 乛 丿 乛 一 一
3 1 1 1 5 3 5 1 1

钦（9画）
丿 ⺈ 𠂉 𠂒 钅 钅 钦 钦 钦
丿 一 一 一 乛 丿 乛 丿 丶
3 1 1 1 5 3 5 3 4

钧（9画）
丿 ⺈ 𠂉 𠂒 钅 钅 钧 钧 钧
丿 一 一 一 乛 丿 乛 丶 一
3 1 1 1 5 3 5 4 1

钨（9画）
丿 ⺈ 𠂉 𠂒 钅 钅 钨 钨 钨
丿 一 一 一 乛 丿 乛 乛 一
3 1 1 1 5 3 5 5 1

钩（9画）
丿 ⺈ 𠂉 𠂒 钅 钅 钩 钩 钩
丿 一 一 一 乛 丿 乛 乛 丶
3 1 1 1 5 3 5 5 4

钪（9画）
丿 ⺈ 𠂉 𠂒 钅 钅 钪 钪 钪
丿 一 一 一 乛 丶 一 丿 乛
3 1 1 1 5 4 1 3 5

钫（9画）
丿 ⺈ 𠂉 𠂒 钅 钅 钫 钫 钫
丿 一 一 一 乛 丶 一 乛 丿
3 1 1 1 5 4 1 5 3

钬（9画）
丿 ⺈ 𠂉 𠂒 钅 钅 钬 钬 钬
丿 一 一 一 乛 丶 丿 丿 丶
3 1 1 1 5 4 3 3 4

钭（9画）
丿 ⺈ 𠂉 𠂒 钅 钅 钭 钭 钭
丿 一 一 一 乛 丶 丶 一 丨
3 1 1 1 5 4 4 1 2

钮（9画）
丿 ⺈ 𠂉 𠂒 钅 钮 钮 钮 钮
丿 一 一 一 乛 乛 丨 一 一
3 1 1 1 5 5 2 1 1

钯（9画）
丿 ⺈ 𠂉 𠂒 钅 钯 钯 钯 钯
丿 一 一 一 乛 乛 丨 一 乛
3 1 1 1 5 5 2 1 5

卸（9画）
丿 ⺈ 𠂉 午 午 缶 缶 卸 卸
丿 一 一 丨 一 丨 一 乛 丨
3 1 1 2 1 2 1 5 2

缸（9画）
丿 ⺈ 𠂉 午 缶 缶 缸 缸 缸
丿 一 一 丨 乛 丨 一 丨 一
3 1 1 2 5 2 1 2 1

拜（9画）
一 二 三 手 手 手 拜 拜 拜
丿 一 一 丿 一 一 一 一 丨
3 1 1 3 1 1 1 1 2

字	笔顺	笔顺编号
看（9画）	丿一一丿丨乛一一一	3 1 1 3 2 5 1 1 1
矩（9画）	丿一一丿丶一乛一乛	3 1 1 3 4 1 5 1 5
矧（9画）	丿一一丿丶乛一乛丨	3 1 1 3 4 5 1 5 2
毡（9画）	丿一一乛丨一丨乛一	3 1 1 5 2 1 2 5 1
氡（9画）	丿一一乛丿乛丶丶丶	3 1 1 5 3 5 4 4 4
氟（9画）	丿一一乛乛一乛丿丨	3 1 1 5 5 1 5 3 2
氢（9画）	丿一一乛乛丶一丨一	3 1 1 5 5 4 1 2 1
牯（9画）	丿一丨一一丨丨乛一	3 1 2 1 1 2 2 5 1
怎（9画）	丿一丨一一丶乛丶丶	3 1 2 1 1 4 5 4 4
郜（9画）	丿一丨一丨乛一乛丨	3 1 2 1 2 5 1 5 2
牲（9画）	丿一丨一丿一一丨一	3 1 2 1 3 1 1 2 1
选（9画）	丿一丨一丿乛丶乛丶	3 1 2 1 3 5 4 5 4
适（9画）	丿一丨丨乛一丶乛丶	3 1 2 2 5 1 4 5 4
秕（9画）	丿一丨丿丶一乛丿乛	3 1 2 3 4 1 5 3 5
秒（9画）	丿一丨丿丶丨丿丶丿	3 1 2 3 4 2 3 4 3
香（9画）	丿一丨丿丶丨乛一一	3 1 2 3 4 2 5 1 1
种（9画）	丿一丨丿丶丨乛一丨	3 1 2 3 4 2 5 1 2
秭（9画）	丿一丨丿丶丿乛丨丿	3 1 2 3 4 3 5 2 3
秋（9画）	丿一丨丿丶丶丿丿丶	3 1 2 3 4 4 3 3 4
科（9画）	丿一丨丿丶丶丶一丨	3 1 2 3 4 4 4 1 2

重（9画）
丿 一 丨 乛 一 一 丨 一 一
3 1 2 5 1 1 2 1 1

复（9画）
丿 一 丨 乛 一 一 丿 乛 丶
3 1 2 5 1 1 3 5 4

竽（9画）
丿 一 丶 丿 一 丶 一 一 丨
3 1 4 3 1 4 1 1 2

竿（9画）
丿 一 丶 丿 一 丶 一 一 丨
3 1 4 3 1 4 1 1 2

笈（9画）
丿 一 丶 丿 一 丶 丿 乛 丶
3 1 4 3 1 4 3 5 4

笃（9画）
丿 一 丶 丿 一 丶 乛 乛 一
3 1 4 3 1 4 5 5 1

俦（9画）
丿 丨 一 一 一 丿 一 丨 丶
3 2 1 1 1 3 1 2 4

段（9画）
丿 丨 一 一 一 丿 乛 乛 丶
3 2 1 1 1 3 5 5 4

俨（9画）
丿 丨 一 丨 丨 丶 丿 一 丿
3 2 1 2 2 4 3 1 3

俅（9画）
丿 丨 一 丨 丶 一 丿 丶 丶
3 2 1 2 4 1 3 4 4

便（9画）
丿 丨 一 丨 乛 一 一 丿 丶
3 2 1 2 5 1 1 3 4

俩（9画）
丿 丨 一 丨 乛 丿 丶 丿 丶
3 2 1 2 5 3 4 3 4

俪（9画）
丿 丨 一 丨 乛 丶 丨 乛 丶
3 2 1 2 5 4 2 5 4

叟（9画）
丿 丨 一 乛 一 一 丨 乛 丶
3 2 1 5 1 1 2 5 4

垡（9画）
丿 丨 一 乛 丿 丶 一 丨 一
3 2 1 5 3 4 1 2 1

贷（9画）
丿 丨 一 乛 丶 丨 乛 丿 丶
3 2 1 5 4 2 5 3 4

牮（9画）
丿 丨 一 乛 丶 丿 一 一 丨
3 2 1 5 4 3 1 1 2

顺（9画）
丿 丨 丨 一 丿 丨 乛 丿 丶
3 2 2 1 3 2 5 3 4

修（9画）
丿 丨 丨 丿 乛 丶 丿 丿 丿
3 2 2 3 5 4 3 3 3

俏（9画）
丿 丨 丨 丶 丿 丨 乛 一 一
3 2 2 4 3 2 5 1 1

俣（9画）
ノ丨丨乛一一一ノ丶
3 2 2 5 1 1 1 3 4

俚（9画）
ノ丨丨乛一一丨一一
3 2 2 5 1 1 2 1 1

保（9画）
ノ丨丨乛一一丨ノ丶
3 2 2 5 1 1 2 3 4

俜（9画）
ノ丨丨乛一丨一一乛
3 2 2 5 1 2 1 1 5

促（9画）
ノ丨丨乛一丨一ノ丶
3 2 2 5 1 2 1 3 4

俄（9画）
ノ丨ノ一丨一乛ノ丶
3 2 3 1 2 1 5 3 4

俐（9画）
ノ丨ノ一丨ノ丶丨丨
3 2 3 1 2 3 4 2 2

侮（9画）
ノ丨ノ一乛乛丶一丶
3 2 3 1 5 5 4 1 4

俭（9画）
ノ丨ノ丶一丶丶ノ一
3 2 3 4 1 4 4 3 1

俗（9画）
ノ丨ノ丶ノ丶丨乛一
3 2 3 4 3 4 2 5 1

俘（9画）
ノ丨ノ丶丶ノ乛丨一
3 2 3 4 4 3 5 2 1

信（9画）
ノ丨丶一一一丨乛一
3 2 4 1 1 1 2 5 1

皇（9画）
ノ丨乛一一一一丨一
3 2 5 1 1 1 1 2 1

泉（9画）
ノ丨乛一一丨乛ノ丶
3 2 5 1 1 2 5 3 4

皈（9画）
ノ丨乛一一ノノ乛丶
3 2 5 1 1 3 3 5 4

鬼（9画）
ノ丨乛一一ノ乛乛丶
3 2 5 1 1 3 5 5 4

侵（9画）
ノ丨乛一一丶乛乛丶
3 2 5 1 1 4 5 5 4

禹（9画）
ノ丨乛一丨乛丨一丶
3 2 5 1 2 5 2 1 4

侯（9画）
ノ丨乛一ノ一一ノ丶
3 2 5 1 3 1 1 3 4

追（9画）
ノ丨乛一乛一丶乛丶
3 2 5 1 5 1 4 5 4

俑 (9画)
丿丨乛丶丨乛一一丨
3 2 5 4 2 5 1 1 2

俟 (9画)
丿丨乛丶丿一一丿丶
3 2 5 4 3 1 1 3 4

俊 (9画)
丿丨乛丶丿丶丿乛丶
3 2 5 4 3 4 3 5 4

盾 (9画)
丿丿一丨丨乛一一一
3 3 1 2 2 5 1 1 1

逅 (9画)
丿丿一丨乛一丶乛丶
3 3 1 2 5 1 4 5 4

待 (9画)
丿丿丨一丨一一丨丶
3 3 2 1 2 1 1 2 4

徊 (9画)
丿丿丨丨乛丨乛一一
3 3 2 2 5 2 5 1 1

徇 (9画)
丿丿丨丿乛丨乛一一
3 3 2 3 5 2 5 1 1

徉 (9画)
丿丿丨丶丿一一一丨
3 3 2 4 3 1 1 1 2

衍 (9画)
丿丿丨丶丶一一一丨
3 3 2 4 4 1 1 1 2

律 (9画)
丿丿丨乛一一一一丨
3 3 2 5 1 1 1 1 2

很 (9画)
丿丿丨乛一一乛丿丶
3 3 2 5 1 1 5 3 4

须 (9画)
丿丿丿一丿丨乛丿丶
3 3 3 1 3 2 5 3 4

舢 (9画)
丿丿乛丶一丶丨乛丨
3 3 5 4 1 4 2 5 2

舣 (9画)
丿丿乛丶一丶丶丿丶
3 3 5 4 1 4 4 3 4

叙 (9画)
丿丶一一丨丿丶乛丶
3 4 1 1 2 3 4 5 4

俞 (9画)
丿丶一丨乛一一丨丨
3 4 1 2 5 1 1 2 2

弇 (9画)
丿丶一丨乛一一丿丨
3 4 1 2 5 1 1 3 2

郗 (9画)
丿丶一丿丨乛丨乛丨
3 4 1 3 2 5 2 5 2

剑 (9画)
丿丶一丶丶丿一丨丨
3 4 1 4 4 3 1 2 2

字	笔画	笔顺	编号
逃	（9画）	丿丶一乛丿丶丶乛丶	3 4 1 5 3 4 4 5 4
俎	（9画）	丿丶丿丶丨乛一一一	3 4 3 4 2 5 1 1 1
郤	（9画）	丿丶丿丶丨乛一乛丨	3 4 3 4 2 5 1 5 2
爰	（9画）	丿丶丶丿一一丿乛丶	3 4 4 3 1 1 3 5 4
郛	（9画）	丿丶丶丿乛丨一乛丨	3 4 4 3 5 2 1 5 2
食	（9画）	丿丶丶乛一一乛丿丶	3 4 4 5 1 1 5 3 4
瓴	（9画）	丿丶丶乛丶一乛乛丶	3 4 4 5 4 1 5 5 4
盆	（9画）	丿丶乛丿丨乛丨丨一	3 4 5 3 2 5 2 2 1
胚	（9画）	丿乛一一一丿丨丶一	3 5 1 1 1 3 2 4 1
胧	（9画）	丿乛一一一丿乛丿丶	3 5 1 1 1 3 5 3 4
胨	（9画）	丿乛一一一乛丨丿丶	3 5 1 1 1 5 2 3 4
胩	（9画）	丿乛一一丨一一丨丶	3 5 1 1 2 1 1 2 4
胪	（9画）	丿乛一一丨一乛一丿	3 5 1 1 2 1 5 1 3
胆	（9画）	丿乛一一丨乛一一一	3 5 1 1 2 5 1 1 1
胛	（9画）	丿乛一一丨乛一一丨	3 5 1 1 2 5 1 1 2
胂	（9画）	丿乛一一丨乛一一丨	3 5 1 1 2 5 1 1 2
胜	（9画）	丿乛一一丿一一丨一	3 5 1 1 3 1 1 2 1
胙	（9画）	丿乛一一丿一丨一一	3 5 1 1 3 1 2 1 1
胍	（9画）	丿乛一一丿丿乛丶丶	3 5 1 1 3 3 5 4 4
胗	（9画）	丿乛一一丿丶丿丿丿	3 5 1 1 3 4 3 3 3

胝（9画）
丿 乛 一 一 丿 乛 一 乛 丶
3 5 1 1 3 5 1 5 4

胸（9画）
丿 乛 一 一 丿 乛 丨 乛 一
3 5 1 1 3 5 2 5 1

胞（9画）
丿 乛 一 一 丿 乛 乛 一 乛
3 5 1 1 3 5 5 1 5

胖（9画）
丿 乛 一 一 丶 丿 一 一 丨
3 5 1 1 4 3 1 1 2

脉（9画）
丿 乛 一 一 丶 乛 乛 丿 丶
3 5 1 1 4 5 5 3 4

胫（9画）
丿 乛 一 一 乛 丶 一 丨 一
3 5 1 1 5 4 1 2 1

胎（9画）
丿 乛 一 一 乛 丶 丨 乛 一
3 5 1 1 5 4 2 5 1

鸨（9画）
丿 乛 一 丨 丿 乛 丶 乛 一
3 5 1 2 3 5 4 5 1

匍（9画）
丿 乛 一 丨 乛 一 一 丨 丶
3 5 1 2 5 1 1 2 4

勉（9画）
丿 乛 丨 乛 一 丿 乛 乛 丿
3 5 2 5 1 3 5 5 3

狨（9画）
丿 乛 丿 一 一 丿 乛 丿 丶
3 5 3 1 1 3 5 3 4

狭（9画）
丿 乛 丿 一 丶 丿 一 丿 丶
3 5 3 1 4 3 1 3 4

狮（9画）
丿 乛 丿 丨 丿 一 丨 乛 丨
3 5 3 2 3 1 2 5 2

独（9画）
丿 乛 丿 丨 乛 一 丨 一 丶
3 5 3 2 5 1 2 1 4

狯（9画）
丿 乛 丿 丿 丶 一 一 乛 丶
3 5 3 3 4 1 1 5 4

狰（9画）
丿 乛 丿 丿 乛 乛 一 一 丨
3 5 3 3 5 5 1 1 2

狡（9画）
丿 乛 丿 丶 一 丿 丶 丿 丶
3 5 3 4 1 3 4 3 4

飐（9画）
丿 乛 丿 丶 丨 一 丨 乛 一
3 5 3 4 2 1 2 5 1

飑（9画）
丿 乛 丿 丶 丿 乛 乛 一 乛
3 5 3 4 3 5 5 1 5

狞（9画）
丿 乛 丿 丶 丶 乛 一 丨 丶
3 5 3 4 4 5 1 2 4

字	笔画数	笔顺	编号
狱	（9画）	丿㇕丿丶㇕一丿丶丶	3 5 3 4 5 1 3 4 4
狠	（9画）	丿㇕丿㇕一一㇕丿丶	3 5 3 5 1 1 5 3 4
狲	（9画）	丿㇕丿㇕丨一丨丿丶	3 5 3 5 2 1 2 3 4
訇	（9画）	丿㇕丶一一一丨㇕一	3 5 4 1 1 1 2 5 1
訄	（9画）	丿㇕丶一一一丨㇕一	3 5 4 1 1 1 2 5 1
逄	（9画）	丿㇕丶一㇕丨丶㇕丶	3 5 4 1 5 2 4 5 4
昝	（9画）	丿㇕丶丨丶丨㇕一一	3 5 4 2 4 2 5 1 1
贸	（9画）	丿㇕丶㇕丿丨㇕丿丶	3 5 4 5 3 2 5 3 4
怨	（9画）	丿㇕丶㇕㇕丶㇕丶丶	3 5 4 5 5 4 5 4 4
急	（9画）	丿㇕㇕一一丶㇕丶丶	3 5 5 1 1 4 5 4 4
饵	（9画）	丿㇕㇕一丨丨一一一	3 5 5 1 2 2 1 1 1
饶	（9画）	丿㇕㇕一㇕丿一丿㇕	3 5 5 1 5 3 1 3 5
蚀	（9画）	丿㇕㇕丨㇕一丨一丶	3 5 5 2 5 1 2 1 4
饷	（9画）	丿㇕㇕丿丨㇕丨㇕一	3 5 5 3 2 5 2 5 1
饸	（9画）	丿㇕㇕丿丶一丨㇕一	3 5 5 3 4 1 2 5 1
饹	（9画）	丿㇕㇕丿㇕丶丨㇕一	3 5 5 3 5 4 2 5 1
饺	（9画）	丿㇕㇕丶一丿丶丿丶	3 5 5 4 1 3 4 3 4
饻	（9画）	丿㇕㇕丶一丿㇕丿丶	3 5 5 4 1 3 5 3 4
胤	（9画）	丿㇕㇕丶丨㇕一一㇕	3 5 5 4 2 5 1 1 5
饼	（9画）	丿㇕㇕丶丿一一丿丨	3 5 5 4 3 1 1 3 2

峦（9画）
丶一丨丨丿丶丨乛丨
4 1 2 2 3 4 2 5 2

弯（9画）
丶一丨丨丿丶乛一乛
4 1 2 2 3 4 5 1 5

孪（9画）
丶一丨丨丿丶乛丨一
4 1 2 2 3 4 5 2 1

娈（9画）
丶一丨丨丿丶乛丿一
4 1 2 2 3 4 5 3 1

将（9画）
丶一丨丿乛丶一丨丶
4 1 2 3 5 4 1 2 4

奖（9画）
丶一丨丿乛丶一丿丶
4 1 2 3 5 4 1 3 4

哀（9画）
丶一丨乛一丿乛丿丶
4 1 2 5 1 3 5 3 4

亭（9画）
丶一丨乛一丶乛一丨
4 1 2 5 1 4 5 1 2

亮（9画）
丶一丨乛一丶乛丿乛
4 1 2 5 1 4 5 3 5

庤（9画）
丶一丿一丨一一丨丶
4 1 3 1 2 1 1 2 4

度（9画）
丶一丿一丨丨一乛丶
4 1 3 1 2 2 1 5 4

弈（9画）
丶一丿丨丿丶一丿丨
4 1 3 2 3 4 1 3 2

奕（9画）
丶一丿丨丿丶一丿丶
4 1 3 2 3 4 1 3 4

迹（9画）
丶一丿丨丿丶丶乛丶
4 1 3 2 3 4 4 5 4

庭（9画）
丶一丿丿一丨一乛丶
4 1 3 3 1 2 1 5 4

麻（9画）
丶一丿丿丨一丨丿丶
4 1 3 3 2 1 2 3 4

疬（9画）
丶一丿丶一一丿乛丿
4 1 3 4 1 1 3 5 3

疣（9画）
丶一丿丶一一丿乛丶
4 1 3 4 1 1 3 5 4

疥（9画）
丶一丿丶一丿丶丿丨
4 1 3 4 1 3 4 3 2

疭（9画）
丶一丿丶一丿丶丿丶
4 1 3 4 1 3 4 3 4

疮	（9画）	、一丿、一丿、乛乛	4 1 3 4 1 3 4 5 5
疯	（9画）	、一丿、一丿乛丿、	4 1 3 4 1 3 5 3 4
疫	（9画）	、一丿、一丿乛乛、	4 1 3 4 1 3 5 5 4
疢	（9画）	、一丿、一、丿丿、	4 1 3 4 1 4 3 3 4
疤	（9画）	、一丿、一乛丨一乛	4 1 3 4 1 5 2 1 5
庠	（9画）	、一丿、丿一一一丨	4 1 3 4 3 1 1 1 2
咨	（9画）	、一丿乛丿、丨乛一	4 1 3 5 3 4 2 5 1
姿	（9画）	、一丿乛丿、乛丿一	4 1 3 5 3 4 5 3 1
亲	（9画）	、一、丿一一丨丿、	4 1 4 3 1 1 2 3 4
竑	（9画）	、一、丿一一丿乛、	4 1 4 3 1 1 3 5 4
音	（9画）	、一、丿一丨乛一一	4 1 4 3 1 2 5 1 1
彦	（9画）	、一、丿一丿丿丿丿	4 1 4 3 1 3 3 3 3
飒	（9画）	、一、丿一丿乛丿、	4 1 4 3 1 3 5 3 4
帝	（9画）	、一、丿、乛丨乛丨	4 1 4 3 4 5 2 5 2
施	（9画）	、一乛丿丿一乛丨乛	4 1 5 3 3 1 5 2 5
闺	（9画）	、丨乛一丨一一丨一	4 2 5 1 2 1 1 2 1
闻	（9画）	、丨乛一丨丨一一一	4 2 5 1 2 2 1 1 1
闼	（9画）	、丨乛一丿、、乛、	4 2 5 1 3 4 4 5 4
闽	（9画）	、丨乛丨乛一丨一、	4 2 5 2 5 1 2 1 4
闾	（9画）	、丨乛丨乛一丨乛一	4 2 5 2 5 1 2 5 1

闾（9画）
、丨𠃍丨𠃍丨𠃍一𠃍
4 2 5 2 5 2 5 1 5

阀（9画）
、丨𠃍丿丨一𠃍丿、
4 2 5 3 2 1 5 3 4

阁（9画）
、丨𠃍丿𠃍、丨𠃍一
4 2 5 3 5 4 2 5 1

阂（9画）
、丨𠃍、一𠃍丿丿、
4 2 5 4 1 5 3 3 4

差（9画）
、丿一一一丿一丨一
4 3 1 1 1 3 1 2 1

养（9画）
、丿一一一丿、丿丨
4 3 1 1 1 3 4 3 2

美（9画）
、丿一一丨一一丿、
4 3 1 1 2 1 1 3 4

羑（9画）
、丿一一丨一丿𠃍、
4 3 1 1 2 1 3 5 4

姜（9画）
、丿一一丨一𠃍丿一
4 3 1 1 2 1 5 3 1

迸（9画）
、丿一一丿丨、𠃍、
4 3 1 1 3 2 4 5 4

叛（9画）
、丿一一丿丿丿𠃍、
4 3 1 1 3 3 3 5 4

送（9画）
、丿一一丿、、𠃍、
4 3 1 1 3 4 4 5 4

类（9画）
、丿一丨丿、一丿、
4 3 1 2 3 4 1 3 4

籼（9画）
、丿一丨丿、丨𠃍丨
4 3 1 2 3 4 2 5 2

迷（9画）
、丿一丨丿、、𠃍、
4 3 1 2 3 4 4 5 4

籽（9画）
、丿一丨丿、𠃍丨一
4 3 1 2 3 4 5 2 1

娄（9画）
、丿一丨丿、𠃍丿一
4 3 1 2 3 4 5 3 1

前（9画）
、丿一丨𠃍一一丨丨
4 3 1 2 5 1 1 2 2

酋（9画）
、丿一丨𠃍丿𠃍一一
4 3 1 2 5 3 5 1 1

首（9画）
、丿一丿丨𠃍一一一
4 3 1 3 2 5 1 1 1

逆（9画）
、丿一乛丨丿、乛、
4 3 1 5 2 3 4 5 4

兹（9画）
、丿一乛乛、乛乛、
4 3 1 5 5 4 5 5 4

总（9画）
、丿丨乛一、乛、、
4 3 2 5 1 4 5 4 4

炳（9画）
、丿丿、一丨乛丿、
4 3 3 4 1 2 5 3 4

炻（9画）
、丿丿、一丿丨乛一
4 3 3 4 1 3 2 5 1

炼（9画）
、丿丿、一乛乛丿、
4 3 3 4 1 5 5 3 4

炟（9画）
、丿丿、丨乛一一一
4 3 3 4 2 5 1 1 1

炽（9画）
、丿丿、丨乛一丿、
4 3 3 4 2 5 1 3 4

炯（9画）
、丿丿、丨乛丨乛一
4 3 3 4 2 5 2 5 1

炸（9画）
、丿丿、丿一丨一一
4 3 3 4 3 1 2 1 1

烀（9画）
、丿丿、丿、丿一丨
4 3 3 4 3 4 3 1 2

烁（9画）
、丿丿、丿乛丨丿、
4 3 3 4 3 5 2 3 4

炮（9画）
、丿丿、丿乛乛一乛
4 3 3 4 3 5 5 1 5

炷（9画）
、丿丿、、一一丨一
4 3 3 4 4 1 1 2 1

炫（9画）
、丿丿、、一乛乛、
4 3 3 4 4 1 5 5 4

烂（9画）
、丿丿、、丿一一一
4 3 3 4 4 3 1 1 1

烃（9画）
、丿丿、乛、一丨一
4 3 3 4 5 4 1 2 1

剃（9画）
、丿乛一乛丨丿丨丨
4 3 5 1 5 2 3 2 2

洼（9画）
、、一一丨一一丨一
4 4 1 1 2 1 1 2 1

洁（9画）
、、一一丨一丨乛一
4 4 1 1 2 1 2 5 1

洱（9画）
、、一一丨丨一一一
4 4 1 1 2 2 1 1 1

洪（9画）
、、一一丨丨一丿、
4 4 1 1 2 2 1 3 4

洹（9画）
、、一一丨𠃍一一一
4 4 1 1 2 5 1 1 1

洒（9画）
、、一一丨𠃍丿𠃍一
4 4 1 1 2 5 3 5 1

洧（9画）
、、一一丿丨𠃍一一
4 4 1 1 3 2 5 1 1

洌（9画）
、、一一丿𠃍、丨丨
4 4 1 1 3 5 4 2 2

浃（9画）
、、一一、丿一丿、
4 4 1 1 4 3 1 3 4

柒（9画）
、、一一𠃍一丨丿、
4 4 1 1 5 1 2 3 4

浇（9画）
、、一一𠃍丿一丿𠃍
4 4 1 1 5 3 1 3 5

泚（9画）
、、一丨一丨一丿𠃍
4 4 1 2 1 2 1 3 5

浈（9画）
、、一丨一丨𠃍丿、
4 4 1 2 1 2 5 3 4

浉（9画）
、、一丨丿一丨𠃍丨
4 4 1 2 3 1 2 5 2

浊（9画）
、、一丨𠃍一丨一、
4 4 1 2 5 1 2 1 4

洞（9画）
、、一丨𠃍一丨𠃍一
4 4 1 2 5 1 2 5 1

洇（9画）
、、一丨𠃍一丿、一
4 4 1 2 5 1 3 4 1

洄（9画）
、、一丨𠃍丨𠃍一一
4 4 1 2 5 2 5 1 1

测（9画）
、、一丨𠃍丿、丨丨
4 4 1 2 5 3 4 2 2

洙（9画）
、、一丿一一丨丿、
4 4 1 3 1 1 2 3 4

洗（9画）
、、一丿一丨一丿𠃍
4 4 1 3 1 2 1 3 5

活（9画）
、、一丿一丨丨𠃍一
4 4 1 3 1 2 2 5 1

洑（9画）
、、一丿丨一丿、、
4 4 1 3 2 1 3 4 4

涎（9画）
、、一丿丨一乛乛、
4 4 1 3 2 1 5 5 4

洎（9画）
、、一丿丨乛一一一
4 4 1 3 2 5 1 1 1

洫（9画）
、、一丿丨乛丨丨一
4 4 1 3 2 5 2 2 1

派（9画）
、、一丿丿丿乛丿、
4 4 1 3 3 3 5 3 4

浍（9画）
、、一丿、一一乛、
4 4 1 3 4 1 1 5 4

洽（9画）
、、一丿、一丨乛一
4 4 1 3 4 1 2 5 1

洮（9画）
、、一丿、一乛丿、
4 4 1 3 4 1 5 3 4

染（9画）
、、一丿乛一丨丿、
4 4 1 3 5 1 2 3 4

洵（9画）
、、一丿乛丨乛一一
4 4 1 3 5 2 5 1 1

洚（9画）
、、一丿乛、一乛丨
4 4 1 3 5 4 1 5 2

洛（9画）
、、一丿乛、丨乛一
4 4 1 3 5 4 2 5 1

洛（9画）
、、一丿乛、丨乛一
4 4 1 3 5 4 2 5 1

浏（9画）
、、一、一丿、丨丨
4 4 1 4 1 3 4 2 2

济（9画）
、、一、一丿、丿丨
4 4 1 4 1 3 4 3 2

洨（9画）
、、一、一丿、丿、
4 4 1 4 1 3 4 3 4

浐（9画）
、、一、一、丿一丿
4 4 1 4 1 4 3 1 3

洋（9画）
、、一、丿一一一丨
4 4 1 4 3 1 1 1 2

洴（9画）
、、一、丿一一丿丨
4 4 1 4 3 1 1 3 2

洣（9画）
、、一、丿一丨丿、
4 4 1 4 3 1 2 3 4

洲（9画）
、、一、ノ、丨、丨
4 4 1 4 3 4 2 4 2

浑（9画）
、、一、乛一乛一丨
4 4 1 4 5 1 5 1 2

浒（9画）
、、一、乛ノ一一丨
4 4 1 4 5 3 1 1 2

浓（9画）
、、一、乛ノ乛ノ、
4 4 1 4 5 3 5 3 4

津（9画）
、、一乛一一一一丨
4 4 1 5 1 1 1 1 2

浔（9画）
、、一乛一一一丨、
4 4 1 5 1 1 1 2 4

浕（9画）
、、一乛一ノ、、、
4 4 1 5 1 3 4 4 4

洳（9画）
、、一乛ノ一丨乛一
4 4 1 5 3 1 2 5 1

恸（9画）
、、丨一一乛、乛ノ
4 4 2 1 1 5 4 5 3

恃（9画）
、、丨一丨一一丨、
4 4 2 1 2 1 1 2 4

恒（9画）
、、丨一丨乛一一一
4 4 2 1 2 5 1 1 1

恹（9画）
、、丨一ノ一ノ、、
4 4 2 1 3 1 3 4 4

恢（9画）
、、丨一ノ、ノノ、
4 4 2 1 3 4 3 3 4

恍（9画）
、、丨丨、ノ一ノ乛
4 4 2 2 4 3 1 3 5

恫（9画）
、、丨丨乛一丨乛一
4 4 2 2 5 1 2 5 1

恺（9画）
、、丨丨乛丨乛一乛
4 4 2 2 5 2 5 1 5

恻（9画）
、、丨丨乛ノ、丨丨
4 4 2 2 5 3 4 2 2

恬（9画）
、、丨ノ一丨丨乛一
4 4 2 3 1 2 2 5 1

恤（9画）
、、丨ノ丨乛丨丨一
4 4 2 3 2 5 2 2 1

恰（9画）
、、丨ノ、一丨乛一
4 4 2 3 4 1 2 5 1

恂（9画）
丶 丷 忄 忄丿 忄勹 忄勹 恂 恂 恂
丶 丶 丨 丿 乛 丨 乛 一 一
4 4 2 3 5 2 5 1 1

恪（9画）
丶 丷 忄 忄丿 忄夂 忄夂 恪 恪 恪
丶 丶 丨 丿 乛 丶 丨 乛 一
4 4 2 3 5 4 2 5 1

恼（9画）
丶 丷 忄 忄丶 忄亠 忄亠 忄㐅 恼 恼
丶 丶 丨 丶 一 丿 丶 乛 丨
4 4 2 4 1 3 4 5 2

恽（9画）
丶 丷 忄 忄丶 忄冖 忄冖 恽 恽 恽
丶 丶 丨 丶 乛 一 乛 一 丨
4 4 2 4 5 1 5 1 2

恨（9画）
丶 丷 忄 忄乛 忄彐 忄彐 恨 恨 恨
丶 丶 丨 乛 一 一 乛 丿 丶
4 4 2 5 1 1 5 3 4

举（9画）
丶 丷 丷丿 兴 兴 兴 举 举 举
丶 丶 丿 一 丿 丶 一 一 丨
4 4 3 1 3 4 1 1 2

觉（9画）
丶 丷 丷丿 ⺍ 冖 学 觉 觉 觉
丶 丶 丿 丶 乛 丨 乛 丿 乛
4 4 3 4 5 2 5 3 5

宣（9画）
丶 丷 宀 宀 宀 宣 宣 宣 宣
丶 丶 乛 一 丨 乛 一 一 一
4 4 5 1 2 5 1 1 1

宦（9画）
丶 丷 宀 宀 宀 宦 宦 宦 宦
丶 丶 乛 一 丨 乛 一 丨 乛
4 4 5 1 2 5 1 2 5

宥（9画）
丶 丷 宀 宀 宀 宥 宥 宥 宥
丶 丶 乛 一 丿 丨 乛 一 一
4 4 5 1 3 2 5 1 1

宬（9画）
丶 丷 宀 宀 宀 宬 宬 宬 宬
丶 丶 乛 一 丿 乛 乛 丿 丶
4 4 5 1 3 5 5 3 4

室（9画）
丶 丷 宀 宀 宀 室 室 室 室
丶 丶 乛 一 乛 丶 一 丨 一
4 4 5 1 5 4 1 2 1

宫（9画）
丶 丷 宀 宀 宀 宫 宫 宫 宫
丶 丶 乛 丨 乛 一 丨 乛 一
4 4 5 2 5 1 2 5 1

宪（9画）
丶 丷 宀 宀 宀 宪 宪 宪 宪
丶 丶 乛 丿 一 丨 一 丿 乛
4 4 5 3 1 2 1 3 5

突（9画）
丶 丷 宀 穴 穴 突 突 突 突
丶 丶 乛 丿 丶 一 丿 丶 丶
4 4 5 3 4 1 3 4 4

穿（9画）
丶 丷 宀 穴 穴 穿 穿 穿 穿
丶 丶 乛 丿 丶 一 乛 丨 丿
4 4 5 3 4 1 5 2 3

窀（9画）
丶 丷 宀 穴 穴 窀 窀 窀 窀
丶 丶 乛 丿 丶 一 乛 丨 乛
4 4 5 3 4 1 5 2 5

窃（9画）
丶 丷 宀 穴 穴 窃 窃 窃 窃
丶 丶 乛 丿 丶 一 乛 乛 丿
4 4 5 3 4 1 5 5 3

客（9画）
丶 丷 宀 宀 宀 客 客 客 客
丶 丶 乛 丿 乛 丶 丨 乛 一
4 4 5 3 5 4 2 5 1

诚（9画）
丶 讠 讠 讠 讠 诚 诚 诚 诚
丶 乛 一 一 丿 丨 乛 丿 丶
4 5 1 1 3 2 5 3 4

冠（9画）
丶乛一一丿乛一丨丶
4 5 1 1 3 5 1 2 4

诬（9画）
丶乛一丨丿丶丿丶一
4 5 1 2 3 4 3 4 1

语（9画）
丶乛一丨乛一丨乛一
4 5 1 2 5 1 2 5 1

扁（9画）
丶乛一丿丨乛一丨丨
4 5 1 3 2 5 1 2 2

扃（9画）
丶乛一丿丨乛丨乛一
4 5 1 3 2 5 2 5 1

祎（9画）
丶乛丨丿丶一一乛丨
4 5 2 3 4 1 1 5 2

衲（9画）
丶乛丨丿丶丨乛丿丶
4 5 2 3 4 2 5 3 4

衽（9画）
丶乛丨丿丶丿一丨一
4 5 2 3 4 3 1 2 1

袄（9画）
丶乛丨丿丶丿一丿丶
4 5 2 3 4 3 1 3 4

衿（9画）
丶乛丨丿丶丿丶丶乛
4 5 2 3 4 3 4 4 5

袂（9画）
丶乛丨丿丶乛一丿丶
4 5 2 3 4 5 1 3 4

祛（9画）
丶乛丨丶一丨一乛丶
4 5 2 4 1 2 1 5 4

祜（9画）
丶乛丨丶一丨丨乛一
4 5 2 4 1 2 2 5 1

祓（9画）
丶乛丨丶一丿乛丶丶
4 5 2 4 1 3 5 4 4

祖（9画）
丶乛丨丶丨乛一一一
4 5 2 4 2 5 1 1 1

神（9画）
丶乛丨丶丨乛一一丨
4 5 2 4 2 5 1 1 2

祝（9画）
丶乛丨丶丨乛一丿乛
4 5 2 4 2 5 1 3 5

祚（9画）
丶乛丨丶丿一丨一一
4 5 2 4 3 1 2 1 1

诮（9画）
丶乛丨丶丿丨乛一一
4 5 2 4 3 2 5 1 1

祗（9画）
丶乛丨丶丿乛一乛丶
4 5 2 4 3 5 1 5 4

祢（9画）
丶 乛 丨 丶 丿 乛 丨 丿 丶
4 5 2 4 3 5 2 3 4

祠（9画）
丶 乛 丨 丶 乛 一 丨 乛 一
4 5 2 4 5 1 2 5 1

误（9画）
丶 乛 丨 乛 一 一 一 丿 丶
4 5 2 5 1 1 1 3 4

诰（9画）
丶 乛 丿 一 丨 一 丨 乛 一
4 5 3 1 2 1 2 5 1

诱（9画）
丶 乛 丿 一 丨 丿 丶 乛 丿
4 5 3 1 2 3 4 5 3

诲（9画）
丶 乛 丿 一 乛 乛 丶 一 丶
4 5 3 1 5 5 4 1 4

诳（9画）
丶 乛 丿 乛 丿 一 一 丨 一
4 5 3 5 3 1 1 2 1

鸩（9画）
丶 乛 丿 乛 丿 乛 丶 乛 一
4 5 3 5 3 5 4 5 1

说（9画）
丶 乛 丶 丿 丨 乛 一 丿 乛
4 5 4 3 2 5 1 3 5

昶（9画）
丶 乛 乛 丿 丶 丨 乛 一 一
4 5 5 3 4 2 5 1 1

诵（9画）
丶 乛 乛 丶 丨 乛 一 一 丨
4 5 5 4 2 5 1 1 2

郡（9画）
乛 一 一 丿 丨 乛 一 乛 丨
5 1 1 3 2 5 1 5 2

垦（9画）
乛 一 一 乛 丿 丶 一 丨 一
5 1 1 5 3 4 1 2 1

退（9画）
乛 一 一 乛 丿 丶 丶 乛 丶
5 1 1 5 3 4 4 5 4

既（9画）
乛 一 一 乛 丶 一 乛 丿 乛
5 1 1 5 4 1 5 3 5

屋（9画）
乛 一 丿 一 乛 丶 一 丨 一
5 1 3 1 5 4 1 2 1

昼（9画）
乛 一 丿 丶 丨 乛 一 一 一
5 1 3 4 2 5 1 1 1

咫（9画）
乛 一 丿 丶 丨 乛 一 丿 丶
5 1 3 4 2 5 1 3 4

屏（9画）
乛 一 丿 丶 丿 一 一 丿 丨
5 1 3 4 3 1 1 3 2

屎（9画）
乛 一 丿 丶 丿 一 丨 丿 丶
5 1 3 4 3 1 2 3 4

弭（9画）
㇆ ㇆ 弓 弓一 弓丆 弓丌 弓丌 弓耳 弭
乛 一 乛 一 丨 丨 一 一 一
5 1 5 1 2 2 1 1 1

费（9画）
乛 ⺕ 弓 弗 弗 弗 费 费 费
乛 一 乛 丿 丨 丨 乛 丿 丶
5 1 5 3 2 2 5 3 4

陡（9画）
㇌ 阝 阝一 阝十 阝土 阝土 阝走 阝走 陡
乛 丨 一 丨 一 丨 一 丿 丶
5 2 1 2 1 2 1 3 4

逊（9画）
乛 了 子 孑 孙 孙 孙 孙 逊
乛 丨 一 丨 丿 丶 丶 乛 丶
5 2 1 2 3 4 4 5 4

牁（9画）
乚 丬 爿 爿 爿一 爿丁 爿可 爿可 牁
乛 丨 一 丿 一 丨 乛 一 丨
5 2 1 3 1 2 5 1 2

眉（9画）
乛 ⺊ 尸 尸 尸 眉 眉 眉 眉
乛 丨 一 丿 丨 乛 一 一 一
5 2 1 3 2 5 1 1 1

胥（9画）
乛 丅 丆 疋 疋 胥 胥 胥 胥
乛 丨 一 丿 丶 丨 乛 一 一
5 2 1 3 4 2 5 1 1

孩（9画）
乛 了 子 孑 孑 孩 孩 孩 孩
乛 丨 一 丶 一 乛 丿 丿 丶
5 2 1 4 1 5 3 3 4

陛（9画）
㇌ 阝 阝一 阝比 阝比 阝比 陛 陛 陛
乛 丨 一 乛 丿 乛 一 丨 一
5 2 1 5 3 5 1 2 1

陟（9画）
㇌ 阝 阝丨 阝卜 阝止 阝止 阝步 阝步 陟
乛 丨 丨 一 丨 一 丨 丿 丿
5 2 2 1 2 1 2 3 3

陧（9画）
㇌ 阝 阝丨 阝日 阝日 阝日 阝旦 阝旦 陧
乛 丨 丨 乛 一 一 一 丨 一
5 2 2 5 1 1 1 2 1

陨（9画）
㇌ 阝 阝丨 阝口 阝口 阝口 阝员 阝员 陨
乛 丨 丨 乛 一 丨 乛 丿 丶
5 2 2 5 1 2 5 3 4

除（9画）
㇌ 阝 阝丿 阝人 阝人 阝余 阝余 阝余 除
乛 丨 丿 丶 一 一 丨 丿 丶
5 2 3 4 1 1 2 3 4

险（9画）
㇌ 阝 阝丿 阝人 阝人 阝佥 阝佥 阝佥 险
乛 丨 丿 丶 一 丶 丶 丿 一
5 2 3 4 1 4 4 3 1

院（9画）
㇌ 阝 阝丶 阝丶 阝宀 阝宀 阝完 阝完 院
乛 丨 丶 丶 乛 一 一 丿 乛
5 2 4 4 5 1 1 3 5

娃（9画）
𡿨 女 女 女一 女十 女土 女圭 女圭 娃
乛 丿 一 一 丨 一 一 丨 一
5 3 1 1 2 1 1 2 1

姞（9画）
𡿨 女 女 女一 女十 女士 女士 女吉 姞
乛 丿 一 一 丨 一 丨 乛 一
5 3 1 1 2 1 2 5 1

姥（9画）
𡿨 女 女 女一 女十 女土 女耂 女老 姥
乛 丿 一 一 丨 一 丿 丿 乛
5 3 1 1 2 1 3 3 5

娅（9画）
𡿨 女 女 女一 女丅 女亚 女亚 女亚 娅
乛 丿 一 一 丨 丨 丶 丿 一
5 3 1 1 2 2 4 3 1

姨（9画）
𡿨 女 女 女一 女弓 女弓 女弓 女夷 姨
乛 丿 一 一 乛 一 乛 丿 丶
5 3 1 1 5 1 5 3 4

娆（9画）
乛 丿 一 一 乛 丿 一 丿 乛
5 3 1 1 5 3 1 3 5

姻（9画）
乛 丿 一 丨 乛 一 丿 丶 一
5 3 1 2 5 1 3 4 1

姝（9画）
乛 丿 一 丿 一 一 丨 丿 丶
5 3 1 3 1 1 2 3 4

娇（9画）
乛 丿 一 丿 一 丿 丶 丿 丨
5 3 1 3 1 3 4 3 2

姚（9画）
乛 丿 一 丿 丶 一 乛 丿 丶
5 3 1 3 4 1 5 3 4

姽（9画）
乛 丿 一 丿 乛 一 丿 乛 乛
5 3 1 3 5 1 3 5 5

姣（9画）
乛 丿 一 丶 一 丿 丶 丿 丶
5 3 1 4 1 3 4 3 4

姘（9画）
乛 丿 一 丶 丿 一 一 丿 丨
5 3 1 4 3 1 1 3 2

姹（9画）
乛 丿 一 丶 丶 乛 丿 一 乛
5 3 1 4 4 5 3 1 5

娜（9画）
乛 丿 一 乛 一 一 丿 乛 丨
5 3 1 5 1 1 3 5 2

怒（9画）
乛 丿 一 乛 丶 丶 乛 丶 丶
5 3 1 5 4 4 5 4 4

架（9画）
乛 丿 丨 乛 一 一 丨 丿 丶
5 3 2 5 1 1 2 3 4

贺（9画）
乛 丿 丨 乛 一 丨 乛 丿 丶
5 3 2 5 1 2 5 3 4

盈（9画）
乛 丿 乛 丶 丨 乛 丨 丨 一
5 3 5 4 2 5 2 2 1

怼（9画）
乛 丶 一 丨 丶 丶 乛 丶 丶
5 4 1 2 4 4 5 4 4

羿（9画）
乛 丶 一 乛 丶 一 一 丿 丨
5 4 1 5 4 1 1 3 2

勇（9画）
乛 丶 丨 乛 一 一 丨 乛 丿
5 4 2 5 1 1 2 5 3

炱（9画）
乛 丶 丨 乛 一 丶 丿 丿 丶
5 4 2 5 1 4 3 3 4

怠（9画）
乛 丶 丨 乛 一 丶 乛 丶 丶
5 4 2 5 1 4 5 4 4

癸（9画）
乛 丶 丿 丿 丶 一 一 丿 丶
5 4 3 3 4 1 1 3 4

蚤（9画）
乛 丶 丶 丨 乛 一 丨 一 丶
5 4 4 2 5 1 2 1 4

柔（9画）
乛 丶 乛 丨 丿 一 丨 丿 丶
5 4 5 2 3 1 2 3 4

矜（9画）
乛 丶 乛 丨 丿 丿 丶 丶 乛
5 4 5 2 3 3 4 4 5

垒（9画）
乛 丶 乛 丶 乛 丶 一 丨 一
5 4 5 4 5 4 1 2 1

绑（9画）
乛 乛 一 一 一 一 丿 乛 丨
5 5 1 1 1 1 3 5 2

绒（9画）
乛 乛 一 一 一 丿 乛 丿 丶
5 5 1 1 1 3 5 3 4

结（9画）
乛 乛 一 一 丨 一 丨 乛 一
5 5 1 1 2 1 2 5 1

绔（9画）
乛 乛 一 一 丿 丶 一 一 乛
5 5 1 1 3 4 1 1 5

骁（9画）
乛 乛 一 一 乛 丿 一 丿 乛
5 5 1 1 5 3 1 3 5

绕（9画）
乛 乛 一 一 乛 丿 一 丿 乛
5 5 1 1 5 3 1 3 5

骄（9画）
乛 乛 一 丿 一 丿 丶 丿 丨
5 5 1 3 1 3 4 3 2

骅（9画）
乛 乛 一 丿 丨 丿 乛 一 丨
5 5 1 3 2 3 5 1 2

绗（9画）
乛 乛 一 丿 丿 丨 一 一 丨
5 5 1 3 3 2 1 1 2

绘（9画）
乛 乛 一 丿 丶 一 一 乛 丶
5 5 1 3 4 1 1 5 4

给（9画）
乛 乛 一 丿 丶 一 丨 乛 一
5 5 1 3 4 1 2 5 1

绚（9画）
乛 乛 一 丿 乛 丨 乛 一 一
5 5 1 3 5 2 5 1 1

彖（9画）
乛 乛 一 丿 乛 丿 丿 丿 丶
5 5 1 3 5 3 3 3 4

绛（9画）
乛 乛 一 丿 乛 丶 一 乛 丨
5 5 1 3 5 4 1 5 2

络（9画）
乛 乛 一 丿 乛 丶 丨 乛 一
5 5 1 3 5 4 2 5 1

骆（9画）
乛 乛 一 丿 乛 丶 丨 乛 一
5 5 1 3 5 4 2 5 1

绝	（9 画）	乛乛一丿乛乛丨一乛	5 5 1 3 5 5 2 1 5
绞	（9 画）	乛乛一丶一丿丶丿丶	5 5 1 4 1 3 4 3 4
骇	（9 画）	乛乛一丶一乛丿丿丶	5 5 1 4 1 5 3 3 4
统	（9 画）	乛乛一丶一乛丶丿乛	5 5 1 4 1 5 4 3 5
骈	（9 画）	乛乛一丶丿一一丿丨	5 5 1 4 3 1 1 3 2
耕	（10 画）	一一一丨丿丶一一丿丨	1 1 1 2 3 4 1 1 3 2
耘	（10 画）	一一一丨丿丶一一乛丶	1 1 1 2 3 4 1 1 5 4
耖	（10 画）	一一一丨丿丶丨丿丶丿	1 1 1 2 3 4 2 3 4 3
耗	（10 画）	一一一丨丿丶丿一一乛	1 1 1 2 3 4 3 1 1 5
耙	（10 画）	一一一丨丿丶乛丨一乛	1 1 1 2 3 4 5 2 1 5
艳	（10 画）	一一一丨丿乛乛丨一乛	1 1 1 2 3 5 5 2 1 5
挈	（10 画）	一一一丨乛丿丿一一丨	1 1 1 2 5 3 3 1 1 2
恝	（10 画）	一一一丨乛丿丶乛丶丶	1 1 1 2 5 3 4 5 4 4
泰	（10 画）	一一一丿丶丨丶一丿丶	1 1 1 3 4 2 4 1 3 4
秦	（10 画）	一一一丿丶丿一丨丿丶	1 1 1 3 4 3 1 2 3 4
珥	（10 画）	一一丨一一丨丨一一一	1 1 2 1 1 2 2 1 1 1
珙	（10 画）	一一丨一一丨丨一丿丶	1 1 2 1 1 2 2 1 3 4
顼	（10 画）	一一丨一一丿丨乛丿丶	1 1 2 1 1 3 2 5 3 4
珰	（10 画）	一一丨一丨丶丿乛一一	1 1 2 1 2 4 3 5 1 1
珠	（10 画）	一一丨一丿一一丨丿丶	1 1 2 1 3 1 1 2 3 4

字	笔画	笔顺	笔顺编号
斑	10画	一一丨一丿一丨一乛丶	1 1 2 1 3 1 2 1 5 4
珩	10画	一一丨一丿丿丨一一丨	1 1 2 1 3 3 2 1 1 2
珧	10画	一一丨一丿丶一乛丿丶	1 1 2 1 3 4 1 5 3 4
珣	10画	一一丨一丿乛丨乛一一	1 1 2 1 3 5 2 5 1 1
珞	10画	一一丨一丿乛丶丨乛一	1 1 2 1 3 5 4 2 5 1
琤	10画	一一丨一丿乛乛一一丨	1 1 2 1 3 5 5 1 1 2
班	10画	一一丨一丶丿一一丨一	1 1 2 1 4 3 1 1 2 1
珲	10画	一一丨一丶乛一乛一丨	1 1 2 1 4 5 1 5 1 2
敖	10画	一一丨一乛丿丿一丿丶	1 1 2 1 5 3 3 1 3 4
素	10画	一一丨一乛乛丶丨丿丶	1 1 2 1 5 5 4 2 3 4
匿	10画	一一丨丨一丿丨乛一乛	1 1 2 2 1 3 2 5 1 5
蚕	10画	一一丿丶丨乛一丨一丶	1 1 3 4 2 5 1 2 1 4
顽	10画	一一丿乛一丿丨乛丿丶	1 1 3 5 1 3 2 5 3 4
盏	10画	一一乛丿丶丨乛丨丨一	1 1 5 3 4 2 5 2 2 1
匪	10画	一丨一一一丨一一一乛	1 2 1 1 1 2 1 1 1 5
恚	10画	一丨一一丨一丶乛丶丶	1 2 1 1 2 1 4 5 4 4
捞	10画	一丨一一丨丨丶乛乛丿	1 2 1 1 2 2 4 5 5 3
栽	10画	一丨一一丨丿丶乛丿丶	1 2 1 1 2 3 4 5 3 4
捕	10画	一丨一一丨乛一一丨丶	1 2 1 1 2 5 1 1 2 4
埔	10画	一丨一一丨乛一一丨丶	1 2 1 1 2 5 1 1 2 4

埂（10画）	一丨一一丨乛一一丿丶	1 2 1 1 2 5 1 1 3 4
捂（10画）	一丨一一丨乛一丨乛一	1 2 1 1 2 5 1 2 5 1
振（10画）	一丨一一丿一一乛丿丶	1 2 1 1 3 1 1 5 3 4
载（10画）	一丨一一乛丨一乛丿丶	1 2 1 1 5 2 1 5 3 4
赶（10画）	一丨一丨一丿丶一一丨	1 2 1 2 1 3 4 1 1 2
起（10画）	一丨一丨一丿丶乛一乛	1 2 1 2 1 3 4 5 1 5
盐（10画）	一丨一丨丶丨乛丨丨一	1 2 1 2 4 2 5 2 2 1
捎（10画）	一丨一丨丶丿丨乛一一	1 2 1 2 4 3 2 5 1 1
捍（10画）	一丨一丨乛一一一一丨	1 2 1 2 5 1 1 1 1 2
埕（10画）	一丨一丨乛一一一丨一	1 2 1 2 5 1 1 1 2 1
捏（10画）	一丨一丨乛一一一丨一	1 2 1 2 5 1 1 1 2 1
埘（10画）	一丨一丨乛一一一丨丶	1 2 1 2 5 1 1 1 2 4
埋（10画）	一丨一丨乛一一丨一一	1 2 1 2 5 1 1 2 1 1
捉（10画）	一丨一丨乛一丨一丿丶	1 2 1 2 5 1 2 1 3 4
捆（10画）	一丨一丨乛一丨丿丶一	1 2 1 2 5 1 2 3 4 1
捐（10画）	一丨一丨乛一丨乛一一	1 2 1 2 5 1 2 5 1 1
埚（10画）	一丨一丨乛一丨乛丿丶	1 2 1 2 5 1 2 5 3 4
埙（10画）	一丨一丨乛一丨乛丿丶	1 2 1 2 5 1 2 5 3 4
损（10画）	一丨一丨乛一丨乛丿丶	1 2 1 2 5 1 2 5 3 4
袁（10画）	一丨一丨乛一丿乛丿丶	1 2 1 2 5 1 3 5 3 4

挹	（10画）	一丨一丨乛一乛丨一乛	1 2 1 2 5 1 5 2 1 5
捌	（10画）	一丨一丨乛一乛丿丨丨	1 2 1 2 5 1 5 3 2 2
都	（10画）	一丨一丿丨乛一一乛丨	1 2 1 3 2 5 1 1 5 2
哲	（10画）	一丨一丿丿一丨丨乛一	1 2 1 3 3 1 2 2 5 1
逝	（10画）	一丨一丿丿一丨丶乛丶	1 2 1 3 3 1 2 4 5 4
耆	（10画）	一丨一丿丿乛丨乛一一	1 2 1 3 3 5 2 5 1 1
耄	（10画）	一丨一丿丿乛丿一一乛	1 2 1 3 3 5 3 1 1 5
捡	（10画）	一丨一丿丶一丶丶丿一	1 2 1 3 4 1 4 4 3 1
挫	（10画）	一丨一丿丶丿丶一丨一	1 2 1 3 4 3 4 1 2 1
捋	（10画）	一丨一丿丶丶丿一丨丶	1 2 1 3 4 4 3 1 2 4
埒	（10画）	一丨一丿丶丶丿一丨丶	1 2 1 3 4 4 3 1 2 4
换	（10画）	一丨一丿乛丨乛一丿丶	1 2 1 3 5 2 5 1 3 4
挽	（10画）	一丨一丿乛丨乛一丿乛	1 2 1 3 5 2 5 1 3 5
贽	（10画）	一丨一丿乛丶丨乛丿丶	1 2 1 3 5 4 2 5 3 4
挚	（10画）	一丨一丿乛丶丿一一丨	1 2 1 3 5 4 3 1 1 2
热	（10画）	一丨一丿乛丶丶丶丶丶	1 2 1 3 5 4 4 4 4 4
恐	（10画）	一丨一丿乛丶丶乛丶丶	1 2 1 3 5 4 4 5 4 4
捣	（10画）	一丨一丿乛丶乛丨乛丨	1 2 1 3 5 4 5 2 5 2
垸	（10画）	一丨一丶丶乛一一丿乛	1 2 1 4 4 5 1 1 3 5
壶	（10画）	一丨一丶乛丨丨丶丿一	1 2 1 4 5 2 2 4 3 1

捃（10画）
一丨一乛一一丿丨乛一
1 2 1 5 1 1 3 2 5 1

捅（10画）
一丨一乛丶丨乛一一丨
1 2 1 5 4 2 5 1 1 2

盍（10画）
一丨一乛丶丨乛丨丨一
1 2 1 5 4 2 5 2 2 1

埃（10画）
一丨一乛丶丿一一丿丶
1 2 1 5 4 3 1 1 3 4

挨（10画）
一丨一乛丶丿一一丿丶
1 2 1 5 4 3 1 1 3 4

耻（10画）
一丨丨一一一丨一丨一
1 2 2 1 1 1 2 1 2 1

耿（10画）
一丨丨一一一丶丿丿丶
1 2 2 1 1 1 4 3 3 4

耽（10画）
一丨丨一一一丶乛丿乛
1 2 2 1 1 1 4 5 3 5

聂（10画）
一丨丨一一一乛丶乛丶
1 2 2 1 1 1 5 4 5 4

莰（10画）
一丨丨一丨一丿乛丿丶
1 2 2 1 2 1 3 5 3 4

茝（10画）
一丨丨一丨丨乛一丨乛
1 2 2 1 2 2 5 1 2 5

莩（10画）
一丨丨一丨丶乛乛丨一
1 2 2 1 2 4 5 5 2 1

莆（10画）
一丨丨一丨乛一一丨丶
1 2 2 1 2 5 1 1 2 4

恭（10画）
一丨丨一丿丶丨丶丶丶
1 2 2 1 3 4 2 4 4 4

莽（10画）
一丨丨一丿丶丶一丿丨
1 2 2 1 3 4 4 1 3 2

莱（10画）
一丨丨一丶丿一丨丿丶
1 2 2 1 4 3 1 2 3 4

莲（10画）
一丨丨一乛一丨丶乛丶
1 2 2 1 5 1 2 4 5 4

莳（10画）
一丨丨丨乛一一一丨丶
1 2 2 2 5 1 1 1 2 4

莫（10画）
一丨丨丨乛一一一丿丶
1 2 2 2 5 1 1 1 3 4

莴（10画）
一丨丨丨乛一丨乛丿丶
1 2 2 2 5 1 2 5 3 4

莪（10画）	一 丨 丨 ノ 一 丨 一 ㇇ ノ 丶	1 2 2 3 1 2 1 5 3 4
莉（10画）	一 丨 丨 ノ 一 丨 ノ 丶 丨 丨	1 2 2 3 1 2 3 4 2 2
莠（10画）	一 丨 丨 ノ 一 丨 ノ 丶 ㇇ ノ	1 2 2 3 1 2 3 4 5 3
莓（10画）	一 丨 丨 ノ 一 ㇇ ㇇ 丶 一 丶	1 2 2 3 1 5 5 4 1 4
荷（10画）	一 丨 丨 ノ 丨 一 丨 ㇇ 一 丨	1 2 2 3 2 1 2 5 1 2
莜（10画）	一 丨 丨 ノ 丨 丨 ノ 一 ノ 丶	1 2 2 3 2 2 3 1 3 4
莅（10画）	一 丨 丨 ノ 丨 丶 一 丶 ノ 一	1 2 2 3 2 4 1 4 3 1
荼（10画）	一 丨 丨 ノ 丶 一 一 丨 ノ 丶	1 2 2 3 4 1 1 2 3 4
莶（10画）	一 丨 丨 ノ 丶 一 丶 丶 ノ 一	1 2 2 3 4 1 4 4 3 1
莩（10画）	一 丨 丨 ノ 丶 丶 ノ ㇇ 丨 一	1 2 2 3 4 4 3 5 2 1
荽（10画）	一 丨 丨 ノ 丶 丶 ノ ㇇ ノ 一	1 2 2 3 4 4 3 5 3 1
获（10画）	一 丨 丨 ノ ㇇ ノ 一 ノ 丶 丶	1 2 2 3 5 3 1 3 4 4
莸（10画）	一 丨 丨 ノ ㇇ ノ 一 ノ ㇇ 丶	1 2 2 3 5 3 1 3 5 4
荻（10画）	一 丨 丨 ノ ㇇ ノ 丶 ノ ノ 丶	1 2 2 3 5 3 4 3 3 4
莘（10画）	一 丨 丨 丶 一 丶 ノ 一 一 丨	1 2 2 4 1 4 3 1 1 2
晋（10画）	一 丨 丨 丶 ノ 一 丨 ㇇ 一 一	1 2 2 4 3 1 2 5 1 1
恶（10画）	一 丨 丨 丶 ノ 一 丶 ㇇ 丶 丶	1 2 2 4 3 1 4 5 4 4
莎（10画）	一 丨 丨 丶 丶 一 丨 ノ 丶 ノ	1 2 2 4 4 1 2 3 4 3
莞（10画）	一 丨 丨 丶 丶 ㇇ 一 一 ノ ㇇	1 2 2 4 4 5 1 1 3 5
莹（10画）	一 丨 丨 丶 ㇇ 一 一 丨 一 丶	1 2 2 4 5 1 1 2 1 4

莨（10画）
一 丨 丨 丶 ㇕ 一 一 ㇕ 丿 丶
1 2 2 4 5 1 1 5 3 4

莺（10画）
一 丨 丨 丶 ㇕ 丿 ㇕ 丶 ㇕ 一
1 2 2 4 5 3 5 4 5 1

真（10画）
一 丨 丨 ㇕ 一 一 一 一 丿 丶
1 2 2 5 1 1 1 1 3 4

莙（10画）
一 丨 丨 ㇕ 一 一 丿 丨 ㇕ 一
1 2 2 5 1 1 3 2 5 1

鸪（10画）
一 丨 丨 ㇕ 一 丿 ㇕ 丶 ㇕ 一
1 2 2 5 1 3 5 4 5 1

莼（10画）
一 丨 丨 ㇕ ㇕ 一 一 ㇕ 丨 ㇕
1 2 2 5 5 1 1 5 2 5

框（10画）
一 丨 丿 丶 一 一 一 丨 一 ㇕
1 2 3 4 1 1 1 2 1 5

梆（10画）
一 丨 丿 丶 一 一 一 丿 ㇕ 丨
1 2 3 4 1 1 1 3 5 2

桂（10画）
一 丨 丿 丶 一 丨 一 一 丨 一
1 2 3 4 1 2 1 1 2 1

桔（10画）
一 丨 丿 丶 一 丨 一 丨 ㇕ 一
1 2 3 4 1 2 1 2 5 1

栲（10画）
一 丨 丿 丶 一 丨 一 丿 一 ㇕
1 2 3 4 1 2 1 3 1 5

栳（10画）
一 丨 丿 丶 一 丨 一 丿 丿 ㇕
1 2 3 4 1 2 1 3 3 5

郴（10画）
一 丨 丿 丶 一 丨 丿 丶 ㇕ 丨
1 2 3 4 1 2 3 4 5 2

桓（10画）
一 丨 丿 丶 一 丨 ㇕ 一 一 一
1 2 3 4 1 2 5 1 1 1

栖（10画）
一 丨 丿 丶 一 丨 ㇕ 丿 ㇕ 一
1 2 3 4 1 2 5 3 5 1

桡（10画）
一 丨 丿 丶 一 ㇕ 丿 一 丿 ㇕
1 2 3 4 1 5 3 1 3 5

桎（10画）
一 丨 丿 丶 一 ㇕ 丶 一 丨 一
1 2 3 4 1 5 4 1 2 1

桢（10画）
一 丨 丿 丶 丨 一 丨 ㇕ 丿 丶
1 2 3 4 2 1 2 5 3 4

桄（10画）
一 丨 丿 丶 丨 丶 丿 一 丿 ㇕
1 2 3 4 2 4 3 1 3 5

档（10画）
一 丨 丿 丶 丨 丶 丿 ㇕ 一 一
1 2 3 4 2 4 3 5 1 1

桐（10画）
一丨丿丶丨乛一丨乛一
1 2 3 4 2 5 1 2 5 1

桤（10画）
一丨丿丶丨乛丨乛一乛
1 2 3 4 2 5 2 5 1 5

株（10画）
一丨丿丶丿一一丨丿丶
1 2 3 4 3 1 1 2 3 4

梃（10画）
一丨丿丶丿一丨一乛丶
1 2 3 4 3 1 2 1 5 4

栝（10画）
一丨丿丶丿一丨丨乛一
1 2 3 4 3 1 2 2 5 1

桥（10画）
一丨丿丶丿一丿丶丿丨
1 2 3 4 3 1 3 4 3 2

柏（10画）
一丨丿丶丿丨一乛一一
1 2 3 4 3 2 1 5 1 1

桦（10画）
一丨丿丶丿丨丿乛一丨
1 2 3 4 3 2 3 5 1 2

桁（10画）
一丨丿丶丿丿丨一一丨
1 2 3 4 3 3 2 1 1 2

栓（10画）
一丨丿丶丿丶一一丨一
1 2 3 4 3 4 1 1 2 1

桧（10画）
一丨丿丶丿丶一一乛丶
1 2 3 4 3 4 1 1 5 4

桃（10画）
一丨丿丶丿丶一乛丿丶
1 2 3 4 3 4 1 5 3 4

桅（10画）
一丨丿丶丿乛一丿乛乛
1 2 3 4 3 5 1 3 5 5

栒（10画）
一丨丿丶丿乛丨乛一一
1 2 3 4 3 5 2 5 1 1

格（10画）
一丨丿丶丿乛丶丨乛一
1 2 3 4 3 5 4 2 5 1

桩（10画）
一丨丿丶丶一丿一丨一
1 2 3 4 4 1 3 1 2 1

校（10画）
一丨丿丶丶一丿丶丿丶
1 2 3 4 4 1 3 4 3 4

核（10画）
一丨丿丶丶一乛丿丿丶
1 2 3 4 4 1 5 3 3 4

样（10画）
一丨丿丶丶丿一一一丨
1 2 3 4 4 3 1 1 1 2

栟（10画）
一丨丿丶丶丿一一丿丨
1 2 3 4 4 3 1 1 3 2

桉（10画）
一丨丿丶丶丶乛乛丿一
1 2 3 4 4 4 5 5 3 1

根（10画）
一丨丿丶乛一一乛丿丶
1 2 3 4 5 1 1 5 3 4

栩（10画）
一丨丿丶乛丶一乛丶一
1 2 3 4 5 4 1 5 4 1

逑（10画）
一丨丶一丿丶丶丶乛丶
1 2 4 1 3 4 4 4 5 4

索（10画）
一丨丶乛乛乛丶丨丿丶
1 2 4 5 5 5 4 2 3 4

逋（10画）
一丨乛一一丨丶丶乛丶
1 2 5 1 1 2 4 4 5 4

彧（10画）
一丨乛一一乛丿丿丿丶
1 2 5 1 1 5 3 3 3 4

哥（10画）
一丨乛一丨一丨乛一丨
1 2 5 1 2 1 2 5 1 2

速（10画）
一丨乛一丨丿丶丶乛丶
1 2 5 1 2 3 4 4 5 4

鬲（10画）
一丨乛一丨乛丶丿一丨
1 2 5 1 2 5 4 3 1 2

豇（10画）
一丨乛一丶丿一一丨一
1 2 5 1 4 3 1 1 2 1

逗（10画）
一丨乛一丶丿一丶乛丶
1 2 5 1 4 3 1 4 5 4

栗（10画）
一丨乛丨丨一一丨丿丶
1 2 5 2 2 1 1 2 3 4

贾（10画）
一丨乛丨丨一丨乛丿丶
1 2 5 2 2 1 2 5 3 4

酐（10画）
一丨乛丿乛一一一一丨
1 2 5 3 5 1 1 1 1 2

酎（10画）
一丨乛丿乛一一一丨丶
1 2 5 3 5 1 1 1 2 4

酌（10画）
一丨乛丿乛一一丿乛丶
1 2 5 3 5 1 1 3 5 4

配（10画）
一丨乛丿乛一一乛一乛
1 2 5 3 5 1 1 5 1 5

酏（10画）
一丨乛丿乛一一乛丨乛
1 2 5 3 5 1 1 5 2 5

逦（10画）
一丨乛丶丨乛丶丶乛丶
1 2 5 4 2 5 4 4 5 4

字	笔画	笔顺编号
翅（10画）	一丨㇕丶㇕丶一㇕丶一	1 2 5 4 5 4 1 5 4 1
辱（10画）	一丿一一㇕丿丶一丨丶	1 3 1 1 5 3 4 1 2 4
唇（10画）	一丿一一㇕丿丶丨㇕一	1 3 1 1 5 3 4 2 5 1
厝（10画）	一丿一丨丨一丨㇕一一	1 3 1 2 2 1 2 5 1 1
孬（10画）	一丿丨丶㇕丿一㇕丨一	1 3 2 4 5 3 1 5 2 1
夏（10画）	一丿丨㇕一一一丿㇕丶	1 3 2 5 1 1 1 3 5 4
砝（10画）	一丿丨㇕一一丨一㇕丶	1 3 2 5 1 1 2 1 5 4
砹（10画）	一丿丨㇕一一丨丨丿丶	1 3 2 5 1 1 2 2 3 4
硒（10画）	一丿丨㇕一一丨㇕丨㇕	1 3 2 5 1 1 2 5 2 5
砺（10画）	一丿丨㇕一一丿一㇕丿	1 3 2 5 1 1 3 1 5 3
砰（10画）	一丿丨㇕一一丶丿一丨	1 3 2 5 1 1 4 3 1 2
砧（10画）	一丿丨㇕一丨一丨㇕一	1 3 2 5 1 2 1 2 5 1
砷（10画）	一丿丨㇕一丨㇕一一丨	1 3 2 5 1 2 5 1 1 2
砟（10画）	一丿丨㇕一丿一丨一一	1 3 2 5 1 3 1 2 1 1
砼（10画）	一丿丨㇕一丿丶一丨一	1 3 2 5 1 3 4 1 2 1
砥（10画）	一丿丨㇕一丿㇕一㇕丶	1 3 2 5 1 3 5 1 5 4
砾（10画）	一丿丨㇕一丿㇕丨丿丶	1 3 2 5 1 3 5 2 3 4
砣（10画）	一丿丨㇕一丶丶㇕丿㇕	1 3 2 5 1 4 4 5 3 5
础（10画）	一丿丨㇕一㇕丨丨㇕丨	1 3 2 5 1 5 2 2 5 2
破（10画）	一丿丨㇕一㇕丿丨㇕丶	1 3 2 5 1 5 3 2 5 4

字	笔画	笔顺
硁（10画）	一丿丨乛一乛丶一丨一	1 3 2 5 1 5 4 1 2 1
恧（10画）	一丿丨乛丨丨丶乛丶丶	1 3 2 5 2 2 4 5 4 4
原（10画）	一丿丿丨乛一一丨丿丶	1 3 3 2 5 1 1 2 3 4
套（10画）	一丿丶一丨一一一乛丶	1 3 4 1 2 1 1 1 5 4
剞（10画）	一丿丶一丨乛一丨丨丨	1 3 4 1 2 5 1 2 2 2
逐（10画）	一丿乛丿丿丿丶丶乛丶	1 3 5 3 3 3 4 4 5 4
砻（10画）	一丿乛丿丶一丿丨乛一	1 3 5 3 4 1 3 2 5 1
烈（10画）	一丿乛丶丨丨丶丶丶丶	1 3 5 4 2 2 4 4 4 4
殊（10画）	一丿乛丶丿一一丨丿丶	1 3 5 4 3 1 1 2 3 4
殉（10画）	一丿乛丶丿乛丨乛一一	1 3 5 4 3 5 2 5 1 1
顾（10画）	一丿乛乛一丿丨乛丿丶	1 3 5 5 1 3 2 5 3 4
轼（10画）	一乛丨一一一丨一乛丶	1 5 2 1 1 1 2 1 5 4
轾（10画）	一乛丨一一乛丶一丨一	1 5 2 1 1 5 4 1 2 1
轿（10画）	一乛丨一丿一丿丶丿丨	1 5 2 1 3 1 3 4 3 2
辀（10画）	一乛丨一丿丿乛丶一丶	1 5 2 1 3 3 5 4 1 4
辁（10画）	一乛丨一丿丶一一丨一	1 5 2 1 3 4 1 1 2 1
辂（10画）	一乛丨一丿乛丶丨乛一	1 5 2 1 3 5 4 2 5 1
较（10画）	一乛丨一丶一丿丶丿丶	1 5 2 1 4 1 3 4 3 4
鸫（10画）	一乛丨丿丶丿乛丶乛一	1 5 2 3 4 3 5 4 5 1
顿（10画）	一乛丨乛一丿丨乛丿丶	1 5 2 5 1 3 2 5 3 4

趸（10画）
一乛丿丨乛一丨一丿丶
1 5 3 2 5 1 2 1 3 4

毙（10画）
一乛丿乛一丿乛丶丿乛
1 5 3 5 1 3 5 4 3 5

致（10画）
一乛丶一丨一丿一丿丶
1 5 4 1 2 1 3 1 3 4

剕（10画）
丨一一一丨一一一丨丨
2 1 1 1 2 1 1 1 2 2

龇（10画）
丨一丨一丿丶乛丨丿乛
2 1 2 1 3 4 5 2 3 5

柴（10画）
丨一丨一丿乛一丨丿丶
2 1 2 1 3 5 1 2 3 4

桌（10画）
丨一丨乛一一一丨丿丶
2 1 2 5 1 1 1 2 3 4

鸬（10画）
丨一乛一丿丿乛丶乛一
2 1 5 1 3 3 5 4 5 1

虔（10画）
丨一乛丿一乛丶一丿丶
2 1 5 3 1 5 4 1 3 4

虑（10画）
丨一乛丿一乛丶乛丶丶
2 1 5 3 1 5 4 5 4 4

监（10画）
丨丨丿一丶丨乛丨丨一
2 2 3 1 4 2 5 2 2 1

紧（10画）
丨丨乛丶乛乛丶丨丿丶
2 2 5 4 5 5 4 2 3 4

逍（10画）
丨丶丿丨乛一一丶乛丶
2 4 3 2 5 1 1 4 5 4

党（10画）
丨丶丿丶乛丨乛一丿乛
2 4 3 4 5 2 5 1 3 5

眬（10画）
丨乛一一一一丿乛丿丶
2 5 1 1 1 1 3 5 3 4

唛（10画）
丨乛一一一丨一丿乛丶
2 5 1 1 1 2 1 3 5 4

逞（10画）
丨乛一一一丨一丶乛丶
2 5 1 1 1 2 1 4 5 4

晒（10画）
丨乛一一一丨乛丿乛一
2 5 1 1 1 2 5 3 5 1

晟（10画）
丨乛一一一丿乛乛丿丶
2 5 1 1 1 3 5 5 3 4

眩（10画）
丨乛一一一丶一乛乛丶
2 5 1 1 1 4 1 5 5 4

眠（10画）
丨 ㇕ 一 一 一 ㇕ 一 ㇕ 一 ㇕
2 5 1 1 1 5 1 5 1 5

晓（10画）
丨 ㇕ 一 一 一 ㇕ 丿 一 丿 ㇕
2 5 1 1 1 5 3 1 3 5

眙（10画）
丨 ㇕ 一 一 一 ㇕ 丶 丨 ㇕ 一
2 5 1 1 1 5 4 2 5 1

啧（10画）
丨 ㇕ 一 一 丨 一 丨 ㇕ 丿 丶
2 5 1 1 2 1 2 5 3 4

哧（10画）
丨 ㇕ 一 一 丨 一 丿 丨 丿 丶
2 5 1 1 2 1 3 2 3 4

唽（10画）
丨 ㇕ 一 一 丨 一 丿 丿 一 丨
2 5 1 1 2 1 3 3 1 2

哮（10画）
丨 ㇕ 一 一 丨 一 丿 ㇕ 丨 一
2 5 1 1 2 1 3 5 2 1

唠（10画）
丨 ㇕ 一 一 丨 丨 丶 ㇕ ㇕ 丿
2 5 1 1 2 2 4 5 5 3

鸭（10画）
丨 ㇕ 一 一 丨 丿 ㇕ 丶 ㇕ 一
2 5 1 1 2 3 5 4 5 1

晃（10画）
丨 ㇕ 一 一 丨 丶 丿 一 丿 ㇕
2 5 1 1 2 4 3 1 3 5

哺（10画）
丨 ㇕ 一 一 丨 ㇕ 一 一 丨 丶
2 5 1 1 2 5 1 1 2 4

哽（10画）
丨 ㇕ 一 一 丨 ㇕ 一 一 丿 丶
2 5 1 1 2 5 1 1 3 4

唔（10画）
丨 ㇕ 一 一 丨 ㇕ 一 丨 ㇕ 一
2 5 1 1 2 5 1 2 5 1

晔（10画）
丨 ㇕ 一 一 丿 丨 丿 ㇕ 一 丨
2 5 1 1 3 2 3 5 1 2

晌（10画）
丨 ㇕ 一 一 丿 丨 ㇕ 丨 ㇕ 一
2 5 1 1 3 2 5 2 5 1

晁（10画）
丨 ㇕ 一 一 丿 丶 一 ㇕ 丿 丶
2 5 1 1 3 4 1 5 3 4

剔（10画）
丨 ㇕ 一 一 丿 ㇕ 丿 丿 丨 丨
2 5 1 1 3 5 3 3 2 2

晏（10画）
丨 ㇕ 一 一 丶 丶 ㇕ ㇕ 丿 一
2 5 1 1 4 4 5 5 3 1

晖（10画）
丨 ㇕ 一 一 丶 ㇕ 一 ㇕ 一 丨
2 5 1 1 4 5 1 5 1 2

晕（10画）
丨 ㇕ 一 一 丶 ㇕ 一 ㇕ 一 丨
2 5 1 1 4 5 1 5 1 2

鸮（10画）
丨乛一一乛丿乛丶乛一
2 5 1 1 5 3 5 4 5 1

趵（10画）
丨乛一丨一丨一丿乛丶
2 5 1 2 1 2 1 3 5 4

趿（10画）
丨乛一丨一丨一丿乛丶
2 5 1 2 1 2 1 3 5 4

畛（10画）
丨乛一丨一丿丶丿丿丿
2 5 1 2 1 3 4 3 3 3

蚌（10画）
丨乛一丨一丶一一一丨
2 5 1 2 1 4 1 1 1 2

蚨（10画）
丨乛一丨一丶一一丿丶
2 5 1 2 1 4 1 1 3 4

蚜（10画）
丨乛一丨一丶一乛丨丿
2 5 1 2 1 4 1 5 2 3

蚍（10画）
丨乛一丨一丶一乛丿乛
2 5 1 2 1 4 1 5 3 5

蚋（10画）
丨乛一丨一丶丨乛丿丶
2 5 1 2 1 4 2 5 3 4

蚬（10画）
丨乛一丨一丶丨乛丿乛
2 5 1 2 1 4 2 5 3 5

畔（10画）
丨乛一丨一丶丿一一丨
2 5 1 2 1 4 3 1 1 2

蚝（10画）
丨乛一丨一丶丿一一乛
2 5 1 2 1 4 3 1 1 5

蚧（10画）
丨乛一丨一丶丿丶丿丨
2 5 1 2 1 4 3 4 3 2

蚣（10画）
丨乛一丨一丶丿丶乛丶
2 5 1 2 1 4 3 4 5 4

蚊（10画）
丨乛一丨一丶丶一丿丶
2 5 1 2 1 4 4 1 3 4

蚪（10画）
丨乛一丨一丶丶丶一丨
2 5 1 2 1 4 4 4 1 2

蚓（10画）
丨乛一丨一丶乛一乛丨
2 5 1 2 1 4 5 1 5 2

哨（10画）
丨乛一丨丶丿丨乛一一
2 5 1 2 4 3 2 5 1 1

唢（10画）
丨乛一丨丶丿丨乛丿丶
2 5 1 2 4 3 2 5 3 4

哩（10画）
丨乛一丨乛一一丨一一
2 5 1 2 5 1 1 2 1 1

字	笔画	笔顺编号
圃（10画）	丨乛一丨乛一一丨丶一	2 5 1 2 5 1 1 2 4 1
哭（10画）	丨乛一丨乛一一丿丶丶	2 5 1 2 5 1 1 3 4 4
圄（10画）	丨乛一丨乛一丨乛一一	2 5 1 2 5 1 2 5 1 1
哦（10画）	丨乛一丿一丨一乛丿丶	2 5 1 3 1 2 1 5 3 4
唣（10画）	丨乛一丿丨乛一一一乛	2 5 1 3 2 5 1 1 1 5
唏（10画）	丨乛一丿丶一丿丨乛丨	2 5 1 3 4 1 3 2 5 2
恩（10画）	丨乛一丿丶一丶乛丶丶	2 5 1 3 4 1 4 5 4 4
盎（10画）	丨乛一丿丶丨乛丨丨一	2 5 1 3 4 2 5 2 2 1
唑（10画）	丨乛一丿丶丿丶一丨一	2 5 1 3 4 3 4 1 2 1
鸯（10画）	丨乛一丿丶丿乛丶乛一	2 5 1 3 4 3 5 4 5 1
唤（10画）	丨乛一丿乛丨乛一丿丶	2 5 1 3 5 2 5 1 3 4
唁（10画）	丨乛一丶一一一丨乛一	2 5 1 4 1 1 1 2 5 1
哼（10画）	丨乛一丶一丨乛一乛丨	2 5 1 4 1 2 5 1 5 2
唧（10画）	丨乛一乛一一乛丶乛丨	2 5 1 5 1 1 5 4 5 2
啊（10画）	丨乛一乛丨一丨乛一丨	2 5 1 5 2 1 2 5 1 2
唉（10画）	丨乛一乛丶丿一一丿丶	2 5 1 5 4 3 1 1 3 4
唆（10画）	丨乛一乛丶丿丶丿乛丶	2 5 1 5 4 3 4 3 5 4
帱（10画）	丨乛丨一一一丿一丨丶	2 5 2 1 1 1 3 1 2 4
崂（10画）	丨乛丨一丨丨丶乛乛丿	2 5 2 1 2 2 4 5 5 3
崃（10画）	丨乛丨一丶丿一丨丿丶	2 5 2 1 4 3 1 2 3 4

罡（10画）
丨㇕丨丨一一丨一丨一
2 5 2 2 1 1 2 1 2 1

罢（10画）
丨㇕丨丨一一丨一㇕丶
2 5 2 2 1 1 2 1 5 4

罟（10画）
丨㇕丨丨一一丨丨㇕一
2 5 2 2 1 1 2 2 5 1

峭（10画）
丨㇕丨丨丶丿丨㇕一一
2 5 2 2 4 3 2 5 1 1

峨（10画）
丨㇕丨丿一丨一㇕丿丶
2 5 2 3 1 2 1 5 3 4

峪（10画）
丨㇕丨丿丶丿丶丨㇕一
2 5 2 3 4 3 4 2 5 1

峰（10画）
丨㇕丨丿㇕丶一一一丨
2 5 2 3 5 4 1 1 1 2

圆（10画）
丨㇕丨㇕一丨㇕丿丶一
2 5 2 5 1 2 5 3 4 1

觊（10画）
丨㇕丨㇕一㇕丨㇕丿㇕
2 5 2 5 1 5 2 5 3 5

峻（10画）
丨㇕丨㇕丶丿丶丿㇕丶
2 5 2 5 4 3 4 3 5 4

贼（10画）
丨㇕丿丶一一丿㇕丿丶
2 5 3 4 1 1 3 5 3 4

贿（10画）
丨㇕丿丶一丿丨㇕一一
2 5 3 4 1 3 2 5 1 1

赂（10画）
丨㇕丿丶丿㇕丶丨㇕一
2 5 3 4 3 5 4 2 5 1

赃（10画）
丨㇕丿丶丶一丿一丨一
2 5 3 4 4 1 3 1 2 1

赅（10画）
丨㇕丿丶丶一㇕丿丿丶
2 5 3 4 4 1 5 3 3 4

赆（10画）
丨㇕丿丶㇕一丿丶丶丶
2 5 3 4 5 1 3 4 4 4

钰（10画）
丿一一一㇕一一丨一丶
3 1 1 1 5 1 1 2 1 4

钱（10画）
丿一一一㇕一一㇕丿丶
3 1 1 1 5 1 1 5 3 4

钲（10画）
丿一一一㇕一丨一丨一
3 1 1 1 5 1 2 1 2 1

钳（10画）
丿一一一㇕一丨丨一一
3 1 1 1 5 1 2 2 1 1

钴（10画）
丿 一 一 一 乛 一 丨 丨 乛 一
3 1 1 1 5 1 2 2 5 1

钵（10画）
丿 一 一 一 乛 一 丨 丿 丶 一
3 1 1 1 5 1 2 3 4 1

钷（10画）
丿 一 一 一 乛 一 丨 乛 一 乛
3 1 1 1 5 1 2 5 1 5

钹（10画）
丿 一 一 一 乛 一 丿 乛 丶 丶
3 1 1 1 5 1 3 5 4 4

钺（10画）
丿 一 一 一 乛 一 乛 乛 丿 丶
3 1 1 1 5 1 5 5 3 4

钻（10画）
丿 一 一 一 乛 丨 一 丨 乛 一
3 1 1 1 5 2 1 2 5 1

钼（10画）
丿 一 一 一 乛 丨 乛 一 一 一
3 1 1 1 5 2 5 1 1 1

钽（10画）
丿 一 一 一 乛 丨 乛 一 一 一
3 1 1 1 5 2 5 1 1 1

钾（10画）
丿 一 一 一 乛 丨 乛 一 一 丨
3 1 1 1 5 2 5 1 1 2

钿（10画）
丿 一 一 一 乛 丨 乛 一 丨 一
3 1 1 1 5 2 5 1 2 1

铀（10画）
丿 一 一 一 乛 丨 乛 一 丨 一
3 1 1 1 5 2 5 1 2 1

铁（10画）
丿 一 一 一 乛 丿 一 一 丿 丶
3 1 1 1 5 3 1 1 3 4

铂（10画）
丿 一 一 一 乛 丿 丨 乛 一 一
3 1 1 1 5 3 2 5 1 1

铃（10画）
丿 一 一 一 乛 丿 丶 丶 乛 丶
3 1 1 1 5 3 4 4 5 4

铄（10画）
丿 一 一 一 乛 丿 乛 丨 丿 丶
3 1 1 1 5 3 5 2 3 4

铅（10画）
丿 一 一 一 乛 丿 乛 丨 乛 一
3 1 1 1 5 3 5 2 5 1

铆（10画）
丿 一 一 一 乛 丿 乛 丿 乛 丨
3 1 1 1 5 3 5 3 5 2

铈（10画）
丿 一 一 一 乛 丶 一 丨 乛 丨
3 1 1 1 5 4 1 2 5 2

铉（10画）
丿 一 一 一 乛 丶 一 乛 乛 丶
3 1 1 1 5 4 1 5 5 4

铊（10画）
丿 一 一 一 乛 丶 丶 乛 丿 乛
3 1 1 1 5 4 4 5 3 5

铋（10画）
丿一一一㇕丶㇕丶丿丶
3 1 1 1 5 4 5 4 3 4

铌（10画）
丿一一一㇕㇕一丿丿㇕
3 1 1 1 5 5 1 3 3 5

铍（10画）
丿一一一㇕㇕丿丨㇕丶
3 1 1 1 5 5 3 2 5 4

铎（10画）
丿一一一㇕㇕丶一一丨
3 1 1 1 5 5 4 1 1 2

眚（10画）
丿一一丨一丨㇕一一一
3 1 1 2 1 2 5 1 1 1

缺（10画）
丿一一丨㇕丨㇕一丿丶
3 1 1 2 5 2 5 1 3 4

氩（10画）
丿一一㇕一丨丨丶丿一
3 1 1 5 1 2 2 4 3 1

氤（10画）
丿一一㇕丨㇕一丿丶一
3 1 1 5 2 5 1 3 4 1

氦（10画）
丿一一㇕丶一㇕丿丿丶
3 1 1 5 4 1 5 3 3 4

氧（10画）
丿一一㇕丶丿一一一丨
3 1 1 5 4 3 1 1 1 2

氨（10画）
丿一一㇕丶丶㇕㇕丿一
3 1 1 5 4 4 5 5 3 1

毪（10画）
丿一一㇕㇕丶丿一一丨
3 1 1 5 5 4 3 1 1 2

特（10画）
丿一丨一一丨一一丨丶
3 1 2 1 1 2 1 1 2 4

牺（10画）
丿一丨一一丨㇕丿㇕一
3 1 2 1 1 2 5 3 5 1

造（10画）
丿一丨一丨㇕一丶㇕丶
3 1 2 1 2 5 1 4 5 4

乘（10画）
丿一丨丨一一丿㇕丿丶
3 1 2 2 1 1 3 5 3 4

敌（10画）
丿一丨丨㇕一丿一丿丶
3 1 2 2 5 1 3 1 3 4

舐（10画）
丿一丨丨㇕一丿㇕一㇕
3 1 2 2 5 1 3 5 1 5

秣（10画）
丿一丨丿丶一一丨丿丶
3 1 2 3 4 1 1 2 3 4

秫（10画）
丿一丨丿丶一丨丿丶丶
3 1 2 3 4 1 2 3 4 4

秤（10画）
丿 一 丨 丿 丶 一 丶 丿 一 丨
3 1 2 3 4 1 4 3 1 2

租（10画）
丿 一 丨 丿 丶 丨 乛 一 一 一
3 1 2 3 4 2 5 1 1 1

秧（10画）
丿 一 丨 丿 丶 丨 乛 一 丿 丶
3 1 2 3 4 2 5 1 3 4

积（10画）
丿 一 丨 丿 丶 丨 乛 一 丿 丶
3 1 2 3 4 2 5 1 3 4

盉（10画）
丿 一 丨 丿 丶 丨 乛 丨 丨 一
3 1 2 3 4 2 5 2 2 1

秩（10画）
丿 一 丨 丿 丶 丿 一 一 丿 丶
3 1 2 3 4 3 1 1 3 4

称（10画）
丿 一 丨 丿 丶 丿 乛 丨 丿 丶
3 1 2 3 4 3 5 2 3 4

秘（10画）
丿 一 丨 丿 丶 丶 乛 丶 丿 丶
3 1 2 3 4 4 5 4 3 4

透（10画）
丿 一 丨 丿 丶 乛 丿 丶 乛 丶
3 1 2 3 4 5 3 4 5 4

笄（10画）
丿 一 丶 丿 一 丶 一 一 丿 丨
3 1 4 3 1 4 1 1 3 2

笕（10画）
丿 一 丶 丿 一 丶 丨 乛 丿 乛
3 1 4 3 1 4 2 5 3 5

笔（10画）
丿 一 丶 丿 一 丶 丿 一 一 乛
3 1 4 3 1 4 3 1 1 5

笑（10画）
丿 一 丶 丿 一 丶 丿 一 丿 丶
3 1 4 3 1 4 3 1 3 4

笊（10画）
丿 一 丶 丿 一 丶 丿 丿 丨 丶
3 1 4 3 1 4 3 3 2 4

第（10画）
丿 一 丶 丿 一 丶 丿 乛 丨 丿
3 1 4 3 1 4 3 5 2 3

笏（10画）
丿 一 丶 丿 一 丶 丿 乛 丿 丿
3 1 4 3 1 4 3 5 3 3

笋（10画）
丿 一 丶 丿 一 丶 乛 一 一 丿
3 1 4 3 1 4 5 1 1 3

笆（10画）
丿 一 丶 丿 一 丶 乛 丨 一 乛
3 1 4 3 1 4 5 2 1 5

俸（10画）
丿 丨 一 一 一 丿 丶 一 一 丨
3 2 1 1 1 3 4 1 1 2

倩（10画）
丿 丨 一 一 丨 一 丨 乛 一 一
3 2 1 1 2 1 2 5 1 1

债（10画）	ノ丨一一丨一丨㇆ノ丶	3 2 1 1 2 1 2 5 3 4
俵（10画）	ノ丨一一丨一ノ㇆ノ丶	3 2 1 1 2 1 3 5 3 4
倻（10画）	ノ丨一丨丨一一一㇆丨	3 2 1 2 2 1 1 1 5 2
借（10画）	ノ丨一丨丨一丨㇆一一	3 2 1 2 2 1 2 5 1 1
偌（10画）	ノ丨一丨丨一ノ丨㇆一	3 2 1 2 2 1 3 2 5 1
值（10画）	ノ丨一丨丨㇆一一一一	3 2 1 2 2 5 1 1 1 1
倚（10画）	ノ丨一ノ丶一丨㇆一丨	3 2 1 3 4 1 2 5 1 2
俺（10画）	ノ丨一ノ丶丨㇆一一㇆	3 2 1 3 4 2 5 1 1 5
倾（10画）	ノ丨一㇆一ノ丨㇆ノ丶	3 2 1 5 1 3 2 5 3 4
倒（10画）	ノ丨一㇆丶一丨一丨丨	3 2 1 5 4 1 2 1 2 2
俳（10画）	ノ丨丨一一一丨一一一	3 2 2 1 1 1 2 1 1 1
俶（10画）	ノ丨丨一一丨ノ丶㇆丶	3 2 2 1 1 2 3 4 5 4
倬（10画）	ノ丨丨一丨㇆一一一丨	3 2 2 1 2 5 1 1 1 2
倏（10画）	ノ丨丨ノ㇆丶一ノ丶丶	3 2 2 3 5 4 1 3 4 4
倘（10画）	ノ丨丨丶ノ丨㇆丨㇆一	3 2 2 4 3 2 5 2 5 1
俱（10画）	ノ丨丨㇆一一一一ノ丶	3 2 2 5 1 1 1 1 3 4
倡（10画）	ノ丨丨㇆一一丨㇆一一	3 2 2 5 1 1 2 5 1 1
候（10画）	ノ丨丨㇆一ノ一一ノ丶	3 2 2 5 1 3 1 1 3 4
赁（10画）	ノ丨ノ一丨一丨㇆ノ丶	3 2 3 1 2 1 2 5 3 4
恁（10画）	ノ丨ノ一丨一丶㇆丶丶	3 2 3 1 2 1 4 5 4 4

倭（10画）	丿丨丿一丨丿丶乛丿一	3 2 3 1 2 3 4 5 3 1
倪（10画）	丿丨丿丨一乛一一丿乛	3 2 3 2 1 5 1 1 3 5
俾（10画）	丿丨丿丨乛一一丿一丨	3 2 3 2 5 1 1 3 1 2
倜（10画）	丿丨丿乛一丨一丨乛一	3 2 3 5 1 2 1 2 5 1
隼（10画）	丿丨丶一一一丨一一丨	3 2 4 1 1 1 2 1 1 2
隽（10画）	丿丨丶一一一丨一乛丿	3 2 4 1 1 1 2 1 5 3
倞（10画）	丿丨丶一丨乛一丨丿丶	3 2 4 1 2 5 1 2 3 4
俯（10画）	丿丨丶一丿丿丨一丨丶	3 2 4 1 3 3 2 1 2 4
倍（10画）	丿丨丶一丶丿一丨乛一	3 2 4 1 4 3 1 2 5 1
倦（10画）	丿丨丶丿一一丿丶乛乛	3 2 4 3 1 1 3 4 5 5
倓（10画）	丿丨丶丿丿丶丶丿丿丶	3 2 4 3 3 4 4 3 3 4
倌（10画）	丿丨丶丶乛丨乛一乛一	3 2 4 4 5 2 5 1 5 1
倥（10画）	丿丨丶丶乛丿丶一丨一	3 2 4 4 5 3 4 1 2 1
臬（10画）	丿丨乛一一一一丨丿丶	3 2 5 1 1 1 1 2 3 4
健（10画）	丿丨乛一一一一丨乛丶	3 2 5 1 1 1 1 2 5 4
臭（10画）	丿丨乛一一一一丿丶丶	3 2 5 1 1 1 1 3 4 4
射（10画）	丿丨乛一一一丿一丨丶	3 2 5 1 1 1 3 1 2 4
皋（10画）	丿丨乛一一一丿丶一丨	3 2 5 1 1 1 3 4 1 2
躬（10画）	丿丨乛一一一丿乛一乛	3 2 5 1 1 1 3 5 1 5
息（10画）	丿丨乛一一一丶乛丶丶	3 2 5 1 1 1 4 5 4 4

郫（10画）
丿丨乛一一丿一丨乛丨
3 2 5 1 1 3 1 2 5 2

倨（10画）
丿丨乛一丿一丨丨乛一
3 2 5 1 3 1 2 2 5 1

倔（10画）
丿丨乛一丿乛丨丨乛丨
3 2 5 1 3 5 2 2 5 2

衄（10画）
丿丨乛丨丨一乛丨一一
3 2 5 2 2 1 5 2 1 1

颀（10画）
丿丿一丨一丿丨乛丿丶
3 3 1 2 1 3 2 5 3 4

徒（10画）
丿丿丨一丨一丨一丿丶
3 3 2 1 2 1 2 1 3 4

徕（10画）
丿丿丨一丶丿一丨丿丶
3 3 2 1 4 3 1 2 3 4

徐（10画）
丿丿丨丿丶一一丨丿丶
3 3 2 3 4 1 1 2 3 4

殷（10画）
丿丿乛一一乛丿乛乛丶
3 3 5 1 1 5 3 5 5 4

舰（10画）
丿丿乛丶一丶丨乛丿乛
3 3 5 4 1 4 2 5 3 5

舨（10画）
丿丿乛丶一丶丿丿乛丶
3 3 5 4 1 4 3 3 5 4

舱（10画）
丿丿乛丶一丶丿丶乛乛
3 3 5 4 1 4 3 4 5 5

般（10画）
丿丿乛丶一丶丿乛乛丶
3 3 5 4 1 4 3 5 5 4

航（10画）
丿丿乛丶一丶丶一丿乛
3 3 5 4 1 4 4 1 3 5

舫（10画）
丿丿乛丶一丶丶一乛丿
3 3 5 4 1 4 4 1 5 3

瓞（10画）
丿丿乛丶丶丿一一丿丶
3 3 5 4 4 3 1 1 3 4

途（10画）
丿丶一一丨丿丶丶乛丶
3 4 1 1 2 3 4 4 5 4

拿（10画）
丿丶一丨乛一丿一一丨
3 4 1 2 5 1 3 1 1 2

釜（10画）
丿丶丿丶一一丨丶丿一
3 4 3 4 1 1 2 4 3 1

耸（10画）
丿丶丿丶一丨丨一一一
3 4 3 4 1 2 2 1 1 1

爹（10画）	丿丶丿丶丿乛丶丿乛丶	3 4 3 4 3 5 4 3 5 4
舀（10画）	丿丶丶丿丿丨一乛一一	3 4 4 3 3 2 1 5 1 1
爱（10画）	丿丶丶丿丶乛一丿乛丶	3 4 4 3 4 5 1 3 5 4
豺（10画）	丿丶丶丿乛丿丿一丨丿	3 4 4 3 5 3 3 1 2 3
豹（10画）	丿丶丶丿乛丿丿丿乛丶	3 4 4 3 5 3 3 3 5 4
奚（10画）	丿丶丶丿乛乛丶一丿丶	3 4 4 3 5 5 4 1 3 4
鬯（10画）	丿丶丶丶丶丶乛丨丿乛	3 4 4 4 4 4 5 2 3 5
衾（10画）	丿丶丶乛丶一丿乛丿丶	3 4 4 5 4 1 3 5 3 4
鸰（10画）	丿丶丶乛丶丿乛丶乛一	3 4 4 5 4 3 5 4 5 1
颁（10画）	丿丶乛丿一丿丨乛丿丶	3 4 5 3 1 3 2 5 3 4
颂（10画）	丿丶乛丶一丿丨乛丿丶	3 4 5 4 1 3 2 5 3 4
翁（10画）	丿丶乛丶乛丶一乛丶一	3 4 5 4 5 4 1 5 4 1
胯（10画）	丿乛一一一丿丶一一乛	3 5 1 1 1 3 4 1 1 5
胰（10画）	丿乛一一一乛一乛丿丶	3 5 1 1 1 5 1 5 3 4
胱（10画）	丿乛一一丨丶丿一丿乛	3 5 1 1 2 4 3 1 3 5
胴（10画）	丿乛一一丨乛一丨乛一	3 5 1 1 2 5 1 2 5 1
胭（10画）	丿乛一一丨乛一丿丶一	3 5 1 1 2 5 1 3 4 1
脍（10画）	丿乛一一丿丶一一乛丶	3 5 1 1 3 4 1 1 5 4
脎（10画）	丿乛一一丿丶一丨丿丶	3 5 1 1 3 4 1 2 3 4
脆（10画）	丿乛一一丿乛一丿乛乛	3 5 1 1 3 5 1 3 5 5

脂（10画）
丿 冂 月 月 月' 肐 肐 脂 脂 脂
丿 𠃌 一 一 丿 𠃌 丨 𠃌 一 一
3 5 1 1 3 5 2 5 1 1

胸（10画）
丿 冂 月 月 月' 肑 肑 胸 胸 胸
丿 𠃌 一 一 丿 𠃌 丿 丶 𠃌 丨
3 5 1 1 3 5 3 4 5 2

胳（10画）
丿 冂 月 月 月' 肐 胳 胳 胳 胳
丿 𠃌 一 一 丿 𠃌 丶 丨 𠃌 一
3 5 1 1 3 5 4 2 5 1

脏（10画）
丿 冂 月 月 月' 肓 肓 肓 脏 脏
丿 𠃌 一 一 丶 一 丿 一 丨 一
3 5 1 1 4 1 3 1 2 1

脐（10画）
丿 冂 月 月 月' 肓 肓 脐 脐 脐
丿 𠃌 一 一 丶 一 丿 丶 丿 丨
3 5 1 1 4 1 3 4 3 2

胶（10画）
丿 冂 月 月 月' 肓 肓 胶 胶 胶
丿 𠃌 一 一 丶 一 丿 丶 丿 丶
3 5 1 1 4 1 3 4 3 4

脑（10画）
丿 冂 月 月 月' 肓 肓 脑 脑 脑
丿 𠃌 一 一 丶 一 丿 丶 𠃌 丨
3 5 1 1 4 1 3 4 5 2

胲（10画）
丿 冂 月 月 月' 肓 肓 胲 胲 胲
丿 𠃌 一 一 丶 一 𠃌 丿 丿 丶
3 5 1 1 4 1 5 3 3 4

胼（10画）
丿 冂 月 月 月' 月' 胼 胼 胼 胼
丿 𠃌 一 一 丶 丿 一 一 丿 丨
3 5 1 1 4 3 1 1 3 2

朕（10画）
丿 冂 月 月 月' 月' 朕 朕 朕 朕
丿 𠃌 一 一 丶 丿 一 一 丿 丶
3 5 1 1 4 3 1 1 3 4

脒（10画）
丿 冂 月 月 月' 月' 脒 脒 脒 脒
丿 𠃌 一 一 丶 丿 一 丨 丿 丶
3 5 1 1 4 3 1 2 3 4

胺（10画）
丿 冂 月 月 月' 月' 肓 胺 胺 胺
丿 𠃌 一 一 丶 丶 𠃌 𠃌 丿 一
3 5 1 1 4 4 5 5 3 1

脓（10画）
丿 冂 月 月 月' 肐 脓 脓 脓 脓
丿 𠃌 一 一 丶 𠃌 丿 𠃌 丿 丶
3 5 1 1 4 5 3 5 3 4

鸱（10画）
丿 厂 F 氏 氐 氐' 鸱 鸱 鸱 鸱
丿 𠃌 一 𠃌 丶 丿 𠃌 丶 𠃌 一
3 5 1 5 4 3 5 4 5 1

玺（10画）
丿 ク 尔 尔 尔 玺 玺 玺 玺 玺
丿 𠃌 丨 丿 丶 一 一 丨 一 丶
3 5 2 3 4 1 1 2 1 4

鱽（10画）
丿 ク 仵 角 角 角 角 鱼 鱽 鱽
丿 𠃌 丨 𠃌 一 丨 一 一 𠃌 丿
3 5 2 5 1 2 1 1 5 3

鸲（10画）
丿 勹 勺 句 句 句' 鸲 鸲 鸲 鸲
丿 𠃌 丨 𠃌 一 丿 𠃌 丶 𠃌 一
3 5 2 5 1 3 5 4 5 1

逛（10画）
丿 犭 犭 犭 犴 犴 狂 狂 逛 逛
丿 𠃌 丿 一 一 丨 一 丶 𠃌 丶
3 5 3 1 1 2 1 4 5 4

狴（10画）
丿 犭 犭 犭 犭 狴 狴 狴 狴 狴
丿 𠃌 丿 一 𠃌 丿 𠃌 一 丨 一
3 5 3 1 5 3 5 1 2 1

狸（10画）
丿 犭 犭 犭 狸 狸 狸 狸 狸 狸
丿 𠃌 丿 丨 𠃌 一 一 丨 一 一
3 5 3 2 5 1 1 2 1 1

狷（10画）
ノ乛ノ丨乛一丨乛一一
3 5 3 2 5 1 2 5 1 1

猁（10画）
ノ乛ノノ一丨ノ丶丨丨
3 5 3 3 1 2 3 4 2 2

狳（10画）
ノ乛ノノ丶一一丨ノ丶
3 5 3 3 4 1 1 2 3 4

猃（10画）
ノ乛ノノ丶一丶丶ノ一
3 5 3 3 4 1 4 4 3 1

狺（10画）
ノ乛ノ丶一一一丨乛一
3 5 3 4 1 1 1 2 5 1

逖（10画）
ノ乛ノ丶ノノ丶丶乛丶
3 5 3 4 3 3 4 4 5 4

狼（10画）
ノ乛ノ丶乛一一乛ノ丶
3 5 3 4 5 1 1 5 3 4

卿（10画）
ノ乛ノ乛一一乛丶乛丨
3 5 3 5 1 1 5 4 5 2

狻（10画）
ノ乛ノ乛丶ノ丶ノ乛丶
3 5 3 5 4 3 4 3 5 4

逢（10画）
ノ乛丶一一一丨丶乛丶
3 5 4 1 1 1 2 4 5 4

桀（10画）
ノ乛丶一乛丨一丨ノ丶
3 5 4 1 5 2 1 2 3 4

鸵（10画）
ノ乛丶乛一丶丶乛ノ乛
3 5 4 5 1 4 4 5 3 5

留（10画）
ノ乛丶乛ノ丨乛一丨一
3 5 4 5 3 2 5 1 2 1

袅（10画）
ノ乛丶乛丶一ノ乛ノ丶
3 5 4 5 4 1 3 5 3 4

眢（10画）
ノ乛丶乛乛丨乛一一一
3 5 4 5 5 2 5 1 1 1

鸳（10画）
ノ乛丶乛乛ノ乛丶乛一
3 5 4 5 5 3 5 4 5 1

皱（10画）
ノ乛乛一一乛ノ丨乛丶
3 5 5 1 1 5 3 2 5 4

饽（10画）
ノ乛乛一丨丶乛乛丨一
3 5 5 1 2 4 5 5 2 1

饿（10画）
ノ乛乛ノ一丨一乛ノ丶
3 5 5 3 1 2 1 5 3 4

馀（10画）
ノ乛乛ノ丶一一丨ノ丶
3 5 5 3 4 1 1 2 3 4

馁（10画）
丿乛乛丿、、丿乛丿一
3 5 5 3 4 4 3 5 3 1

凌（10画）
、一一丨一丿、丿乛、
4 1 1 2 1 3 4 3 5 4

淞（10画）
、一一丨丿、丿、乛、
4 1 1 2 3 4 3 4 5 4

凄（10画）
、一一乛一一丨乛丿一
4 1 1 5 1 1 2 5 3 1

栾（10画）
、一丨丨丿、一丨丿、
4 1 2 2 3 4 1 2 3 4

挛（10画）
、一丨丨丿、丿一一丨
4 1 2 2 3 4 3 1 1 2

恋（10画）
、一丨丨丿、、乛、、
4 1 2 2 3 4 4 5 4 4

桨（10画）
、一丨丿乛、一丨丿、
4 1 2 3 5 4 1 2 3 4

浆（10画）
、一丨丿乛、丨乛丿、
4 1 2 3 5 4 2 5 3 4

衰（10画）
、一丨乛一一丿乛丿、
4 1 2 5 1 1 3 5 3 4

勍（10画）
、一丨乛一丨丿、乛丿
4 1 2 5 1 2 3 4 5 3

衷（10画）
、一丨乛一丨丿乛丿、
4 1 2 5 1 2 3 5 3 4

高（10画）
、一丨乛一丨乛丨乛一
4 1 2 5 1 2 5 2 5 1

亳（10画）
、一丨乛一、乛丿一乛
4 1 2 5 1 4 5 3 1 5

郭（10画）
、一丨乛一乛丨一乛丨
4 1 2 5 1 5 2 1 5 2

席（10画）
、一丿一丨丨一丨乛丨
4 1 3 1 2 2 1 2 5 2

准（10画）
、一丿丨、一一一丨一
4 1 3 2 4 1 1 1 2 1

座（10画）
、一丿丿、丿、一丨一
4 1 3 3 4 3 4 1 2 1

症（10画）
、一丿、一一丨一丨一
4 1 3 4 1 1 2 1 2 1

疳（10画）
、一丿、一一丨丨一一
4 1 3 4 1 1 2 2 1 1

疴	（10画）	丶一丿丶一一丨𠃍一丨	4 1 3 4 1 1 2 5 1 2
病	（10画）	丶一丿丶一一丨𠃍丿丶	4 1 3 4 1 1 2 5 3 4
疽	（10画）	丶一丿丶一丨𠃍一一一	4 1 3 4 1 2 5 1 1 1
疸	（10画）	丶一丿丶一丨𠃍一一一	4 1 3 4 1 2 5 1 1 1
疾	（10画）	丶一丿丶一丿一一丿丶	4 1 3 4 1 3 1 1 3 4
痄	（10画）	丶一丿丶一丿一丨一一	4 1 3 4 1 3 1 2 1 1
斋	（10画）	丶一丿丶一丿丨𠃍丨丨	4 1 3 4 1 3 2 5 2 2
疹	（10画）	丶一丿丶一丿丶丿丿丿	4 1 3 4 1 3 4 3 3 3
痈	（10画）	丶一丿丶一丿𠃍一一丨	4 1 3 4 1 3 5 1 1 2
疼	（10画）	丶一丿丶一丿𠃍丶丶丶	4 1 3 4 1 3 5 4 4 4
疱	（10画）	丶一丿丶一丿𠃍𠃍一𠃍	4 1 3 4 1 3 5 5 1 5
症	（10画）	丶一丿丶一丶一一丨一	4 1 3 4 1 4 1 1 2 1
痃	（10画）	丶一丿丶一丶一𠃍𠃍丶	4 1 3 4 1 4 1 5 5 4
痂	（10画）	丶一丿丶一𠃍丿丨𠃍一	4 1 3 4 1 5 3 2 5 1
疲	（10画）	丶一丿丶一𠃍丿丨𠃍丶	4 1 3 4 1 5 3 2 5 4
痉	（10画）	丶一丿丶一𠃍丶一丨一	4 1 3 4 1 5 4 1 2 1
脊	（10画）	丶一丿丶丿丶丨𠃍一一	4 1 3 4 3 4 2 5 1 1
效	（10画）	丶一丿丶丿丶丿一丿丶	4 1 3 4 3 4 3 1 3 4
离	（10画）	丶一丿丶𠃍丨丨𠃍𠃍丶	4 1 3 4 5 2 2 5 5 4
衮	（10画）	丶一丿丶𠃍丶丿𠃍丿丶	4 1 3 4 5 4 3 5 3 4

紊（10画）	丶一丿丶乛乛丶丨丿丶	4 1 3 4 5 5 4 2 3 4
唐（10画）	丶一丿乛一一丨丨乛一	4 1 3 5 1 1 2 2 5 1
凋（10画）	丶一丿乛一丨一丨乛一	4 1 3 5 1 2 1 2 5 1
颃（10画）	丶一丿乛一丿丨乛丿丶	4 1 3 5 1 3 2 5 3 4
瓷（10画）	丶一丿乛丿丶一乛乛丶	4 1 3 5 3 4 1 5 5 4
资（10画）	丶一丿乛丿丶丨乛丿丶	4 1 3 5 3 4 2 5 3 4
恣（10画）	丶一丿乛丿丶丶乛丶丶	4 1 3 5 3 4 4 5 4 4
凉（10画）	丶一丶一丨乛一丨丿丶	4 1 4 1 2 5 1 2 3 4
站（10画）	丶一丶丿一丨一丨乛一	4 1 4 3 1 2 1 2 5 1
剖（10画）	丶一丶丿一丨乛一丨丨	4 1 4 3 1 2 5 1 2 2
竞（10画）	丶一丶丿一丨乛一丿乛	4 1 4 3 1 2 5 1 3 5
部（10画）	丶一丶丿一丨乛一乛丨	4 1 4 3 1 2 5 1 5 2
旁（10画）	丶一丶丿丶乛丶一乛丿	4 1 4 3 4 5 4 1 5 3
旆（10画）	丶一乛丿丿一一丨乛丨	4 1 5 3 3 1 1 2 5 2
旄（10画）	丶一乛丿丿一丿一一乛	4 1 5 3 3 1 3 1 1 5
旅（10画）	丶一乛丿丿一丿乛丿丶	4 1 5 3 3 1 3 5 3 4
旃（10画）	丶一乛丿丿一丿乛丶一	4 1 5 3 3 1 3 5 4 1
畜（10画）	丶一乛乛丶丨乛一丨一	4 1 5 5 4 2 5 1 2 1
阃（10画）	丶丨乛丨乛一丨丿丶一	4 2 5 2 5 1 2 3 4 1
阉（10画）	丶丨乛丿乛丨乛一一乛	4 2 5 3 5 2 5 1 1 5

阅（10画）
丶丨乛丶丿丨乛一丿乛
4 2 5 4 3 2 5 1 3 5

阆（10画）
丶丨乛丶乛一一乛丿丶
4 2 5 4 5 1 1 5 3 4

羞（10画）
丶丿一一一丿乛丨一一
4 3 1 1 1 3 5 2 1 1

羔（10画）
丶丿一一丨一丶丶丶丶
4 3 1 1 2 1 4 4 4 4

恙（10画）
丶丿一一丨一丶乛丶丶
4 3 1 1 2 1 4 5 4 4

瓶（10画）
丶丿一一丿丨一乛乛丶
4 3 1 1 3 2 1 5 5 4

桊（10画）
丶丿一一丿丶一丨丿丶
4 3 1 1 3 4 1 2 3 4

拳（10画）
丶丿一一丿丶丿一一丨
4 3 1 1 3 4 3 1 1 2

敉（10画）
丶丿一丨丿丶丿一丿丶
4 3 1 2 3 4 3 1 3 4

粉（10画）
丶丿一丨丿丶丿丶乛丿
4 3 1 2 3 4 3 4 5 3

料（10画）
丶丿一丨丿丶丶丶一丨
4 3 1 2 3 4 4 4 1 2

粑（10画）
丶丿一丨丿丶乛丨一乛
4 3 1 2 3 4 5 2 1 5

益（10画）
丶丿一丿丶丨乛丨丨一
4 3 1 3 4 2 5 2 2 1

兼（10画）
丶丿一乛一一丨丨丿丶
4 3 1 5 1 1 2 2 3 4

朔（10画）
丶丿一乛丨丿丿乛一一
4 3 1 5 2 3 3 5 1 1

郸（10画）
丶丿丨乛一一一丨乛丨
4 3 2 5 1 1 1 2 5 2

烤（10画）
丶丿丿丶一丨一丿一乛
4 3 3 4 1 2 1 3 1 5

烘（10画）
丶丿丿丶一丨丨一丿丶
4 3 3 4 1 2 2 1 3 4

烜（10画）
丶丿丿丶一丨乛一一一
4 3 3 4 1 2 5 1 1 1

烦（10画）
丶丿丿丶一丿丨乛丿丶
4 3 3 4 1 3 2 5 3 4

烧（10画）
丶丿丿丶一乛丿一丿乛
4 3 3 4 1 5 3 1 3 5

烛（10画）
丶丿丿丶丨乛一丨一丶
4 3 3 4 2 5 1 2 1 4

烟（10画）
丶丿丿丶丨乛一丿丶一
4 3 3 4 2 5 1 3 4 1

烨（10画）
丶丿丿丶丿丨丿乛一丨
4 3 3 4 3 2 3 5 1 2

烩（10画）
丶丿丿丶丿丶一一乛丶
4 3 3 4 3 4 1 1 5 4

烙（10画）
丶丿丿丶丿乛丶丨乛一
4 3 3 4 3 5 4 2 5 1

烊（10画）
丶丿丿丶丶丿一一一丨
4 3 3 4 4 3 1 1 1 2

剡（10画）
丶丿丿丶丶丿丿丶丨丨
4 3 3 4 4 3 3 4 2 2

郯（10画）
丶丿丿丶丶丿丿丶乛丨
4 3 3 4 4 3 3 4 5 2

烬（10画）
丶丿丿丶乛一丿丶丶丶
4 3 3 4 5 1 3 4 4 4

递（10画）
丶丿乛一乛丨丿丶乛丶
4 3 5 1 5 2 3 4 5 4

涛（10画）
丶丶一一一一丿一丨丶
4 4 1 1 1 1 3 1 2 4

浙（10画）
丶丶一一丨一丿丿一丨
4 4 1 1 2 1 3 3 1 2

涝（10画）
丶丶一一丨丨丶乛乛丿
4 4 1 1 2 2 4 5 5 3

浡（10画）
丶丶一一丨丶乛乛丨一
4 4 1 1 2 4 5 5 2 1

浦（10画）
丶丶一一丨乛一一丨丶
4 4 1 1 2 5 1 1 2 4

涑（10画）
丶丶一一丨乛一丨丿丶
4 4 1 1 2 5 1 2 3 4

浯（10画）
丶丶一一丨乛一丨乛一
4 4 1 1 2 5 1 2 5 1

酒（10画）
丶丶一一丨乛丿乛一一
4 4 1 1 2 5 3 5 1 1

涞（10画）
丶丶一一丶丿一丨丿丶
4 4 1 1 4 3 1 2 3 4

字	笔画	笔顺	笔顺编号
涟	（10画）	丶丶一一乛一丨丶乛丶	4 4 1 1 5 1 2 4 5 4
涉	（10画）	丶丶一丨一丨一丨丿丿	4 4 1 2 1 2 1 2 3 3
娑	（10画）	丶丶一丨丿丶丿乛丿一	4 4 1 2 3 4 3 5 3 1
消	（10画）	丶丶一丨丶丿丨乛一一	4 4 1 2 4 3 2 5 1 1
涅	（10画）	丶丶一丨乛一一一丨一	4 4 1 2 5 1 1 1 2 1
涠	（10画）	丶丶一丨乛一一乛丨一	4 4 1 2 5 1 1 5 2 1
浞	（10画）	丶丶一丨乛一丨一丿丶	4 4 1 2 5 1 2 1 3 4
涓	（10画）	丶丶一丨乛一丨乛一一	4 4 1 2 5 1 2 5 1 1
涢	（10画）	丶丶一丨乛一丨乛丿丶	4 4 1 2 5 1 2 5 3 4
涡	（10画）	丶丶一丨乛一丨乛丿丶	4 4 1 2 5 1 2 5 3 4
浥	（10画）	丶丶一丨乛一乛丨一乛	4 4 1 2 5 1 5 2 1 5
涔	（10画）	丶丶一丨乛丨丿丶丶乛	4 4 1 2 5 2 3 4 4 5
浩	（10画）	丶丶一丿一丨一丨乛一	4 4 1 3 1 2 1 2 5 1
海	（10画）	丶丶一丿一乛乛丶一丶	4 4 1 3 1 5 5 4 1 4
浜	（10画）	丶丶一丿丨一丨一丿丶	4 4 1 3 2 1 2 1 3 4
涂	（10画）	丶丶一丿丶一一丨丿丶	4 4 1 3 4 1 1 2 3 4
浠	（10画）	丶丶一丿丶一丿丨乛丨	4 4 1 3 4 1 3 2 5 2
浴	（10画）	丶丶一丿丶丿丶丨乛一	4 4 1 3 4 3 4 2 5 1
浮	（10画）	丶丶一丿丶丶丿乛丨一	4 4 1 3 4 4 3 5 2 1
涣	（10画）	丶丶一丿乛丨乛一丿丶	4 4 1 3 5 2 5 1 3 4

浼（10画）
丶丶一丿乛丨乛一丿乛
4 4 1 3 5 2 5 1 3 5

涤（10画）
丶丶一丿乛丶一丨丿丶
4 4 1 3 5 4 1 2 3 4

流（10画）
丶丶一丶一乛丶丿丨乛
4 4 1 4 1 5 4 3 2 5

润（10画）
丶丶一丶丨乛一一丨一
4 4 1 4 2 5 1 1 2 1

涧（10画）
丶丶一丶丨乛丨乛一一
4 4 1 4 2 5 2 5 1 1

涕（10画）
丶丶一丶丿乛一乛丨丿
4 4 1 4 3 5 1 5 2 3

浣（10画）
丶丶一丶丶乛一一丿乛
4 4 1 4 4 5 1 1 3 5

浪（10画）
丶丶一丶乛一一乛丿丶
4 4 1 4 5 1 1 5 3 4

浸（10画）
丶丶一乛一一丶乛乛丶
4 4 1 5 1 1 4 5 5 4

涨（10画）
丶丶一乛一乛丿一乛丶
4 4 1 5 1 5 3 1 5 4

烫（10画）
丶丶一乛丿丿丶丿丿丶
4 4 1 5 3 3 4 3 3 4

涩（10画）
丶丶一乛丿丶丨一丨一
4 4 1 5 3 4 2 1 2 1

涌（10画）
丶丶一乛丶丨乛一一丨
4 4 1 5 4 2 5 1 1 2

涘（10画）
丶丶一乛丶丿一一丿丶
4 4 1 5 4 3 1 1 3 4

浚（10画）
丶丶一乛丶丿丶丿乛丶
4 4 1 5 4 3 4 3 5 4

悖（10画）
丶丶丨一丨丶乛乛丨一
4 4 2 1 2 4 5 5 2 1

悚（10画）
丶丶丨一丨乛一丨丿丶
4 4 2 1 2 5 1 2 3 4

悟（10画）
丶丶丨一丨乛一丨乛一
4 4 2 1 2 5 1 2 5 1

悭（10画）
丶丶丨丨丨乛丶一丨一
4 4 2 2 2 5 4 1 2 1

悄（10画）
丶丶丨丨丶丿丨乛一一
4 4 2 2 4 3 2 5 1 1

悍（10画）	丶丶丨丨乛一一一一丨	4 4 2 2 5 1 1 1 1 2
悝（10画）	丶丶丨丨乛一一丨一一	4 4 2 2 5 1 1 2 1 1
悃（10画）	丶丶丨丨乛一丨丿丶一	4 4 2 2 5 1 2 3 4 1
悒（10画）	丶丶丨丨乛一乛丨一乛	4 4 2 2 5 1 5 2 1 5
悔（10画）	丶丶丨丿一乛乛丶一丶	4 4 2 3 1 5 5 4 1 4
悯（10画）	丶丶丨丶丨乛丶一丿丶	4 4 2 4 2 5 4 1 3 4
悦（10画）	丶丶丨丶丿丨乛一丿乛	4 4 2 4 3 2 5 1 3 5
悌（10画）	丶丶丨丶丿乛一乛丨丿	4 4 2 4 3 5 1 5 2 3
悢（10画）	丶丶丨丶乛一一乛丿丶	4 4 2 4 5 1 1 5 3 4
悛（10画）	丶丶丨乛丶丿丶丿乛丶	4 4 2 5 4 3 4 3 5 4
害（10画）	丶丶乛一一一丨丨乛一	4 4 5 1 1 1 2 2 5 1
宽（10画）	丶丶乛一丨丨丨乛丿乛	4 4 5 1 2 2 2 5 3 5
宸（10画）	丶丶乛一丿一一乛丿丶	4 4 5 1 3 1 1 5 3 4
家（10画）	丶丶乛一丿乛丿丿丿丶	4 4 5 1 3 5 3 3 3 4
宵（10画）	丶丶乛丨丶丿丨乛一一	4 4 5 2 4 3 2 5 1 1
宴（10画）	丶丶乛丨乛一一乛丿一	4 4 5 2 5 1 1 5 3 1
宾（10画）	丶丶乛丿丨一丨一丿丶	4 4 5 3 2 1 2 1 3 4
窍（10画）	丶丶乛丿丶一丨一一乛	4 4 5 3 4 1 2 1 1 5
窅（10画）	丶丶乛丿丶丨乛一一一	4 4 5 3 4 2 5 1 1 1
窄（10画）	丶丶乛丿丶丿一丨一一	4 4 5 3 4 3 1 2 1 1

容（10画）
、、乛丿、丿、丨乛一
4 4 5 3 4 3 4 2 5 1

窈（10画）
、、乛丿、乛乛、乛丿
4 4 5 3 4 5 5 4 5 3

剜（10画）
、、乛丿乛、乛乛丨丨
4 4 5 3 5 4 5 5 2 2

宰（10画）
、、乛、一、丿一一丨
4 4 5 4 1 4 3 1 1 2

案（10画）
、、乛乛丿一一丨丿、
4 4 5 5 3 1 1 2 3 4

请（10画）
、乛一一丨一丨乛一一
4 5 1 1 2 1 2 5 1 1

朗（10画）
、乛一一乛、丿乛一一
4 5 1 1 5 4 3 5 1 1

诸（10画）
、乛一丨一丿丨乛一一
4 5 1 2 1 3 2 5 1 1

诹（10画）
、乛一丨丨一一一乛、
4 5 1 2 2 1 1 1 5 4

诺（10画）
、乛一丨丨一丿丨乛一
4 5 1 2 2 1 3 2 5 1

读（10画）
、乛一丨乛、、一丿、
4 5 1 2 5 4 4 1 3 4

扅（10画）
、乛一丿丿乛、丿乛、
4 5 1 3 3 5 4 3 5 4

诼（10画）
、乛一丿乛丿丿、丿、
4 5 1 3 5 3 3 4 3 4

冢（10画）
、乛一丿乛丿丿、丿、
4 5 1 3 5 3 3 4 3 4

扇（10画）
、乛一丿乛、一乛、一
4 5 1 3 5 4 1 5 4 1

诽（10画）
、乛丨一一一丨一一一
4 5 2 1 1 1 2 1 1 1

袜（10画）
、乛丨丿、一一丨丿、
4 5 2 3 4 1 1 2 3 4

祛（10画）
、乛丨丿、一丨一乛、
4 5 2 3 4 1 2 1 5 4

祖（10画）
、乛丨丿、丨乛一一一
4 5 2 3 4 2 5 1 1 1

袖（10画）
、乛丨丿、丨乛一丨一
4 5 2 3 4 2 5 1 2 1

袗（10画）
丶乛丨丿丶丿丶丿丿丿
4 5 2 3 4 3 4 3 3 3

袍（10画）
丶乛丨丿丶丿乛乛一乛
4 5 2 3 4 3 5 5 1 5

袢（10画）
丶乛丨丿丶丶丿一一丨
4 5 2 3 4 4 3 1 1 2

被（10画）
丶乛丨丿丶乛丿丨乛丶
4 5 2 3 4 5 3 2 5 4

袯（10画）
丶乛丨丿丶乛丿乛丶丶
4 5 2 3 4 5 3 5 4 4

祯（10画）
丶乛丨丶丨一丨乛丿丶
4 5 2 4 2 1 2 5 3 4

祧（10画）
丶乛丨丶丿丶一乛丿丶
4 5 2 4 3 4 1 5 3 4

祥（10画）
丶乛丨丶丶丿一一一丨
4 5 2 4 4 3 1 1 1 2

课（10画）
丶乛丨乛一一一丨丿丶
4 5 2 5 1 1 1 2 3 4

冥（10画）
丶乛丨乛一一丶一丿丶
4 5 2 5 1 1 4 1 3 4

诿（10画）
丶乛丿一丨丿丶乛丿一
4 5 3 1 2 3 4 5 3 1

谀（10画）
丶乛丿丨一乛一一丿丶
4 5 3 2 1 5 1 1 3 4

谁（10画）
丶乛丿丨丶一一一丨一
4 5 3 2 4 1 1 1 2 1

谂（10画）
丶乛丿丶丶乛丶乛丶丶
4 5 3 4 4 5 4 5 4 4

调（10画）
丶乛丿乛一丨一丨乛一
4 5 3 5 1 2 1 2 5 1

冤（10画）
丶乛丿乛丨乛一丿乛丶
4 5 3 5 2 5 1 3 5 4

谄（10画）
丶乛丿乛丿丨一乛一一
4 5 3 5 3 2 1 5 1 1

谅（10画）
丶乛丶一丨乛一丨丿丶
4 5 4 1 2 5 1 2 3 4

谆（10画）
丶乛丶一丨乛一乛丨一
4 5 4 1 2 5 1 5 2 1

谇（10画）
丶乛丶一丿丶丿丶一丨
4 5 4 1 3 4 3 4 1 2

谈（10画）	、乛、丿丿、、丿丿、	4 5 4 3 3 4 4 3 3 4
谊（10画）	、乛、、乛丨乛一一一	4 5 4 4 5 2 5 1 1 1
剥（10画）	乛一一丨、一丿、丨丨	5 1 1 2 4 1 3 4 2 2
恳（10画）	乛一一乛丿、、乛、、	5 1 1 5 3 4 4 5 4 4
展（10画）	乛一丿一丨丨一乛丿、	5 1 3 1 2 2 1 5 3 4
剧（10画）	乛一丿一丨丨乛一丨丨	5 1 3 1 2 2 5 1 2 2
屑（10画）	乛一丿丨、丿丨乛一一	5 1 3 2 4 3 2 5 1 1
屐（10画）	乛一丿丿丿丨一丨乛、	5 1 3 3 3 2 1 2 5 4
屙（10画）	乛一丿乛丨一丨乛一丨	5 1 3 5 2 1 2 5 1 2
弱（10画）	乛一乛、一乛一乛、一	5 1 5 4 1 5 1 5 4 1

陵（10画）	乛丨一丨一丿、丿乛、	5 2 1 2 1 3 4 3 5 4
陬（10画）	乛丨一丨丨一一一乛、	5 2 1 2 2 1 1 1 5 4
勐（10画）	乛丨一丨乛丨丨一乛丿	5 2 1 2 5 2 2 1 5 3
奘（10画）	乛丨一丿一丨一一丿、	5 2 1 3 1 2 1 1 3 4
疍（10画）	乛丨一丿、丨乛一一一	5 2 1 3 4 2 5 1 1 1
牂（10画）	乛丨一丿、丿一一一丨	5 2 1 3 4 3 1 1 1 2
蚩（10画）	乛丨丨一丨乛一丨一、	5 2 2 1 2 5 1 2 1 4
祟（10画）	乛丨丨乛丨一一丨丿、	5 2 2 5 2 1 1 2 3 4
陲（10画）	乛丨丿一丨一丨丨一一	5 2 3 1 2 1 2 2 1 1
陴（10画）	乛丨丿丨乛一一丿一丨	5 2 3 2 5 1 1 3 1 2

陶（10画）
乛丨丿乛丿一一丨乛丨
5 2 3 5 3 1 1 2 5 2

陷（10画）
乛丨丿乛丿丨一乛一一
5 2 3 5 3 2 1 5 1 1

陪（10画）
乛丨丶一丶丿一丨乛一
5 2 4 1 4 3 1 2 5 1

烝（10画）
乛丨乛丿丶一丶丶丶丶
5 2 5 3 4 1 4 4 4 4

姬（10画）
乛丿一一丨丨乛一丨乛
5 3 1 1 2 2 5 1 2 5

娠（10画）
乛丿一一丿一一乛丿丶
5 3 1 1 3 1 1 5 3 4

娱（10画）
乛丿一丨乛一一一丿丶
5 3 1 2 5 1 1 1 3 4

娌（10画）
乛丿一丨乛一一丨一一
5 3 1 2 5 1 1 2 1 1

娉（10画）
乛丿一丨乛一丨一一乛
5 3 1 2 5 1 2 1 1 5

娟（10画）
乛丿一丨乛一丨乛一一
5 3 1 2 5 1 2 5 1 1

娲（10画）
乛丿一丨乛一丨乛丿丶
5 3 1 2 5 1 2 5 3 4

恕（10画）
乛丿一丨乛一丶乛丶丶
5 3 1 2 5 1 4 5 4 4

娥（10画）
乛丿一丿一丨一乛丿丶
5 3 1 3 1 2 1 5 3 4

娩（10画）
乛丿一丿乛丨乛一丿乛
5 3 1 3 5 2 5 1 3 5

娴（10画）
乛丿一丶丨乛一丨丿丶
5 3 1 4 2 5 1 2 3 4

娣（10画）
乛丿一丶丿乛一乛丨丿
5 3 1 4 3 5 1 5 2 3

娘（10画）
乛丿一丶乛一一乛丿丶
5 3 1 4 5 1 1 5 3 4

娓（10画）
乛丿一乛一丿丿一一乛
5 3 1 5 1 3 3 1 1 5

婀（10画）
乛丿一乛丨一丨乛一丨
5 3 1 5 2 1 2 5 1 2

砮（10画）
乛丿一乛丶一丿丨乛一
5 3 1 5 4 1 3 2 5 1

字	笔画数	笔顺	笔顺编号
哿	10画	乛丿丨乛一一丨乛一丨	5 3 2 5 1 1 2 5 1 2
畚	10画	乛丶一丿丶丨乛一丨一	5 4 1 3 4 2 5 1 2 1
通	10画	乛丶丨乛一一丨丶乛丶	5 4 2 5 1 1 2 4 5 4
能	10画	乛丶丨乛一一丿乛丿乛	5 4 2 5 1 1 3 5 3 5
难	10画	乛丶丿丨丶一一一丨一	5 4 3 2 4 1 1 1 2 1
逡	10画	乛丶丿丶丿乛丶丶乛丶	5 4 3 4 3 5 4 4 5 4
预	10画	乛丶乛丨一丿丨乛丿丶	5 4 5 2 1 3 2 5 3 4
桑	10画	乛丶乛丶乛丶一丨丿丶	5 4 5 4 5 4 1 2 3 4
剟	10画	乛丶乛丶乛丶乛丶丨丨	5 4 5 4 5 4 5 4 2 2
绠	10画	乛乛一一丨乛一一丿丶	5 5 1 1 2 5 1 1 3 4
骊	10画	乛乛一一丨乛丶丨乛丶	5 5 1 1 2 5 4 2 5 4
绡	10画	乛乛一丨丶丿丨乛一一	5 5 1 2 4 3 2 5 1 1
骋	10画	乛乛一丨乛一丨一一乛	5 5 1 2 5 1 2 1 1 5
绢	10画	乛乛一丨乛一丨乛一一	5 5 1 2 5 1 2 5 1 1
绣	10画	乛乛一丿一丨丿丶乛丿	5 5 1 3 1 2 3 4 5 3
验	10画	乛乛一丿丶一丶丶丿一	5 5 1 3 4 1 4 4 3 1
绤	10画	乛乛一丿丶丿丶丨乛一	5 5 1 3 4 3 4 2 5 1
绥	10画	乛乛一丿丶丶丿乛丿一	5 5 1 3 4 4 3 5 3 1
绛	10画	乛乛一丿乛丶一丨丿丶	5 5 1 3 5 4 1 2 3 4
骍	10画	乛乛一丶一丶丿一一丨	5 5 1 4 1 4 3 1 1 2

字	笔画	笔顺
继	（10画）	5 5 1 4 3 1 2 3 4 5
绨	（10画）	5 5 1 4 3 5 1 5 2 3
骎	（10画）	5 5 1 5 1 1 4 5 5 4
骏	（10画）	5 5 1 5 4 3 4 3 5 4
邕	（10画）	5 5 5 2 5 1 5 2 1 5
鸶	（10画）	5 5 5 5 1 3 5 4 5 1
彗	（11画）	1 1 1 2 1 1 1 2 5 1 1
耜	（11画）	1 1 1 2 3 4 2 5 1 5 1
焘	（11画）	1 1 1 3 1 2 4 4 4 4 4
舂	（11画）	1 1 1 3 4 3 2 1 5 1 1
琎	（11画）	1 1 2 1 1 1 3 2 4 5 4
球	（11画）	1 1 2 1 1 2 4 1 3 4 4
琏	（11画）	1 1 2 1 1 5 1 2 4 5 4
琐	（11画）	1 1 2 1 2 4 3 2 5 3 4
理	（11画）	1 1 2 1 2 5 1 1 2 1 1
琇	（11画）	1 1 2 1 3 1 2 3 4 5 3
麸	（11画）	1 1 2 1 3 5 4 1 1 3 4
琉	（11画）	1 1 2 1 4 1 5 4 3 2 5
琅	（11画）	1 1 2 1 4 5 1 1 5 3 4
捧	（11画）	1 2 1 1 1 1 3 4 1 1 2

掭（11画）
一 丨 一 一 一 ノ 丶 丨 丶 丶 丶
1 2 1 1 1 3 4 2 4 4 4

堵（11画）
一 丨 一 一 丨 一 ノ 丨 乛 一 一
1 2 1 1 2 1 3 2 5 1 1

揶（11画）
一 丨 一 一 丨 丨 一 一 一 乛 丨
1 2 1 1 2 2 1 1 1 5 2

措（11画）
一 丨 一 一 丨 丨 一 丨 乛 一 一
1 2 1 1 2 2 1 2 5 1 1

描（11画）
一 丨 一 一 丨 丨 丨 乛 一 丨 一
1 2 1 1 2 2 2 5 1 2 1

埴（11画）
一 丨 一 一 丨 丨 乛 一 一 一 一
1 2 1 1 2 2 5 1 1 1 1

域（11画）
一 丨 一 一 丨 乛 一 一 乛 ノ 丶
1 2 1 1 2 5 1 1 5 3 4

捺（11画）
一 丨 一 一 ノ 丶 一 一 丨 ノ 丶
1 2 1 1 3 4 1 1 2 3 4

掎（11画）
一 丨 一 一 ノ 丶 一 丨 乛 一 丨
1 2 1 1 3 4 1 2 5 1 2

埼（11画）
一 丨 一 一 ノ 丶 一 丨 乛 一 丨
1 2 1 1 3 4 1 2 5 1 2

掩（11画）
一 丨 一 一 ノ 丶 丨 乛 一 一 乛
1 2 1 1 3 4 2 5 1 1 5

埯（11画）
一 丨 一 一 ノ 丶 丨 乛 一 一 乛
1 2 1 1 3 4 2 5 1 1 5

捷（11画）
一 丨 一 一 乛 一 一 丨 一 ノ 丶
1 2 1 1 5 1 1 2 1 3 4

捯（11画）
一 丨 一 一 乛 丶 一 丨 一 丨 丨
1 2 1 1 5 4 1 2 1 2 2

排（11画）
一 丨 一 丨 一 一 一 丨 一 一 一
1 2 1 2 1 1 1 2 1 1 1

焉（11画）
一 丨 一 丨 一 一 乛 丶 丶 丶 丶
1 2 1 2 1 1 5 4 4 4 4

掉（11画）
一 丨 一 丨 一 丨 乛 一 一 一 丨
1 2 1 2 1 2 5 1 1 1 2

掳（11画）
一 丨 一 丨 一 乛 ノ 一 乛 乛 ノ
1 2 1 2 1 5 3 1 5 5 3

掴（11画）
一 丨 一 丨 乛 一 一 丨 一 丶 一
1 2 1 2 5 1 1 2 1 4 1

埸（11画）
一 丨 一 丨 乛 一 一 ノ 乛 ノ ノ
1 2 1 2 5 1 1 3 5 3 3

字	笔顺	笔顺编号
堌（11画）	一丨一丨乛一丨丨乛一一	1 2 1 2 5 1 2 2 5 1 1
捶（11画）	一丨一丿一丨一丨丨一一	1 2 1 3 1 2 1 2 2 1 1
赦（11画）	一丨一丿丨丿丶丿一丿丶	1 2 1 3 2 3 4 3 1 3 4
赧（11画）	一丨一丿丨丿丶乛丨乛丶	1 2 1 3 2 3 4 5 2 5 4
推（11画）	一丨一丿丨丶一一一丨一	1 2 1 3 2 4 1 1 1 2 1
堆（11画）	一丨一丿丨丶一一一丨一	1 2 1 3 2 4 1 1 1 2 1
捭（11画）	一丨一丿丨乛一一丿一丨	1 2 1 3 2 5 1 1 3 1 2
埤（11画）	一丨一丿丨乛一乛一一丨	1 2 1 3 2 5 1 5 1 1 2
晢（11画）	一丨一丿丿一丨丨乛一一	1 2 1 3 3 1 2 2 5 1 1
掀（11画）	一丨一丿丿一丨丿乛丿丶	1 2 1 3 3 1 2 3 5 3 4
逵（11画）	一丨一丿丶一丨一丶乛丶	1 2 1 3 4 1 2 1 4 5 4
授（11画）	一丨一丿丶丶丿丶乛乛丶	1 2 1 3 4 4 3 4 5 5 4
捻（11画）	一丨一丿丶丶乛丶乛丶丶	1 2 1 3 4 4 5 4 5 4 4
埝（11画）	一丨一丿丶丶乛丶乛丶丶	1 2 1 3 4 4 5 4 5 4 4
堋（11画）	一丨一丿乛一一丿乛一一	1 2 1 3 5 1 1 3 5 1 1
教（11画）	一丨一丿乛丨一丿一丿丶	1 2 1 3 5 2 1 3 1 3 4
堍（11画）	一丨一丿乛丨乛一丿乛丶	1 2 1 3 5 2 5 1 3 5 4
掏（11画）	一丨一丿乛丿一一丨乛丨	1 2 1 3 5 3 1 1 2 5 2
掐（11画）	一丨一丿乛丿丨一乛一一	1 2 1 3 5 3 2 1 5 1 1
掬（11画）	一丨一丿乛丶丿一丨丿丶	1 2 1 3 5 4 3 1 2 3 4

鸷（11画）
一 十 扌 执 执 执 执 挚 挚 鸷 鸷
一 丨 一 丿 ㇇ 丶 丿 ㇇ 丶 ㇇ 一
1 2 1 3 5 4 3 5 4 5 1

掠（11画）
一 十 扌 扌 扩 扩 护 护 掠 掠 掠
一 丨 一 丶 一 丨 ㇇ 一 丨 丿 丶
1 2 1 4 1 2 5 1 2 3 4

掂（11画）
一 十 扌 扌 扩 扩 护 护 护 掂 掂
一 丨 一 丶 一 丿 丨 一 丨 ㇇ 一
1 2 1 4 1 3 2 1 2 5 1

掖（11画）
一 十 扌 扌 扩 扩 护 护 掖 掖 掖
一 丨 一 丶 一 丿 丨 丿 ㇇ 丶 丶
1 2 1 4 1 3 2 3 5 4 4

培（11画）
一 十 土 圹 圹 圹 圹 坪 坪 培 培
一 丨 一 丶 一 丶 丿 一 丨 ㇇ 一
1 2 1 4 1 4 3 1 2 5 1

掊（11画）
一 十 扌 扌 扩 扩 护 护 掊 掊 掊
一 丨 一 丶 一 丶 丿 一 丨 ㇇ 一
1 2 1 4 1 4 3 1 2 5 1

接（11画）
一 十 扌 扌 扩 扩 护 护 按 接 接
一 丨 一 丶 一 丶 丿 一 ㇇ 丿 一
1 2 1 4 1 4 3 1 5 3 1

堉（11画）
一 十 土 圹 圹 圹 圹 堉 堉 堉 堉
一 丨 一 丶 一 ㇇ 丶 丨 ㇇ 一 一
1 2 1 4 1 5 4 2 5 1 1

掷（11画）
一 十 扌 扌 扌 扌 拦 拼 掷 掷 掷
一 丨 一 丶 丿 一 一 丿 丶 ㇇ 丨
1 2 1 4 3 1 1 3 4 5 2

掸（11画）
一 十 扌 扌 扌 扌 拍 拍 掸 掸 掸
一 丨 一 丶 丿 丨 ㇇ 一 一 一 丨
1 2 1 4 3 2 5 1 1 1 2

控（11画）
一 十 扌 扌 扌 扩 护 护 控 控 控
一 丨 一 丶 丶 ㇇ 丿 丶 一 丨 一
1 2 1 4 4 5 3 4 1 2 1

捩（11画）
一 十 扌 扌 扩 护 护 护 捩 捩 捩
一 丨 一 丶 ㇇ 一 丿 一 丿 丶 丶
1 2 1 4 5 1 3 1 3 4 4

掮（11画）
一 十 扌 扌 扩 护 护 护 掮 掮 掮
一 丨 一 丶 ㇇ 一 丿 丨 ㇇ 一 一
1 2 1 4 5 1 3 2 5 1 1

探（11画）
一 十 扌 扌 扩 扩 护 控 探 探 探
一 丨 一 丶 ㇇ 丿 丶 一 丨 丿 丶
1 2 1 4 5 3 4 1 2 3 4

壸（11画）
一 十 士 声 声 声 壳 壳 壸 壸 壸
一 丨 一 丶 ㇇ 丿 ㇇ 丶 ㇇ 丶 丶
1 2 1 4 5 3 5 4 5 4 4

埭（11画）
一 十 土 圹 垾 垾 埭 埭 埭 埭 埭
一 丨 一 ㇇ 一 一 丨 丶 一 丿 丶
1 2 1 5 1 1 2 4 1 3 4

埽（11画）
一 十 土 圹 圹 圹 圹 埽 埽 埽 埽
一 丨 一 ㇇ 一 一 丶 ㇇ 丨 ㇇ 丨
1 2 1 5 1 1 4 5 2 5 2

据（11画）
一 十 扌 扌 护 护 护 护 据 据 据
一 丨 一 ㇇ 一 丿 一 丨 丨 ㇇ 一
1 2 1 5 1 3 1 2 2 5 1

掘（11画）
一 十 扌 扌 护 护 护 护 掘 掘 掘
一 丨 一 ㇇ 一 丿 ㇇ 丨 丨 ㇇ 丨
1 2 1 5 1 3 5 2 2 5 2

掺（11画）
一 十 扌 扌 扩 护 护 换 掺 掺 掺
一 丨 一 ㇇ 丶 一 丿 丶 丿 丿 丿
1 2 1 5 4 1 3 4 3 3 3

掇（11画）
一丨一乛丶乛丶乛丶乛丶
1 2 1 5 4 5 4 5 4 5 4

掼（11画）
一丨一乛乛丨一丨乛丿丶
1 2 1 5 5 2 1 2 5 3 4

职（11画）
一丨丨一一一丨乛一丿丶
1 2 2 1 1 1 2 5 1 3 4

聃（11画）
一丨丨一一一丨乛丨一一
1 2 2 1 1 1 2 5 2 1 1

基（11画）
一丨丨一一一丿丶一丨一
1 2 2 1 1 1 3 4 1 2 1

聆（11画）
一丨丨一一一丿丶丶乛丶
1 2 2 1 1 1 3 4 4 5 4

勘（11画）
一丨丨一一一丿丶乛乛丿
1 2 2 1 1 1 3 4 5 5 3

聊（11画）
一丨丨一一一丿乛丿乛丨
1 2 2 1 1 1 3 5 3 5 2

聍（11画）
一丨丨一一一丶丶乛一丨
1 2 2 1 1 1 4 4 5 1 2

娶（11画）
一丨丨一一一乛丶乛丿一
1 2 2 1 1 1 5 4 5 3 1

菁（11画）
一丨丨一一丨一丨乛一一
1 2 2 1 1 2 1 2 5 1 1

菝（11画）
一丨丨一丨一一丿乛丶丶
1 2 2 1 2 1 1 3 5 4 4

著（11画）
一丨丨一丨一丿丨乛一一
1 2 2 1 2 1 3 2 5 1 1

菱（11画）
一丨丨一丨一丿丶丿乛丶
1 2 2 1 2 1 3 4 3 5 4

萁（11画）
一丨丨一丨丨一一一丿丶
1 2 2 1 2 2 1 1 1 3 4

菥（11画）
一丨丨一丨丿丶丿丿一丨
1 2 2 1 2 3 4 3 3 1 2

菘（11画）
一丨丨一丨丿丶丿丶乛丶
1 2 2 1 2 3 4 3 4 5 4

堇（11画）
一丨丨一丨乛一一一丨一
1 2 2 1 2 5 1 1 1 2 1

勒（11画）
一丨丨一丨乛一一丨乛丿
1 2 2 1 2 5 1 1 2 5 3

黄（11画）
一丨丨一丨乛一丨一丿丶
1 2 2 1 2 5 1 2 1 3 4

字	画数	笔形	笔顺
荼	（11画）	一丨丨一丿丶一一丨丿丶	1 2 2 1 3 4 1 1 2 3 4
萋	（11画）	一丨丨一乛一一丨乛丿一	1 2 2 1 5 1 1 2 5 3 1
勚	（11画）	一丨丨一乛丨乛丿丶乛丿	1 2 2 1 5 2 5 3 4 5 3
菲	（11画）	一丨丨丨一一一丨一一一	1 2 2 2 1 1 1 2 1 1 1
菽	（11画）	一丨丨丨一一丨丿丶乛丶	1 2 2 2 1 1 2 3 4 5 4
菖	（11画）	一丨丨丨乛一一丨乛一一	1 2 2 2 5 1 1 2 5 1 1
萌	（11画）	一丨丨丨乛一一丿乛一一	1 2 2 2 5 1 1 3 5 1 1
萜	（11画）	一丨丨丨乛丨丨一丨乛一	1 2 2 2 5 2 2 1 2 5 1
萝	（11画）	一丨丨丨乛丨丨一丿乛丶	1 2 2 2 5 2 2 1 3 5 4
菌	（11画）	一丨丨丨乛丿一丨丿丶一	1 2 2 2 5 3 1 2 3 4 1
萎	（11画）	一丨丨丿一丨丿丶乛丿一	1 2 2 3 1 2 3 4 5 3 1
萸	（11画）	一丨丨丿丨一乛一一丿丶	1 2 2 3 2 1 5 1 1 3 4
萑	（11画）	一丨丨丿丨丶一一一丨一	1 2 2 3 2 4 1 1 1 2 1
菂	（11画）	一丨丨丿丨乛一一丿乛丶	1 2 2 3 2 5 1 1 3 5 4
菜	（11画）	一丨丨丿丶丶丿一丨丿丶	1 2 2 3 4 4 3 1 2 3 4
棻	（11画）	一丨丨丿丶乛丿一丨丿丶	1 2 2 3 4 5 3 1 2 3 4
菔	（11画）	一丨丨丿乛一一乛丨乛丶	1 2 2 3 5 1 1 5 2 5 4
菟	（11画）	一丨丨丿乛丨乛一丿乛丶	1 2 2 3 5 2 5 1 3 5 4
萄	（11画）	一丨丨丿乛丿一一丨乛丨	1 2 2 3 5 3 1 1 2 5 2
萏	（11画）	一丨丨丿乛丿丨一乛一一	1 2 2 3 5 3 2 1 5 1 1

字	笔顺	笔顺编号
菊（11画）	一丨丨丿乛丶丿一丨丿丶	1 2 2 3 5 4 3 1 2 3 4
萃（11画）	一丨丨丶一丿丶丿丶一丨	1 2 2 4 1 3 4 3 4 1 2
菩（11画）	一丨丨丶一丶丿一丨乛一	1 2 2 4 1 4 3 1 2 5 1
菼（11画）	一丨丨丶丿丿丶丶丿丿丶	1 2 2 4 3 3 4 4 3 3 4
菏（11画）	一丨丨丶丶一一丨乛一丨	1 2 2 4 4 1 1 2 5 1 2
萍（11画）	一丨丨丶丶一一丶丿一丨	1 2 2 4 4 1 1 4 3 1 2
菹（11画）	一丨丨丶丶一丨乛一一一	1 2 2 4 4 1 2 5 1 1 1
菠（11画）	一丨丨丶丶一乛丿丨乛丶	1 2 2 4 4 1 5 3 2 5 4
菪（11画）	一丨丨丶丶乛一丿丨乛一	1 2 2 4 4 5 1 3 2 5 1
菅（11画）	一丨丨丶丶乛丨乛一乛一	1 2 2 4 4 5 2 5 1 5 1
菀（11画）	一丨丨丶丶乛丿乛丶乛乛	1 2 2 4 4 5 3 5 4 5 5
萤（11画）	一丨丨丶乛丨乛一丨一丶	1 2 2 4 5 2 5 1 2 1 4
营（11画）	一丨丨丶乛丨乛一丨乛一	1 2 2 4 5 2 5 1 2 5 1
萦（11画）	一丨丨丶乛乛乛丶丨丿丶	1 2 2 4 5 5 5 4 2 3 4
乾（11画）	一丨丨乛一一一丨丿一乛	1 2 2 5 1 1 1 2 3 1 5
萧（11画）	一丨丨乛一一丨丿丨丿丶	1 2 2 5 1 1 2 3 2 3 4
菰（11画）	一丨丨乛丨一丿丿乛丶丶	1 2 2 5 2 1 3 3 5 4 4
菡（11画）	一丨丨乛丨丶一丿丶乛丨	1 2 2 5 2 4 1 3 4 5 2
萨（11画）	一丨丨乛丨丶一丶丿一丿	1 2 2 5 2 4 1 4 3 1 3
菇（11画）	一丨丨乛丿一一丨丨乛一	1 2 2 5 3 1 1 2 2 5 1

械（11画）
一丨丿丶一一丿丨乛丿丶
1 2 3 4 1 1 3 2 5 3 4

梼（11画）
一丨丿丶一丨一丶乛丶丶
1 2 3 4 1 2 1 4 5 4 4

彬（11画）
一丨丿丶一丨丿丶丿丿丿
1 2 3 4 1 2 3 4 3 3 3

梵（11画）
一丨丿丶一丨丿丶丿乛丶
1 2 3 4 1 2 3 4 3 5 4

梦（11画）
一丨丿丶一丨丿丶丿乛丶
1 2 3 4 1 2 3 4 3 5 4

婪（11画）
一丨丿丶一丨丿丶乛丿一
1 2 3 4 1 2 3 4 5 3 1

梗（11画）
一丨丿丶一丨乛一一丿丶
1 2 3 4 1 2 5 1 1 3 4

梧（11画）
一丨丿丶一丨乛一丨乛一
1 2 3 4 1 2 5 1 2 5 1

梾（11画）
一丨丿丶一丶丿一丨丿丶
1 2 3 4 1 4 3 1 2 3 4

梢（11画）
一丨丿丶丨丶丿丨乛一一
1 2 3 4 2 4 3 2 5 1 1

梏（11画）
一丨丿丶丿一丨一丨乛一
1 2 3 4 3 1 2 1 2 5 1

梅（11画）
一丨丿丶丿一乛乛丶一丶
1 2 3 4 3 1 5 5 4 1 4

觋（11画）
一丨丿丶丿丶一丨乛丿乛
1 2 3 4 3 4 1 2 5 3 5

检（11画）
一丨丿丶丿丶一丶丶丿一
1 2 3 4 3 4 1 4 4 3 1

桴（11画）
一丨丿丶丿丶丶丿乛丨一
1 2 3 4 3 4 4 3 5 2 1

桷（11画）
一丨丿丶丿乛丿乛一一丨
1 2 3 4 3 5 3 5 1 1 2

梓（11画）
一丨丿丶丶一丶丿一一丨
1 2 3 4 4 1 4 3 1 1 2

梳（11画）
一丨丿丶丶一乛丶丿丨乛
1 2 3 4 4 1 5 4 3 2 5

棁（11画）
一丨丿丶丶丿丨乛一丿乛
1 2 3 4 4 3 2 5 1 3 5

梯（11画）
一丨丿丶丶丿乛一乛丨丿
1 2 3 4 4 3 5 1 5 2 3

字	笔画	笔顺
杪（11画）	一丨丿丶丶丶一丨丿丶丿	1 2 3 4 4 4 1 2 3 4 3
桹（11画）	一丨丿丶乛一一丶丿丿丶	1 2 3 4 5 1 1 4 3 3 4
桶（11画）	一丨丿丶乛丶丨乛一一丨	1 2 3 4 5 4 2 5 1 1 2
梭（11画）	一丨丿丶乛丶丿丶丿乛丶	1 2 3 4 5 4 3 4 3 5 4
救（11画）	一丨丶一丿丶丶丿一丿丶	1 2 4 1 3 4 4 3 1 3 4
啬（11画）	一丨丶丿一丨乛丨乛一一	1 2 4 3 1 2 5 2 5 1 1
郾（11画）	一丨乛一一乛丿一乛乛丨	1 2 5 1 1 5 3 1 5 5 2
匮（11画）	一丨乛一丨一丨乛丿丶乛	1 2 5 1 2 1 2 5 3 4 5
曹（11画）	一丨乛一丨丨一丨乛一一	1 2 5 1 2 2 1 2 5 1 1
敕（11画）	一丨乛一丨丿丶丿一丿丶	1 2 5 1 2 3 4 3 1 3 4
副（11画）	一丨乛一丨乛一丨一丨丨	1 2 5 1 2 5 1 2 1 2 2
豉（11画）	一丨乛一丶丿一一丨乛丶	1 2 5 1 4 3 1 1 2 5 4
票（11画）	一丨乛丨丨一一一丨丿丶	1 2 5 2 2 1 1 1 2 3 4
鄄（11画）	一丨乛丨丨一一丨一乛丨	1 2 5 2 2 1 1 2 1 5 2
酝（11画）	一丨乛丿乛一一一一乛丶	1 2 5 3 5 1 1 1 1 5 4
酞（11画）	一丨乛丿乛一一一丿丶丶	1 2 5 3 5 1 1 1 3 4 4
酗（11画）	一丨乛丿乛一一丿丶乛丨	1 2 5 3 5 1 1 3 4 5 2
酚（11画）	一丨乛丿乛一一丿丶乛丿	1 2 5 3 5 1 1 3 4 5 3
厢（11画）	一丿一丨丿丶丨乛一一一	1 3 1 2 3 4 2 5 1 1 1
厣（11画）	一丿一丿丶丶丨乛一一丨	1 3 1 3 4 4 2 5 1 1 2

戚（11画）
一丿丨一一丨丿丶乛丿丶
1 3 2 1 1 2 3 4 5 3 4

戛（11画）
一丿丨乛一一一一乛丿丶
1 3 2 5 1 1 1 1 5 3 4

硎（11画）
一丿丨乛一一一丿丨丨丨
1 3 2 5 1 1 1 3 2 2 2

硅（11画）
一丿丨乛一一丨一一丨一
1 3 2 5 1 1 2 1 1 2 1

硭（11画）
一丿丨乛一一丨丨丶一乛
1 3 2 5 1 1 2 2 4 1 5

硒（11画）
一丿丨乛一一丨乛丿乛一
1 3 2 5 1 1 2 5 3 5 1

硕（11画）
一丿丨乛一一丿丨乛丿丶
1 3 2 5 1 1 3 2 5 3 4

硖（11画）
一丿丨乛一一丶丿一丿丶
1 3 2 5 1 1 4 3 1 3 4

硗（11画）
一丿丨乛一一乛丿一丿乛
1 3 2 5 1 1 5 3 1 3 5

硐（11画）
一丿丨乛一丨乛一丨乛一
1 3 2 5 1 2 5 1 2 5 1

硚（11画）
一丿丨乛一丿一丿丶丿丨
1 3 2 5 1 3 1 3 4 3 2

硇（11画）
一丿丨乛一丿丨乛丿丶一
1 3 2 5 1 3 2 5 3 4 1

硌（11画）
一丿丨乛一丿乛丶丨乛一
1 3 2 5 1 3 5 4 2 5 1

鸸（11画）
一丿丨乛丨丨丿乛丶乛一
1 3 2 5 2 2 3 5 4 5 1

瓠（11画）
一丿丶一一乛丿丿乛丶丶
1 3 4 1 1 5 3 3 5 4 4

匏（11画）
一丿丶一一乛丿乛乛一乛
1 3 4 1 1 5 3 5 5 1 5

奢（11画）
一丿丶一丨一丿丨乛一一
1 3 4 1 2 1 3 2 5 1 1

盔（11画）
一丿丶丿丿丶丨乛丨丨一
1 3 4 3 3 4 2 5 2 2 1

爽（11画）
一丿丶丿丶丿丶丿丶丿丶
1 3 4 3 4 3 4 3 4 3 4

厩（11画）
一丿乛一一乛丶一乛丿乛
1 3 5 1 1 5 4 1 5 3 5

聋（11画）
一丿乛丿丶一丨丨一一一
1 3 5 3 4 1 2 2 1 1 1

龚（11画）
一丿乛丿丶一丨丨一丿丶
1 3 5 3 4 1 2 2 1 3 4

袭（11画）
一丿乛丿丶丶一丿乛丿丶
1 3 5 3 4 4 1 3 5 3 4

殒（11画）
一丿乛丶丨乛一丨乛丿丶
1 3 5 4 2 5 1 2 5 3 4

殓（11画）
一丿乛丶丿丶一丶丶丿一
1 3 5 4 3 4 1 4 4 3 1

殍（11画）
一丿乛丶丿丶丶丿乛丨一
1 3 5 4 3 4 4 3 5 2 1

盛（11画）
一丿乛乛丿丶丨乛丨丨一
1 3 5 5 3 4 2 5 2 2 1

赉（11画）
一丶丿一丨丿丶丨乛丿丶
1 4 3 1 2 3 4 2 5 3 4

匾（11画）
一丶乛一丿丨乛一丨丨乛
1 4 5 1 3 2 5 1 2 2 5

雩（11画）
一丶乛丨丶丶丶丶一一乛
1 4 5 2 4 4 4 4 1 1 5

雪（11画）
一丶乛丨丶丶丶丶乛一一
1 4 5 2 4 4 4 4 5 1 1

辄（11画）
一乛丨一一丨丨一一一乛
1 5 2 1 1 2 2 1 1 1 5

辅（11画）
一乛丨一一丨乛一一丨丶
1 5 2 1 1 2 5 1 1 2 4

辆（11画）
一乛丨一一丨乛丿丶丿丶
1 5 2 1 1 2 5 3 4 3 4

堑（11画）
一乛丨一丿丿一丨一丨一
1 5 2 1 3 3 1 2 1 2 1

龁（11画）
丨一丨一丿丶乛丨丿一乛
2 1 2 1 3 4 5 2 3 1 5

颅（11画）
丨一乛一丿一丿丨乛丿丶
2 1 5 1 3 1 3 2 5 3 4

虚（11画）
丨一乛丿一乛丨丨丶丿一
2 1 5 3 1 5 2 2 4 3 1

彪（11画）
丨一乛丿一乛丿乛丿丿丿
2 1 5 3 1 5 3 5 3 3 3

雀（11画）
丨丿丶丿丨丶一一一丨一
2 3 4 3 2 4 1 1 1 2 1

堂（11画）
丨、丿、乛丨乛一一丨一
2 4 3 4 5 2 5 1 1 2 1

常（11画）
丨、丿、乛丨乛一丨乛丨
2 4 3 4 5 2 5 1 2 5 2

眶（11画）
丨乛一一一一一一丨一乛
2 5 1 1 1 1 1 1 2 1 5

眭（11画）
丨乛一一一一丨一一丨一
2 5 1 1 1 1 2 1 1 2 1

唪（11画）
丨乛一一一一丿、一一丨
2 5 1 1 1 1 3 4 1 1 2

眦（11画）
丨乛一一一丨一丨一丿乛
2 5 1 1 1 2 1 2 1 3 5

啧（11画）
丨乛一一一丨一丨乛丿、
2 5 1 1 1 2 1 2 5 3 4

匙（11画）
丨乛一一一丨一丿、丿乛
2 5 1 1 1 2 1 3 4 3 5

晡（11画）
丨乛一一一丨乛一一丨、
2 5 1 1 1 2 5 1 1 2 4

晤（11画）
丨乛一一一丨乛一丨乛一
2 5 1 1 1 2 5 1 2 5 1

晨（11画）
丨乛一一一丿一一乛丿、
2 5 1 1 1 3 1 1 5 3 4

眺（11画）
丨乛一一一丿、一乛丿、
2 5 1 1 1 3 4 1 5 3 4

眵（11画）
丨乛一一一丿乛、丿乛、
2 5 1 1 1 3 5 4 3 5 4

睁（11画）
丨乛一一一丿乛乛一一丨
2 5 1 1 1 3 5 5 1 1 2

眯（11画）
丨乛一一一、丿一丨丿、
2 5 1 1 1 4 3 1 2 3 4

眼（11画）
丨乛一一一乛一一乛丿、
2 5 1 1 1 5 1 1 5 3 4

眸（11画）
丨乛一一一乛、丿一一丨
2 5 1 1 1 5 4 3 1 1 2

悬（11画）
丨乛一一一乛、、乛、、
2 5 1 1 1 5 4 4 5 4 4

野（11画）
丨乛一一丨一一乛、乛丨
2 5 1 1 2 1 1 5 4 5 2

圊（11画）
丨乛一一丨一丨乛一一一
2 5 1 1 2 1 2 5 1 1 1

啪（11画）
丨乛一一丨一丿丨乛一一
2 5 1 1 2 1 3 2 5 1 1

啦（11画）
丨乛一一丨一丶一丶丿一
2 5 1 1 2 1 4 1 4 3 1

喏（11画）
丨乛一一丨丨一丿丨乛一
2 5 1 1 2 2 1 3 2 5 1

喵（11画）
丨乛一一丨丨丨乛一丨一
2 5 1 1 2 2 2 5 1 2 1

啉（11画）
丨乛一一丨丿丶一丨丿丶
2 5 1 1 2 3 4 1 2 3 4

勖（11画）
丨乛一一丨乛一一一乛丿
2 5 1 1 2 5 1 1 1 5 3

曼（11画）
丨乛一一丨乛丨丨一乛丶
2 5 1 1 2 5 2 2 1 5 4

晦（11画）
丨乛一一丿一乛乛丶一丶
2 5 1 1 3 1 5 5 4 1 4

晞（11画）
丨乛一一丿丶一丿丨乛丨
2 5 1 1 3 4 1 3 2 5 2

晗（11画）
丨乛一一丿丶丶乛丨乛一
2 5 1 1 3 4 4 5 2 5 1

晚（11画）
丨乛一一丿乛丨乛一丿乛
2 5 1 1 3 5 2 5 1 3 5

冕（11画）
丨乛一一丿乛丨乛一丿乛
2 5 1 1 3 5 2 5 1 3 5

啄（11画）
丨乛一一丿乛丿丿丶丿丶
2 5 1 1 3 5 3 3 4 3 4

啭（11画）
丨乛一一乛丨一一一乛丶
2 5 1 1 5 2 1 1 1 5 4

啡（11画）
丨乛一丨一一一丨一一一
2 5 1 2 1 1 1 2 1 1 1

畦（11画）
丨乛一丨一一丨一一丨一
2 5 1 2 1 1 2 1 1 2 1

趼（11画）
丨乛一丨一丨一一一丿丨
2 5 1 2 1 2 1 1 1 3 2

趺（11画）
丨乛一丨一丨一一一丿丶
2 5 1 2 1 2 1 1 1 3 4

距（11画）
丨乛一丨一丨一一乛一乛
2 5 1 2 1 2 1 1 5 1 5

跐（11画）
丨乛一丨一丨一丨一丨一
2 5 1 2 1 2 1 2 1 2 1

啃（11画）
丨乛一丨一丨一丨乛一一
2 5 1 2 1 2 1 2 5 1 1

跃（11画）
丨乛一丨一丨一丿一丿丶
2 5 1 2 1 2 1 3 1 3 4

啮（11画）
丨乛一丨一丨一丿丶乛丨
2 5 1 2 1 2 1 3 4 5 2

跄（11画）
丨乛一丨一丨一丿丶乛乛
2 5 1 2 1 2 1 3 4 5 5

略（11画）
丨乛一丨一丿乛丶丨乛一
2 5 1 2 1 3 5 4 2 5 1

蚶（11画）
丨乛一丨一丶一丨丨一一
2 5 1 2 1 4 1 2 2 1 1

蛄（11画）
丨乛一丨一丶一丨丨乛一
2 5 1 2 1 4 1 2 2 5 1

蛎（11画）
丨乛一丨一丶一丿一乛丿
2 5 1 2 1 4 1 3 1 5 3

蛆（11画）
丨乛一丨一丶丨乛一一一
2 5 1 2 1 4 2 5 1 1 1

蚰（11画）
丨乛一丨一丶丨乛一丨一
2 5 1 2 1 4 2 5 1 2 1

蚺（11画）
丨乛一丨一丶丨乛丨一一
2 5 1 2 1 4 2 5 2 1 1

蛊（11画）
丨乛一丨一丶丨乛丨丨一
2 5 1 2 1 4 2 5 2 2 1

圉（11画）
丨乛一丨一丶丿一一丨一
2 5 1 2 1 4 3 1 1 2 1

蚱（11画）
丨乛一丨一丶丿一丨一一
2 5 1 2 1 4 3 1 2 1 1

蚯（11画）
丨乛一丨一丶丿丨一丨一
2 5 1 2 1 4 3 2 1 2 1

蛉（11画）
丨乛一丨一丶丿丶丶乛丶
2 5 1 2 1 4 3 4 4 5 4

蛀（11画）
丨乛一丨一丶丶一一丨一
2 5 1 2 1 4 4 1 1 2 1

蛇（11画）
丨乛一丨一丶丶丶乛丿乛
2 5 1 2 1 4 4 4 5 3 5

蛏（11画）
丨乛一丨一丶乛丶一丨一
2 5 1 2 1 4 5 4 1 2 1

蚴（11画）
丨乛一丨一丶乛乛丶乛丿
2 5 1 2 1 4 5 5 4 5 3

字	画数	笔顺	编码
唬	（11画）	丨乛一丨一乛丿一乛丿乛	2 5 1 2 1 5 3 1 5 3 5
累	（11画）	丨乛一丨一乛乛丶丨丿丶	2 5 1 2 1 5 5 4 2 3 4
鄂	（11画）	丨乛一丨乛一一一乛乛丨	2 5 1 2 5 1 1 1 5 5 2
唱	（11画）	丨乛一丨乛一一丨乛一一	2 5 1 2 5 1 1 2 5 1 1
患	（11画）	丨乛一丨乛一丨丶乛丶丶	2 5 1 2 5 1 2 4 5 4 4
啰	（11画）	丨乛一丨乛丨丨一丿乛丶	2 5 1 2 5 2 2 1 3 5 4
唾	（11画）	丨乛一丿一丨一丨丨一一	2 5 1 3 1 2 1 2 2 1 1
唯	（11画）	丨乛一丿丨丶一一一丨一	2 5 1 3 2 4 1 1 1 2 1
啤	（11画）	丨乛一丿丨乛一一丿一丨	2 5 1 3 2 5 1 1 3 1 2
啥	（11画）	丨乛一丿丶一一丨丨乛一	2 5 1 3 4 1 1 2 2 5 1
啁	（11画）	丨乛一丿乛一丨一丨乛一	2 5 1 3 5 1 2 1 2 5 1
啕	（11画）	丨乛一丿乛丿一一丨乛丨	2 5 1 3 5 3 1 1 2 5 2
唿	（11画）	丨乛一丿乛丿丿丶乛丶丶	2 5 1 3 5 3 3 4 5 4 4
啐	（11画）	丨乛一丶一丿丶丿丶一丨	2 5 1 4 1 3 4 3 4 1 2
唼	（11画）	丨乛一丶一丶丿乛一丿一	2 5 1 4 1 4 3 1 5 3 1
唷	（11画）	丨乛一丶一乛丶丨乛一一	2 5 1 4 1 5 4 2 5 1 1
啴	（11画）	丨乛一丶丿丨乛一一一丨	2 5 1 4 3 2 5 1 1 1 2
啖	（11画）	丨乛一丶丿丿丶丶丿丿丶	2 5 1 4 3 3 4 4 3 3 4
啵	（11画）	丨乛一丶丶一乛丿丨乛丶	2 5 1 4 4 1 5 3 2 5 4
啶	（11画）	丨乛一丶丶乛一丨一丿丶	2 5 1 4 4 5 1 2 1 3 4

唧（11画）
丨𠃍一丶𠃍一一𠃍丶𠃍丨
2 5 1 4 5 1 1 5 4 5 2

唳（11画）
丨𠃍一丶𠃍一丿一丿丶丶
2 5 1 4 5 1 3 1 3 4 4

啸（11画）
丨𠃍一𠃍一一丨丿丨丿丶
2 5 1 5 1 1 2 3 2 3 4

啜（11画）
丨𠃍一𠃍丶𠃍丶𠃍丶𠃍丶
2 5 1 5 4 5 4 5 4 5 4

帻（11画）
丨𠃍丨一一丨一丨𠃍丿丶
2 5 2 1 1 2 1 2 5 3 4

崖（11画）
丨𠃍丨一丿一丨一一丨一
2 5 2 1 3 1 2 1 1 2 1

崎（11画）
丨𠃍丨一丿丶一丨𠃍一丨
2 5 2 1 3 4 1 2 5 1 2

崦（11画）
丨𠃍丨一丿丶丨𠃍一一𠃍
2 5 2 1 3 4 2 5 1 1 5

崭（11画）
丨𠃍丨一𠃍丨一丿丿一丨
2 5 2 1 5 2 1 3 3 1 2

逻（11画）
丨𠃍丨丨一丿𠃍丶丶𠃍丶
2 5 2 2 1 3 5 4 4 5 4

帼（11画）
丨𠃍丨丨𠃍一一丨一丶一
2 5 2 2 5 1 1 2 1 4 1

崮（11画）
丨𠃍丨丨𠃍一丨丨𠃍一一
2 5 2 2 5 1 2 2 5 1 1

崔（11画）
丨𠃍丨丿丨丶一一一丨一
2 5 2 3 2 4 1 1 1 2 1

帷（11画）
丨𠃍丨丿丨丶一一一丨一
2 5 2 3 2 4 1 1 1 2 1

崟（11画）
丨𠃍丨丿丶一一丨丶丿一
2 5 2 3 4 1 1 2 4 3 1

崤（11画）
丨𠃍丨丿丶一丿丨𠃍一一
2 5 2 3 4 1 3 2 5 1 1

崩（11画）
丨𠃍丨丿𠃍一一丿𠃍一一
2 5 2 3 5 1 1 3 5 1 1

崞（11画）
丨𠃍丨丶一丨𠃍一𠃍丨一
2 5 2 4 1 2 5 1 5 2 1

崇（11画）
丨𠃍丨丶丶𠃍一一丨丿丶
2 5 2 4 4 5 1 1 2 3 4

崆（11画）
丨𠃍丨丶丶𠃍丿丶一丨一
2 5 2 4 4 5 3 4 1 2 1

崛（11画）
丨 乛 丨 乛 一 丿 乛 丨 丨 乛 丨
2 5 2 5 1 3 5 2 2 5 2

赇（11画）
丨 乛 丿 丶 一 丨 丶 一 丿 丶 丶
2 5 3 4 1 2 4 1 3 4 4

赈（11画）
丨 乛 丿 丶 一 丿 一 一 乛 丿 丶
2 5 3 4 1 3 1 1 5 3 4

婴（11画）
丨 乛 丿 丶 丨 乛 丿 丶 乛 丿 一
2 5 3 4 2 5 3 4 5 3 1

赊（11画）
丨 乛 丿 丶 丿 丶 一 一 丨 丿 丶
2 5 3 4 3 4 1 1 2 3 4

圈（11画）
丨 乛 丶 丿 一 一 丿 丶 乛 乛 一
2 5 4 3 1 1 3 4 5 5 1

铸（11画）
丿 一 一 一 乛 一 丨 一 丿 一 乛
3 1 1 1 5 1 2 1 3 1 5

铑（11画）
丿 一 一 一 乛 一 丨 一 丿 丿 乛
3 1 1 1 5 1 2 1 3 3 5

铒（11画）
丿 一 一 一 乛 一 丨 丨 一 一 一
3 1 1 1 5 1 2 2 1 1 1

铕（11画）
丿 一 一 一 乛 一 丿 丨 乛 一 一
3 1 1 1 5 1 3 2 5 1 1

铗（11画）
丿 一 一 一 乛 一 丶 丿 一 丿 丶
3 1 1 1 5 1 4 3 1 3 4

铘（11画）
丿 一 一 一 乛 一 乛 丨 丿 乛 丨
3 1 1 1 5 1 5 2 3 5 2

铙（11画）
丿 一 一 一 乛 一 乛 丿 一 丿 乛
3 1 1 1 5 1 5 3 1 3 5

铚（11画）
丿 一 一 一 乛 一 乛 丶 一 丨 一
3 1 1 1 5 1 5 4 1 2 1

铛（11画）
丿 一 一 一 乛 丨 丶 丿 乛 一 一
3 1 1 1 5 2 4 3 5 1 1

铜（11画）
丿 一 一 一 乛 丨 乛 一 丨 乛 一
3 1 1 1 5 2 5 1 2 5 1

铝（11画）
丿 一 一 一 乛 丨 乛 一 丨 乛 一
3 1 1 1 5 2 5 1 2 5 1

铞（11画）
丿 一 一 一 乛 丨 乛 一 丨 乛 丨
3 1 1 1 5 2 5 1 2 5 2

铟（11画）
丿 一 一 一 乛 丨 乛 一 丿 丶 一
3 1 1 1 5 2 5 1 3 4 1

铠（11画）
丿 一 一 一 乛 丨 乛 丨 乛 一 乛
3 1 1 1 5 2 5 2 5 1 5

铡（11画）
丿一一一乛丨乛丿丶丨丨
3 1 1 1 5 2 5 3 4 2 2

铢（11画）
丿一一一乛丿一一丨丿丶
3 1 1 1 5 3 1 1 2 3 4

铣（11画）
丿一一一乛丿一丨一丿乛
3 1 1 1 5 3 1 2 1 3 5

铤（11画）
丿一一一乛丿一丨一乛丶
3 1 1 1 5 3 1 2 1 5 4

铥（11画）
丿一一一乛丿一丨一乛丶
3 1 1 1 5 3 1 2 1 5 4

铧（11画）
丿一一一乛丿丨丿乛一丨
3 1 1 1 5 3 2 3 5 1 2

铨（11画）
丿一一一乛丿丶一一丨一
3 1 1 1 5 3 4 1 1 2 1

铩（11画）
丿一一一乛丿丶一丨丿丶
3 1 1 1 5 3 4 1 2 3 4

铪（11画）
丿一一一乛丿丶一丨乛一
3 1 1 1 5 3 4 1 2 5 1

铫（11画）
丿一一一乛丿丶一乛丿丶
3 1 1 1 5 3 4 1 5 3 4

铭（11画）
丿一一一乛丿乛丶丨乛一
3 1 1 1 5 3 5 4 2 5 1

铬（11画）
丿一一一乛丿乛丶丨乛一
3 1 1 1 5 3 5 4 2 5 1

铮（11画）
丿一一一乛丿乛乛一一丨
3 1 1 1 5 3 5 5 1 1 2

铯（11画）
丿一一一乛丿乛乛丨一乛
3 1 1 1 5 3 5 5 2 1 5

铰（11画）
丿一一一乛丶一丿丶丿丶
3 1 1 1 5 4 1 3 4 3 4

铱（11画）
丿一一一乛丶一丿乛丿丶
3 1 1 1 5 4 1 3 5 3 4

铲（11画）
丿一一一乛丶一丶丿一丿
3 1 1 1 5 4 1 4 3 1 3

铳（11画）
丿一一一乛丶一乛丶丿乛
3 1 1 1 5 4 1 5 4 3 5

铴（11画）
丿一一一乛丶丶一乛丿丿
3 1 1 1 5 4 4 1 5 3 3

铵（11画）
丿一一一乛丶丶乛乛丿一
3 1 1 1 5 4 4 5 5 3 1

字	笔画	笔顺编号
银（11画）	丿一一一乛乛一一乛丿丶	3 1 1 1 5 5 1 1 5 3 4
铷（11画）	丿一一一乛乛丿一丨乛一	3 1 1 1 5 5 3 1 2 5 1
矫（11画）	丿一一丿丶丿一丿丶丿丨	3 1 1 3 4 3 1 3 4 3 2
氪（11画）	丿一一乛一丨丨乛一丿乛	3 1 1 5 1 2 2 5 1 3 5
牾（11画）	丿一丨一一丨乛一丨乛一	3 1 2 1 1 2 5 1 2 5 1
甜（11画）	丿一丨丨乛一一丨丨一一	3 1 2 2 5 1 1 2 2 1 1
鸹（11画）	丿一丨丨乛一丿乛丶乛一	3 1 2 2 5 1 3 5 4 5 1
秸（11画）	丿一丨丿丶一丨一丨乛一	3 1 2 3 4 1 2 1 2 5 1
梨（11画）	丿一丨丿丶丨丨一丨丿丶	3 1 2 3 4 2 2 1 2 3 4
犁（11画）	丿一丨丿丶丨丨丿一一丨	3 1 2 3 4 2 2 3 1 1 2
稆（11画）	丿一丨丿丶丨乛一丨乛一	3 1 2 3 4 2 5 1 2 5 1
秽（11画）	丿一丨丿丶丨乛丨丿乛丶	3 1 2 3 4 2 5 2 3 5 4
移（11画）	丿一丨丿丶丿乛丶丿乛丶	3 1 2 3 4 3 5 4 3 5 4
秾（11画）	丿一丨丿丶丶乛丿乛丿丶	3 1 2 3 4 4 5 3 5 3 4
逶（11画）	丿一丨丿丶乛丿一丶乛丶	3 1 2 3 4 5 3 1 4 5 4
笺（11画）	丿一丶丿一丶一一乛丿丶	3 1 4 3 1 4 1 1 5 3 4
筇（11画）	丿一丶丿一丶一丨一乛丨	3 1 4 3 1 4 1 2 1 5 2
笨（11画）	丿一丶丿一丶一丨丿丶一	3 1 4 3 1 4 1 2 3 4 1
笸（11画）	丿一丶丿一丶一丨乛一乛	3 1 4 3 1 4 1 2 5 1 5
笼（11画）	丿一丶丿一丶一丿乛丿丶	3 1 4 3 1 4 1 3 5 3 4

字	画数	笔顺	笔顺编号
笪	（11画）	丿一丶丿一丶丨乛一一一	3 1 4 3 1 4 2 5 1 1 1
笛	（11画）	丿一丶丿一丶丨乛一丨一	3 1 4 3 1 4 2 5 1 2 1
笙	（11画）	丿一丶丿一丶丿一一丨一	3 1 4 3 1 4 3 1 1 2 1
笮	（11画）	丿一丶丿一丶丿一丨一一	3 1 4 3 1 4 3 1 2 1 1
符	（11画）	丿一丶丿一丶丿丨一丨丶	3 1 4 3 1 4 3 2 1 2 4
笱	（11画）	丿一丶丿一丶丿乛丨乛一	3 1 4 3 1 4 3 5 2 5 1
笠	（11画）	丿一丶丿一丶丶一丶丿一	3 1 4 3 1 4 4 1 4 3 1
笥	（11画）	丿一丶丿一丶乛一丨乛一	3 1 4 3 1 4 5 1 2 5 1
第	（11画）	丿一丶丿一丶乛一乛丨丿	3 1 4 3 1 4 5 1 5 2 3
笳	（11画）	丿一丶丿一丶乛丿丨乛一	3 1 4 3 1 4 5 3 2 5 1
笤	（11画）	丿一丶丿一丶乛丿丨乛一	3 1 4 3 1 4 5 3 2 5 1
笾	（11画）	丿一丶丿一丶乛丿丶乛丶	3 1 4 3 1 4 5 3 4 5 4
笞	（11画）	丿一丶丿一丶乛丶丨乛一	3 1 4 3 1 4 5 4 2 5 1
敏	（11画）	丿一乛乛丶一丶丿一丿丶	3 1 5 5 4 1 4 3 1 3 4
偾	（11画）	丿丨一丨一丨丨丨乛丿丶	3 2 1 2 1 2 2 2 5 3 4
做	（11画）	丿丨一丨丨乛一丿一丿丶	3 2 1 2 2 5 1 3 1 3 4
鸺	（11画）	丿丨一丨丿丶丿乛丶乛一	3 2 1 2 3 4 3 5 4 5 1
偃	（11画）	丿丨一丨乛一一乛丿一乛	3 2 1 2 5 1 1 5 3 1 5
偕	（11画）	丿丨一乛丿乛丿丨乛一一	3 2 1 5 3 5 3 2 5 1 1
袋	（11画）	丿丨一乛丶丶一丿乛丿丶	3 2 1 5 4 4 1 3 5 3 4

悠（11画）
丿丨丨丿一丿丶丶乛丶丶
3 2 2 3 1 3 4 4 5 4 4

偿（11画）
丿丨丨丶丿丶乛一一乛丶
3 2 2 4 3 4 5 1 1 5 4

偶（11画）
丿丨丨乛一一丨乛丨一丶
3 2 2 5 1 1 2 5 2 1 4

偈（11画）
丿丨丨乛一一丿乛丿丶乛
3 2 2 5 1 1 3 5 3 4 5

偎（11画）
丿丨丨乛一丨一一乛丿丶
3 2 2 5 1 2 1 1 5 3 4

偲（11画）
丿丨丨乛一丨一丶乛丶丶
3 2 2 5 1 2 1 4 5 4 4

傀（11画）
丿丨丿丨乛一一丿乛乛丶
3 2 3 2 5 1 1 3 5 5 4

偷（11画）
丿丨丿丶一丨乛一一丨丨
3 2 3 4 1 2 5 1 1 2 2

您（11画）
丿丨丿乛丨丿丶丶乛丶丶
3 2 3 5 2 3 4 4 5 4 4

偬（11画）
丿丨丿乛丿丿丶丶乛丶丶
3 2 3 5 3 3 4 4 5 4 4

售（11画）
丿丨丶一一一丨一丨乛一
3 2 4 1 1 1 2 1 2 5 1

停（11画）
丿丨丶一丨乛一丶乛一丨
3 2 4 1 2 5 1 4 5 1 2

偻（11画）
丿丨丶丿一丨丿丶乛丿一
3 2 4 3 1 2 3 4 5 3 1

偏（11画）
丿丨丶乛一丿丨乛一丨丨
3 2 4 5 1 3 2 5 1 2 2

躯（11画）
丿丨乛一一一丿一丿丶乛
3 2 5 1 1 1 3 1 3 4 5

皑（11画）
丿丨乛一一丨乛丨乛一乛
3 2 5 1 1 2 5 2 5 1 5

兜（11画）
丿丨乛一一丿乛乛一丿乛
3 2 5 1 1 3 5 5 1 3 5

皎（11画）
丿丨乛一一丶一丿丶丿丶
3 2 5 1 1 4 1 3 4 3 4

假（11画）
丿丨乛一丨一一乛一乛丶
3 2 5 1 2 1 1 5 1 5 4

衅（11画）
丿丨乛丨丨一丶丿一一丨
3 2 5 2 2 1 4 3 1 1 2

鸻（11画）
丿丿丨一一丨丿乛丶乛一
3 3 2 1 1 2 3 5 4 5 1

徘（11画）
丿丿丨丨一一一丨一一一
3 3 2 2 1 1 1 2 1 1 1

徙（11画）
丿丿丨丨一丨一丨一丿丶
3 3 2 2 1 2 1 2 1 3 4

徜（11画）
丿丿丨丨丶丿丨乛丨乛一
3 3 2 2 4 3 2 5 2 5 1

得（11画）
丿丿丨丨乛一一一一丨丶
3 3 2 2 5 1 1 1 1 2 4

衔（11画）
丿丿丨丿一一一乛一一丨
3 3 2 3 1 1 1 5 1 1 2

舸（11画）
丿丿乛丶一丶一丨乛一丨
3 3 5 4 1 4 1 2 5 1 2

舻（11画）
丿丿乛丶一丶丨一乛一丿
3 3 5 4 1 4 2 1 5 1 3

舳（11画）
丿丿乛丶一丶丨乛一丨一
3 3 5 4 1 4 2 5 1 2 1

盘（11画）
丿丿乛丶一丶丨乛丨丨一
3 3 5 4 1 4 2 5 2 2 1

舴（11画）
丿丿乛丶一丶丿一丨一一
3 3 5 4 1 4 3 1 2 1 1

舶（11画）
丿丿乛丶一丶丿丨乛一一
3 3 5 4 1 4 3 2 5 1 1

船（11画）
丿丿乛丶一丶丿乛丨乛一
3 3 5 4 1 4 3 5 2 5 1

鸼（11画）
丿丿乛丶一丶丿乛丶乛一
3 3 5 4 1 4 3 5 4 5 1

舷（11画）
丿丿乛丶一丶丶一乛乛丶
3 3 5 4 1 4 4 1 5 5 4

舵（11画）
丿丿乛丶一丶丶丶乛丿乛
3 3 5 4 1 4 4 4 5 3 5

斜（11画）
丿丶一一丨丿丶丶丶一丨
3 4 1 1 2 3 4 4 4 1 2

龛（11画）
丿丶一丨乛一一丿乛丿丶
3 4 1 2 5 1 1 3 5 3 4

盒（11画）
丿丶一丨乛一丨乛丨丨一
3 4 1 2 5 1 2 5 2 2 1

鸽（11画）
丿丶一丨乛一丿乛丶乛一
3 4 1 2 5 1 3 5 4 5 1

瓻（11画）
丿、一丿丨乛丨一乛乛、
3 4 1 3 2 5 2 1 5 5 4

敛（11画）
丿、一、、丿一丿一丿、
3 4 1 4 4 3 1 3 1 3 4

悉（11画）
丿、丿一丨丿、、乛、、
3 4 3 1 2 3 4 4 5 4 4

欲（11画）
丿、丿、丨乛一丿乛丿、
3 4 3 4 2 5 1 3 5 3 4

彩（11画）
丿、、丿一丨丿、丿丿丿
3 4 4 3 1 2 3 4 3 3 3

领（11画）
丿、、乛、一丿丨乛丿、
3 4 4 5 4 1 3 2 5 3 4

翎（11画）
丿、、乛、乛、一乛、一
3 4 4 5 4 5 4 1 5 4 1

脚（11画）
丿乛一一一丨一乛、乛丨
3 5 1 1 1 2 1 5 4 5 2

脖（11画）
丿乛一一一丨、乛乛丨一
3 5 1 1 1 2 4 5 5 2 1

脯（11画）
丿乛一一一丨乛一一丨、
3 5 1 1 1 2 5 1 1 2 4

豚（11画）
丿乛一一一丿乛丿丿丿、
3 5 1 1 1 3 5 3 3 3 4

脶（11画）
丿乛一一丨乛一丨乛丿、
3 5 1 1 2 5 1 2 5 3 4

脸（11画）
丿乛一一丿、一、、丿一
3 5 1 1 3 4 1 4 4 3 1

脞（11画）
丿乛一一丿、丿、一丨一
3 5 1 1 3 4 3 4 1 2 1

脬（11画）
丿乛一一丿、、丿乛丨一
3 5 1 1 3 4 4 3 5 2 1

脱（11画）
丿乛一一、丿丨乛一丿乛
3 5 1 1 4 3 2 5 1 3 5

脘（11画）
丿乛一一、、乛一一丿乛
3 5 1 1 4 4 5 1 1 3 5

脲（11画）
丿乛一一乛一丿丨乛丿、
3 5 1 1 5 1 3 2 5 3 4

脧（11画）
丿乛一一乛、丿、丿乛、
3 5 1 1 5 4 3 4 3 5 4

匐（11画）
丿乛一丨乛一丨乛一丨一
3 5 1 2 5 1 2 5 1 2 1

鲃（11画）
ノ ㇕ 丨 ㇕ 一 丨 一 一 ㇕ 一 ㇕
3 5 2 5 1 2 1 1 5 1 5

象（11画）
ノ ㇕ 丨 ㇕ 一 ノ ㇕ ノ ノ ノ 丶
3 5 2 5 1 3 5 3 3 3 4

够（11画）
ノ ㇕ 丨 ㇕ 一 ノ ㇕ 丶 ノ ㇕ 丶
3 5 2 5 1 3 5 4 3 5 4

逸（11画）
ノ ㇕ 丨 ㇕ 一 ノ ㇕ 丶 丶 ㇕ 丶
3 5 2 5 1 3 5 4 4 5 4

猜（11画）
ノ ㇕ ノ 一 一 丨 一 丨 ㇕ 一 一
3 5 3 1 1 2 1 2 5 1 1

猪（11画）
ノ ㇕ ノ 一 丨 一 ノ 丨 ㇕ 一 一
3 5 3 1 2 1 3 2 5 1 1

猎（11画）
ノ ㇕ ノ 一 丨 丨 一 丨 ㇕ 一 一
3 5 3 1 2 2 1 2 5 1 1

猫（11画）
ノ ㇕ ノ 一 丨 丨 丨 ㇕ 一 丨 一
3 5 3 1 2 2 2 5 1 2 1

猗（11画）
ノ ㇕ ノ 一 ノ 丶 一 丨 ㇕ 一 丨
3 5 3 1 3 4 1 2 5 1 2

凰（11画）
ノ ㇕ ノ 丨 ㇕ 一 一 一 一 丨 一
3 5 3 2 5 1 1 1 1 2 1

猖（11画）
ノ ㇕ ノ 丨 ㇕ 一 一 丨 ㇕ 一 一
3 5 3 2 5 1 1 2 5 1 1

猡（11画）
ノ ㇕ ノ 丨 ㇕ 丨 丨 一 ノ ㇕ 丶
3 5 3 2 5 2 2 1 3 5 4

猊（11画）
ノ ㇕ ノ ノ 丨 一 ㇕ 一 一 ノ ㇕
3 5 3 3 2 1 5 1 1 3 5

猞（11画）
ノ ㇕ ノ ノ 丶 一 一 丨 丨 ㇕ 一
3 5 3 3 4 1 1 2 2 5 1

猄（11画）
ノ ㇕ ノ 丶 一 丨 ㇕ 一 丨 ノ 丶
3 5 3 4 1 2 5 1 2 3 4

猝（11画）
ノ ㇕ ノ 丶 一 ノ 丶 ノ 丶 一 丨
3 5 3 4 1 3 4 3 4 1 2

斛（11画）
ノ ㇕ ノ ㇕ 一 一 丨 丶 丶 一 丨
3 5 3 5 1 1 2 4 4 1 2

觖（11画）
ノ ㇕ ノ ㇕ 一 一 丨 ㇕ 一 ノ 丶
3 5 3 5 1 1 2 5 1 3 4

猕（11画）
ノ ㇕ ノ ㇕ 一 ㇕ ノ ㇕ 丨 ノ 丶
3 5 3 5 1 5 3 5 2 3 4

猛（11画）
ノ ㇕ ノ ㇕ 丨 一 丨 ㇕ 丨 丨 一
3 5 3 5 2 1 2 5 2 2 1

馗（11画）
3 5 4 3 1 3 2 5 1 1 1

祭（11画）
3 5 4 4 5 4 1 1 2 3 4

馃（11画）
3 5 5 2 5 1 1 1 2 3 4

馄（11画）
3 5 5 2 5 1 1 1 5 3 5

馅（11画）
3 5 5 3 5 3 2 1 5 1 1

馆（11画）
3 5 5 4 4 5 2 5 1 5 1

凑（11画）
4 1 1 1 1 3 4 1 1 3 4

减（11画）
4 1 1 3 1 2 5 1 5 3 4

鸾（11画）
4 1 2 2 3 4 3 5 4 5 1

毫（11画）
4 1 2 5 1 4 5 3 1 1 5

孰（11画）
4 1 2 5 1 5 2 1 3 5 4

烹（11画）
4 1 2 5 1 5 2 4 4 4 4

庶（11画）
4 1 3 1 2 2 1 4 4 4 4

庹（11画）
4 1 3 1 2 2 1 5 1 3 4

麻（11画）
4 1 3 1 2 3 4 1 2 3 4

庵（11画）
4 1 3 1 3 4 2 5 1 1 5

庼（11画）
4 1 3 1 5 1 3 2 5 3 4

庾（11画）
4 1 3 3 2 1 5 1 1 3 4

庳（11画）
4 1 3 3 2 5 1 1 3 1 2

痔（11画）
4 1 3 4 1 1 2 1 1 2 4

痍（11画）
、一丿、一一乛一乛丿、
4 1 3 4 1 1 5 1 5 3 4

疵（11画）
、一丿、一丨一丨一丿乛
4 1 3 4 1 2 1 2 1 3 5

痤（11画）
、一丿、一丿、一一丨一
4 1 3 4 1 3 4 1 1 2 1

痒（11画）
、一丿、一、丿一一一丨
4 1 3 4 1 4 3 1 1 1 2

痕（11画）
、一丿、一乛一一乛丿、
4 1 3 4 1 5 1 1 5 3 4

廊（11画）
、一丿、乛一一乛、乛丨
4 1 3 4 5 1 1 5 4 5 2

康（11画）
、一丿乛一一丨、一丿、
4 1 3 5 1 1 2 4 1 3 4

庸（11画）
、一丿乛一一丨乛一一丨
4 1 3 5 1 1 2 5 1 1 2

鹿（11画）
、一丿乛丨丨一一乛丿乛
4 1 3 5 2 2 1 1 5 3 5

盗（11画）
、一丿乛丿、丨乛丨丨一
4 1 3 5 3 4 2 5 2 2 1

章（11画）
、一、丿一丨乛一一一丨
4 1 4 3 1 2 5 1 1 1 2

竟（11画）
、一、丿一丨乛一一丿乛
4 1 4 3 1 2 5 1 1 3 5

翊（11画）
、一、丿一乛、一乛、一
4 1 4 3 1 5 4 1 5 4 1

商（11画）
、一、丿丨乛丿、丨乛一
4 1 4 3 2 5 3 4 2 5 1

旌（11画）
、一乛丿丿一丿一一丨一
4 1 5 3 3 1 3 1 1 2 1

族（11画）
、一乛丿丿一丿一一丿、
4 1 5 3 3 1 3 1 1 3 4

旎（11画）
、一乛丿丿一乛一丿丿乛
4 1 5 3 3 1 5 1 3 3 5

旋（11画）
、一乛丿丿一乛丨一丿、
4 1 5 3 3 1 5 2 1 3 4

望（11画）
、一乛丿乛一一一一丨一
4 1 5 3 5 1 1 1 1 2 1

袤（11画）
、一乛、乛丨丿丿乛丿、
4 1 5 4 5 2 3 3 5 3 4

率（11画）
、一乛乛、、一丿、一丨
4 1 5 5 4 4 1 3 4 1 2

阇（11画）
、丨乛一丨一丿丨乛一一
4 2 5 1 2 1 3 2 5 1 1

阈（11画）
、丨乛一丨乛一一乛丿、
4 2 5 1 2 5 1 1 5 3 4

阉（11画）
、丨乛一丿、丨乛一一乛
4 2 5 1 3 4 2 5 1 1 5

阊（11画）
、丨乛丨乛一一丨乛一一
4 2 5 2 5 1 1 2 5 1 1

阋（11画）
、丨乛丿丨一乛一一丿乛
4 2 5 3 2 1 5 1 1 3 5

阌（11画）
、丨乛丿、、丿、乛乛、
4 2 5 3 4 4 3 4 5 5 4

阍（11画）
、丨乛丿乛一乛丨乛一一
4 2 5 3 5 1 5 2 5 1 1

阎（11画）
、丨乛丿乛丿丨一乛一一
4 2 5 3 5 3 2 1 5 1 1

阏（11画）
、丨乛、一乛丿丿、、、
4 2 5 4 1 5 3 3 4 4 4

阐（11画）
、丨乛、丿丨乛一一一丨
4 2 5 4 3 2 5 1 1 1 2

着（11画）
、丿一一一丿丨乛一一一
4 3 1 1 1 3 2 5 1 1 1

羚（11画）
、丿一一一丿丿、、乛、
4 3 1 1 1 3 3 4 4 5 4

羝（11画）
、丿一一一丿丿乛一乛、
4 3 1 1 1 3 3 5 1 5 4

羟（11画）
、丿一一一丿乛、一丨一
4 3 1 1 1 3 5 4 1 2 1

盖（11画）
、丿一一丨一丨乛丨丨一
4 3 1 1 2 1 2 5 2 2 1

眷（11画）
、丿一一丿、丨乛一一一
4 3 1 1 3 4 2 5 1 1 1

粝（11画）
、丿一丨丿、一丿一乛丿
4 3 1 2 3 4 1 3 1 5 3

粘（11画）
、丿一丨丿、丨一丨乛一
4 3 1 2 3 4 2 1 2 5 1

粗（11画）
、丿一丨丿、丨乛一一一
4 3 1 2 3 4 2 5 1 1 1

粕（11画）
丶 丿 一 丨 丿 丶 丿 丨 乛 一 一
4 3 1 2 3 4 3 2 5 1 1

粒（11画）
丶 丿 一 丨 丿 丶 丶 一 丶 丿 一
4 3 1 2 3 4 4 1 4 3 1

断（11画）
丶 丿 一 丨 丿 丶 乛 丿 丿 一 丨
4 3 1 2 3 4 5 3 3 1 2

剪（11画）
丶 丿 一 丨 乛 一 一 丨 丨 乛 丿
4 3 1 2 5 1 1 2 2 5 3

兽（11画）
丶 丿 丨 乛 一 丨 一 一 丨 乛 一
4 3 2 5 1 2 1 1 2 5 1

敝（11画）
丶 丿 丨 乛 丨 丿 丶 丿 一 丿 丶
4 3 2 5 2 3 4 3 1 3 4

焐（11画）
丶 丿 丿 丶 一 丨 乛 一 丨 乛 一
4 3 3 4 1 2 5 1 2 5 1

焊（11画）
丶 丿 丿 丶 丨 乛 一 一 一 一 丨
4 3 3 4 2 5 1 1 1 1 2

烯（11画）
丶 丿 丿 丶 丿 丶 一 丿 丨 乛 丨
4 3 3 4 3 4 1 3 2 5 2

焓（11画）
丶 丿 丿 丶 丿 丶 丶 乛 丨 乛 一
4 3 3 4 3 4 4 5 2 5 1

焕（11画）
丶 丿 丿 丶 丿 乛 丨 乛 一 丿 丶
4 3 3 4 3 5 2 5 1 3 4

烽（11画）
丶 丿 丿 丶 丿 乛 丶 一 一 一 丨
4 3 3 4 3 5 4 1 1 1 2

焖（11画）
丶 丿 丿 丶 丶 丨 乛 丶 乛 丶 丶
4 3 3 4 4 2 5 4 5 4 4

烷（11画）
丶 丿 丿 丶 丶 丶 乛 一 一 丿 乛
4 3 3 4 4 4 5 1 1 3 5

烺（11画）
丶 丿 丿 丶 丶 乛 一 一 乛 丿 丶
4 3 3 4 4 5 1 1 5 3 4

焌（11画）
丶 丿 丿 丶 乛 丶 丿 丶 丿 乛 丶
4 3 3 4 5 4 3 4 3 5 4

清（11画）
丶 丶 一 一 一 丨 一 丨 乛 一 一
4 4 1 1 1 2 1 2 5 1 1

渍（11画）
丶 丶 一 一 一 丨 一 丨 乛 丿 丶
4 4 1 1 1 2 1 2 5 3 4

添（11画）
丶 丶 一 一 一 丿 丶 丨 丶 丶 丶
4 4 1 1 1 3 4 2 4 4 4

渚（11画）
丶 丶 一 一 丨 一 丿 丨 乛 一 一
4 4 1 1 2 1 3 2 5 1 1

鸿（11画）
丶丶一一丨一丿乛丶乛一
4 4 1 1 2 1 3 5 4 5 1

淇（11画）
丶丶一一丨丨一一一丿丶
4 4 1 1 2 2 1 1 1 3 4

淋（11画）
丶丶一一丨丿丶一丨丿丶
4 4 1 1 2 3 4 1 2 3 4

淅（11画）
丶丶一一丨丿丶丿丿一丨
4 4 1 1 2 3 4 3 3 1 2

淞（11画）
丶丶一一丨丿丶丿丶乛丶
4 4 1 1 2 3 4 3 4 5 4

渎（11画）
丶丶一一丨乛丶丶一丿丶
4 4 1 1 2 5 4 4 1 3 4

涯（11画）
丶丶一一丿一丨一一丨一
4 4 1 1 3 1 2 1 1 2 1

淹（11画）
丶丶一一丿丶丨乛一一乛
4 4 1 1 3 4 2 5 1 1 5

涿（11画）
丶丶一一丿乛丿丿丶丿丶
4 4 1 1 3 5 3 3 4 3 4

渠（11画）
丶丶一一乛一乛一丨丿丶
4 4 1 1 5 1 5 1 2 3 4

渐（11画）
丶丶一一乛丨一丿丿一丨
4 4 1 1 5 2 1 3 3 1 2

淑（11画）
丶丶一丨一一丨丿丶乛丶
4 4 1 2 1 1 2 3 4 5 4

淖（11画）
丶丶一丨一丨乛一一一丨
4 4 1 2 1 2 5 1 1 1 2

挲（11画）
丶丶一丨丿丶丿丿一一丨
4 4 1 2 3 4 3 3 1 1 2

淌（11画）
丶丶一丨丶丿丨乛丨乛一
4 4 1 2 4 3 2 5 2 5 1

淏（11画）
丶丶一丨乛一一一一丿丶
4 4 1 2 5 1 1 1 1 3 4

混（11画）
丶丶一丨乛一一一乛丿乛
4 4 1 2 5 1 1 1 5 3 5

淠（11画）
丶丶一丨乛一丨一一丿丨
4 4 1 2 5 1 2 1 1 3 2

涸（11画）
丶丶一丨乛一丨丨乛一一
4 4 1 2 5 1 2 2 5 1 1

渑（11画）
丶丶一丨乛一丨乛一一乛
4 4 1 2 5 1 2 5 1 1 5

字	笔画	笔形	笔顺编号
淮	（11画）	、、一ノ丨、一一一丨一	4 4 1 3 2 4 1 1 1 2 1
淦	（11画）	、、一ノ、一一丨、ノ一	4 4 1 3 4 1 1 2 4 3 1
淆	（11画）	、、一ノ、一ノ丨乛一一	4 4 1 3 4 1 3 2 5 1 1
渊	（11画）	、、一ノ、ノ一丨ノ、丨	4 4 1 3 4 3 1 2 3 4 2
淫	（11画）	、、一ノ、、ノノ一丨一	4 4 1 3 4 4 3 3 1 2 1
淝	（11画）	、、一ノ乛一一乛丨一乛	4 4 1 3 5 1 1 5 2 1 5
渔	（11画）	、、一ノ乛丨乛一丨一一	4 4 1 3 5 2 5 1 2 1 1
淘	（11画）	、、一ノ乛ノ一一丨乛丨	4 4 1 3 5 3 1 1 2 5 2
淳	（11画）	、、一、一丨乛一乛丨一	4 4 1 4 1 2 5 1 5 2 1
液	（11画）	、、一、一ノ丨ノ乛、、	4 4 1 4 1 3 2 3 5 4 4
淬	（11画）	、、一、一ノ、ノ、一丨	4 4 1 4 1 3 4 3 4 1 2
涪	（11画）	、、一、一、ノ一丨乛一	4 4 1 4 1 4 3 1 2 5 1
淤	（11画）	、、一、一乛ノノ、、、	4 4 1 4 1 5 3 3 4 4 4
淡	（11画）	、、一、ノノ、、ノノ、	4 4 1 4 3 3 4 4 3 3 4
淙	（11画）	、、一、、乛一一丨ノ、	4 4 1 4 4 5 1 1 2 3 4
淀	（11画）	、、一、、乛一丨一ノ、	4 4 1 4 4 5 1 2 1 3 4
涫	（11画）	、、一、、乛丨乛一乛一	4 4 1 4 4 5 2 5 1 5 1
深	（11画）	、、一、乛ノ、一丨ノ、	4 4 1 4 5 3 4 1 2 3 4
渌	（11画）	、、一乛一一丨、一ノ、	4 4 1 5 1 1 2 4 1 3 4
涮	（11画）	、、一乛一ノ丨乛丨丨丨	4 4 1 5 1 3 2 5 2 2 2

涵（11画）
、、一乛丨、一ノ、乛丨
4 4 1 5 2 4 1 3 4 5 2

婆（11画）
、、一乛ノ丨乛、乛ノ一
4 4 1 5 3 2 5 4 5 3 1

梁（11画）
、、一乛ノ、、一丨ノ、
4 4 1 5 3 4 4 1 2 3 4

渗（11画）
、、一乛、一ノ、ノノノ
4 4 1 5 4 1 3 4 3 3 3

淄（11画）
、、一乛乛乛丨乛一丨一
4 4 1 5 5 5 2 5 1 2 1

情（11画）
、、丨一一丨一丨乛一一
4 4 2 1 1 2 1 2 5 1 1

惬（11画）
、、丨一一、ノ一ノ、乛
4 4 2 1 1 4 3 1 3 4 5

悻（11画）
、、丨一丨一、ノ一一丨
4 4 2 1 2 1 4 3 1 1 2

惜（11画）
、、丨一丨丨一丨乛一一
4 4 2 1 2 2 1 2 5 1 1

惭（11画）
、、丨一乛丨一ノノ一丨
4 4 2 1 5 2 1 3 3 1 2

悱（11画）
、、丨丨一一一丨一一一
4 4 2 2 1 1 1 2 1 1 1

悼（11画）
、、丨丨一丨乛一一一丨
4 4 2 2 1 2 5 1 1 1 2

惝（11画）
、、丨丨、ノ丨乛丨乛一
4 4 2 2 4 3 2 5 2 5 1

惧（11画）
、、丨丨乛一一一一ノ、
4 4 2 2 5 1 1 1 1 3 4

惕（11画）
、、丨丨乛一一ノ乛ノノ
4 4 2 2 5 1 1 3 5 3 3

惘（11画）
、、丨丨乛、ノ一、一乛
4 4 2 2 5 4 3 1 4 1 5

悸（11画）
、、丨ノ一丨ノ、乛丨一
4 4 2 3 1 2 3 4 5 2 1

惟（11画）
、、丨ノ丨、一一一丨一
4 4 2 3 2 4 1 1 1 2 1

惆（11画）
、、丨ノ乛一丨一丨乛一
4 4 2 3 5 1 2 1 2 5 1

惚（11画）
、、丨ノ乛ノノ、乛、、
4 4 2 3 5 3 3 4 5 4 4

字	笔顺	笔画编号
惊（11画）	丶丶丨丶一丨乛一丨丿丶	4 4 2 4 1 2 5 1 2 3 4
惇（11画）	丶丶丨丶一丨乛一乛丨一	4 4 2 4 1 2 5 1 5 2 1
惦（11画）	丶丶丨丶一丿丨一丨乛一	4 4 2 4 1 3 2 1 2 5 1
悴（11画）	丶丶丨丶一丿丶丿丶一丨	4 4 2 4 1 3 4 3 4 1 2
惮（11画）	丶丶丨丶丿丨乛一一一丨	4 4 2 4 3 2 5 1 1 1 2
惋（11画）	丶丶丨丶丶乛丿乛丶乛乛	4 4 2 4 4 5 3 5 4 5 5
惨（11画）	丶丶丨乛丶一丿丶丿丿丿	4 4 2 5 4 1 3 4 3 3 3
惯（11画）	丶丶丨乛乛丨一丨乛丿丶	4 4 2 5 5 2 1 2 5 3 4
寇（11画）	丶丶乛一一丿乛丨一乛丶	4 4 5 1 1 3 5 2 1 5 4
寅（11画）	丶丶乛一丨乛一丨一丿丶	4 4 5 1 2 5 1 2 1 3 4
寄（11画）	丶丶乛一丿丶一丨乛一丨	4 4 5 1 3 4 1 2 5 1 2
寂（11画）	丶丶乛丨一一丨丿丶乛丶	4 4 5 2 1 1 2 3 4 5 4
逭（11画）	丶丶乛丨乛一乛一丶乛丶	4 4 5 2 5 1 5 1 4 5 4
宿（11画）	丶丶乛丿丨一丿丨乛一一	4 4 5 3 2 1 3 2 5 1 1
窒（11画）	丶丶乛丿丶一乛丶一丨一	4 4 5 3 4 1 5 4 1 2 1
窑（11画）	丶丶乛丿丶丿一一丨乛丨	4 4 5 3 4 3 1 1 2 5 2
窕（11画）	丶丶乛丿丶丿丶一乛丿丶	4 4 5 3 4 3 4 1 5 3 4
密（11画）	丶丶乛丶乛丶丿丶丨乛丨	4 4 5 4 5 4 3 4 2 5 2
谋（11画）	丶乛一丨丨一一一丨丿丶	4 5 1 2 2 1 1 1 2 3 4
谌（11画）	丶乛一丨丨一一一丿丶乛	4 5 1 2 2 1 1 1 3 4 5

谍（11画）
、乛一丨丨一乛一丨丿、
4 5 1 2 2 1 5 1 2 3 4

谎（11画）
、乛一丨丨、一乛丿丨乛
4 5 1 2 2 4 1 5 3 2 5

谏（11画）
、乛一丨乛、丿一丨丿、
4 5 1 2 5 4 3 1 2 3 4

扈（11画）
、乛一丿丨乛一乛丨一乛
4 5 1 3 2 5 1 5 2 1 5

皲（11画）
、乛一乛丨一乛丿丨乛、
4 5 1 5 2 1 5 3 2 5 4

谐（11画）
、乛一乛丿乛丿丨乛一一
4 5 1 5 3 5 3 2 5 1 1

谑（11画）
、乛丨一乛丿一乛一乛一
4 5 2 1 5 3 1 5 1 5 1

裆（11画）
、乛丨丿、丨、丿乛一一
4 5 2 3 4 2 4 3 5 1 1

袱（11画）
、乛丨丿、丿丨一丿、、
4 5 2 3 4 3 2 1 3 4 4

袼（11画）
、乛丨丿、丿乛、丨乛一
4 5 2 3 4 3 5 4 2 5 1

裈（11画）
、乛丨丿、、乛一乛一丨
4 5 2 3 4 4 5 1 5 1 2

裉（11画）
、乛丨丿、乛一一乛丿、
4 5 2 3 4 5 1 1 5 3 4

祷（11画）
、乛丨、一一一丿一丨、
4 5 2 4 1 1 1 3 1 2 4

祸（11画）
、乛丨、丨乛一丨乛丿、
4 5 2 4 2 5 1 2 5 3 4

祲（11画）
、乛丨、乛一一、乛乛、
4 5 2 4 5 1 1 4 5 5 4

谒（11画）
、乛丨乛一一丿乛丿、乛
4 5 2 5 1 1 3 5 3 4 5

谓（11画）
、乛丨乛一丨一丨乛一一
4 5 2 5 1 2 1 2 5 1 1

谔（11画）
、乛丨乛一丨乛一一一乛
4 5 2 5 1 2 5 1 1 1 5

谕（11画）
、乛丿、一丨乛一一丨丨
4 5 3 4 1 2 5 1 1 2 2

谖（11画）
、乛丿、、丿一一丿乛、
4 5 3 4 4 3 1 1 3 5 4

字	笔画	笔顺	笔画序号
谗	（11画）	、乛丿乛丨乛一丿乛、、	4 5 3 5 2 5 1 3 5 4 4
谙	（11画）	、乛、一、丿一丨乛一一	4 5 4 1 4 3 1 2 5 1 1
谚	（11画）	、乛、一、丿一丿丿丿丿	4 5 4 1 4 3 1 3 3 3 3
谛	（11画）	、乛、一、丿、乛丨乛丨	4 5 4 1 4 3 4 5 2 5 2
谜	（11画）	、乛、丿一丨丿、、乛、	4 5 4 3 1 2 3 4 4 5 4
谝	（11画）	、乛、乛一丿丨乛一丨丨	4 5 4 5 1 3 2 5 1 2 2
逮	（11画）	乛一一丨、一丿、、乛、	5 1 1 2 4 1 3 4 4 5 4
逯	（11画）	乛一一丨、一丿、、乛、	5 1 1 2 4 1 3 4 4 5 4
敢	（11画）	乛一丨丨一一一丿一丿、	5 1 2 2 1 1 1 3 1 3 4
尉	（11画）	乛一丿一一丨丿、一丨、	5 1 3 1 1 2 3 4 1 2 4
屠	（11画）	乛一丿一丨一丿丨乛一一	5 1 3 1 2 1 3 2 5 1 1
艴	（11画）	乛一乛丿丨丿乛乛丨一乛	5 1 5 3 2 3 5 5 2 1 5
弹	（11画）	乛一乛、丿丨乛一一一丨	5 1 5 4 3 2 5 1 1 1 2
隋	（11画）	乛丨一丿一丨一丨乛一一	5 2 1 3 1 2 1 2 5 1 1
堕	（11画）	乛丨一丿丨乛一一一丨一	5 2 1 3 2 5 1 1 1 2 1
郿	（11画）	乛丨一丿丨乛一一一乛丨	5 2 1 3 2 5 1 1 1 5 2
随	（11画）	乛丨一丿丨乛一一、乛、	5 2 1 3 2 5 1 1 4 5 4
蛋	（11画）	乛丨一丿、丨乛一丨一、	5 2 1 3 4 2 5 1 2 1 4
隅	（11画）	乛丨丨乛一一丨乛丨一、	5 2 2 5 1 1 2 5 2 1 4
隈	（11画）	乛丨丨乛一丨一一乛丿、	5 2 2 5 1 2 1 1 5 3 4

巢（11画）
乛 丨 丨 乛 丨 丶 丿 一 丨 丿 丶
5 2 2 5 2 4 3 1 2 3 4

隍（11画）
乛 丨 丿 丨 乛 一 一 一 一 丨 一
5 2 3 2 5 1 1 1 1 2 1

隗（11画）
乛 丨 丿 丨 乛 一 一 丿 乛 乛 丶
5 2 3 2 5 1 1 3 5 5 4

隆（11画）
乛 丨 丿 乛 丶 一 丿 一 一 丨 一
5 2 3 5 4 1 3 1 1 2 1

隐（11画）
乛 丨 丿 乛 乛 一 一 丶 乛 丶 丶
5 2 3 5 5 1 1 4 5 4 4

婧（11画）
乛 丿 一 一 一 丨 一 丨 乛 一 一
5 3 1 1 1 2 1 2 5 1 1

婊（11画）
乛 丿 一 一 一 丨 一 丿 乛 丿 丶
5 3 1 1 1 2 1 3 5 3 4

婞（11画）
乛 丿 一 一 丨 一 丶 丿 一 一 丨
5 3 1 1 2 1 4 3 1 1 2

婳（11画）
乛 丿 一 一 丨 乛 一 丨 一 乛 丨
5 3 1 1 2 5 1 2 1 5 2

婕（11画）
乛 丿 一 一 乛 一 一 丨 一 丿 丶
5 3 1 1 5 1 1 2 1 3 4

娼（11画）
乛 丿 一 丨 乛 一 一 丨 乛 一 一
5 3 1 2 5 1 1 2 5 1 1

婢（11画）
乛 丿 一 丿 丨 乛 一 一 丿 一 丨
5 3 1 3 2 5 1 1 3 1 2

婚（11画）
乛 丿 一 丿 乛 一 乛 丨 乛 一 一
5 3 1 3 5 1 5 2 5 1 1

婵（11画）
乛 丿 一 丶 丿 丨 乛 一 一 一 丨
5 3 1 4 3 2 5 1 1 1 2

婶（11画）
乛 丿 一 丶 丶 乛 丨 乛 一 一 丨
5 3 1 4 4 5 2 5 1 1 2

婉（11画）
乛 丿 一 丶 丶 乛 丿 乛 丶 乛 乛
5 3 1 4 4 5 3 5 4 5 5

胬（11画）
乛 丿 一 乛 丶 丨 乛 丿 丶 丿 丶
5 3 1 5 4 2 5 3 4 3 4

袈（11画）
乛 丿 丨 乛 一 丶 一 丿 乛 丿 丶
5 3 2 5 1 4 1 3 5 3 4

颇（11画）
乛 丿 丨 乛 丶 一 丿 丨 乛 丿 丶
5 3 2 5 4 1 3 2 5 3 4

颈（11画）
乛 丶 一 丨 一 一 丿 丨 乛 丿 丶
5 4 1 2 1 1 3 2 5 3 4

翌（11画）
乛丶一乛丶一丶一丶丿一
5 4 1 5 4 1 4 1 4 3 1

恿（11画）
乛丶丨乛一一丨丶乛丶丶
5 4 2 5 1 1 2 4 5 4 4

欸（11画）
乛丶丿一一丿丶丿乛丿丶
5 4 3 1 1 3 4 3 5 3 4

绩（11画）
乛乛一一一丨一丨乛丿丶
5 5 1 1 1 2 1 2 5 3 4

绪（11画）
乛乛一一丨一丿丨乛一一
5 5 1 1 2 1 3 2 5 1 1

绫（11画）
乛乛一一丨一丿丶丿乛丶
5 5 1 1 2 1 3 4 3 5 4

骐（11画）
乛乛一一丨丨一一一丿丶
5 5 1 1 2 2 1 1 1 3 4

续（11画）
乛乛一一丨乛丶丶一丿丶
5 5 1 1 2 5 4 4 1 3 4

骑（11画）
乛乛一一丿丶一丨乛一丨
5 5 1 1 3 4 1 2 5 1 2

绮（11画）
乛乛一一丿丶一丨乛一丨
5 5 1 1 3 4 1 2 5 1 2

绯（11画）
乛乛一丨一一一丨一一一
5 5 1 2 1 1 1 2 1 1 1

绰（11画）
乛乛一丨一丨乛一一一丨
5 5 1 2 1 2 5 1 1 1 2

骒（11画）
乛乛一丨乛一一一丨丿丶
5 5 1 2 5 1 1 1 2 3 4

绲（11画）
乛乛一丨乛一一一乛丿乛
5 5 1 2 5 1 1 1 5 3 5

绳（11画）
乛乛一丨乛一丨乛一一乛
5 5 1 2 5 1 2 5 1 1 5

骓（11画）
乛乛一丿丨丶一一一丨一
5 5 1 3 2 4 1 1 1 2 1

维（11画）
乛乛一丿丨丶一一一丨一
5 5 1 3 2 4 1 1 1 2 1

绵（11画）
乛乛一丿丨乛一一丨乛丨
5 5 1 3 2 5 1 1 2 5 2

绶（11画）
乛乛一丿丶丶丿丶乛乛丶
5 5 1 3 4 4 3 4 5 5 4

绷（11画）
乛乛一丿乛一一丿乛一一
5 5 1 3 5 1 1 3 5 1 1

字	笔画	笔顺	笔顺编号
绸	（11 画）	乛乛一丿乛一丨一丨乛一	5 5 1 3 5 1 2 1 2 5 1
绹	（11 画）	乛乛一丿乛丿一一丨乛丨	5 5 1 3 5 3 1 1 2 5 2
绺	（11 画）	乛乛一丿乛丶丨丶丨乛一	5 5 1 3 5 4 2 4 2 5 1
绻	（11 画）	乛乛一丶丿一一丿丶乛乛	5 5 1 4 3 1 1 3 4 5 5
综	（11 画）	乛乛一丶丶乛一一丨丿丶	5 5 1 4 4 5 1 1 2 3 4
绽	（11 画）	乛乛一丶丶乛一丨一丿丶	5 5 1 4 4 5 1 2 1 3 4
绾	（11 画）	乛乛一丶丶乛丨乛一乛一	5 5 1 4 4 5 2 5 1 5 1
绿	（11 画）	乛乛一乛一一丨丶一丿丶	5 5 1 5 1 1 2 4 1 3 4
骖	（11 画）	乛乛一乛丶一丿丶丿丿丿	5 5 1 5 4 1 3 4 3 3 3
缀	（11 画）	乛乛一乛丶乛丶乛丶乛丶	5 5 1 5 4 5 4 5 4 5 4
缁	（11 画）	乛乛一乛乛乛丨乛一丨一	5 5 1 5 5 5 2 5 1 2 1
巢	（11 画）	乛乛乛丨乛一一一丨丿丶	5 5 5 2 5 1 1 1 2 3 4
耠	（12 画）	一一一丨丿丶丿丶一丨乛一	1 1 1 2 3 4 3 4 1 2 5 1
琫	（12 画）	一一丨一一一一丿丶一一丨	1 1 2 1 1 1 1 3 4 1 1 2
琵	（12 画）	一一丨一一一丨一一乛丿乛	1 1 2 1 1 1 2 1 1 5 3 5
琴	（12 画）	一一丨一一一丨一丿丶丶乛	1 1 2 1 1 1 2 1 3 4 4 5
琶	（12 画）	一一丨一一一丨一乛丨一乛	1 1 2 1 1 1 2 1 5 2 1 5
琪	（12 画）	一一丨一一丨丨一一一丿丶	1 1 2 1 1 2 2 1 1 1 3 4
瑛	（12 画）	一一丨一一丨丨丨乛一丿丶	1 1 2 1 1 2 2 2 5 1 3 4
琳	（12 画）	一一丨一一丨丿丶一丨丿丶	1 1 2 1 1 2 3 4 1 2 3 4

琦（12画）
一一丨一一丿丶一丨乛一丨
1 1 2 1 1 3 4 1 2 5 1 2

琢（12画）
一一丨一一丿乛丿丿丶丿丶
1 1 2 1 1 3 5 3 3 4 3 4

琥（12画）
一一丨一丨一乛丿一乛丿乛
1 1 2 1 2 1 5 3 1 5 3 5

琨（12画）
一一丨一丨乛一一一乛丿乛
1 1 2 1 2 5 1 1 1 5 3 5

靓（12画）
一一丨一丨乛一一丨乛丿乛
1 1 2 1 2 5 1 1 2 5 3 5

琼（12画）
一一丨一丶一丨乛一丨丿丶
1 1 2 1 4 1 2 5 1 2 3 4

斑（12画）
一一丨一丶一丿丶一一丨一
1 1 2 1 4 1 3 4 1 1 2 1

琰（12画）
一一丨一丶丿丿丶丶丿丿丶
1 1 2 1 4 3 3 4 4 3 3 4

琮（12画）
一一丨一丶丶乛一一丨丿丶
1 1 2 1 4 4 5 1 1 2 3 4

琯（12画）
一一丨一丶丶乛丨乛一乛一
1 1 2 1 4 4 5 2 5 1 5 1

琬（12画）
一一丨一丶丶乛丿乛丶乛乛
1 1 2 1 4 4 5 3 5 4 5 5

琛（12画）
一一丨一丶乛丿丶一丨丿丶
1 1 2 1 4 5 3 4 1 2 3 4

琚（12画）
一一丨一乛一丿一丨丨乛一
1 1 2 1 5 1 3 1 2 2 5 1

辇（12画）
一一丿丶一一丿丶一乛一丨
1 1 3 4 1 1 3 4 1 5 1 2

替（12画）
一一丿丶一一丿丶丨乛一一
1 1 3 4 1 1 3 4 2 5 1 1

鼋（12画）
一一丿乛丨乛一丨乛一一乛
1 1 3 5 2 5 1 2 5 1 1 5

揳（12画）
一丨一一一一丨乛丿一丿丶
1 2 1 1 1 1 2 5 3 1 3 4

揍（12画）
一丨一一一一丿丶一一丿丶
1 2 1 1 1 1 3 4 1 1 3 4

款（12画）
一丨一一一丨丿丶丿乛丿丶
1 2 1 1 1 2 3 4 3 5 3 4

堪（12画）
一丨一一丨丨一一一丿丶乛
1 2 1 1 2 2 1 1 1 3 4 5

字	画数	笔形	笔顺
堞	（12画）	一丨一一丨丨一乛一丨丿丶	1 2 1 1 2 2 1 5 1 2 3 4
搽	（12画）	一丨一一丨丨丿丶一丨丿丶	1 2 1 1 2 2 3 4 1 2 3 4
塔	（12画）	一丨一一丨丨丿丶一丨乛一	1 2 1 1 2 2 3 4 1 2 5 1
搭	（12画）	一丨一一丨丨丿丶一丨乛一	1 2 1 1 2 2 3 4 1 2 5 1
塃	（12画）	一丨一一丨丨丶一乛丿丨乛	1 2 1 1 2 2 4 1 5 3 2 5
揸	（12画）	一丨一一丨丿丶丨乛一一一	1 2 1 1 2 3 4 2 5 1 1 1
堰	（12画）	一丨一一丨乛一一乛丿一乛	1 2 1 1 2 5 1 1 5 3 1 5
揠	（12画）	一丨一一丨乛一一乛丿一乛	1 2 1 1 2 5 1 1 5 3 1 5
堙	（12画）	一丨一一丨乛丨丨一一丨一	1 2 1 1 2 5 2 2 1 1 2 1
揩	（12画）	一丨一一乛丿乛丿丨乛一一	1 2 1 1 5 3 5 3 2 5 1 1
越	（12画）	一丨一丨一丿丶一乛乛丿丶	1 2 1 2 1 3 4 1 5 5 3 4
趄	（12画）	一丨一丨一丿丶丨乛一一一	1 2 1 2 1 3 4 2 5 1 1 1
趁	（12画）	一丨一丨一丿丶丿丶丿丿丿	1 2 1 2 1 3 4 3 4 3 3 3
趋	（12画）	一丨一丨一丿丶丿乛乛一一	1 2 1 2 1 3 4 3 5 5 1 1
超	（12画）	一丨一丨一丿丶乛丿丨乛一	1 2 1 2 1 3 4 5 3 2 5 1
揽	（12画）	一丨一丨丨丿一丶丨乛丿乛	1 2 1 2 2 3 1 4 2 5 3 5
提	（12画）	一丨一丨乛一一一丨一丿丶	1 2 1 2 5 1 1 1 2 1 3 4
堤	（12画）	一丨一丨乛一一一丨一丿丶	1 2 1 2 5 1 1 1 2 1 3 4
揖	（12画）	一丨一丨乛一一丨丨一一一	1 2 1 2 5 1 1 2 2 1 1 1
博	（12画）	一丨一丨乛一一丨丶一丨丶	1 2 1 2 5 1 1 2 4 1 2 4

字	笔画	笔形	笔顺
揾	（12画）	一丨一丨㇕一一丨㇕丨丨一	1 2 1 2 5 1 1 2 5 2 2 1
颉	（12画）	一丨一丨㇕一一丿丨㇕丿丶	1 2 1 2 5 1 1 3 2 5 3 4
揭	（12画）	一丨一丨㇕一一丿㇕丿丶㇕	1 2 1 2 5 1 1 3 5 3 4 5
喜	（12画）	一丨一丨㇕一丶丿一丨㇕一	1 2 1 2 5 1 4 3 1 2 5 1
彭	（12画）	一丨一丨㇕一丶丿一丿丿丿	1 2 1 2 5 1 4 3 1 3 3 3
揣	（12画）	一丨一丨㇕丨一丿丨㇕丨丨	1 2 1 2 5 2 1 3 2 5 2 2
塄	（12画）	一丨一丨㇕丨丨一丶一㇕丿	1 2 1 2 5 2 2 1 4 1 5 3
揿	（12画）	一丨一丿一一一㇕丿㇕丿丶	1 2 1 3 1 1 1 5 3 5 3 4
插	（12画）	一丨一丿一丨丿丨一㇕一一	1 2 1 3 1 2 3 2 1 5 1 1
揪	（12画）	一丨一丿一丨丿丶丶丿丿丶	1 2 1 3 1 2 3 4 4 3 3 4
搜	（12画）	一丨一丿丨一㇕一一丨㇕丶	1 2 1 3 2 1 5 1 1 2 5 4
煮	（12画）	一丨一丿丨㇕一一丶丶丶丶	1 2 1 3 2 5 1 1 4 4 4 4
堠	（12画）	一丨一丿丨㇕一丿一一丿丶	1 2 1 3 2 5 1 3 1 1 3 4
耋	（12画）	一丨一丿丿㇕一㇕丶一丨一	1 2 1 3 3 5 1 5 4 1 2 1
揄	（12画）	一丨一丿丶一丨㇕一一丨丨	1 2 1 3 4 1 2 5 1 1 2 2
援	（12画）	一丨一丿丶丶丿一一丿㇕丶	1 2 1 3 4 4 3 1 1 3 5 4
搀	（12画）	一丨一丿㇕丨㇕一丿㇕丶丶	1 2 1 3 5 2 5 1 3 5 4 4
蛰	（12画）	一丨一丿㇕丶丨㇕一丨一丶	1 2 1 3 5 4 2 5 1 2 1 4
蛩	（12画）	一丨一丿㇕丶丨㇕一丨一丶	1 2 1 3 5 4 2 5 1 2 1 4
絷	（12画）	一丨一丿㇕丶㇕㇕丶丨丿丶	1 2 1 3 5 4 5 5 4 2 3 4

字	笔画数	笔形	笔顺编号
塆	（12画）	一丨一丶一丨丨丿丶乛一乛	1 2 1 4 1 2 2 3 4 5 1 5
裁	（12画）	一丨一丶一丿乛丿丶乛丿丶	1 2 1 4 1 3 5 3 4 5 3 4
揞	（12画）	一丨一丶一丶丿一丨乛一一	1 2 1 4 1 4 3 1 2 5 1 1
搁	（12画）	一丨一丶丨乛丿乛丶丨乛一	1 2 1 4 2 5 3 5 4 2 5 1
搓	（12画）	一丨一丶丿一一一丿一丨一	1 2 1 4 3 1 1 1 3 1 2 1
搂	（12画）	一丨一丶丿一丨丿丶乛丿一	1 2 1 4 3 1 2 3 4 5 3 1
搅	（12画）	一丨一丶丶丿丶乛丨乛丿乛	1 2 1 4 4 3 4 5 2 5 3 5
揎	（12画）	一丨一丶丶乛一丨乛一一一	1 2 1 4 4 5 1 2 5 1 1 1
壹	（12画）	一丨一丶乛一丨乛一丶丿一	1 2 1 4 5 1 2 5 1 4 3 1
握	（12画）	一丨一乛一丿一乛丶一丨一	1 2 1 5 1 3 1 5 4 1 2 1
摒	（12画）	一丨一乛一丿丶丿一一丿丨	1 2 1 5 1 3 4 3 1 1 3 2
揆	（12画）	一丨一乛丶丿丿丶一一丿丶	1 2 1 5 4 3 3 4 1 1 3 4
搔	（12画）	一丨一乛丶丶丨乛一丨一丶	1 2 1 5 4 4 2 5 1 2 1 4
揉	（12画）	一丨一乛丶乛丨丿一丨丿丶	1 2 1 5 4 5 2 3 1 2 3 4
掾	（12画）	一丨一乛乛一丿乛丿丿丿丶	1 2 1 5 5 1 3 5 3 3 3 4
葜	（12画）	一丨丨一一一丨乛丿一丿丶	1 2 2 1 1 1 2 5 3 1 3 4
聒	（12画）	一丨丨一一一丿一丨丨乛一	1 2 2 1 1 1 3 1 2 2 5 1
斯	（12画）	一丨丨一一一丿丶丿丿一丨	1 2 2 1 1 1 3 4 3 3 1 2
期	（12画）	一丨丨一一一丿丶丿乛一一	1 2 2 1 1 1 3 4 3 5 1 1
欺	（12画）	一丨丨一一一丿丶丿乛丿丶	1 2 2 1 1 1 3 4 3 5 3 4

联（12画）
一丨丨一一一丶丿一一丿丶
1 2 2 1 1 1 4 3 1 1 3 4

葑（12画）
一丨丨一丨一一丨一一丨丶
1 2 2 1 2 1 1 2 1 1 2 4

葚（12画）
一丨丨一丨丨一一一丿丶乛
1 2 2 1 2 2 1 1 1 3 4 5

葫（12画）
一丨丨一丨丨乛一丿乛一一
1 2 2 1 2 2 5 1 3 5 1 1

靰（12画）
一丨丨一丨乛一一丨一丿乛
1 2 2 1 2 5 1 1 2 1 3 5

靸（12画）
一丨丨一丨乛一一丨丿乛丶
1 2 2 1 2 5 1 1 2 3 5 4

散（12画）
一丨丨一丨乛一一丿一丿丶
1 2 2 1 2 5 1 1 3 1 3 4

葳（12画）
一丨丨一丿一乛丿一乛丿丶
1 2 2 1 3 1 5 3 1 5 3 4

惹（12画）
一丨丨一丿丨乛一丶乛丶丶
1 2 2 1 3 2 5 1 4 5 4 4

葴（12画）
一丨丨一丿丨乛丿丶乛丿丶
1 2 2 1 3 2 5 3 4 5 3 4

葬（12画）
一丨丨一丿乛丶丿乛一丿丨
1 2 2 1 3 5 4 3 5 1 3 2

蒈（12画）
一丨丨一乛丿乛丿丨乛一一
1 2 2 1 5 3 5 3 2 5 1 1

募（12画）
一丨丨丨乛一一一丿丶乛丿
1 2 2 2 5 1 1 1 3 4 5 3

葺（12画）
一丨丨丨乛一一丨丨一一一
1 2 2 2 5 1 1 2 2 1 1 1

葛（12画）
一丨丨丨乛一一丿乛丿丶乛
1 2 2 2 5 1 1 3 5 3 4 5

蒉（12画）
一丨丨丨乛一丨一丨乛丿丶
1 2 2 2 5 1 2 1 2 5 3 4

蒽（12画）
一丨丨丨乛一丨一丶乛丶丶
1 2 2 2 5 1 2 1 4 5 4 4

萼（12画）
一丨丨丨乛一丨乛一一一乛
1 2 2 2 5 1 2 5 1 1 1 5

蓇（12画）
一丨丨丨乛乛丶乛丨乛一一
1 2 2 2 5 5 4 5 2 5 1 1

萩（12画）
一丨丨丿一丨丿丶丶丿丿丶
1 2 2 3 1 2 3 4 4 3 3 4

字	笔画	笔形	笔顺编号
董	（12 画）	一丨丨丿一丨乛一一丨一一	1 2 2 3 1 2 5 1 1 2 1 1
葆	（12 画）	一丨丨丿丨丨乛一一丨丿丶	1 2 2 3 2 2 5 1 1 2 3 4
葩	（12 画）	一丨丨丿丨乛一一乛丨一乛	1 2 2 3 2 5 1 1 5 2 1 5
葡	（12 画）	一丨丨丿乛一丨乛一一丨丶	1 2 2 3 5 1 2 5 1 1 2 4
敬	（12 画）	一丨丨丿乛丨乛一丿一丿丶	1 2 2 3 5 2 5 1 3 1 3 4
葱	（12 画）	一丨丨丿乛丿丿丶丶乛丶丶	1 2 2 3 5 3 3 4 4 5 4 4
蒋	（12 画）	一丨丨丶一丨丿乛丶一丨丶	1 2 2 4 1 2 3 5 4 1 2 4
葶	（12 画）	一丨丨丶一丨乛一丶乛一丨	1 2 2 4 1 2 5 1 4 5 1 2
蒂	（12 画）	一丨丨丶一丶丿丶乛丨乛丨	1 2 2 4 1 4 3 4 5 2 5 2
蒌	（12 画）	一丨丨丶丿一丨丿丶乛丿一	1 2 2 4 3 1 2 3 4 5 3 1
葓	（12 画）	一丨丨丶丶一一丨丨一丿丶	1 2 2 4 4 1 1 2 2 1 3 4
蒎	（12 画）	一丨丨丶丶一丿丿丿乛丿丶	1 2 2 4 4 1 3 3 3 5 3 4
落	（12 画）	一丨丨丶丶一丿乛丶丨乛一	1 2 2 4 4 1 3 5 4 2 5 1
萱	（12 画）	一丨丨丶丶乛一丨乛一一一	1 2 2 4 4 5 1 2 5 1 1 1
葵	（12 画）	一丨丨丶丶乛丿丶一丿丶丶	1 2 2 4 4 5 3 4 1 3 4 4
韩	（12 画）	一丨丨乛一一一丨一一乛丨	1 2 2 5 1 1 1 2 1 1 5 2
戟	（12 画）	一丨丨乛一一一丨一乛丿丶	1 2 2 5 1 1 1 2 1 5 3 4
朝	（12 画）	一丨丨乛一一一丨丿乛一一	1 2 2 5 1 1 1 2 3 5 1 1
葭	（12 画）	一丨丨乛一丨一一乛一乛丶	1 2 2 5 1 2 1 1 5 1 5 4
辜	（12 画）	一丨丨乛一丶一丶丿一一丨	1 2 2 5 1 4 1 4 3 1 1 2

葵（12画）
一丨丨乛丶丿丿丶一一丿丶
1 2 2 5 4 3 3 4 1 1 3 4

棒（12画）
一丨丿丶一一一丿丶一一丨
1 2 3 4 1 1 1 3 4 1 1 2

楮（12画）
一丨丿丶一丨一丿丨乛一一
1 2 3 4 1 2 1 3 2 5 1 1

棱（12画）
一丨丿丶一丨一丿丶丿乛丶
1 2 3 4 1 2 1 3 4 3 5 4

棋（12画）
一丨丿丶一丨丨一一一丿丶
1 2 3 4 1 2 2 1 1 1 3 4

椰（12画）
一丨丿丶一丨丨一一一乛丨
1 2 3 4 1 2 2 1 1 1 5 2

植（12画）
一丨丿丶一丨丨乛一一一一
1 2 3 4 1 2 2 5 1 1 1 1

森（12画）
一丨丿丶一丨丿丶一丨丿丶
1 2 3 4 1 2 3 4 1 2 3 4

棼（12画）
一丨丿丶一丨丿丶丿丶乛丿
1 2 3 4 1 2 3 4 3 4 5 3

焚（12画）
一丨丿丶一丨丿丶丶丿丿丶
1 2 3 4 1 2 3 4 4 3 3 4

椟（12画）
一丨丿丶一丨乛丶丶一丿丶
1 2 3 4 1 2 5 4 4 1 3 4

椅（12画）
一丨丿丶一丿丶一丨乛一丨
1 2 3 4 1 3 4 1 2 5 1 2

椒（12画）
一丨丿丶丨一一丨丿丶乛丶
1 2 3 4 2 1 1 2 3 4 5 4

棹（12画）
一丨丿丶丨一丨乛一一一丨
1 2 3 4 2 1 2 5 1 1 1 2

棵（12画）
一丨丿丶丨乛一一一丨丿丶
1 2 3 4 2 5 1 1 1 2 3 4

棍（12画）
一丨丿丶丨乛一一一乛丿乛
1 2 3 4 2 5 1 1 1 5 3 5

椤（12画）
一丨丿丶丨乛丨丨一丿乛丶
1 2 3 4 2 5 2 2 1 3 5 4

棰（12画）
一丨丿丶丿一丨一丨丨一一
1 2 3 4 3 1 2 1 2 2 1 1

椎（12画）
一丨丿丶丿丨丶一一一丨一
1 2 3 4 3 2 4 1 1 1 2 1

棉（12画）
一丨丿丶丿丨乛一一丨乛丨
1 2 3 4 3 2 5 1 1 2 5 2

椑（12画）
一丨丿丶丿丨乛一一丿一丨
1 2 3 4 3 2 5 1 1 3 1 2

鹀（12画）
一丨丿丶丿丶一丿乛丶乛一
1 2 3 4 3 4 1 3 5 4 5 1

赍（12画）
一丨丿丶丿丶丶乛丨乛丿丶
1 2 3 4 3 4 4 5 2 5 3 4

棚（12画）
一丨丿丶丿乛一一丿乛一一
1 2 3 4 3 5 1 1 3 5 1 1

椋（12画）
一丨丿丶丶一丨乛一丨丿丶
1 2 3 4 4 1 2 5 1 2 3 4

椁（12画）
一丨丿丶丶一丨乛一乛丨一
1 2 3 4 4 1 2 5 1 5 2 1

棬（12画）
一丨丿丶丶丿一一丿丶乛乛
1 2 3 4 4 3 1 1 3 4 5 5

棕（12画）
一丨丿丶丶丶乛一一丨丿丶
1 2 3 4 4 4 5 1 1 2 3 4

棺（12画）
一丨丿丶丶丶乛丨乛一乛一
1 2 3 4 4 4 5 2 5 1 5 1

榔（12画）
一丨丿丶丶乛一一乛丶乛丨
1 2 3 4 4 5 1 1 5 4 5 2

楗（12画）
一丨丿丶乛一一一一丨乛丶
1 2 3 4 5 1 1 1 1 2 5 4

棣（12画）
一丨丿丶乛一一丨丶一丿丶
1 2 3 4 5 1 1 2 4 1 3 4

椐（12画）
一丨丿丶乛一丿一丨丨乛一
1 2 3 4 5 1 3 1 2 2 5 1

椭（12画）
一丨丿丶乛丨一丿丨乛一一
1 2 3 4 5 2 1 3 2 5 1 1

鹁（12画）
一丨丶乛乛丨一丿乛丶乛一
1 2 4 5 5 2 1 3 5 4 5 1

惠（12画）
一丨乛一一丨一丶丶乛丶丶
1 2 5 1 1 2 1 4 4 5 4 4

惑（12画）
一丨乛一一乛丿丶丶乛丶丶
1 2 5 1 1 5 3 4 4 5 4 4

逼（12画）
一丨乛一丨乛一丨一丶乛丶
1 2 5 1 2 5 1 2 1 4 5 4

覃（12画）
一丨乛丨丨一丨乛一一一丨
1 2 5 2 2 1 2 5 1 1 1 2

粟（12画）
一丨乛丨丨一丶丿一丨丿丶
1 2 5 2 2 1 4 3 1 2 3 4

字	笔画	笔形	笔顺
棘	（12画）	一丨乛丨丿丶一丨乛丨丿丶	1 2 5 2 3 4 1 2 5 2 3 4
酣	（12画）	一丨乛丿乛一一一丨丨一一	1 2 5 3 5 1 1 1 2 2 1 1
酤	（12画）	一丨乛丿乛一一一丨丨乛一	1 2 5 3 5 1 1 1 2 2 5 1
酢	（12画）	一丨乛丿乛一一丿一丨一一	1 2 5 3 5 1 1 3 1 2 1 1
酥	（12画）	一丨乛丿乛一一丿一丨丿丶	1 2 5 3 5 1 1 3 1 2 3 4
酡	（12画）	一丨乛丿乛一一丶丶乛丿乛	1 2 5 3 5 1 1 4 4 5 3 5
酦	（12画）	一丨乛丿乛一一乛丿乛丶丶	1 2 5 3 5 1 1 5 3 5 4 4
鹂	（12画）	一丨乛丶丨乛丶丿乛丶乛一	1 2 5 4 2 5 4 3 5 4 5 1
觌	（12画）	一丨乛丶丶一丿丶丨乛丿乛	1 2 5 4 4 1 3 4 2 5 3 5
厨	（12画）	一丿一丨乛一丶丿一一丨丶	1 3 1 2 5 1 4 3 1 1 2 4
厦	（12画）	一丿一丿丨乛一一一丿乛丶	1 3 1 3 2 5 1 1 1 3 5 4
硬	（12画）	一丿丨乛一一丨乛一一丿丶	1 3 2 5 1 1 2 5 1 1 3 4
硝	（12画）	一丿丨乛一丨丶丿丨乛一一	1 3 2 5 1 2 4 3 2 5 1 1
硪	（12画）	一丿丨乛一丿一丨一乛丿丶	1 3 2 5 1 3 1 2 1 5 3 4
硷	（12画）	一丿丨乛一丿丶一丶丶丿一	1 3 2 5 1 3 4 1 4 4 3 1
确	（12画）	一丿丨乛一丿乛丿乛一一丨	1 3 2 5 1 3 5 3 5 1 1 2
硫	（12画）	一丿丨乛一丶一乛丶丿丨乛	1 3 2 5 1 4 1 5 4 3 2 5
雁	（12画）	一丿丿丨丿丨丶一一一丨一	1 3 3 2 3 2 4 1 1 1 2 1
厥	（12画）	一丿丶丿一乛丨丿丿乛丿丶	1 3 4 3 1 5 2 3 3 5 3 4
殖	（12画）	一丿乛丶一丨丨乛一一一一	1 3 5 4 1 2 2 5 1 1 1 1

字	笔画	笔顺	笔顺编号
裂	（12 画）	一丿乛丶丨丨丶一丿乛丿丶	1 3 5 4 2 2 4 1 3 5 3 4
雄	（12 画）	一丿乛丶丿丨丶一一一丨一	1 3 5 4 3 2 4 1 1 1 2 1
殚	（12 画）	一丿乛丶丶丿丨乛一一一丨	1 3 5 4 4 3 2 5 1 1 1 2
殛	（12 画）	一丿乛丶乛丨丨乛一乛丶一	1 3 5 4 5 2 2 5 1 5 4 1
颊	（12 画）	一丶丿一丿丶一丿丨乛丿丶	1 4 3 1 3 4 1 3 2 5 3 4
雳	（12 画）	一丶乛丨丶丶丶丶一丿乛丿	1 4 5 2 4 4 4 4 1 3 5 3
雯	（12 画）	一丶乛丨丶丶丶丶丶一丿丶	1 4 5 2 4 4 4 4 4 1 3 4
辊	（12 画）	一乛丨一丨乛一一一乛丿乛	1 5 2 1 2 5 1 1 1 5 3 5
辋	（12 画）	一乛丨一丨乛丶丿一丶一乛	1 5 2 1 2 5 4 3 1 4 1 5
椠	（12 画）	一乛丨一丿丿一丨一丨丿丶	1 5 2 1 3 3 1 2 1 2 3 4
暂	（12 画）	一乛丨一丿丿一丨丨乛一一	1 5 2 1 3 3 1 2 2 5 1 1
辌	（12 画）	一乛丨一丶一丨乛一丨丿丶	1 5 2 1 4 1 2 5 1 2 3 4
辍	（12 画）	一乛丨一乛丶乛丶乛丶乛丶	1 5 2 1 5 4 5 4 5 4 5 4
辎	（12 画）	一乛丨一乛乛乛丨乛一丨一	1 5 2 1 5 5 5 2 5 1 2 1
雅	（12 画）	一乛丨丿丿丨丶一一一丨一	1 5 2 3 3 2 4 1 1 1 2 1
翘	（12 画）	一乛丿一丿乛乛丶一乛丶一	1 5 3 1 3 5 5 4 1 5 4 1
辈	（12 画）	丨一一一丨一一一一乛一丨	2 1 1 1 2 1 1 1 1 5 1 2
斐	（12 画）	丨一一一丨一一一丶一丿丶	2 1 1 1 2 1 1 1 4 1 3 4
悲	（12 画）	丨一一一丨一一一丶乛丶丶	2 1 1 1 2 1 1 1 4 5 4 4
紫	（12 画）	丨一丨一丿乛乛乛丶丨丿丶	2 1 2 1 3 5 5 5 4 2 3 4

凿（12画）
丨丨丶丿一丶丿一一丨㇕丨
2 2 4 3 1 4 3 1 1 2 5 2

黹（12画）
丨丨丶丿一丶丿丨㇕丨丿丶
2 2 4 3 1 4 3 2 5 2 3 4

辉（12画）
丨丶丿一丿㇕丶㇕一㇕一丨
2 4 3 1 3 5 4 5 1 5 1 2

敞（12画）
丨丶丿丨㇕丨㇕一丿一丿丶
2 4 3 2 5 2 5 1 3 1 3 4

棠（12画）
丨丶丿丶㇕丨㇕一一丨丿丶
2 4 3 4 5 2 5 1 1 2 3 4

牚（12画）
丨丶丿丶㇕丨㇕一一㇕丨丿
2 4 3 4 5 2 5 1 1 5 2 3

赏（12画）
丨丶丿丶㇕丨㇕一丨㇕丿丶
2 4 3 4 5 2 5 1 2 5 3 4

掌（12画）
丨丶丿丶㇕丨㇕一丿一一丨
2 4 3 4 5 2 5 1 3 1 1 2

晴（12画）
丨㇕一一一一丨一丨㇕一一
2 5 1 1 1 1 2 1 2 5 1 1

睐（12画）
丨㇕一一一一丶丿一丨丿丶
2 5 1 1 1 1 4 3 1 2 3 4

暑（12画）
丨㇕一一一丨一丿丨㇕一一
2 5 1 1 1 2 1 3 2 5 1 1

最（12画）
丨㇕一一一丨丨一一一㇕丶
2 5 1 1 1 2 2 1 1 1 5 4

晰（12画）
丨㇕一一一丨丿丶丿丿一丨
2 5 1 1 1 2 3 4 3 3 1 2

量（12画）
丨㇕一一一丨㇕一一丨一一
2 5 1 1 1 2 5 1 1 2 1 1

睑（12画）
丨㇕一一一丿丶一丶丶丿一
2 5 1 1 1 3 4 1 4 4 3 1

睇（12画）
丨㇕一一一丶丿㇕一㇕丨丿
2 5 1 1 1 4 3 5 1 5 2 3

鼎（12画）
丨㇕一一一㇕一丿丨一丨㇕
2 5 1 1 1 5 1 3 2 1 2 5

睃（12画）
丨㇕一一一㇕丶丿丶丿㇕丶
2 5 1 1 1 5 4 3 4 3 5 4

喷（12画）
丨㇕一一丨一丨丨丨㇕丿丶
2 5 1 1 2 1 2 2 2 5 3 4

戢（12画）
丨㇕一一丨丨一一一㇕丿丶
2 5 1 1 2 2 1 1 1 5 3 4

喋（12画）
丨𠃍一一丨丨一𠃍一丨丿丶
2 5 1 1 2 2 1 5 1 2 3 4

嗒（12画）
丨𠃍一一丨丨丿丶一丨𠃍一
2 5 1 1 2 2 3 4 1 2 5 1

喃（12画）
丨𠃍一一丨丨𠃍丶丿一一丨
2 5 1 1 2 2 5 4 3 1 1 2

喳（12画）
丨𠃍一一丨丿丶丨𠃍一一一
2 5 1 1 2 3 4 2 5 1 1 1

晶（12画）
丨𠃍一一丨𠃍一一丨𠃍一一
2 5 1 1 2 5 1 1 2 5 1 1

喇（12画）
丨𠃍一一丨𠃍一丨丿丶丨丨
2 5 1 1 2 5 1 2 3 4 2 2

遇（12画）
丨𠃍一一丨𠃍丨一丶丶𠃍丶
2 5 1 1 2 5 2 1 4 4 5 4

喊（12画）
丨𠃍一一丿一丨𠃍一𠃍丿丶
2 5 1 1 3 1 2 5 1 5 3 4

喱（12画）
丨𠃍一一丿丨𠃍一一丨一一
2 5 1 1 3 2 5 1 1 2 1 1

喹（12画）
丨𠃍一一丿丶一丨一一丨一
2 5 1 1 3 4 1 2 1 1 2 1

遏（12画）
丨𠃍一一丿𠃍丿丶𠃍丶𠃍丶
2 5 1 1 3 5 3 4 5 4 5 4

晷（12画）
丨𠃍一一丿𠃍丶丨丶丨𠃍一
2 5 1 1 3 5 4 2 4 2 5 1

晾（12画）
丨𠃍一一丶一丨𠃍一丨丿丶
2 5 1 1 4 1 2 5 1 2 3 4

景（12画）
丨𠃍一一丶一丨𠃍一丨丿丶
2 5 1 1 4 1 2 5 1 2 3 4

喈（12画）
丨𠃍一一𠃍丿𠃍丿丨𠃍一一
2 5 1 1 5 3 5 3 2 5 1 1

畴（12画）
丨𠃍一丨一一一一丿一丨丶
2 5 1 2 1 1 1 1 3 1 2 4

践（12画）
丨𠃍一丨一丨一一一𠃍丿丶
2 5 1 2 1 2 1 1 1 5 3 4

跖（12画）
丨𠃍一丨一丨一一丿丨𠃍一
2 5 1 2 1 2 1 1 3 2 5 1

跋（12画）
丨𠃍一丨一丨一一丿𠃍丶丶
2 5 1 2 1 2 1 1 3 5 4 4

趺（12画）
丨𠃍一丨一丨一丿一一丿丶
2 5 1 2 1 2 1 3 1 1 3 4

字	笔画	笔顺编号
跗	（12画）	2 5 1 2 1 2 1 3 2 1 2 4
跞	（12画）	2 5 1 2 1 2 1 3 5 2 3 4
跚	（12画）	2 5 1 2 1 2 1 3 5 3 5 1
跑	（12画）	2 5 1 2 1 2 1 3 5 5 1 5
跎	（12画）	2 5 1 2 1 2 1 4 4 5 3 5
跏	（12画）	2 5 1 2 1 2 1 5 3 2 5 1
跛	（12画）	2 5 1 2 1 2 1 5 3 2 5 4
跆	（12画）	2 5 1 2 1 2 1 5 4 2 5 1
遗	（12画）	2 5 1 2 1 2 5 3 4 4 5 4
蛙	（12画）	2 5 1 2 1 4 1 2 1 1 2 1
蛱	（12画）	2 5 1 2 1 4 1 4 3 1 3 4
蛲	（12画）	2 5 1 2 1 4 1 5 3 1 3 5
蛭	（12画）	2 5 1 2 1 4 1 5 4 1 2 1
蛳	（12画）	2 5 1 2 1 4 2 3 1 2 5 2
蛐	（12画）	2 5 1 2 1 4 2 5 1 2 2 1
蛔	（12画）	2 5 1 2 1 4 2 5 2 5 1 1
蛛	（12画）	2 5 1 2 1 4 3 1 1 2 3 4
蜓	（12画）	2 5 1 2 1 4 3 1 2 1 5 4
蛞	（12画）	2 5 1 2 1 4 3 1 2 2 5 1
蜒	（12画）	2 5 1 2 1 4 3 2 1 5 5 4

字	笔画数	笔画	笔顺编号
蛤	（12画）	丨㇕一丨一丶丿丶一丨㇕一	2 5 1 2 1 4 3 4 1 2 5 1
蛴	（12画）	丨㇕一丨一丶丶一丿丶丿丨	2 5 1 2 1 4 4 1 3 4 3 2
蛟	（12画）	丨㇕一丨一丶丶一丿丶丿丶	2 5 1 2 1 4 4 1 3 4 3 4
蛘	（12画）	丨㇕一丨一丶丶丿一一一丨	2 5 1 2 1 4 4 3 1 1 1 2
蜂	（12画）	丨㇕一丨一丶㇕丶丿一一丨	2 5 1 2 1 4 5 4 3 1 1 2
睃	（12画）	丨㇕一丨一㇕丶丿丶丿㇕丶	2 5 1 2 1 5 4 3 4 3 5 4
喁	（12画）	丨㇕一丨㇕一一丨㇕丨一丶	2 5 1 2 5 1 1 2 5 2 1 4
喝	（12画）	丨㇕一丨㇕一一丿㇕丿丶㇕	2 5 1 2 5 1 1 3 5 3 4 5
鹃	（12画）	丨㇕一丨㇕一一丿㇕丶㇕一	2 5 1 2 5 1 1 3 5 4 5 1
喂	（12画）	丨㇕一丨㇕一丨一一㇕丿丶	2 5 1 2 5 1 2 1 1 5 3 4
喟	（12画）	丨㇕一丨㇕一丨一丨㇕一一	2 5 1 2 5 1 2 1 2 5 1 1
斝	（12画）	丨㇕一丨㇕一丶㇕丶丶一丨	2 5 1 2 5 1 4 5 4 4 1 2
喘	（12画）	丨㇕一丨㇕丨一丿丨㇕丨丨	2 5 1 2 5 2 1 3 2 5 2 2
啾	（12画）	丨㇕一丿一丨丿丶丶丿丿丶	2 5 1 3 1 2 3 4 4 3 3 4
嗖	（12画）	丨㇕一丿丨一㇕一一丨㇕丶	2 5 1 3 2 1 5 1 1 2 5 4
喤	（12画）	丨㇕一丿丨㇕一一一一丨一	2 5 1 3 2 5 1 1 1 1 2 1
喉	（12画）	丨㇕一丿丨㇕一丿一一丿丶	2 5 1 3 2 5 1 3 1 1 3 4
喻	（12画）	丨㇕一丿丶一丨㇕一一丨丨	2 5 1 3 4 1 2 5 1 1 2 2
喑	（12画）	丨㇕一丶一丶丿一丨㇕一一	2 5 1 4 1 4 3 1 2 5 1 1
啼	（12画）	丨㇕一丶一丶丿丶㇕丨㇕丨	2 5 1 4 1 4 3 4 5 2 5 2

嗟（12画）
丨乛一丶丿一一一丿一丨一
2 5 1 4 3 1 1 1 3 1 2 1

喽（12画）
丨乛一丶丿一丨丿丶乛丿一
2 5 1 4 3 1 2 3 4 5 3 1

嗞（12画）
丨乛一丶丿一乛乛丶乛乛丶
2 5 1 4 3 1 5 5 4 5 5 4

喧（12画）
丨乛一丶丶乛一丨乛一一一
2 5 1 4 4 5 1 2 5 1 1 1

喀（12画）
丨乛一丶丶乛丿乛丶丨乛一
2 5 1 4 4 5 3 5 4 2 5 1

喔（12画）
丨乛一乛一丿一乛丶一丨一
2 5 1 5 1 3 1 5 4 1 2 1

喙（12画）
丨乛一乛乛一丿乛丿丿丿丶
2 5 1 5 5 1 3 5 3 3 3 4

嵌（12画）
丨乛丨一丨丨一一丿乛丿丶
2 5 2 1 2 2 1 1 3 5 3 4

嵘（12画）
丨乛丨一丨丨丶乛一丨丿丶
2 5 2 1 2 2 4 5 1 2 3 4

嵖（12画）
丨乛丨一丨丿丶丨乛一一一
2 5 2 1 2 3 4 2 5 1 1 1

幅（12画）
丨乛丨一丨乛一丨乛一丨一
2 5 2 1 2 5 1 2 5 1 2 1

崴（12画）
丨乛丨一丿一乛丿一乛丿丶
2 5 2 1 3 1 5 3 1 5 3 4

遄（12画）
丨乛丨一丿丨乛丨丨丶乛丶
2 5 2 1 3 2 5 2 2 4 5 4

詈（12画）
丨乛丨丨一丶一一一丨乛一
2 5 2 2 1 4 1 1 1 2 5 1

帽（12画）
丨乛丨丨乛一一丨乛一一一
2 5 2 2 5 1 1 2 5 1 1 1

嵎（12画）
丨乛丨丨乛一一丨乛丨一丶
2 5 2 2 5 1 1 2 5 2 1 4

崽（12画）
丨乛丨丨乛一丨一丶乛丶丶
2 5 2 2 5 1 2 1 4 5 4 4

嵚（12画）
丨乛丨丿一一一乛丿乛丿丶
2 5 2 3 1 1 1 5 3 5 3 4

嵬（12画）
丨乛丨丿丨乛一一丿乛乛丶
2 5 2 3 2 5 1 1 3 5 5 4

嵛（12画）
丨乛丨丿丶一丨乛一一丨丨
2 5 2 3 4 1 2 5 1 1 2 2

翙（12画）
丨乛丨丿乛丶乛丶一乛丶一
2 5 2 3 5 4 5 4 1 5 4 1

嵯（12画）
丨乛丨丶丿一一一丿一丨一
2 5 2 4 3 1 1 1 3 1 2 1

嵝（12画）
丨乛丨丶丿一丨丿丶乛丿一
2 5 2 4 3 1 2 3 4 5 3 1

嵫（12画）
丨乛丨丶丿一乛乛丶乛乛丶
2 5 2 4 3 1 5 5 4 5 5 4

幄（12画）
丨乛丨乛一丿一乛丶一丨一
2 5 2 5 1 3 1 5 4 1 2 1

嵋（12画）
丨乛丨乛丨一丿丨乛一一一
2 5 2 5 2 1 3 2 5 1 1 1

赋（12画）
丨乛丿丶一一丨一丨一乛丶
2 5 3 4 1 1 2 1 2 1 5 4

赌（12画）
丨乛丿丶一丨一丿丨乛一一
2 5 3 4 1 2 1 3 2 5 1 1

赎（12画）
丨乛丿丶一丨乛丶丶一丿丶
2 5 3 4 1 2 5 4 4 1 3 4

赐（12画）
丨乛丿丶丨乛一一丿乛丿丿
2 5 3 4 2 5 1 1 3 5 3 3

赑（12画）
丨乛丿丶丨乛丿丶丨乛丿丶
2 5 3 4 2 5 3 4 2 5 3 4

赔（12画）
丨乛丿丶丶一丶丿一丨乛一
2 5 3 4 4 1 4 3 1 2 5 1

黑（12画）
丨乛丶丿一丨一一丶丶丶丶
2 5 4 3 1 2 1 1 4 4 4 4

铸（12画）
丿一一一乛一一一丿一丨丶
3 1 1 1 5 1 1 1 3 1 2 4

铹（12画）
丿一一一乛一丨丨丶乛乛丿
3 1 1 1 5 1 2 2 4 5 5 3

铺（12画）
丿一一一乛一丨乛一一丨丶
3 1 1 1 5 1 2 5 1 1 2 4

铻（12画）
丿一一一乛一丨乛一丨乛一
3 1 1 1 5 1 2 5 1 2 5 1

铼（12画）
丿一一一乛一丶丿一丨丿丶
3 1 1 1 5 1 4 3 1 2 3 4

铽（12画）
丿一一一乛一丶乛丶丶乛丶
3 1 1 1 5 1 4 5 4 4 5 4

链（12画）
丿一一一乛一乛一丨丶乛丶
3 1 1 1 5 1 5 1 2 4 5 4

字	笔画数	笔顺	笔顺编号
铿	（12画）	丿一一一乛丨丨乛丶一丨一	3 1 1 1 5 2 2 5 4 1 2 1
销	（12画）	丿一一一乛丨丶丿丨乛一一	3 1 1 1 5 2 4 3 2 5 1 1
锁	（12画）	丿一一一乛丨丶丿丨乛丿丶	3 1 1 1 5 2 4 3 2 5 3 4
锃	（12画）	丿一一一乛丨乛一一一丨一	3 1 1 1 5 2 5 1 1 1 2 1
锄	（12画）	丿一一一乛丨乛一一一乛丿	3 1 1 1 5 2 5 1 1 1 5 3
锂	（12画）	丿一一一乛丨乛一一丨一一	3 1 1 1 5 2 5 1 1 2 1 1
锅	（12画）	丿一一一乛丨乛一丨乛丿丶	3 1 1 1 5 2 5 1 2 5 3 4
锆	（12画）	丿一一一乛丿一丨一丨乛一	3 1 1 1 5 3 1 2 1 2 5 1
锇	（12画）	丿一一一乛丿一丨一乛丿丶	3 1 1 1 5 3 1 2 1 5 3 4
锈	（12画）	丿一一一乛丿一丨丿丶乛丿	3 1 1 1 5 3 1 2 3 4 5 3
锉	（12画）	丿一一一乛丿丶丿丶一丨一	3 1 1 1 5 3 4 3 4 1 2 1
锊	（12画）	丿一一一乛丿丶丶丿一丨丶	3 1 1 1 5 3 4 4 3 1 2 4
锋	（12画）	丿一一一乛丿乛丶一一一丨	3 1 1 1 5 3 5 4 1 1 1 2
锌	（12画）	丿一一一乛丶一丶丿一一丨	3 1 1 1 5 4 1 4 3 1 1 2
锎	（12画）	丿一一一乛丶丨乛一一丿丨	3 1 1 1 5 4 2 5 1 1 3 2
锏	（12画）	丿一一一乛丶丨乛丨乛一一	3 1 1 1 5 4 2 5 2 5 1 1
锐	（12画）	丿一一一乛丶丿丨乛一丿乛	3 1 1 1 5 4 3 2 5 1 3 5
锑	（12画）	丿一一一乛丶丿乛一乛丨丿	3 1 1 1 5 4 3 5 1 5 2 3
锒	（12画）	丿一一一乛丶乛一一乛丿丶	3 1 1 1 5 4 5 1 1 5 3 4
锓	（12画）	丿一一一乛乛一一丶乛乛丶	3 1 1 1 5 5 1 1 4 5 5 4

锅（12画）
ノ一一一乛乛一ノ乛丨乛一
3 1 1 1 5 5 1 3 5 2 5 1

锕（12画）
ノ一一一乛乛丨一丨乛一丨
3 1 1 1 5 5 2 1 2 5 1 2

甥（12画）
ノ一一丨一丨乛一丨一乛ノ
3 1 1 2 1 2 5 1 2 1 5 3

掣（12画）
ノ一一丨乛丨丨丨ノ一一丨
3 1 1 2 5 2 2 2 3 1 1 2

掰（12画）
ノ一一ノノ丶乛ノノ一一丨
3 1 1 3 3 4 5 3 3 1 1 2

短（12画）
ノ一一ノ丶一丨乛一丶ノ一
3 1 1 3 4 1 2 5 1 4 3 1

智（12画）
ノ一一ノ丶丨乛一丨乛一一
3 1 1 3 4 2 5 1 2 5 1 1

矬（12画）
ノ一一ノ丶ノ丶ノ丶一丨一
3 1 1 3 4 3 4 3 4 1 2 1

氰（12画）
ノ一一乛一一丨一丨乛一一
3 1 1 5 1 1 2 1 2 5 1 1

毳（12画）
ノ一一乛ノ一一乛ノ一一乛
3 1 1 5 3 1 1 5 3 1 1 5

毯（12画）
ノ一一乛丶ノノ丶丶ノノ丶
3 1 1 5 4 3 3 4 4 3 3 4

氮（12画）
ノ一一乛丶ノノ丶丶ノノ丶
3 1 1 5 4 3 3 4 4 3 3 4

毽（12画）
ノ一一乛乛一一一一丨乛丶
3 1 1 5 5 1 1 1 1 2 5 4

氯（12画）
ノ一一乛乛一一丨丶一ノ丶
3 1 1 5 5 1 1 2 4 1 3 4

犊（12画）
ノ一丨一一丨乛丶丶一ノ丶
3 1 2 1 1 2 5 4 4 1 3 4

犄（12画）
ノ一丨一一ノ丶一丨乛一丨
3 1 2 1 1 3 4 1 2 5 1 2

犋（12画）
ノ一丨一丨乛一一一一ノ丶
3 1 2 1 2 5 1 1 1 1 3 4

鹄（12画）
ノ一丨一丨乛一ノ乛丶乛一
3 1 2 1 2 5 1 3 5 4 5 1

犍（12画）
ノ一丨一乛一一一一丨乛丶
3 1 2 1 5 1 1 1 1 2 5 4

鹅（12画）
ノ一丨一乛ノ丶ノ乛丶乛一
3 1 2 1 5 3 4 3 5 4 5 1

颋（12画）
ノ 一 丨 一 ㇇ 丶 一 ノ 丨 ㇕ ノ 丶
3 1 2 1 5 4 1 3 2 5 3 4

剩（12画）
ノ 一 丨 丨 一 一 ノ ㇕ ノ 丶 丨 丨
3 1 2 2 1 1 3 5 3 4 2 2

嵇（12画）
ノ 一 丨 ノ 丶 一 ノ ㇕ 丶 丨 ㇕ 丨
3 1 2 3 4 1 3 5 4 2 5 2

稍（12画）
ノ 一 丨 ノ 丶 丨 丶 ノ 丨 ㇕ 一 一
3 1 2 3 4 2 4 3 2 5 1 1

程（12画）
ノ 一 丨 ノ 丶 丨 ㇕ 一 一 一 丨 一
3 1 2 3 4 2 5 1 1 1 2 1

稀（12画）
ノ 一 丨 ノ 丶 ノ 丶 一 ノ 丨 ㇕ 丨
3 1 2 3 4 3 4 1 3 2 5 2

黍（12画）
ノ 一 丨 ノ 丶 ノ 丶 丨 丶 一 ノ 丶
3 1 2 3 4 3 4 2 4 1 3 4

稃（12画）
ノ 一 丨 ノ 丶 ノ 丶 丶 ノ ㇕ 丨 一
3 1 2 3 4 3 4 4 3 5 2 1

税（12画）
ノ 一 丨 ノ 丶 丶 ノ 丨 ㇕ 一 ノ ㇕
3 1 2 3 4 4 3 2 5 1 3 5

稂（12画）
ノ 一 丨 ノ 丶 丶 ㇕ 一 一 ㇕ ノ 丶
3 1 2 3 4 4 5 1 1 5 3 4

筐（12画）
ノ 一 丶 ノ 一 丶 一 一 一 丨 一 ㇕
3 1 4 3 1 4 1 1 1 2 1 5

等（12画）
ノ 一 丶 ノ 一 丶 一 丨 一 一 丨 丶
3 1 4 3 1 4 1 2 1 1 2 4

筘（12画）
ノ 一 丶 ノ 一 丶 一 丨 一 丨 ㇕ 一
3 1 4 3 1 4 1 2 1 2 5 1

筑（12画）
ノ 一 丶 ノ 一 丶 一 丨 一 ノ ㇕ 丶
3 1 4 3 1 4 1 2 1 3 5 4

策（12画）
ノ 一 丶 ノ 一 丶 一 丨 ㇕ 丨 ノ 丶
3 1 4 3 1 4 1 2 5 2 3 4

筚（12画）
ノ 一 丶 ノ 一 丶 一 ㇕ ノ ㇕ 一 丨
3 1 4 3 1 4 1 5 3 5 1 2

筛（12画）
ノ 一 丶 ノ 一 丶 丨 ノ 一 丨 ㇕ 丨
3 1 4 3 1 4 2 3 1 2 5 2

筜（12画）
ノ 一 丶 ノ 一 丶 丨 丶 ノ ㇕ 一 一
3 1 4 3 1 4 2 4 3 5 1 1

筒（12画）
ノ 一 丶 ノ 一 丶 丨 ㇕ 一 丨 ㇕ 一
3 1 4 3 1 4 2 5 1 2 5 1

筅（12画）
ノ 一 丶 ノ 一 丶 ノ 一 丨 一 ノ ㇕
3 1 4 3 1 4 3 1 2 1 3 5

字	画数	笔形	笔顺
筏	（12画）	丿一丶丿一丶丿丨一乛丿丶	3 1 4 3 1 4 3 2 1 5 3 4
筵	（12画）	丿一丶丿一丶丿丨一乛乛丶	3 1 4 3 1 4 3 2 1 5 5 4
筌	（12画）	丿一丶丿一丶丿丶一一丨一	3 1 4 3 1 4 3 4 1 1 2 1
答	（12画）	丿一丶丿一丶丿丶一丨乛一	3 1 4 3 1 4 3 4 1 2 5 1
筋	（12画）	丿一丶丿一丶丿乛一一乛丿	3 1 4 3 1 4 3 5 1 1 5 3
筝	（12画）	丿一丶丿一丶丿乛乛一一丨	3 1 4 3 1 4 3 5 5 1 1 2
傣	（12画）	丿丨一一一丿丶丨丶一丿丶	3 2 1 1 1 3 4 2 4 1 3 4
傲	（12画）	丿丨一一丨一乛丿丿一丿丶	3 2 1 1 2 1 5 3 3 1 3 4
傅	（12画）	丿丨一丨乛一一丨丶一丨丶	3 2 1 2 5 1 1 2 4 1 2 4
傈	（12画）	丿丨一丨乛丨丨一一丨丿丶	3 2 1 2 5 2 2 1 1 2 3 4
舄	（12画）	丿丨一乛一一丿乛丶丶丶丶	3 2 1 5 1 1 3 5 4 4 4 4
牍	（12画）	丿丨一乛一丨乛丶丶一丿丶	3 2 1 5 1 2 5 4 4 1 3 4
牌	（12画）	丿丨一乛丿丨乛一一丿一丨	3 2 1 5 3 2 5 1 1 3 1 2
傥	（12画）	丿丨丨丶丿丶乛丨乛一丿乛	3 2 2 4 3 4 5 2 5 1 3 5
堡	（12画）	丿丨丨乛一一丨丿丶一丨一	3 2 2 5 1 1 2 3 4 1 2 1
集	（12画）	丿丨丶一一一丨一一丨丿丶	3 2 4 1 1 1 2 1 1 2 3 4
焦	（12画）	丿丨丶一一一丨一丶丶丶丶	3 2 4 1 1 1 2 1 4 4 4 4
傍	（12画）	丿丨丶一丶丿丶乛丶一乛丿	3 2 4 1 4 3 4 5 4 1 5 3
傧	（12画）	丿丨丶丶乛丿丨一丨一丿丶	3 2 4 4 5 3 2 1 2 1 3 4
储	（12画）	丿丨丶乛一丨一丿丨乛一一	3 2 4 5 1 2 1 3 2 5 1 1

字	画数	笔顺	笔顺编号
遑	（12画）	ノ丨㇕一一一一丨一丶㇕丶	3 2 5 1 1 1 1 2 1 4 5 4
皓	（12画）	ノ丨㇕一一ノ一丨一丨㇕一	3 2 5 1 1 3 1 2 1 2 5 1
皖	（12画）	ノ丨㇕一一丶丶㇕一一ノ㇕	3 2 5 1 1 4 4 5 1 1 3 5
粤	（12画）	ノ丨㇕丶ノ一丨ノ丶一一㇕	3 2 5 4 3 1 2 3 4 1 1 5
奥	（12画）	ノ丨㇕丶ノ一丨ノ丶一ノ丶	3 2 5 4 3 1 2 3 4 1 3 4
傩	（12画）	ノ丨㇕丶ノ丨丶一一一丨一	3 2 5 4 3 2 4 1 1 1 2 1
遁	（12画）	ノノ一丨丨㇕一一一丶㇕丶	3 3 1 2 2 5 1 1 1 4 5 4
街	（12画）	ノノ丨一丨一一丨一一一丨	3 3 2 1 2 1 1 2 1 1 1 2
惩	（12画）	ノノ丨一丨一丨一丶㇕丶丶	3 3 2 1 2 1 2 1 4 5 4 4
御	（12画）	ノノ丨ノ一一丨一丨一㇕丨	3 3 2 3 1 1 2 1 2 1 5 2
徨	（12画）	ノノ丨ノ丨㇕一一一一丨一	3 3 2 3 2 5 1 1 1 1 2 1
循	（12画）	ノノ丨ノノ一丨丨㇕一一一	3 3 2 3 3 1 2 2 5 1 1 1
舾	（12画）	ノノ㇕丶一丶一丨㇕ノ㇕一	3 3 5 4 1 4 1 2 5 3 5 1
艇	（12画）	ノノ㇕丶一丶ノ一丨一㇕丶	3 3 5 4 1 4 3 1 2 1 5 4
舒	（12画）	ノ丶一一丨丨㇕一㇕丶㇕丨	3 4 1 1 2 2 5 1 5 4 5 2
畲	（12画）	ノ丶一一丨ノ丶丨㇕一丨一	3 4 1 1 2 3 4 2 5 1 2 1
弑	（12画）	ノ丶一丨ノ丶一一丨一㇕丶	3 4 1 2 3 4 1 1 2 1 5 4
逾	（12画）	ノ丶一丨㇕一一丨丨丶㇕丶	3 4 1 2 5 1 1 2 2 4 5 4
颌	（12画）	ノ丶一丨㇕一一ノ丨㇕ノ丶	3 4 1 2 5 1 1 3 2 5 3 4
翕	（12画）	ノ丶一丨㇕一㇕丶一㇕丶一	3 4 1 2 5 1 5 4 1 5 4 1

字	笔画数	笔形	笔顺号
釉	（12画）	ノ丶ノ一丨ノ丶丨㇕一丨一	3 4 3 1 2 3 4 2 5 1 2 1
番	（12画）	ノ丶ノ一丨ノ丶丨㇕一丨一	3 4 3 1 2 3 4 2 5 1 2 1
释	（12画）	ノ丶ノ一丨ノ丶㇇丶一一丨	3 4 3 1 2 3 4 5 4 1 1 2
鹆	（12画）	ノ丶ノ丶丨㇕一ノ㇕丶㇕一	3 4 3 4 2 5 1 3 5 4 5 1
禽	（12画）	ノ丶丶一ノ丶㇇丨丨㇕㇕丶	3 4 4 1 3 4 5 2 2 5 5 4
舜	（12画）	ノ丶丶ノ丶㇇ノ㇇丶一㇕丨	3 4 4 3 4 5 3 5 4 1 5 2
貂	（12画）	ノ丶丶ノ㇇ノノ㇇ノ丨㇕一	3 4 4 3 5 3 3 5 3 2 5 1
腈	（12画）	ノ㇕一一一一丨一丨㇕一一	3 5 1 1 1 1 2 1 2 5 1 1
腊	（12画）	ノ㇕一一一丨丨一丨㇕一一	3 5 1 1 1 2 2 1 2 5 1 1
腌	（12画）	ノ㇕一一一ノ丶丨㇕一一㇕	3 5 1 1 1 3 4 2 5 1 1 5
腓	（12画）	ノ㇕一一丨一一一丨一一一	3 5 1 1 2 1 1 1 2 1 1 1
腆	（12画）	ノ㇕一一丨㇕一丨丨一ノ丶	3 5 1 1 2 5 1 2 2 1 3 4
腴	（12画）	ノ㇕一一ノ丨一㇕一一ノ丶	3 5 1 1 3 2 1 5 1 1 3 4
脾	（12画）	ノ㇕一一ノ丨㇕一一ノ一丨	3 5 1 1 3 2 5 1 1 3 1 2
腋	（12画）	ノ㇕一一丶一ノ丨ノ㇕丶丶	3 5 1 1 4 1 3 2 3 5 4 4
腑	（12画）	ノ㇕一一丶一ノノ丨一丨丶	3 5 1 1 4 1 3 3 2 1 2 4
腙	（12画）	ノ㇕一一丶丶㇕一一丨ノ丶	3 5 1 1 4 4 5 1 1 2 3 4
腚	（12画）	ノ㇕一一丶丶㇕一丨一ノ丶	3 5 1 1 4 4 5 1 2 1 3 4
腔	（12画）	ノ㇕一一丶丶㇕ノ丶一丨一	3 5 1 1 4 4 5 3 4 1 2 1
腕	（12画）	ノ㇕一一丶丶㇕ノ㇕丶㇕㇕	3 5 1 1 4 4 5 3 5 4 5 5

字	笔画	笔顺	代码
腱	（12画）	丿乛一一乛一一一一丨乛丶	3 5 1 1 5 1 1 1 1 2 5 4
腒	（12画）	丿乛一一乛一丿一丨丨乛一	3 5 1 1 5 1 3 1 2 2 5 1
鱿	（12画）	丿乛丨乛一丨一一一丿乛丶	3 5 2 5 1 2 1 1 1 3 5 4
鲀	（12画）	丿乛丨乛一丨一一一乛丨乛	3 5 2 5 1 2 1 1 1 5 2 5
鲁	（12画）	丿乛丨乛一丨一一丨乛一一	3 5 2 5 1 2 1 1 2 5 1 1
鲂	（12画）	丿乛丨乛一丨一一丶一乛丿	3 5 2 5 1 2 1 1 4 1 5 3
鲃	（12画）	丿乛丨乛一丨一一乛丨一乛	3 5 2 5 1 2 1 1 5 2 1 5
颍	（12画）	丿乛丨乛丿丶一丿丨乛丿丶	3 5 2 5 3 4 1 3 2 5 3 4
猢	（12画）	丿乛丿一丨丨乛一丿乛一一	3 5 3 1 2 2 5 1 3 5 1 1
猹	（12画）	丿乛丿一丨丿丶丨乛一一一	3 5 3 1 2 3 4 2 5 1 1 1
猩	（12画）	丿乛丿丨乛一一丿一一丨一	3 5 3 2 5 1 1 3 1 1 2 1
猥	（12画）	丿乛丿丨乛一丨一一乛丿丶	3 5 3 2 5 1 2 1 1 5 3 4
猬	（12画）	丿乛丿丨乛一丨一丨乛一一	3 5 3 2 5 1 2 1 2 5 1 1
猾	（12画）	丿乛丿丨乛乛丶乛丨乛一一	3 5 3 2 5 5 4 5 2 5 1 1
猴	（12画）	丿乛丿丿丨乛一丿一一丿丶	3 5 3 3 2 5 1 3 1 1 3 4
飓	（12画）	丿乛丿丶丨乛一一一一丿丶	3 5 3 4 2 5 1 1 1 1 3 4
觞	（12画）	丿乛丿乛一一丨丿一乛丿丿	3 5 3 5 1 1 2 3 1 5 3 3
觚	（12画）	丿乛丿乛一一丨丿丿乛丶丶	3 5 3 5 1 1 2 3 3 5 4 4
猸	（12画）	丿乛丿乛丨一丿丨乛一一一	3 5 3 5 2 1 3 2 5 1 1 1
猱	（12画）	丿乛丿乛丶乛丨丿一丨丿丶	3 5 3 5 4 5 2 3 1 2 3 4

惫（12画）
3 5 4 2 5 1 2 1 4 5 4 4

飧（12画）
3 5 4 3 4 4 5 1 1 5 3 4

然（12画）
3 5 4 4 1 3 4 4 4 4 4 4

馇（12画）
3 5 5 1 2 3 4 2 5 1 1 1

馈（12画）
3 5 5 2 5 1 2 1 2 5 3 4

馉（12画）
3 5 5 2 5 5 4 5 2 5 1 1

馊（12画）
3 5 5 3 2 1 5 1 1 2 5 4

馋（12画）
3 5 5 3 5 2 5 1 3 5 4 4

亵（12画）
4 1 1 2 1 3 5 4 3 5 3 4

装（12画）
4 1 2 1 2 1 4 1 3 5 3 4

蛮（12画）
4 1 2 2 3 4 2 5 1 2 1 4

脔（12画）
4 1 2 2 3 4 2 5 3 4 3 4

就（12画）
4 1 2 5 1 2 3 4 1 3 5 4

敦（12画）
4 1 2 5 1 5 2 1 3 1 3 4

裒（12画）
4 1 3 2 1 5 1 1 3 5 3 4

廋（12画）
4 1 3 3 2 1 5 1 1 2 5 4

斌（12画）
4 1 3 4 1 1 2 1 2 1 5 4

痣（12画）
4 1 3 4 1 1 2 1 4 5 4 4

痨（12画）
4 1 3 4 1 1 2 2 4 5 5 3

痦（12画）
4 1 3 4 1 1 2 5 1 2 5 1

痘（12画）
丶一丿丶一一丨乛一丶丿一
4 1 3 4 1 1 2 5 1 4 3 1

痦（12画）
丶一丿丶一一丿丨丶丨乛一
4 1 3 4 1 1 3 2 4 2 5 1

痢（12画）
丶一丿丶一丿一丨丿丶丨丨
4 1 3 4 1 3 1 2 3 4 2 2

痤（12画）
丶一丿丶一丿丶丿丶一丨一
4 1 3 4 1 3 4 3 4 1 2 1

痪（12画）
丶一丿丶一丿乛丨乛一丿丶
4 1 3 4 1 3 5 2 5 1 3 4

痫（12画）
丶一丿丶一丶丨乛一丨丿丶
4 1 3 4 1 4 2 5 1 2 3 4

痧（12画）
丶一丿丶一丶丶一丨丿丶丿
4 1 3 4 1 4 4 1 2 3 4 3

痛（12画）
丶一丿丶一乛丶丨乛一一丨
4 1 3 4 1 5 4 2 5 1 1 2

鄌（12画）
丶一丿乛一一丨丨乛一乛丨
4 1 3 5 1 1 2 2 5 1 5 2

赓（12画）
丶一丿乛一一丿丶丨乛丿丶
4 1 3 5 1 1 3 4 2 5 3 4

竦（12画）
丶一丶丿一一丨乛一丨丿丶
4 1 4 3 1 1 2 5 1 2 3 4

童（12画）
丶一丶丿一丨乛一一丨一一
4 1 4 3 1 2 5 1 1 2 1 1

瓿（12画）
丶一丶丿一丨乛一一乛乛丶
4 1 4 3 1 2 5 1 1 5 5 4

竣（12画）
丶一丶丿一乛丶丿丶丿乛丶
4 1 4 3 1 5 4 3 4 3 5 4

啻（12画）
丶一丶丿丶乛丨乛丨丨乛一
4 1 4 3 4 5 2 5 2 2 5 1

颏（12画）
丶一乛丿丿丶一丿丨乛丿丶
4 1 5 3 3 4 1 3 2 5 3 4

鹇（12画）
丶丨乛一丨丿丶丿乛丶乛一
4 2 5 1 2 3 4 3 5 4 5 1

阑（12画）
丶丨乛一丨乛丶丿一丨丿丶
4 2 5 1 2 5 4 3 1 2 3 4

阒（12画）
丶丨乛丨乛一一一一丿丶丶
4 2 5 2 5 1 1 1 1 3 4 4

阔（12画）
丶丨乛丶丶一丿一丨丨乛一
4 2 5 4 4 1 3 1 2 2 5 1

阕（12画）
丶丨乛乛丶丿丿丶一一丿丶
4 2 5 5 4 3 3 4 1 1 3 4

善（12画）
丶丿一一一丨丶丿一丨乛一
4 3 1 1 1 2 4 3 1 2 5 1

翔（12画）
丶丿一一一丿乛丶一乛丶一
4 3 1 1 1 3 5 4 1 5 4 1

羡（12画）
丶丿一一丨一丶一丿乛丿丶
4 3 1 1 2 1 4 1 3 5 3 4

普（12画）
丶丿一丨丨丶丿一丨乛一一
4 3 1 2 2 4 3 1 2 5 1 1

粪（12画）
丶丿一丨丿丶一丨丨一丿丶
4 3 1 2 3 4 1 2 2 1 3 4

粞（12画）
丶丿一丨丿丶一丨乛丿乛一
4 3 1 2 3 4 1 2 5 3 5 1

尊（12画）
丶丿一丨乛丿乛一一一丨丶
4 3 1 2 5 3 5 1 1 1 2 4

奠（12画）
丶丿一丨乛丿乛一一一丿丶
4 3 1 2 5 3 5 1 1 1 3 4

遒（12画）
丶丿一丨乛丿乛一一丶乛丶
4 3 1 2 5 3 5 1 1 4 5 4

道（12画）
丶丿一丿丨乛一一一丶乛丶
4 3 1 3 2 5 1 1 1 4 5 4

遂（12画）
丶丿一丿乛丿丿丿丶丶乛丶
4 3 1 3 5 3 3 3 4 4 5 4

孳（12画）
丶丿一乛乛丶乛乛丶乛丨一
4 3 1 5 5 4 5 5 4 5 2 1

曾（12画）
丶丿丨乛丨丶丿一丨乛一一
4 3 2 5 2 4 3 1 2 5 1 1

焯（12画）
丶丿丿丶丨一丨乛一一一丨
4 3 3 4 2 1 2 5 1 1 1 2

焜（12画）
丶丿丿丶丨乛一一一乛丿乛
4 3 3 4 2 5 1 1 1 5 3 5

焰（12画）
丶丿丿丶丿乛丿丨一乛一一
4 3 3 4 3 5 3 2 1 5 1 1

焙（12画）
丶丿丿丶丶一丶丿一丨乛一
4 3 3 4 4 1 4 3 1 2 5 1

焱（12画）
丶丿丿丶丶丿丿丶丶丿丿丶
4 3 3 4 4 3 3 4 4 3 3 4

鹈（12画）
丶丿乛一乛丨丿丿乛丶乛一
4 3 5 1 5 2 3 3 5 4 5 1

字	笔画	笔顺编号
湛（12画）	丶丶一一丨丨一一一丿丶乛	4 4 1 1 2 2 1 1 1 3 4 5
港（12画）	丶丶一一丨丨一丿丶乛一乛	4 4 1 1 2 2 1 3 4 5 1 5
渫（12画）	丶丶一一丨丨一乛一丨丿丶	4 4 1 1 2 2 1 5 1 2 3 4
滞（12画）	丶丶一一丨丨丨丶乛丨乛丨	4 4 1 1 2 2 2 4 5 2 5 2
湖（12画）	丶丶一一丨丨乛一丿乛一一	4 4 1 1 2 2 5 1 3 5 1 1
湘（12画）	丶丶一一丨丿丶丨乛一一一	4 4 1 1 2 3 4 2 5 1 1 1
渣（12画）	丶丶一一丨丿丶丨乛一一一	4 4 1 1 2 3 4 2 5 1 1 1
渤（12画）	丶丶一一丨丶乛乛丨一乛丿	4 4 1 1 2 4 5 5 2 1 5 3
湮（12画）	丶丶一一丨乛丨丨一一丨一	4 4 1 1 2 5 2 2 1 1 2 1
湎（12画）	丶丶一一丿丨乛丨丨一一一	4 4 1 1 3 2 5 2 2 1 1 1
湝（12画）	丶丶一一乛丿乛丿丨乛一一	4 4 1 1 5 3 5 3 2 5 1 1
湨（12画）	丶丶一丨乛一一一一丿丶丶	4 4 1 2 5 1 1 1 1 3 4 4
湜（12画）	丶丶一丨乛一一一丨一丿丶	4 4 1 2 5 1 1 1 2 1 3 4
渺（12画）	丶丶一丨乛一一一丨丿丶丿	4 4 1 2 5 1 1 1 2 3 4 3
湿（12画）	丶丶一丨乛一一丨丨丶丿一	4 4 1 2 5 1 1 2 2 4 3 1
温（12画）	丶丶一丨乛一一丨乛丨丨一	4 4 1 2 5 1 1 2 5 2 2 1
渴（12画）	丶丶一丨乛一一丿乛丿丶乛	4 4 1 2 5 1 1 3 5 3 4 5
渭（12画）	丶丶一丨乛一丨一丨乛一一	4 4 1 2 5 1 2 1 2 5 1 1
溃（12画）	丶丶一丨乛一丨一丨乛丿丶	4 4 1 2 5 1 2 1 2 5 3 4
湍（12画）	丶丶一丨乛丨一丿丨乛丨丨	4 4 1 2 5 2 1 3 2 5 2 2

溅（12画）
、、一丨乛丿、一一乛丿、
4 4 1 2 5 3 4 1 1 5 3 4

滑（12画）
、、一丨乛乛、乛丨乛一一
4 4 1 2 5 5 4 5 2 5 1 1

湃（12画）
、、一丿一一丿一一一一丨
4 4 1 3 1 1 3 1 1 1 1 2

湫（12画）
、、一丿一丨丿、、丿丿、
4 4 1 3 1 2 3 4 4 3 3 4

溲（12画）
、、一丿丨一乛一一丨乛、
4 4 1 3 2 1 5 1 1 2 5 4

湟（12画）
、、一丿丨乛一一一一丨一
4 4 1 3 2 5 1 1 1 1 2 1

溆（12画）
、、一丿、一一丨丿、乛、
4 4 1 3 4 1 1 2 3 4 5 4

渝（12画）
、、一丿、一丨乛一一丨丨
4 4 1 3 4 1 2 5 1 1 2 2

湲（12画）
、、一丿、、丿一一丿乛、
4 4 1 3 4 4 3 1 1 3 5 4

湾（12画）
、、一、一丨丨丿、乛一乛
4 4 1 4 1 2 2 3 4 5 1 5

渡（12画）
、、一、一丿一丨丨一乛、
4 4 1 4 1 3 1 2 2 1 5 4

游（12画）
、、一、一乛丿丿一乛丨一
4 4 1 4 1 5 3 3 1 5 2 1

溠（12画）
、、一、丿一一一丿一丨一
4 4 1 4 3 1 1 1 3 1 2 1

溇（12画）
、、一、丿一丨丿、乛丿一
4 4 1 4 3 1 2 3 4 5 3 1

湔（12画）
、、一、丿一丨乛一一丨丨
4 4 1 4 3 1 2 5 1 1 2 2

滋（12画）
、、一、丿一乛乛、乛乛、
4 4 1 4 3 1 5 5 4 5 5 4

湉（12画）
、、一、、丨丿一丨丨乛一
4 4 1 4 4 2 3 1 2 2 5 1

渲（12画）
、、一、、乛一丨乛一一一
4 4 1 4 4 5 1 2 5 1 1 1

溉（12画）
、、一乛一一乛、一乛丿乛
4 4 1 5 1 1 5 4 1 5 3 5

渥（12画）
、、一乛一丿一乛、一丨一
4 4 1 5 1 3 1 5 4 1 2 1

字	笔画数	笔形	笔顺编号
湄	（12画）	、、一乛丨一丿丨乛一一一	4 4 1 5 2 1 3 2 5 1 1 1
滁	（12画）	、、一乛丨丿、一一丨丿、	4 4 1 5 2 3 4 1 1 2 3 4
愤	（12画）	、、丨一丨一丨丨丨乛丿、	4 4 2 1 2 1 2 2 2 5 3 4
慌	（12画）	、、丨一丨丨、一乛丿丨乛	4 4 2 1 2 2 4 1 5 3 2 5
惰	（12画）	、、丨一丿一丨一丨乛一一	4 4 2 1 3 1 2 1 2 5 1 1
愠	（12画）	、、丨丨乛一一丨乛丨丨一	4 4 2 2 5 1 1 2 5 2 2 1
惺	（12画）	、、丨丨乛一一丿一一丨一	4 4 2 2 5 1 1 3 1 1 2 1
愦	（12画）	、、丨丨乛一丨一丨乛丿、	4 4 2 2 5 1 2 1 2 5 3 4
愕	（12画）	、、丨丨乛一丨乛一一一乛	4 4 2 2 5 1 2 5 1 1 1 5
惴	（12画）	、、丨丨乛丨一丿丨乛丨丨	4 4 2 2 5 2 1 3 2 5 2 2
愣	（12画）	、、丨丨乛丨丨一、一乛丿	4 4 2 2 5 2 2 1 4 1 5 3
愀	（12画）	、、丨丿一丨丿、、丿丿、	4 4 2 3 1 2 3 4 4 3 3 4
愎	（12画）	、、丨丿一丨乛一一丿乛、	4 4 2 3 1 2 5 1 1 3 5 4
惶	（12画）	、、丨丿丨乛一一一一丨一	4 4 2 3 2 5 1 1 1 1 2 1
愧	（12画）	、、丨丿丨乛一一丿乛乛、	4 4 2 3 2 5 1 1 3 5 5 4
愉	（12画）	、、丨丿、一丨乛一一丨丨	4 4 2 3 4 1 2 5 1 1 2 2
愔	（12画）	、、丨、一、丿一丨乛一一	4 4 2 4 1 4 3 1 2 5 1 1
慨	（12画）	、、丨乛一一乛、一乛丿乛	4 4 2 5 1 1 5 4 1 5 3 5
喾	（12画）	、、丿、乛丿一丨一丨乛一	4 4 3 4 5 3 1 2 1 2 5 1
割	（12画）	、、乛一一一丨丨乛一丨丨	4 4 5 1 1 1 2 2 5 1 2 2

字	笔画	笔顺编号
寒（12画）	丶 丶 乛 一 一 丨 丨 一 丿 丶 丶 丶	4 4 5 1 1 2 2 1 3 4 4 4
富（12画）	丶 丶 乛 一 丨 乛 一 丨 乛 一 丨 一	4 4 5 1 2 5 1 2 5 1 2 1
寓（12画）	丶 丶 乛 丨 乛 一 一 丨 乛 丨 一 丶	4 4 5 2 5 1 1 2 5 2 1 4
窜（12画）	丶 丶 乛 丿 丶 丨 乛 一 丨 乛 一 丨	4 4 5 3 4 2 5 1 2 5 1 2
窝（12画）	丶 丶 乛 丿 丶 丨 乛 一 丨 乛 丿 丶	4 4 5 3 4 2 5 1 2 5 3 4
窖（12画）	丶 丶 乛 丿 丶 丿 一 丨 一 丨 乛 一	4 4 5 3 4 3 1 2 1 2 5 1
窗（12画）	丶 丶 乛 丿 丶 丿 丨 乛 丿 乛 丶 一	4 4 5 3 4 3 2 5 3 5 4 1
窘（12画）	丶 丶 乛 丿 丶 乛 一 一 丿 丨 乛 一	4 4 5 3 4 5 1 1 3 2 5 1
寐（12画）	丶 丶 乛 乛 丨 一 丿 一 一 丨 丿 丶	4 4 5 5 2 1 3 1 1 2 3 4
谟（12画）	丶 乛 一 丨 丨 丨 乛 一 一 一 丿 丶	4 5 1 2 2 2 5 1 1 1 3 4
扉（12画）	丶 乛 一 丿 丨 一 一 一 丨 一 一 一	4 5 1 3 2 1 1 1 2 1 1 1
遍（12画）	丶 乛 一 丿 丨 乛 一 丨 丨 丶 乛 丶	4 5 1 3 2 5 1 2 2 4 5 4
棨（12画）	丶 乛 一 丿 丿 一 丿 丶 一 丨 丿 丶	4 5 1 3 3 1 3 4 1 2 3 4
雇（12画）	丶 乛 一 丿 丿 丨 丶 一 一 一 丨 一	4 5 1 3 3 2 4 1 1 1 2 1
扊（12画）	丶 乛 一 丿 丶 丿 丿 丶 丶 丿 丿 丶	4 5 1 3 4 3 3 4 4 3 3 4
裢（12画）	丶 乛 丨 丿 丶 一 乛 一 丨 丶 乛 丶	4 5 2 3 4 1 5 1 2 4 5 4
裎（12画）	丶 乛 丨 丿 丶 丨 乛 一 一 一 丨 一	4 5 2 3 4 2 5 1 1 1 2 1
裣（12画）	丶 乛 丨 丿 丶 丿 丶 一 丶 丶 丿 一	4 5 2 3 4 3 4 1 4 4 3 1
裕（12画）	丶 乛 丨 丿 丶 丿 丶 丿 丶 丨 乛 一	4 5 2 3 4 3 4 3 4 2 5 1
裤（12画）	丶 乛 丨 丿 丶 丶 一 丿 一 乛 一 丨	4 5 2 3 4 4 1 3 1 5 1 2

裥（12画）
丶乛丨丿丶丶丨乛丨乛一一
4 5 2 3 4 4 2 5 2 5 1 1

裙（12画）
丶乛丨丿丶乛一一丿丨乛一
4 5 2 3 4 5 1 1 3 2 5 1

祾（12画）
丶乛丨丶一丨一丿丶丿乛丶
4 5 2 4 1 2 1 3 4 3 5 4

祺（12画）
丶乛丨丶一丨丨一一一丿丶
4 5 2 4 1 2 2 1 1 1 3 4

祼（12画）
丶乛丨丶丨乛一一一丨丿丶
4 5 2 4 2 5 1 1 1 2 3 4

谠（12画）
丶乛丨丶丿丶乛丨乛一丿乛
4 5 2 4 3 4 5 2 5 1 3 5

禅（12画）
丶乛丨丶丶丿丨乛一一一丨
4 5 2 4 4 3 2 5 1 1 1 2

禄（12画）
丶乛丨丶乛一一丨丶一丿丶
4 5 2 4 5 1 1 2 4 1 3 4

幂（12画）
丶乛丨乛一一一丿丶丨乛丨
4 5 2 5 1 1 1 3 4 2 5 2

谡（12画）
丶乛丨乛一丨一丿丶丿乛丶
4 5 2 5 1 2 1 3 4 3 5 4

谢（12画）
丶乛丿丨乛一一一丿一丨丶
4 5 3 2 5 1 1 1 3 1 2 4

谣（12画）
丶乛丿丶丶丿丿一一丨乛丨
4 5 3 4 4 3 3 1 1 2 5 2

谤（12画）
丶乛丶一丶丿丶乛丶一乛丿
4 5 4 1 4 3 4 5 4 1 5 3

谥（12画）
丶乛丶丿一丿丶丨乛丨丨一
4 5 4 3 1 3 4 2 5 2 2 1

谦（12画）
丶乛丶丿一乛一一丨丨丿丶
4 5 4 3 1 5 1 1 2 2 3 4

谧（12画）
丶乛丶乛丶丿丶丨乛丨丨一
4 5 4 5 4 3 4 2 5 2 2 1

塈（12画）
乛一一乛丶一乛丿乛一丨一
5 1 1 5 4 1 5 3 5 1 2 1

遐（12画）
乛一丨一一乛一乛丶丶乛丶
5 1 2 1 1 5 1 5 4 4 5 4

犀（12画）
乛一丿丨丶一丿丶丿一一丨
5 1 3 2 4 1 3 4 3 1 1 2

属（12画）
乛一丿丿丨乛一丨乛丨一丶
5 1 3 3 2 5 1 2 5 2 1 4

字	笔画	笔顺编号
屡（12画）	乛一丿丶丿一丨丿丶乛丿一	5 1 3 4 3 1 2 3 4 5 3 1
孱（12画）	乛一丿乛丨一乛丨一乛丨一	5 1 3 5 2 1 5 2 1 5 2 1
弼（12画）	乛一乛一丿丨乛一一乛一乛	5 1 5 1 3 2 5 1 1 5 1 5
强（12画）	乛一乛丨乛一丨乛一丨一丶	5 1 5 2 5 1 2 5 1 2 1 4
粥（12画）	乛一乛丶丿一丨丿丶乛一乛	5 1 5 4 3 1 2 3 4 5 1 5
巽（12画）	乛一乛乛一乛一丨丨一丿丶	5 1 5 5 1 5 1 2 2 1 3 4
疏（12画）	乛丨一丨一丶一乛丶丿丨乛	5 2 1 2 1 4 1 5 4 3 2 5
隔（12画）	乛丨一丨乛一丨乛丶丿一丨	5 2 1 2 5 1 2 5 4 3 1 2
骘（12画）	乛丨丨一丨一丨丿丿乛乛一	5 2 2 1 2 1 2 3 3 5 5 1
隙（12画）	乛丨丨丿丶丨乛一一丨丿丶	5 2 2 3 4 2 5 1 1 2 3 4
隘（12画）	乛丨丶丿一丿丶丨乛丨丨一	5 2 4 3 1 3 4 2 5 2 2 1
媒（12画）	乛丿一一丨丨一一一丨丿丶	5 3 1 1 2 2 1 1 1 2 3 4
媪（12画）	乛丿一丨乛一一丨乛丨丨一	5 3 1 2 5 1 1 2 5 2 2 1
絮（12画）	乛丿一丨乛一乛乛丶丨丿丶	5 3 1 2 5 1 5 5 4 2 3 4
嫂（12画）	乛丿一丿丨一乛一一丨乛丶	5 3 1 3 2 1 5 1 1 2 5 4
媛（12画）	乛丿一丿丶丶丿一一丿乛丶	5 3 1 3 4 4 3 1 1 3 5 4
婷（12画）	乛丿一丶一丨乛一丶乛一丨	5 3 1 4 1 2 5 1 4 5 1 2
媚（12画）	乛丿一乛丨一丿丨乛一一一	5 3 1 5 2 1 3 2 5 1 1 1
婿（12画）	乛丿一乛丨一丿丶丨乛一一	5 3 1 5 2 1 3 4 2 5 1 1
巯（12画）	乛丶一丨一丶一乛丶丿丨乛	5 4 1 2 1 4 1 5 4 3 2 5

字	笔顺	笔顺编号
毵（12画）	乛丶一丿丶丿丿丿丿一一乛	5 4 1 3 4 3 3 3 3 1 1 5
翚（12画）	乛丶一乛丶一丶乛一乛一丨	5 4 1 5 4 1 4 5 1 5 1 2
登（12画）	乛丶丿丿丶一丨乛一丶丿一	5 4 3 3 4 1 2 5 1 4 3 1
皴（12画）	乛丶丿丶丿乛丶乛丿丨乛丶	5 4 3 4 3 5 4 5 3 2 5 4
婺（12画）	乛丶乛丨丿丿一丿丶乛丿一	5 4 5 2 3 3 1 3 4 5 3 1
骛（12画）	乛丶乛丨丿丿一丿丶乛乛一	5 4 5 2 3 3 1 3 4 5 5 1
缂（12画）	乛乛一一丨丨一丨乛一一丨	5 5 1 1 2 2 1 2 5 1 1 2
缃（12画）	乛乛一一丨丿丶丨乛一一一	5 5 1 1 2 3 4 2 5 1 1 1
缄（12画）	乛乛一一丿一丨乛一乛丿丶	5 5 1 1 3 1 2 5 1 5 3 4
缅（12画）	乛乛一一丿丨乛丨丨一一一	5 5 1 1 3 2 5 2 2 1 1 1
彘（12画）	乛乛一一乛丿一一丿丶丿乛	5 5 1 1 5 3 1 1 3 4 3 5
缆（12画）	乛乛一丨丨丿一丶丨乛丿乛	5 5 1 2 2 3 1 4 2 5 3 5
缇（12画）	乛乛一丨乛一一一丨一丿丶	5 5 1 2 5 1 1 1 2 1 3 4
缈（12画）	乛乛一丨乛一一一丨丿丶丿	5 5 1 2 5 1 1 1 2 3 4 3
缉（12画）	乛乛一丨乛一一丨丨一一一	5 5 1 2 5 1 1 2 2 1 1 1
缌（12画）	乛乛一丨乛一丨一丶乛丶丶	5 5 1 2 5 1 2 1 4 5 4 4
缎（12画）	乛乛一丿丨一一一丿乛乛丶	5 5 1 3 2 1 1 1 3 5 5 4
缏（12画）	乛乛一丿丨一丨乛一一丿丶	5 5 1 3 2 1 2 5 1 1 3 4
缑（12画）	乛乛一丿丨乛一丿一一丿丶	5 5 1 3 2 5 1 3 1 1 3 4
缒（12画）	乛乛一丿丨乛一乛一丶乛丶	5 5 1 3 2 5 1 5 1 4 5 4

缓（12 画）
乛乛一丿丶丶丿一一丿乛丶
5 5 1 3 4 4 3 1 1 3 5 4

缔（12 画）
乛乛一丶一丶丿丶乛丨乛丨
5 5 1 4 1 4 3 4 5 2 5 2

缕（12 画）
乛乛一丶丿一丨丿丶乛丿一
5 5 1 4 3 1 2 3 4 5 3 1

骗（12 画）
乛乛一丶乛一丿丨乛一丨丨
5 5 1 4 5 1 3 2 5 1 2 2

编（12 画）
乛乛一丶乛一丿丨乛一丨丨
5 5 1 4 5 1 3 2 5 1 2 2

缗（12 画）
乛乛一乛一乛一乛丨乛一一
5 5 1 5 1 5 1 5 2 5 1 1

骙（12 画）
乛乛一乛丶丿丿丶一一丿丶
5 5 1 5 4 3 3 4 1 1 3 4

骚（12 画）
乛乛一乛丶丶丨乛一丨一丶
5 5 1 5 4 4 2 5 1 2 1 4

缘（12 画）
乛乛一乛乛一丿乛丿丿丿丶
5 5 1 5 5 1 3 5 3 3 3 4

⿰乡食（12 画）
乛乛丿丿丶丶乛一一乛丿丶
5 5 3 3 4 4 5 1 1 5 3 4

耪（13 画）
一一一丨丿丶一丨丨丶乛乛丿
1 1 1 2 3 4 1 2 2 4 5 5 3

瑟（13 画）
一一丨一一一丨一丶乛丶丿丶
1 1 2 1 1 1 2 1 4 5 4 3 4

瑚（13 画）
一一丨一一丨丨乛一丿乛一一
1 1 2 1 1 2 2 5 1 3 5 1 1

鹉（13 画）
一一丨一丨一乛丶丿乛丶乛一
1 1 2 1 2 1 5 4 3 5 4 5 1

瑁（13 画）
一一丨一丨乛一一丨乛一一一
1 1 2 1 2 5 1 1 2 5 1 1 1

瑞（13画）

一一丨一丨乛丨一丿丨乛丨 丨

1 1 2 1 2 5 2 1 3 2 5 2 2

瑄（13画）

一一丨一丶丶乛一丨乛一一 一

1 1 2 1 4 4 5 1 2 5 1 1 1

瑰（13画）

一一丨一丿丨乛一一丿乛乛 丶

1 1 2 1 3 2 5 1 1 3 5 5 4

瑕（13画）

一一丨一乛一丨一一乛一乛 丶

1 1 2 1 5 1 2 1 1 5 1 5 4

瑀（13画）

一一丨一丿丨乛一丨乛丨一 丶

1 1 2 1 3 2 5 1 2 5 2 1 4

遨（13画）

一一丨一乛丿丿一丿丶丶乛 丶

1 1 2 1 5 3 3 1 3 4 4 5 4

瑜（13画）

一一丨一丿丶一丨乛一一丨 丨

1 1 2 1 3 4 1 2 5 1 1 2 2

骜（13画）

一一丨一乛丿丿一丿丶乛乛 一

1 1 2 1 5 3 3 1 3 4 5 5 1

瑗（13画）

一一丨一丿丶丶丿一一丿乛 丶

1 1 2 1 3 4 4 3 1 1 3 5 4

瑙（13画）

一一丨一乛乛乛丿丨乛丿丶 一

1 1 2 1 5 5 5 3 2 5 3 4 1

遘（13画）

一 一 丨 丨 一 丨 乛 丨 一 一 丶 乛 丶

1 1 2 2 1 2 5 2 1 1 4 5 4

韫（13画）

一 一 乛 丨 丨 乛 一 一 丨 乛 丨 丨 一

1 1 5 2 2 5 1 1 2 5 2 2 1

魂（13画）

一 一 乛 丶 丿 丨 乛 一 一 丿 乛 乛 丶

1 1 5 4 3 2 5 1 1 3 5 5 4

髡（13画）

一 丨 一 一 一 乛 丶 丿 丿 丿 一 丿 乛

1 2 1 1 1 5 4 3 3 3 1 3 5

肆（13画）

一 丨 一 一 一 乛 丶 乛 一 一 一 一 丨

1 2 1 1 1 5 4 5 1 1 1 1 2

摄（13画）

一 丨 一 一 丨 丨 一 一 一 乛 丶 乛 丶

1 2 1 1 2 2 1 1 1 5 4 5 4

摸（13画）

一 丨 一 一 丨 丨 丨 乛 一 一 一 丿 丶

1 2 1 1 2 2 2 5 1 1 1 3 4

填（13画）

一 丨 一 一 丨 丨 乛 一 一 一 一 丿 丶

1 2 1 1 2 2 5 1 1 1 1 3 4

搏（13画）

一 丨 一 一 丨 乛 一 一 丨 丶 一 丨 丶

1 2 1 1 2 5 1 1 2 4 1 2 4

塥（13画）

一 丨 一 一 丨 乛 一 丨 乛 丶 丿 一 丨

1 2 1 1 2 5 1 2 5 4 3 1 2

塬（13画）

一 丨 一 一 丿 丿 丨 乛 一 一 丨 丿 丶

1 2 1 1 3 3 2 5 1 1 2 3 4

鄢（13画）

一 丨 一 丨 一 一 乛 丶 丶 丶 丶 乛 丨

1 2 1 2 1 1 5 4 4 4 4 5 2

趔（13画）

一 丨 一 丨 一 丿 丶 一 丿 乛 丶 丨 丨

1 2 1 2 1 3 4 1 3 5 4 2 2

趑（13画）

一 丨 一 丨 一 丿 丶 丶 一 丿 乛 丿 丶

1 2 1 2 1 3 4 4 1 3 5 3 4

摅（13画）

一 丨 一 丨 一 乛 丿 一 乛 丶 乛 丶 丶

1 2 1 2 1 5 3 1 5 4 5 4 4

塌（13画）

一 丨 一 丨 乛 一 一 乛 丶 一 乛 丶 一

1 2 1 2 5 1 1 5 4 1 5 4 1

摁（13画）

一 丨 一 丨 乛 一 丿 丶 一 丶 乛 丶 丶

1 2 1 2 5 1 3 4 1 4 5 4 4

鼓（13画）

一 丨 一 丨 乛 一 丶 丿 一 一 丨 乛 丶

1 2 1 2 5 1 4 3 1 1 2 5 4

摆（13画）

一 丨 一 丨 乛 丨 丨 一 一 丨 一 乛 丶

1 2 1 2 5 2 2 1 1 2 1 5 4

赪（13画）

一 丨 一 丿 丨 丿 丶 丨 一 丨 乛 丿 丶

1 2 1 3 2 3 4 2 1 2 5 3 4

携（13画）

一 丨 一 丿 丨 丶 一 一 一 丨 一 乛 丿

1 2 1 3 2 4 1 1 1 2 1 5 3

塮（13画）

一 丨 一 丿 丨 乛 一 一 一 丿 一 丨 丶

1 2 1 3 2 5 1 1 1 3 1 2 4

蜇（13画）

一 丨 一 丿 丿 一 丨 丨 乛 一 丨 一 丶

1 2 1 3 3 1 2 2 5 1 2 1 4

搋（13画）

一 丨 一 丿 丿 丨 一 乛 丿 一 乛 丿 乛

1 2 1 3 3 2 1 5 3 1 5 3 5

搬（13画）

一 丨 一 丿 丿 乛 丶 一 丶 丿 乛 乛 丶

1 2 1 3 3 5 4 1 4 3 5 5 4

摇（13画）

一 丨 一 丿 丶 丶 丿 丿 一 一 丨 乛 丨

1 2 1 3 4 4 3 3 1 1 2 5 2

搞（13画）

一 丨 一 丶 一 丨 乛 一 丨 乛 丨 乛 一

1 2 1 4 1 2 5 1 2 5 2 5 1

搪（13画）

一 丨 一 丶 一 丿 乛 一 一 丨 丨 乛 一

1 2 1 4 1 3 5 1 1 2 2 5 1

塘（13画）

一 丨 一 丶 一 丿 乛 一 一 丨 丨 乛 一

1 2 1 4 1 3 5 1 1 2 2 5 1

搒（13画）

一 丨 一 丶 一 丶 丿 丶 乛 丶 一 乛 丿

1 2 1 4 1 4 3 4 5 4 1 5 3

搐（13画）

一丨一丶一フフ丶丨フ一丨一

1 2 1 4 1 5 5 4 2 5 1 2 1

搛（13画）

一丨一丶丿一フ一一丨丨丿丶

1 2 1 4 3 1 5 1 1 2 2 3 4

搠（13画）

一丨一丶丿一フ丨丿丿フ一一

1 2 1 4 3 1 5 2 3 3 5 1 1

摈（13画）

一丨一丶丶フ丿丨一丨一丿丶

1 2 1 4 4 5 3 2 1 2 1 3 4

彀（13画）

一丨一丶フ一フ一フ丿フフ丶

1 2 1 4 5 1 5 1 5 3 5 5 4

毂（13画）

一丨一丶フ一フ丨一丿フフ丶

1 2 1 4 5 1 5 2 1 3 5 5 4

搌（13画）

一丨一フ一丿一丨丨一フ丿丶

1 2 1 5 1 3 1 2 2 1 5 3 4

搦（13画）

一丨一フ一フ丶一フ一フ丶一

1 2 1 5 1 5 4 1 5 1 5 4 1

摊（13画）

一丨一フ丶丿丨丶一一一丨一

1 2 1 5 4 3 2 4 1 1 1 2 1

搡（13画）

一丨一フ丶フ丶フ丶一丨丿丶

1 2 1 5 4 5 4 5 4 1 2 3 4

聘（13画）

一丨丨一一一丨乛一丨一一乛

1 2 2 1 1 1 2 5 1 2 1 1 5

蓁（13画）

一丨丨一一一丿丶丿一丨丿丶

1 2 2 1 1 1 3 4 3 1 2 3 4

戡（13画）

一丨丨一一一丿丶乛一乛丿丶

1 2 2 1 1 1 3 4 5 1 5 3 4

斟（13画）

一丨丨一一一丿丶乛丶丶一丨

1 2 2 1 1 1 3 4 5 4 4 1 2

蒜（13画）

一丨丨一一丨丿丶一一丨丿丶

1 2 2 1 1 2 3 4 1 1 2 3 4

蓍（13画）

一丨丨一丨一丿丿乛丨乛一一

1 2 2 1 2 1 3 3 5 2 5 1 1

鄞（13画）

一丨丨一丨乛一一一丨一乛丨

1 2 2 1 2 5 1 1 1 2 1 5 2

勤（13画）

一丨丨一丨乛一一一丨一乛丿

1 2 2 1 2 5 1 1 1 2 1 5 3

靴（13画）

一丨丨一丨乛一一丨丿丨丿乛

1 2 2 1 2 5 1 1 2 3 2 3 5

靳（13画）

一丨丨一丨乛一一丨丿丿一丨

1 2 2 1 2 5 1 1 2 3 3 1 2

靶（13画）
一丨丨一丨乛一一丨乛丨一乛
1 2 2 1 2 5 1 1 2 5 2 1 5

鹊（13画）
一丨丨一丨乛一一丿乛丶乛一
1 2 2 1 2 5 1 1 3 5 4 5 1

蓐（13画）
一丨丨一丿一一乛丿丶一丨丶
1 2 2 1 3 1 1 5 3 4 1 2 4

蓝（13画）
一丨丨丨丨丿一丶丨乛丨丨一
1 2 2 2 2 3 1 4 2 5 2 2 1

墓（13画）
一丨丨丨乛一一一丿丶一丨一
1 2 2 2 5 1 1 1 3 4 1 2 1

幕（13画）
一丨丨丨乛一一一丿丶丨乛丨
1 2 2 2 5 1 1 1 3 4 2 5 2

蓦（13画）
一丨丨丨乛一一一丿丶乛乛一
1 2 2 2 5 1 1 1 3 4 5 5 1

鹋（13画）
一丨丨丨乛一丨一丿乛丶乛一
1 2 2 2 5 1 2 1 3 5 4 5 1

蒽（13画）
一丨丨丨乛一丿丶一丶乛丶丶
1 2 2 2 5 1 3 4 1 4 5 4 4

蓓（13画）
一丨丨丿丨丶一丶丿一丨乛一
1 2 2 3 2 4 1 4 3 1 2 5 1

蓖（13画）

一丨丨丿丨乛丿丶一一乛丿乛

1 2 2 3 2 5 3 4 1 1 5 3 5

蓊（13画）

一丨丨丿丶乛丶乛丶一乛丶一

1 2 2 3 4 5 4 5 4 1 5 4 1

蒯（13画）

一丨丨丿乛一一丿乛一一丨丨

1 2 2 3 5 1 1 3 5 1 1 2 2

蓟（13画）

一丨丨丿乛丨乛一丨一一丨丨

1 2 2 3 5 2 5 1 2 1 1 2 2

蓬（13画）

一丨丨丿乛丶一一一丨丶乛丶

1 2 2 3 5 4 1 1 1 2 4 5 4

蓑（13画）

一丨丨丶一丨乛一一丿乛丿丶

1 2 2 4 1 2 5 1 1 3 5 3 4

蒿（13画）

一丨丨丶一丨乛一丨乛丨乛一

1 2 2 4 1 2 5 1 2 5 2 5 1

蒺（13画）

一丨丨丶一丿丶一丿一一丿丶

1 2 2 4 1 3 4 1 3 1 1 3 4

蓠（13画）

一丨丨丶一丿丶乛丨丨乛乛丶

1 2 2 4 1 3 4 5 2 2 5 5 4

蒟（13画）

一丨丨丶一丶丿一丿乛丨乛一

1 2 2 4 1 4 3 1 3 5 2 5 1

蒡（13画）

一丨丨丶一丶丿丶乛丶一乛丿

1 2 2 4 1 4 3 4 5 4 1 5 3

蓄（13画）

一丨丨丶一乛乛丶丨乛一丨一

1 2 2 4 1 5 5 4 2 5 1 2 1

蒹（13画）

一丨丨丶丿一乛一一丨丨丿丶

1 2 2 4 3 1 5 1 1 2 2 3 4

蒴（13画）

一丨丨丶丿一乛丨丿丿乛一一

1 2 2 4 3 1 5 2 3 3 5 1 1

蒲（13画）

一丨丨丶丶一一丨乛一一丨丶

1 2 2 4 4 1 1 2 5 1 1 2 4

蒗（13画）

一丨丨丶丶一丶乛一一乛丿丶

1 2 2 4 4 1 4 5 1 1 5 3 4

蓉（13画）

一丨丨丶丶乛丿丶丿丶丨乛一

1 2 2 4 4 5 3 4 3 4 2 5 1

蒙（13画）

一丨丨丶乛一一丿乛丿丿丿丶

1 2 2 4 5 1 1 3 5 3 3 3 4

蓂（13画）

一丨丨丶乛丨乛一一丶一丿丶

1 2 2 4 5 2 5 1 1 4 1 3 4

蓥（13画）

一丨丨丶乛丿丶一一丨丶丿一

1 2 2 4 5 3 4 1 1 2 4 3 1

颐（13画）
一丨丨ㄱ一丨ㄱ一丿丨ㄱ丿丶
1 2 2 5 1 2 5 1 3 2 5 3 4

蒸（13画）
一丨丨ㄱ丨ㄱ丿丶一丶丶丶丶
1 2 2 5 2 5 3 4 1 4 4 4 4

献（13画）
一丨丨ㄱ丶丿一一丨一丿丶丶
1 2 2 5 4 3 1 1 2 1 3 4 4

蔹（13画）
一丨丨ㄱ丶ㄱ丨一丿丨ㄱ丿丶
1 2 2 5 4 5 2 1 3 2 5 3 4

楔（13画）
一丨丿丶一一一丨ㄱ丿一丿丶
1 2 3 4 1 1 1 2 5 3 1 3 4

椿（13画）
一丨丿丶一一一丿丶丨ㄱ一一
1 2 3 4 1 1 1 3 4 2 5 1 1

楠（13画）
一丨丿丶一丨丨ㄱ丶丿一一丨
1 2 3 4 1 2 2 5 4 3 1 1 2

禁（13画）
一丨丿丶一丨丿丶一一丨丿丶
1 2 3 4 1 2 3 4 1 1 2 3 4

楂（13画）
一丨丿丶一丨丿丶丨ㄱ一一一
1 2 3 4 1 2 3 4 2 5 1 1 1

楚（13画）
一丨丿丶一丨丿丶ㄱ丨一丿丶
1 2 3 4 1 2 3 4 5 2 1 3 4

楝（13画）

一 丨 丿 丶 一 丨 乛 丶 丿 一 丨 丿 丶

1 2 3 4 1 2 5 4 3 1 2 3 4

楷（13画）

一 丨 丿 丶 一 乛 丿 乛 丿 丨 乛 一 一

1 2 3 4 1 5 3 5 3 2 5 1 1

榄（13画）

一 丨 丿 丶 丨 丨 丿 一 丶 丨 乛 丿 乛

1 2 3 4 2 2 3 1 4 2 5 3 5

想（13画）

一 丨 丿 丶 丨 乛 一 一 一 丶 乛 丶 丶

1 2 3 4 2 5 1 1 1 4 5 4 4

楫（13画）

一 丨 丿 丶 丨 乛 一 一 丨 丨 一 一 一

1 2 3 4 2 5 1 1 2 2 1 1 1

榀（13画）

一 丨 丿 丶 丨 乛 一 丨 乛 一 丨 乛 一

1 2 3 4 2 5 1 2 5 1 2 5 1

楞（13画）

一 丨 丿 丶 丨 乛 丨 丨 一 丶 一 乛 丿

1 2 3 4 2 5 2 2 1 4 1 5 3

楸（13画）

一 丨 丿 丶 丿 一 丨 丿 丶 丶 丿 丿 丶

1 2 3 4 3 1 2 3 4 4 3 3 4

椴（13画）

一 丨 丿 丶 丿 丨 一 一 一 丿 乛 乛 丶

1 2 3 4 3 2 1 1 1 3 5 5 4

槐（13画）

一 丨 丿 丶 丿 丨 乛 一 一 丿 乛 乛 丶

1 2 3 4 3 2 5 1 1 3 5 5 4

槌
（13画）
一 十 才 木 木′ 杧 杬 杬 柏 柏 槌 槌 槌
一 丨 丿 丶 丿 丨 乛 一 乛 一 丶 乛 丶
1 2 3 4 3 2 5 1 5 1 4 5 4

楯
（13画）
一 十 才 木 杧 杤 析 析 柝 楯 楯 楯 楯
一 丨 丿 丶 丿 丿 一 丨 丨 乛 一 一 一
1 2 3 4 3 3 1 2 2 5 1 1 1

榆
（13画）
一 十 才 木 杦 杺 柃 柃 榆 榆 榆 榆 榆
一 丨 丿 丶 丿 丶 一 丨 乛 一 一 丨 丨
1 2 3 4 3 4 1 2 5 1 1 2 2

榇
（13画）
一 十 才 木 朩 栌 栌 栌 榇 榇 榇 榇 榇
一 丨 丿 丶 丶 一 丶 丿 一 一 丨 丿 丶
1 2 3 4 4 1 4 3 1 1 2 3 4

榈
（13画）
一 十 才 木 朩 杙 杩 桐 桐 榈 榈 榈 榈
一 丨 丿 丶 丶 丨 乛 丨 乛 一 丨 乛 一
1 2 3 4 4 2 5 2 5 1 2 5 1

槎
（13画）
一 十 才 木 朩 杧 栏 栏 栏 槎 槎 槎 槎
一 丨 丿 丶 丶 丿 一 一 一 丿 一 丨 一
1 2 3 4 4 3 1 1 1 3 1 2 1

楼
（13画）
一 十 才 木 朩 杧 栏 桜 桜 楼 楼 楼 楼
一 丨 丿 丶 丶 丿 一 丨 丿 丶 乛 丿 一
1 2 3 4 4 3 1 2 3 4 5 3 1

榉
（13画）
一 十 才 木 朩 朩 杧 栏 栏 榉 榉 榉 榉
一 丨 丿 丶 丶 丶 丿 一 丿 丶 一 一 丨
1 2 3 4 4 4 3 1 3 4 1 1 2

楦
（13画）
一 十 才 木 朩 朩 杧 柠 柠 楦 楦 楦 楦
一 丨 丿 丶 丶 丶 乛 一 丨 乛 一 一 一
1 2 3 4 4 4 5 1 2 5 1 1 1

概
（13画）
一 十 才 木 朩 杩 杩 根 根 根 概 概 概
一 丨 丿 丶 乛 一 一 乛 丶 一 乛 丿 乛
1 2 3 4 5 1 1 5 4 1 5 3 5

楣（13 画）

一 十 才 木 杩 杩 杩 枵 椙 椙 楣 楣

一 丨 丿 丶 乛 丨 一 丿 丨 乛 一 一

1 2 3 4 5 2 1 3 2 5 1 1

楣

一

1

剽（13 画）

一 冖 而 覀 覀 覀 覀 覀 覀 票 票 票

一 丨 乛 丨 丨 一 一 一 丨 丿 丶 丨

1 2 5 2 2 1 1 1 2 3 4 2

剽

丨

2

楹（13 画）

一 十 才 木 朸 朸 枷 枷 枷 楹 楹 楹

一 丨 丿 丶 乛 丿 乛 丶 丨 乛 丨 丨

1 2 3 4 5 3 5 4 2 5 2 2

楹

一

1

甄（13 画）

一 冖 而 覀 覀 覀 覀 垔 垔 垔 甄 甄

一 丨 乛 丨 丨 一 一 丨 一 一 乛 乛

1 2 5 2 2 1 1 2 1 1 5 5

甄

丶

4

橼（13 画）

一 十 才 木 朩 杪 杪 杪 椽 椽 橼 橼

一 丨 丿 丶 乛 乛 一 丿 乛 丿 丿 丿

1 2 3 4 5 5 1 3 5 3 3 3

橼

丶

4

酮（13 画）

一 厂 冂 丙 两 西 酉 酊 酊 酊 酮 酮

一 丨 乛 丿 乛 一 一 丨 乛 一 丨 乛

1 2 5 3 5 1 1 2 5 1 2 5

酮

一

1

裘（13 画）

一 十 寸 求 求 求 求 求 求 裘 裘 裘

一 丨 丶 一 丿 丶 丶 丶 一 丿 乛 丿

1 2 4 1 3 4 4 4 1 3 5 3

裘

丶

4

酰（13 画）

一 厂 冂 丙 两 西 酉 酉 酢 酢 酢 酰

一 丨 乛 丿 乛 一 一 丿 一 丨 一 丿

1 2 5 3 5 1 1 3 1 2 1 3

酰

乛

5

赖（13 画）

一 冖 而 百 申 束 束 束 束 剌 赖 赖

一 丨 乛 一 丨 丿 丶 丿 乛 丨 乛 丿

1 2 5 1 2 3 4 3 5 2 5 3

赖

丶

4

酯（13 画）

一 厂 冂 丙 两 西 酉 酉 酢 酢 酯 酯

一 丨 乛 丿 乛 一 一 丿 乛 丨 乛 一

1 2 5 3 5 1 1 3 5 2 5 1

酯

一

1

酪（13画）

一 厂 门 丙 襾 西 酉 酉′ 酉夂 酪 酪 酪 酪

一 丨 ㇆ 丿 ㇆ 一 一 丿 ㇆ 丶 丨 ㇆ 一

1 2 5 3 5 1 1 3 5 4 2 5 1

酩（13画）

一 厂 门 丙 襾 西 酉 酉′ 酉夕 酉夕 酩 酩 酩

一 丨 ㇆ 丿 ㇆ 一 一 丿 ㇆ 丶 丨 ㇆ 一

1 2 5 3 5 1 1 3 5 4 2 5 1

酬（13画）

一 厂 门 丙 襾 西 酉 酉 … … … … 酬

一 丨 ㇆ 丿 ㇆ 一 一 丶 丿 丶 丨 丶 丨

1 2 5 3 5 1 1 4 3 4 2 4 2

蜃（13画）

一 厂 𠂆 … … … 辰 辰 … … … … 蜃

一 丿 一 一 ㇆ 丿 丶 丨 ㇆ 一 丨 一 丶

1 3 1 1 5 3 4 2 5 1 2 1 4

感（13画）

一 厂 𠂆 … … … 咸 咸 咸 咸 感 感 感

一 丿 一 丨 ㇆ 一 ㇆ 丿 丶 丶 ㇆ 丶 丶

1 3 1 2 5 1 5 3 4 4 5 4 4

碛（13画）

一 丆 不 石 石 … … … … … … … 碛

一 丿 丨 ㇆ 一 一 一 丨 一 丨 ㇆ 丿 丶

1 3 2 5 1 1 1 2 1 2 5 3 4

碍（13画）

一 丆 不 石 石 … … … … … … … 碍

一 丿 丨 ㇆ 一 丨 ㇆ 一 一 一 一 丨 丶

1 3 2 5 1 2 5 1 1 1 1 2 4

碘（13画）

一 丆 不 石 石 … … … … … … … 碘

一 丿 丨 ㇆ 一 丨 ㇆ 一 丨 丨 一 丿 丶

1 3 2 5 1 2 5 1 2 2 1 3 4

碓（13画）

一 丆 不 石 石 … … … … … … … 碓

一 丿 丨 ㇆ 一 丿 丨 丶 一 一 一 丨 一

1 3 2 5 1 3 2 4 1 1 1 2 1

碑（13画）

一 丆 不 石 石 … … … … … … … 碑

一 丿 丨 ㇆ 一 丿 丨 ㇆ 一 一 丿 一 丨

1 3 2 5 1 3 2 5 1 1 3 1 2

硼（13画）
一丿丨乛一丿乛一一丿乛一一
1 3 2 5 1 3 5 1 1 3 5 1 1

碉（13画）
一丿丨乛一丿乛一丨一丨乛一
1 3 2 5 1 3 5 1 2 1 2 5 1

碎（13画）
一丿丨乛一丶一丿丶丿丶一丨
1 3 2 5 1 4 1 3 4 3 4 1 2

碚（13画）
一丿丨乛一丶一丶丿一丨乛一
1 3 2 5 1 4 1 4 3 1 2 5 1

碰（13画）
一丿丨乛一丶丿一丨丨丶丿一
1 3 2 5 1 4 3 1 2 2 4 3 1

碇（13画）
一丿丨乛一丶丶乛一丨一丿丶
1 3 2 5 1 4 4 5 1 2 1 3 4

碗（13画）
一丿丨乛一丶丶乛丿乛丶乛乛
1 3 2 5 1 4 4 5 3 5 4 5 5

碌（13画）
一丿丨乛一乛一一丨丶一丿丶
1 3 2 5 1 5 1 1 2 4 1 3 4

碜（13画）
一丿丨乛一乛丶一丿丶丿丿丿
1 3 2 5 1 5 4 1 3 4 3 3 3

鹌（13画）
一丿丶丨乛一一乛丿乛丶乛一
1 3 4 2 5 1 1 5 3 5 4 5 1

尴（13画）

一ノ乛丨丨ノ一丶丨乛丨丨一

1 3 5 2 2 3 1 4 2 5 2 2 1

雷（13画）

一丶乛丨丶丶丶丶丨乛一丨一

1 4 5 2 4 4 4 4 2 5 1 2 1

零（13画）

一丶乛丨丶丶丶丶ノ丶丶乛丶

1 4 5 2 4 4 4 4 3 4 4 5 4

雾（13画）

一丶乛丨丶丶丶丶ノ乛丶乛ノ

1 4 5 2 4 4 4 4 3 5 4 5 3

雹（13画）

一丶乛丨丶丶丶丶ノ乛乛一乛

1 4 5 2 4 4 4 4 3 5 5 1 5

辏（13画）

一乛丨一一一一ノ丶一一ノ丶

1 5 2 1 1 1 1 3 4 1 1 3 4

辐（13画）

一乛丨一一丨乛一丨乛一丨一

1 5 2 1 1 2 5 1 2 5 1 2 1

辑（13画）

一乛丨一丨乛一一丨丨一一一

1 5 2 1 2 5 1 1 2 2 1 1 1

辒（13画）

一乛丨一丨乛一一丨乛丨丨一

1 5 2 1 2 5 1 1 2 5 2 2 1

输（13画）

一乛丨一ノ丶一丨乛一一丨丨

1 5 2 1 3 4 1 2 5 1 1 2 2

督（13画）
丨一一丨丿丶乛丶丨乛一一一
2 1 1 2 3 4 5 4 2 5 1 1 1

频（13画）
丨一丨一丨丿丿一丿丨乛丿丶
2 1 2 1 2 3 3 1 3 2 5 3 4

龃（13画）
丨一丨一丿丶乛丨丨乛一一一
2 1 2 1 3 4 5 2 2 5 1 1 1

龄（13画）
丨一丨一丿丶乛丨丿丶丶乛丶
2 1 2 1 3 4 5 2 3 4 4 5 4

龅（13画）
丨一丨一丿丶乛丨丿乛乛一乛
2 1 2 1 3 4 5 2 3 5 5 1 5

韶（13画）
丨一丨一丿丶乛丨乛丿丨乛一
2 1 2 1 3 4 5 2 5 3 2 5 1

觜（13画）
丨一丨一丿乛丿乛丿乛一一丨
2 1 2 1 3 5 3 5 3 5 1 1 2

訾（13画）
丨一丨一丿乛丶一一一丨乛一
2 1 2 1 3 5 4 1 1 1 2 5 1

粲（13画）
丨一丿乛丶乛丶丶丿一丨丿丶
2 1 3 5 4 5 4 4 3 1 2 3 4

虞（13画）
丨一乛丿一乛丨乛一一一丿丶
2 1 5 3 1 5 2 5 1 1 1 3 4

鉴（13画）

丨丨丿一丶丿丶一一丨丶丿一

2 2 3 1 4 3 4 1 1 2 4 3 1

睛（13画）

丨𠃍一一一一一丨一丨𠃍一一

2 5 1 1 1 1 1 2 1 2 5 1 1

睹（13画）

丨𠃍一一一一丨一丿丨𠃍一一

2 5 1 1 1 1 2 1 3 2 5 1 1

睦（13画）

丨𠃍一一一一丨一丿丶一丨一

2 5 1 1 1 1 2 1 3 4 1 2 1

瞄（13画）

丨𠃍一一一一丨丨丨𠃍一丨一

2 5 1 1 1 1 2 2 2 5 1 2 1

睚（13画）

丨𠃍一一一一丿一丨一一丨一

2 5 1 1 1 1 3 1 2 1 1 2 1

嗪（13画）

丨𠃍一一一一丿丶丿一丨丿丶

2 5 1 1 1 1 3 4 3 1 2 3 4

睫（13画）

丨𠃍一一一一𠃍一一丨一丿丶

2 5 1 1 1 1 5 1 1 2 1 3 4

韪（13画）

丨𠃍一一一丨一丿丶一一𠃍丨

2 5 1 1 1 2 1 3 4 1 1 5 2

嗷（13画）

丨𠃍一一一丨一𠃍丿丿一丿丶

2 5 1 1 1 2 1 5 3 3 1 3 4

嗉（13画）

丨 乛 一 一 一 丨 一 乛 乛 丶 丨 丿 丶

2 5 1 1 1 2 1 5 5 4 2 3 4

睡（13画）

丨 乛 一 一 一 丿 一 丨 一 丨 丨 一 一

2 5 1 1 1 3 1 2 1 2 2 1 1

睨（13画）

丨 乛 一 一 一 丿 丨 一 乛 一 一 丿 乛

2 5 1 1 1 3 2 1 5 1 1 3 5

睢（13画）

丨 乛 一 一 一 丿 丨 丶 一 一 一 丨 一

2 5 1 1 1 3 2 4 1 1 1 2 1

雎（13画）

丨 乛 一 一 一 丿 丨 丶 一 一 一 丨 一

2 5 1 1 1 3 2 4 1 1 1 2 1

睥（13画）

丨 乛 一 一 一 丿 丨 乛 一 一 丿 一 丨

2 5 1 1 1 3 2 5 1 1 3 1 2

睬（13画）

丨 乛 一 一 一 丿 丶 丶 丿 一 丨 丿 丶

2 5 1 1 1 3 4 4 3 1 2 3 4

嘟（13画）

丨 乛 一 一 丨 一 丿 丨 乛 一 一 乛 丨

2 5 1 1 2 1 3 2 5 1 1 5 2

嗜（13画）

丨 乛 一 一 丨 一 丿 丿 乛 丨 乛 一 一

2 5 1 1 2 1 3 3 5 2 5 1 1

嗑（13画）

丨 乛 一 一 丨 一 乛 丶 丨 乛 丨 丨 一

2 5 1 1 2 1 5 4 2 5 2 2 1

嗫（13 画）

丨乛一一丨丨一一一乛丶乛丶

2 5 1 1 2 2 1 1 1 5 4 5 4

嗝（13 画）

丨乛一一丨乛一丨乛丶丿一丨

2 5 1 1 2 5 1 2 5 4 3 1 2

嘀（13 画）

丨乛一一丨丨丿丨一丨乛一丨

2 5 1 1 2 2 3 2 1 2 5 1 2

愚（13 画）

丨乛一一丨乛丨一丶丶乛丶丶

2 5 1 1 2 5 2 1 4 4 5 4 4

嗔（13 画）

丨乛一一丨丨乛一一一一丿丶

2 5 1 1 2 2 5 1 1 1 1 3 4

戥（13 画）

丨乛一一丿一一丨一一乛丿丶

2 5 1 1 3 1 1 2 1 1 5 3 4

鄙（13 画）

丨乛一一丨丨乛丨乛一一乛丨

2 5 1 1 2 2 5 2 5 1 1 5 2

嗄（13 画）

丨乛一一丿丨乛一一一丿乛丶

2 5 1 1 3 2 5 1 1 1 3 5 4

嗦（13 画）

丨乛一一丨丶乛乛乛丶丨丿丶

2 5 1 1 2 4 5 5 5 4 2 3 4

暖（13 画）

丨乛一一丿丶丶丿一一丿乛丶

2 5 1 1 3 4 4 3 1 1 3 5 4

盟（13画）
丨 乛 一 一 丿 乛 一 一 丨 乛 丨 丨 一
2 5 1 1 3 5 1 1 2 5 2 2 1

煦（13画）
丨 乛 一 一 丿 乛 丨 乛 一 丶 丶 丶 丶
2 5 1 1 3 5 2 5 1 4 4 4 4

歇（13画）
丨 乛 一 一 丿 乛 丿 丶 乛 丿 乛 丿 丶
2 5 1 1 3 5 3 4 5 3 5 3 4

暗（13画）
丨 乛 一 一 丶 一 丶 丿 一 丨 乛 一 一
2 5 1 1 4 1 4 3 1 2 5 1 1

⿰日恒（13画）
丨 乛 一 一 丶 丶 丨 一 丨 乛 一 一 一
2 5 1 1 4 4 2 1 2 5 1 1 1

暄（13画）
丨 乛 一 一 丶 丶 乛 一 丨 乛 一 一 一
2 5 1 1 4 4 5 1 2 5 1 1 1

暇（13画）
丨 乛 一 一 乛 一 丨 一 一 乛 一 乛 丶
2 5 1 1 5 1 2 1 1 5 1 5 4

照（13画）
丨 乛 一 一 乛 丿 丨 乛 一 丶 丶 丶 丶
2 5 1 1 5 3 2 5 1 4 4 4 4

遢（13画）
丨 乛 一 一 乛 丶 一 乛 丶 一 丶 乛 丶
2 5 1 1 5 4 1 5 4 1 4 5 4

暌（13画）
丨 乛 一 一 乛 丶 丿 丿 丶 一 一 丿 丶
2 5 1 1 5 4 3 3 4 1 1 3 4

畸（13 画）

丨乛一丨一一丿丶一丨乛一
2 5 1 2 1 1 3 4 1 2 5 1
畸 丨 2

跬（13 画）

丨乛一丨一丨一一丨一一丨
2 5 1 2 1 2 1 1 2 1 1 2
跬 一 1

跨（13 画）

丨乛一丨一丨一一丿丶一一
2 5 1 2 1 2 1 1 3 4 1 1
跨 乛 5

跶（13 画）

丨乛一丨一丨一一丿丶丶乛
2 5 1 2 1 2 1 1 3 4 4 5
跶 丶 4

跷（13 画）

丨乛一丨一丨一一乛丿一丿
2 5 1 2 1 2 1 1 5 3 1 3
跷 乛 5

跸（13 画）

丨乛一丨一丨一一乛丿乛一
2 5 1 2 1 2 1 1 5 3 5 1
跸 丨 2

跐（13 画）

丨乛一丨一丨一丨一丨一丿
2 5 1 2 1 2 1 2 1 2 1 3
跐 乛 5

跣（13 画）

丨乛一丨一丨一丿一丨一丿
2 5 1 2 1 2 1 3 1 2 1 3
跣 乛 5

跹（13 画）

丨乛一丨一丨一丿一丨丶乛
2 5 1 2 1 2 1 3 1 2 4 5
跹 丶 4

跳（13 画）

丨乛一丨一丨一丿丶一乛丿
2 5 1 2 1 2 1 3 4 1 5 3
跳 丶 4

跺（13画）

丨𠃍一丨一丨一丿𠃍一丨丿丶

2 5 1 2 1 2 1 3 5 1 2 3 4

跪（13画）

丨𠃍一丨一丨一丿𠃍一丿𠃍𠃍

2 5 1 2 1 2 1 3 5 1 3 5 5

路（13画）

丨𠃍一丨一丨一丿𠃍丶丨𠃍一

2 5 1 2 1 2 1 3 5 4 2 5 1

跻（13画）

丨𠃍一丨一丨一丶一丿丶丿丨

2 5 1 2 1 2 1 4 1 3 4 3 2

跤（13画）

丨𠃍一丨一丨一丶一丿丶丿丶

2 5 1 2 1 2 1 4 1 3 4 3 4

跟（13画）

丨𠃍一丨一丨一𠃍一一𠃍丿丶

2 5 1 2 1 2 1 5 1 1 5 3 4

遣（13画）

丨𠃍一丨一丨𠃍一𠃍一丶𠃍丶

2 5 1 2 1 2 5 1 5 1 4 5 4

蛸（13画）

丨𠃍一丨一丶丨丶丿丨𠃍一一

2 5 1 2 1 4 2 4 3 2 5 1 1

蜈（13画）

丨𠃍一丨一丶丨𠃍一一一丿丶

2 5 1 2 1 4 2 5 1 1 1 3 4

蜎（13画）

丨𠃍一丨一丶丨𠃍一丨𠃍一一

2 5 1 2 1 4 2 5 1 2 5 1 1

蜗（13 画）

丨 乛 一 丨 一 丶 丨 乛 一 丨 乛 丿 丶

2 5 1 2 1 4 2 5 1 2 5 3 4

蛾（13 画）

丨 乛 一 丨 一 丶 丿 一 丨 一 乛 丿 丶

2 5 1 2 1 4 3 1 2 1 5 3 4

蜊（13 画）

丨 乛 一 丨 一 丶 丿 一 丨 丿 丶 丨 丨

2 5 1 2 1 4 3 1 2 3 4 2 2

蜍（13 画）

丨 乛 一 丨 一 丶 丿 丶 一 一 丨 丿 丶

2 5 1 2 1 4 3 4 1 1 2 3 4

蜉（13 画）

丨 乛 一 丨 一 丶 丿 丶 丶 丿 乛 丨 一

2 5 1 2 1 4 3 4 4 3 5 2 1

蜂（13 画）

丨 乛 一 丨 一 丶 丿 乛 丶 一 一 一 丨

2 5 1 2 1 4 3 5 4 1 1 1 2

蛲（13 画）

丨 乛 一 丨 一 丶 丶 丿 一 一 一 丿 乛

2 5 1 2 1 4 4 3 1 1 1 3 5

蜕（13 画）

丨 乛 一 丨 一 丶 丶 丿 丨 乛 一 丿 乛

2 5 1 2 1 4 4 3 2 5 1 3 5

畹（13 画）

丨 乛 一 丨 一 丶 丶 乛 丿 乛 丶 乛 乛

2 5 1 2 1 4 4 5 3 5 4 5 5

蛹（13 画）

丨 乛 一 丨 一 丶 乛 丶 丨 乛 一 一 丨

2 5 1 2 1 4 5 4 2 5 1 1 2

嗣（13画）

丨 𠃍 一 丨 𠃍 一 丨 丨 𠃍 一 丨 𠃍 一

2 5 1 2 5 1 2 2 5 1 2 5 1

嗯（13画）

丨 𠃍 一 丨 𠃍 一 丿 丶 一 丶 𠃍 丶 丶

2 5 1 2 5 1 3 4 1 4 5 4 4

嗅（13画）

丨 𠃍 一 丿 丨 𠃍 一 一 一 一 丿 丶 丶

2 5 1 3 2 5 1 1 1 1 3 4 4

嗥（13画）

丨 𠃍 一 丿 丨 𠃍 一 一 一 丿 丶 一 丨

2 5 1 3 2 5 1 1 1 3 4 1 2

嗲（13画）

丨 𠃍 一 丿 丶 丿 丶 丿 𠃍 丶 丿 𠃍 丶

2 5 1 3 4 3 4 3 5 4 3 5 4

嗳（13画）

丨 𠃍 一 丿 丶 丶 丿 丶 𠃍 一 丿 𠃍 丶

2 5 1 3 4 4 3 4 5 1 3 5 4

嗡（13画）

丨 𠃍 一 丿 丶 𠃍 丶 𠃍 丶 一 𠃍 丶 一

2 5 1 3 4 5 4 5 4 1 5 4 1

嗌（13画）

丨 𠃍 一 丶 丿 一 丿 丶 丨 𠃍 丨 丨 一

2 5 1 4 3 1 3 4 2 5 2 2 1

嗍（13画）

丨 𠃍 一 丶 丿 一 𠃍 丨 丿 丿 𠃍 一 一

2 5 1 4 3 1 5 2 3 3 5 1 1

嗨（13画）

丨 𠃍 一 丶 丶 一 丿 一 𠃍 𠃍 丶 一 丶

2 5 1 4 4 1 3 1 5 5 4 1 4

嗤（13画）

丨乛一乛丨丨一丨乛一丨一丶

2 5 1 5 2 2 1 2 5 1 2 1 4

嗵（13画）

丨乛一乛丶丨乛一一丨丶乛丶

2 5 1 5 4 2 5 1 1 2 4 5 4

嗓（13画）

丨乛一乛丶乛丶乛丶一丨ノ丶

2 5 1 5 4 5 4 5 4 1 2 3 4

署（13画）

丨乛丨丨一一丨一ノ丨乛一一

2 5 2 2 1 1 2 1 3 2 5 1 1

置（13画）

丨乛丨丨一一丨丨乛一一一一

2 5 2 2 1 1 2 2 5 1 1 1 1

罨（13画）

丨乛丨丨一一ノ丶丨乛一一乛

2 5 2 2 1 1 3 4 2 5 1 1 5

罪（13画）

丨乛丨丨一丨一一一丨一一一

2 5 2 2 1 2 1 1 1 2 1 1 1

罩（13画）

丨乛丨丨一丨一丨乛一一一丨

2 5 2 2 1 2 1 2 5 1 1 1 2

蜀（13画）

丨乛丨丨一ノ乛丨乛一丨一丶

2 5 2 2 1 3 5 2 5 1 2 1 4

幌（13画）

丨乛丨丨乛一一丨丶ノ一ノ乛

2 5 2 2 5 1 1 2 4 3 1 3 5

嵘（13画）

丨 𠃍 丨 ノ 一 丨 丨 一 一 ノ 𠃍 ノ 、

2 5 2 3 1 2 2 1 1 3 5 3 4

嵩（13画）

丨 𠃍 丨 、 一 丨 𠃍 一 丨 𠃍 丨 𠃍 一

2 5 2 4 1 2 5 1 2 5 2 5 1

嵴（13画）

丨 𠃍 丨 、 一 ノ 、 ノ 、 丨 𠃍 一 一

2 5 2 4 1 3 4 3 4 2 5 1 1

骰（13画）

丨 𠃍 𠃍 、 𠃍 丨 𠃍 一 一 ノ 𠃍 𠃍 、

2 5 5 4 5 2 5 1 1 3 5 5 4

锖（13画）

ノ 一 一 一 𠃍 一 一 丨 一 丨 𠃍 一 一

3 1 1 1 5 1 1 2 1 2 5 1 1

锗（13画）

ノ 一 一 一 𠃍 一 丨 一 ノ 丨 𠃍 一 一

3 1 1 1 5 1 2 1 3 2 5 1 1

错（13画）

ノ 一 一 一 𠃍 一 丨 丨 一 丨 𠃍 一 一

3 1 1 1 5 1 2 2 1 2 5 1 1

锘（13画）

ノ 一 一 一 𠃍 一 丨 丨 一 ノ 丨 𠃍 一

3 1 1 1 5 1 2 2 1 3 2 5 1

锚（13画）

ノ 一 一 一 𠃍 一 丨 丨 丨 𠃍 一 丨 一

3 1 1 1 5 1 2 2 2 5 1 2 1

锛（13画）

ノ 一 一 一 𠃍 一 ノ 、 一 丨 一 ノ 丨

3 1 1 1 5 1 3 4 1 2 1 3 2

锜（13画）

丿 𠂉 𠂉 ⺧ 钅 钌 钎 钕 钛 锜 锜 锜 锜

丿 一 一 一 乛 一 丿 丶 一 丨 乛 一 丨

3 1 1 1 5 1 3 4 1 2 5 1 2

锝（13画）

丿 𠂉 𠂉 ⺧ 钅 钅 钔 钾 钾 锝 锝 锝 锝

丿 一 一 一 乛 丨 乛 一 一 一 一 丨 丶

3 1 1 1 5 2 5 1 1 1 1 2 4

锞（13画）

丿 𠂉 𠂉 ⺧ 钅 钅 钔 钾 钾 锞 锞 锞 锞

丿 一 一 一 乛 丨 乛 一 一 一 丨 丿 丶

3 1 1 1 5 2 5 1 1 1 2 3 4

锟（13画）

丿 𠂉 𠂉 ⺧ 钅 钅 钔 钾 钾 锟 锟 锟 锟

丿 一 一 一 乛 丨 乛 一 一 一 乛 丿 乛

3 1 1 1 5 2 5 1 1 1 5 3 5

锡（13画）

丿 𠂉 𠂉 ⺧ 钅 钅 钔 钾 钾 锡 锡 锡 锡

丿 一 一 一 乛 丨 乛 一 一 丿 乛 丿 丿

3 1 1 1 5 2 5 1 1 3 5 3 3

锢（13画）

丿 𠂉 𠂉 ⺧ 钅 钅 钔 钔 钔 锢 锢 锢 锢

丿 一 一 一 乛 丨 乛 一 丨 丨 乛 一 一

3 1 1 1 5 2 5 1 2 2 5 1 1

锣（13画）

丿 𠂉 𠂉 ⺧ 钅 钅 钔 钔 锣 锣 锣 锣 锣

丿 一 一 一 乛 丨 乛 丨 丨 一 丿 乛 丶

3 1 1 1 5 2 5 2 2 1 3 5 4

锤（13画）

丿 𠂉 𠂉 ⺧ 钅 钅 钅 钎 钎 锤 锤 锤 锤

丿 一 一 一 乛 丿 一 丨 一 丨 丨 一 一

3 1 1 1 5 3 1 2 1 2 2 1 1

锥（13画）

丿 𠂉 𠂉 ⺧ 钅 钅 钔 钔 锥 锥 锥 锥 锥

丿 一 一 一 乛 丿 丨 丶 一 一 一 丨 一

3 1 1 1 5 3 2 4 1 1 1 2 1

锦（13画）

丿 𠂉 𠂉 ⺧ 钅 钅 钅 钔 钔 锦 锦 锦 锦

丿 一 一 一 乛 丿 丨 乛 一 一 丨 乛 丨

3 1 1 1 5 3 2 5 1 1 2 5 2

锧（13画）

丿一一一乛丿丿一丨丨乛丿丶

3 1 1 1 5 3 3 1 2 2 5 3 4

锨（13画）

丿一一一乛丿丿一丨丿乛丿丶

3 1 1 1 5 3 3 1 2 3 5 3 4

锪（13画）

丿一一一乛丿乛丿丿丶乛丶丶

3 1 1 1 5 3 5 3 3 4 5 4 4

锫（13画）

丿一一一乛丶一丶丿一丨乛一

3 1 1 1 5 4 1 4 3 1 2 5 1

锩（13画）

丿一一一乛丶丿一一丿丶乛乛

3 1 1 1 5 4 3 1 1 3 4 5 5

锬（13画）

丿一一一乛丶丿丿丶丶丿丿丶

3 1 1 1 5 4 3 3 4 4 3 3 4

锭（13画）

丿一一一乛丶丶乛一丨一丿丶

3 1 1 1 5 4 4 5 1 2 1 3 4

键（13画）

丿一一一乛乛一一一一丨乛丶

3 1 1 1 5 5 1 1 1 1 2 5 4

锯（13画）

丿一一一乛乛一丿一丨丨乛一

3 1 1 1 5 5 1 3 1 2 2 5 1

锰（13画）

丿一一一乛乛丨一丨乛丨丨一

3 1 1 1 5 5 2 1 2 5 2 2 1

锱（13画）

丿 𠂉 𠂉 乍 钅 钅 钅 钅 钅 锱 锱 锱 锱

丿 一 一 一 乛 乛 乛 乛 丨 乛 一 丨 一

3 1 1 1 5 5 5 5 2 5 1 2 1

矮（13画）

丿 𠂉 𠂉 午 矢 矢 矢 矮 矮 矮 矮 矮 矮

丿 一 一 丿 丶 丿 一 丨 丿 丶 乛 丿 一

3 1 1 3 4 3 1 2 3 4 5 3 1

雉（13画）

丿 𠂉 𠂉 午 矢 矢 矢 矢 矢 矢 矢 雉 雉

丿 一 一 丿 丶 丿 丨 丶 一 一 一 丨 一

3 1 1 3 4 3 2 4 1 1 1 2 1

氲（13画）

丿 𠂉 𠂉 气 气 气 气 气 气 氲 氲 氲 氲

丿 一 一 乛 丨 乛 一 一 丨 乛 丨 丨 一

3 1 1 5 2 5 1 1 2 5 2 2 1

犏（13画）

丿 𠂉 牛 牛 牜 牜 牜 牜 牜 犏 犏 犏 犏

丿 一 丨 一 丶 乛 一 丿 丨 乛 一 丨 丨

3 1 2 1 4 5 1 3 2 5 1 2 2

辞（13画）

一 二 千 千 舌 舌 舌 舌 舌 辞 辞 辞 辞

丿 一 丨 丨 乛 一 丶 一 丶 丿 一 一 丨

3 1 2 2 5 1 4 1 4 3 1 1 2

歃（13画）

一 二 千 千 千 千 臿 臿 臿 歃 歃 歃 歃

丿 一 丨 丿 丨 一 乛 一 一 丿 乛 丿 丶

3 1 2 3 2 1 5 1 1 3 5 3 4

稞（13画）

一 二 千 禾 禾 禾 和 和 和 和 稞 稞 稞

丿 一 丨 丿 丶 丨 乛 一 一 一 丨 丿 丶

3 1 2 3 4 2 5 1 1 1 2 3 4

稚（13画）

一 二 千 禾 禾 禾 禾 禾 禾 禾 禾 稚 稚

丿 一 丨 丿 丶 丿 丨 丶 一 一 一 丨 一

3 1 2 3 4 3 2 4 1 1 1 2 1

稗（13画）

一 二 千 禾 禾 禾 禾 禾 禾 禾 稗 稗 稗

丿 一 丨 丿 丶 丿 丨 乛 一 一 丿 一 丨

3 1 2 3 4 3 2 5 1 1 3 1 2

稔（13画）

丿 一 丨 丿 丶 丿 丶 丶 乛 丶 乛 丶 丶

3 1 2 3 4 3 4 4 5 4 5 4 4

稠（13画）

丿 一 丨 丿 丶 丿 乛 一 丨 一 丨 乛 一

3 1 2 3 4 3 5 1 2 1 2 5 1

颓（13画）

丿 一 丨 丿 丶 丿 乛 一 丿 丨 乛 丿 丶

3 1 2 3 4 3 5 1 3 2 5 3 4

愁（13画）

丿 一 丨 丿 丶 丶 丿 丿 丶 丶 乛 丶 丶

3 1 2 3 4 4 3 3 4 4 5 4 4

筹（13画）

丿 一 丶 丿 一 丶 一 一 一 丿 一 丨 丶

3 1 4 3 1 4 1 1 1 3 1 2 4

筠（13画）

丿 一 丶 丿 一 丶 一 丨 一 丿 乛 丶 一

3 1 4 3 1 4 1 2 1 3 5 4 1

筢（13画）

丿 一 丶 丿 一 丶 一 丨 一 乛 丨 一 乛

3 1 4 3 1 4 1 2 1 5 2 1 5

筮（13画）

丿 一 丶 丿 一 丶 一 丨 丿 丶 丿 丶 一

3 1 4 3 1 4 1 2 3 4 3 4 1

筻（13画）

丿 一 丶 丿 一 丶 一 丨 乛 一 一 丿 丶

3 1 4 3 1 4 1 2 5 1 1 3 4

筲（13画）

丿 一 丶 丿 一 丶 丨 丶 丿 丨 乛 一 一

3 1 4 3 1 4 2 4 3 2 5 1 1

筼（13画）
ノ一丶ノ一丶丨フ一丨フノ丶
3 1 4 3 1 4 2 5 1 2 5 3 4

筱（13画）
ノ一丶ノ一丶ノ丨丨ノ一ノ丶
3 1 4 3 1 4 3 2 2 3 1 3 4

签（13画）
ノ一丶ノ一丶ノ丶一丶丶ノ一
3 1 4 3 1 4 3 4 1 4 4 3 1

简（13画）
ノ一丶ノ一丶丶丨フ丨フ一一
3 1 4 3 1 4 4 2 5 2 5 1 1

筷（13画）
ノ一丶ノ一丶丶丶丨フ一ノ丶
3 1 4 3 1 4 4 4 2 5 1 3 4

毁（13画）
ノ丨一フ一一一丨一ノフフ丶
3 2 1 5 1 1 1 2 1 3 5 5 4

舅（13画）
ノ丨一フ一一丨フ一丨一フノ
3 2 1 5 1 1 2 5 1 2 1 5 3

鼠（13画）
ノ丨一フ一一フ丶丶フ丶丶フ
3 2 1 5 1 1 5 4 4 5 4 4 5

牒（13画）
ノ丨一フ一丨丨一フ一丨ノ丶
3 2 1 5 1 2 2 1 5 1 2 3 4

煲（13画）
ノ丨丨フ一一丨ノ丶丶ノノ丶
3 2 2 5 1 1 2 3 4 4 3 3 4

催（13 画）

丿 丨 丨 乛 丨 丿 丨 丶 一 一 一 丨 一

3 2 2 5 2 3 2 4 1 1 1 2 1

傻（13 画）

丿 丨 丿 丨 乛 丿 丶 一 丿 丶 丿 乛 丶

3 2 3 2 5 3 4 1 3 4 3 5 4

像（13 画）

丿 丨 丿 乛 丨 乛 一 丿 乛 丿 丿 丿 丶

3 2 3 5 2 5 1 3 5 3 3 3 4

躲（13 画）

丿 丨 乛 一 一 一 丿 丿 乛 一 丨 丿 丶

3 2 5 1 1 1 3 3 5 1 2 3 4

鹎（13 画）

丿 丨 乛 一 一 丿 一 丨 丿 乛 丶 乛 一

3 2 5 1 1 3 1 2 3 5 4 5 1

魁（13 画）

丿 丨 乛 一 一 丿 乛 乛 丶 丶 丶 一 丨

3 2 5 1 1 3 5 5 4 4 4 1 2

敫（13 画）

丿 丨 乛 一 一 丶 一 乛 丿 丿 一 丿 丶

3 2 5 1 1 4 1 5 3 3 1 3 4

僇（13 画）

丿 丨 乛 丶 一 乛 丶 一 丿 丶 丿 丿 丿

3 2 5 4 1 5 4 1 3 4 3 3 3

衙（13 画）

丿 丿 丨 一 丨 乛 一 丨 乛 一 一 一 丨

3 3 2 1 2 5 1 2 5 1 1 1 2

微（13 画）

丿 丿 丨 丨 乛 丨 一 丿 乛 丿 一 丿 丶

3 3 2 2 5 2 1 3 5 3 1 3 4

徭（13画）

丿丿丨丿丶丶丿丿一一丨𠃍丨

3 3 2 3 4 4 3 3 1 1 2 5 2

愆（13画）

丿丿丨丶丶一一一丨丶𠃍丶丶

3 3 2 4 4 1 1 1 2 4 5 4 4

艄（13画）

丿丿𠃍丶一丶丨丶丿丨𠃍一一

3 3 5 4 1 4 2 4 3 2 5 1 1

觎（13画）

丿丶一丨𠃍一一丨丨丨𠃍丿𠃍

3 4 1 2 5 1 1 2 2 2 5 3 5

毹（13画）

丿丶一丨𠃍一一丨丨丿一一𠃍

3 4 1 2 5 1 1 2 2 3 1 1 5

愈（13画）

丿丶一丨𠃍一一丨丨丶𠃍丶丶

3 4 1 2 5 1 1 2 2 4 5 4 4

遥（13画）

丿丶丶丿丿一一丨𠃍丨丶𠃍丶

3 4 4 3 3 1 1 2 5 2 4 5 4

貊（13画）

丿丶丶丿𠃍丿丿一丿丨𠃍一一

3 4 4 3 5 3 3 1 3 2 5 1 1

貅（13画）

丿丶丶丿𠃍丿丿丿丨一丨丿丶

3 4 4 3 5 3 3 3 2 1 2 3 4

貉（13画）

丿丶丶丿𠃍丿丿丿𠃍丶丨𠃍一

3 4 4 3 5 3 3 3 5 4 2 5 1

颔（13画）
ノ丶丶乛丨乛一一ノ丨乛ノ丶
3 4 4 5 2 5 1 1 3 2 5 3 4

腻（13画）
ノ乛一一一一一丨乛ノ丶乛丶
3 5 1 1 1 1 1 2 5 3 4 5 4

腠（13画）
ノ乛一一一一一ノ丶一一ノ丶
3 5 1 1 1 1 1 3 4 1 1 3 4

腩（13画）
ノ乛一一一丨丨乛丶ノ一一丨
3 5 1 1 1 2 2 5 4 3 1 1 2

腰（13画）
ノ乛一一一丨乛丨丨一乛ノ一
3 5 1 1 1 2 5 2 2 1 5 3 1

腼（13画）
ノ乛一一一ノ丨乛丨丨一一一
3 5 1 1 1 3 2 5 2 2 1 1 1

腽（13画）
ノ乛一一丨乛一一丨乛丨丨一
3 5 1 1 2 5 1 1 2 5 2 2 1

腥（13画）
ノ乛一一丨乛一一ノ一一丨一
3 5 1 1 2 5 1 1 3 1 1 2 1

腮（13画）
ノ乛一一丨乛一丨一丶乛丶丶
3 5 1 1 2 5 1 2 1 4 5 4 4

腭（13画）
ノ乛一一丨乛一丨乛一一一乛
3 5 1 1 2 5 1 2 5 1 1 1 5

腹（13画）
丿 月 月 月 月' 月⁻ 肹 胪 胪 脂 胪 腹 腹
丿 ㇇ 一 一 丿 一 丨 ㇇ 一 一 丿 ㇇ 丶
3 5 1 1 3 1 2 5 1 1 3 5 4

腺（13画）
丿 月 月 月 月' 月' 肑 肑 胪 脾 腺 腺 腺
丿 ㇇ 一 一 丿 丨 ㇇ 一 一 丨 ㇇ 丿 丶
3 5 1 1 3 2 5 1 1 2 5 3 4

腧（13画）
丿 月 月 月 月' 肸 肸 肸 脍 脍 腧 腧 腧
丿 ㇇ 一 一 丿 丶 一 丨 ㇇ 一 一 丨 丨
3 5 1 1 3 4 1 2 5 1 1 2 2

鹏（13画）
丿 月 月 月 刖 朋 朋 朋 朋' 朋' 朋' 鹏 鹏
丿 ㇇ 一 一 丿 ㇇ 一 一 丿 ㇇ 丶 ㇇ 一
3 5 1 1 3 5 1 1 3 5 4 5 1

塍（13画）
丿 月 月 月 月' 月' 肸 胖 胖 朕 朕 塍 塍
丿 ㇇ 一 一 丶 丿 一 一 丿 丶 一 丨 一
3 5 1 1 4 3 1 1 3 4 1 2 1

䁖（13画）
丿 月 月 月 月' 月' 肸 胖 胖 朕 朕 䁖 䁖
丿 ㇇ 一 一 丶 丿 一 一 丿 丶 ㇇ 丿 一
3 5 1 1 4 3 1 1 3 4 5 3 1

腾（13画）
丿 月 月 月 月' 月' 肸 胖 胖 朕 朕 腾 腾
丿 ㇇ 一 一 丶 丿 一 一 丿 丶 ㇇ ㇇ 一
3 5 1 1 4 3 1 1 3 4 5 5 1

腿（13画）
丿 月 月 月 月⁷ 月⁼ 月⁼ 胆 胆 胆 腿 腿 腿
丿 ㇇ 一 一 ㇇ 一 一 ㇇ 丿 丶 丶 ㇇ 丶
3 5 1 1 5 1 1 5 3 4 4 5 4

詹（13画）
丿 ⺈ 𠂊 产 产 产 产 产 詹 詹 詹 詹 詹
丿 ㇇ 一 丿 丿 丶 丶 一 一 一 丨 ㇇ 一
3 5 1 3 3 4 4 1 1 1 2 5 1

鲅（13画）
丿 ⺈ 𠂊 角 角 鱼 鱼 鱼 鱼⁻ 鲂 鲂 鲅 鲅
丿 ㇇ 丨 ㇇ 一 丨 一 一 一 丿 ㇇ 丶 丶
3 5 2 5 1 2 1 1 1 3 5 4 4

鲆（13画）

丿 乛 丨 乛 一 丨 一 一 一 丶 丿 一 丨

3 5 2 5 1 2 1 1 1 4 3 1 2

稣（13画）

丿 乛 丨 乛 一 丨 一 一 丿 一 丨 丿 丶

3 5 2 5 1 2 1 1 3 1 2 3 4

鲇（13画）

丿 乛 丨 乛 一 丨 一 一 丨 一 丨 乛 一

3 5 2 5 1 2 1 1 2 1 2 5 1

鲋（13画）

丿 乛 丨 乛 一 丨 一 一 丿 丨 一 丨 丶

3 5 2 5 1 2 1 1 3 2 1 2 4

鲈（13画）

丿 乛 丨 乛 一 丨 一 一 丨 一 乛 一 丿

3 5 2 5 1 2 1 1 2 1 5 1 3

鲌（13画）

丿 乛 丨 乛 一 丨 一 一 丿 丨 乛 一 一

3 5 2 5 1 2 1 1 3 2 5 1 1

鲉（13画）

丿 乛 丨 乛 一 丨 一 一 丨 乛 一 丨 一

3 5 2 5 1 2 1 1 2 5 1 2 1

鲍（13画）

丿 乛 丨 乛 一 丨 一 一 丿 乛 乛 一 乛

3 5 2 5 1 2 1 1 3 5 5 1 5

鲊（13画）

丿 乛 丨 乛 一 丨 一 一 丿 一 丨 一 一

3 5 2 5 1 2 1 1 3 1 2 1 1

鲅（13画）

丿 乛 丨 乛 一 丨 一 一 乛 丿 丨 乛 丶

3 5 2 5 1 2 1 1 5 3 2 5 4

鲐（13画）

丿 乛 丨 乛 一 丨 一 一 乛 丶 丨 乛 一

3 5 2 5 1 2 1 1 5 4 2 5 1

肄（13画）

丿 乛 丿 一 一 丿 丶 乛 一 一 一 一 丨

3 5 3 1 1 3 4 5 1 1 1 1 2

猿（13画）

丿 乛 丿 一 丨 一 丨 乛 一 丿 乛 丿 丶

3 5 3 1 2 1 2 5 1 3 5 3 4

颖（13画）

丿 乛 丿 一 丨 丿 丶 一 丿 丨 乛 丿 丶

3 5 3 1 2 3 4 1 3 2 5 3 4

鸽（13画）

丿 乛 丿 丨 一 乛 一 一 丿 乛 丶 乛 一

3 5 3 2 1 5 1 1 3 5 4 5 1

飔（13画）

丿 乛 丿 丶 丨 乛 一 丨 一 丶 乛 丶 丶

3 5 3 4 2 5 1 2 1 4 5 4 4

飕（13画）

丿 乛 丿 丶 丿 丨 一 乛 一 一 丨 乛 丶

3 5 3 4 3 2 1 5 1 1 2 5 4

觥（13画）

丿 乛 丿 乛 一 一 丨 丨 丶 丿 一 丿 乛

3 5 3 5 1 1 2 2 4 3 1 3 5

触（13画）

丿 乛 丿 乛 一 一 丨 丨 乛 一 丨 一 丶

3 5 3 5 1 1 2 2 5 1 2 1 4

解（13画）

丿 乛 丿 乛 一 一 丨 乛 丿 丿 一 一 丨

3 5 3 5 1 1 2 5 3 3 1 1 2

遛（13画）
丿乛丶乛丿丨乛一丨一丶乛丶
3 5 4 5 3 2 5 1 2 1 4 5 4

煞（13画）
丿乛乛一一丿一丿丶丶丶丶丶
3 5 5 1 1 3 1 3 4 4 4 4 4

雏（13画）
丿乛乛一一丿丨丶一一一丨一
3 5 5 1 1 3 2 4 1 1 1 2 1

馌（13画）
丿乛乛一丨一乛丶丨乛丨丨一
3 5 5 1 2 1 5 4 2 5 2 2 1

馍（13画）
丿乛乛一丨丨丨乛一一一丿丶
3 5 5 1 2 2 2 5 1 1 1 3 4

馏（13画）
丿乛乛丿乛丶乛丿丨乛一丨一
3 5 5 3 5 4 5 3 2 5 1 2 1

馐（13画）
丿乛乛丶丿一一一丿乛丨一一
3 5 5 4 3 1 1 1 3 5 2 1 1

酱（13画）
丶一丨丿乛丶一丨乛丿乛一一
4 1 2 3 5 4 1 2 5 3 5 1 1

鹑（13画）
丶一丨乛一乛丨一丿乛丶乛一
4 1 2 5 1 5 2 1 3 5 4 5 1

禀（13画）
丶一丨乛丨乛一一一一丨丿丶
4 1 2 5 2 5 1 1 1 1 2 3 4

亶（13 画）

、一丨乛丨乛一一丨乛一一

4 1 2 5 2 5 1 1 2 5 1 1

亶 一 1

廒（13 画）

、一丿一一丨一乛丿丿一丿

4 1 3 1 1 2 1 5 3 3 1 3

廒 、 4

瘃（13 画）

、一丿、一一丿乛丿丿、丿

4 1 3 4 1 1 3 5 3 3 4 3

瘃 、 4

痱（13 画）

、一丿、一丨一一一丨一一

4 1 3 4 1 2 1 1 1 2 1 1

痱 一 1

痹（13 画）

、一丿、一丨乛一丨一一丿

4 1 3 4 1 2 5 1 2 1 1 3

痹 丨 2

痼（13 画）

、一丿、一丨乛一丨丨乛一

4 1 3 4 1 2 5 1 2 2 5 1

痼 一 1

廓（13 画）

、一丿、一丨乛一乛丨一乛

4 1 3 4 1 2 5 1 5 2 1 5

廓 丨 2

痴（13 画）

、一丿、一丿一一丿、丨乛

4 1 3 4 1 3 1 1 3 4 2 5

痴 一 1

痿（13 画）

、一丿、一丿一丨丿、乛丿

4 1 3 4 1 3 1 2 3 4 5 3

痿 一 1

瘐（13 画）

、一丿、一丿丨一乛一一丿

4 1 3 4 1 3 2 1 5 1 1 3

瘐 、 4

瘁（13画）

丶一丿丶一丶一丿丶丿丶一丨

4 1 3 4 1 4 1 3 4 3 4 1 2

瘅（13画）

丶一丿丶一丶丿丨乛一一一丨

4 1 3 4 1 4 3 2 5 1 1 1 2

痰（13画）

丶一丿丶一丶丿丿丶丶丿丿丶

4 1 3 4 1 4 3 3 4 4 3 3 4

瘆（13画）

丶一丿丶一乛丶一丿丶丿丿丿

4 1 3 4 1 5 4 1 3 4 3 3 3

廉（13画）

丶一丿丶丿一乛一一丨丨丿丶

4 1 3 4 3 1 5 1 1 2 2 3 4

鄘（13画）

丶一丿乛一一丨乛一一丨乛丨

4 1 3 5 1 1 2 5 1 1 2 5 2

麂（13画）

丶一丿乛丨丨一一乛丿乛丿乛

4 1 3 5 2 2 1 1 5 3 5 3 5

裔（13画）

丶一丿乛丿丶丨乛丿丶丨乛一

4 1 3 5 3 4 2 5 3 4 2 5 1

靖（13画）

丶一丶丿一一一丨一丨乛一一

4 1 4 3 1 1 1 2 1 2 5 1 1

新（13画）

丶一丶丿一一丨丿丶丿丿一丨

4 1 4 3 1 1 2 3 4 3 3 1 2

鄣（13 画）

丶 亠 亠 亣 立 立 产 音 音 音 竟 章 鄣

丶 一 丶 丿 一 丨 乛 一 一 一 丨 乛 丨

4 1 4 3 1 2 5 1 1 1 2 5 2

歆（13 画）

丶 亠 亠 亣 立 立 产 音 音 音 音 音欠 歆

丶 一 丶 丿 一 丨 乛 一 一 丿 乛 丿 丶

4 1 4 3 1 2 5 1 1 3 5 3 4

韵（13 画）

丶 亠 亠 亣 立 立 产 音 音 音 音 韵 韵

丶 一 丶 丿 一 丨 乛 一 一 丿 乛 丶 一

4 1 4 3 1 2 5 1 1 3 5 4 1

意（13 画）

丶 亠 亠 亣 立 立 产 音 音 音 意 意 意

丶 一 丶 丿 一 丨 乛 一 一 丶 乛 丶 丶

4 1 4 3 1 2 5 1 1 4 5 4 4

旒（13 画）

丶 亠 方 方 方 方 旂 旂 旒 旒 旒 旒 旒

丶 一 乛 丿 丿 一 丶 一 乛 丶 丿 丨 乛

4 1 5 3 3 1 4 1 5 4 3 2 5

雍（13 画）

丶 亠 亠 玄 玄 玄 玄 雍 雍 雍 雍 雍 雍

丶 一 乛 乛 丿 丿 丨 丶 一 一 一 丨 一

4 1 5 5 3 3 2 4 1 1 1 2 1

阖（13 画）

丶 丨 门 门 门 门 阖 阖 阖 阖 阖 阖 阖

丶 丨 乛 一 丨 一 乛 丶 丨 乛 丨 丨 一

4 2 5 1 2 1 5 4 2 5 2 2 1

阗（13 画）

丶 丨 门 门 门 门 阗 阗 阗 阗 阗 阗 阗

丶 丨 乛 一 丨 丨 乛 一 一 一 一 丿 丶

4 2 5 1 2 2 5 1 1 1 1 3 4

阘（13 画）

丶 丨 门 门 门 门 门 阘 阘 阘 阘 阘 阘

丶 丨 乛 丨 乛 一 一 乛 丶 一 乛 丶 一

4 2 5 2 5 1 1 5 4 1 5 4 1

阙（13 画）

丶 丨 门 门 门 门 门 门 阙 阙 阙 阙 阙

丶 丨 乛 丶 丿 一 乛 丨 丿 丿 乛 丿 丶

4 2 5 4 3 1 5 2 3 3 5 3 4

羧（13画）

丶 丿 一 一 一 丿 乛 丶 丿 丶 丿 乛 丶

4 3 1 1 1 3 5 4 3 4 3 5 4

豢（13画）

丶 丿 一 一 丿 丶 一 丿 乛 丿 丿 丿 丶

4 3 1 1 3 4 1 3 5 3 3 3 4

誊（13画）

丶 丿 一 一 丿 丶 丶 一 一 一 丨 乛 一

4 3 1 1 3 4 4 1 1 1 2 5 1

粳（13画）

丶 丿 一 丨 丿 丶 一 丨 乛 一 一 丿 丶

4 3 1 2 3 4 1 2 5 1 1 3 4

粮（13画）

丶 丿 一 丨 丿 丶 丶 乛 一 一 乛 丿 丶

4 3 1 2 3 4 4 5 1 1 5 3 4

数（13画）

丶 丿 一 丨 丿 丶 乛 丿 一 丿 一 丿 丶

4 3 1 2 3 4 5 3 1 3 1 3 4

煎（13画）

丶 丿 一 丨 乛 一 一 丨 丨 丶 丶 丶 丶

4 3 1 2 5 1 1 2 2 4 4 4 4

酞（13画）

丶 丿 一 丨 乛 丿 乛 一 一 一 丿 丶 丶

4 3 1 2 5 3 5 1 1 1 3 4 4

塑（13画）

丶 丿 一 乛 丨 丿 丿 乛 一 一 一 丨 一

4 3 1 5 2 3 3 5 1 1 1 2 1

慈（13画）

丶 丿 一 乛 乛 丶 乛 乛 丶 丶 乛 丶 丶

4 3 1 5 5 4 5 5 4 4 5 4 4

煤（13画）

丶 丿 丿 丶 一 丨 丨 一 一 一 丨 丿
4 3 3 4 1 2 2 1 1 1 2 3
煤
丶
4

煳（13画）

丶 丿 丿 丶 一 丨 丨 𠃍 一 丿 𠃍 一
4 3 3 4 1 2 2 5 1 3 5 1
煳
一
1

煜（13画）

丶 丿 丿 丶 丨 𠃍 一 一 丶 一 丶 丿
4 3 3 4 2 5 1 1 4 1 4 3
煜
一
1

煨（13画）

丶 丿 丿 丶 丨 𠃍 一 丨 一 一 𠃍 丿
4 3 3 4 2 5 1 2 1 1 5 3
煨
丶
4

煅（13画）

丶 丿 丿 丶 丿 丨 一 一 一 丿 𠃍 𠃍
4 3 3 4 3 2 1 1 1 3 5 5
煅
丶
4

煌（13画）

丶 丿 丿 丶 丿 丨 𠃍 一 一 一 一 丨
4 3 3 4 3 2 5 1 1 1 1 2
煌
一
1

煊（13画）

丶 丿 丿 丶 丶 丶 𠃍 一 丨 𠃍 一 一
4 3 3 4 4 4 5 1 2 5 1 1
煊
一
1

煸（13画）

丶 丿 丿 丶 丶 𠃍 一 丿 丨 𠃍 一 丨
4 3 3 4 4 5 1 3 2 5 1 2
煸
丨
2

煺（13画）

丶 丿 丿 丶 𠃍 一 一 𠃍 丿 丶 丶 𠃍
4 3 3 4 5 1 1 5 3 4 4 5
煺
丶
4

滟（13画）

丶 丶 一 一 一 一 丨 丿 𠃍 𠃍 丨 一
4 4 1 1 1 1 2 3 5 5 2 1
滟
𠃍
5

溱
（13画）
丶 冫 氵 汀 汗 浐 涛 浃 浃 溱 溱 溱 溱
丶 丶 一 一 一 一 丿 丶 丿 一 丨 丿 丶
4 4 1 1 1 1 3 4 3 1 2 3 4

溘
（13画）
丶 冫 氵 汀 汁 沣 泣 浐 涪 清 溘 溘 溘
丶 丶 一 一 丨 一 ㇇ 丶 丨 ㇇ 丨 丨 一
4 4 1 1 2 1 5 4 2 5 2 2 1

滠
（13画）
丶 冫 氵 汀 汁 沔 泪 洱 渖 滠 滠 滠 滠
丶 丶 一 一 丨 丨 一 一 一 ㇇ 丶 ㇇ 丶
4 4 1 1 2 2 1 1 1 5 4 5 4

满
（13画）
丶 冫 氵 汀 汁 汫 泄 浀 渮 满 满 满 满
丶 丶 一 一 丨 丨 一 丨 ㇇ 丿 丶 丿 丶
4 4 1 1 2 2 1 2 5 3 4 3 4

漭
（13画）
丶 冫 氵 汀 汁 汫 泄 浐 涣 涣 漭 漭 漭
丶 丶 一 一 丨 丨 一 丿 丶 丶 一 丿 丨
4 4 1 1 2 2 1 3 4 4 1 3 2

漠
（13画）
丶 冫 氵 汀 汁 汫 泄 浀 渮 渮 漠 漠 漠
丶 丶 一 一 丨 丨 丨 ㇇ 一 一 一 丿 丶
4 4 1 1 2 2 2 5 1 1 1 3 4

滢
（13画）
丶 冫 氵 汀 汁 汫 泄 泞 泞 泞 滢 滢 滢
丶 丶 一 一 丨 丨 丶 ㇇ 一 一 丨 一 丶
4 4 1 1 2 2 4 5 1 1 2 1 4

滇
（13画）
丶 冫 氵 汀 汁 汁 泊 泊 涫 涫 滇 滇 滇
丶 丶 一 一 丨 丨 ㇇ 一 一 一 一 丿 丶
4 4 1 1 2 2 5 1 1 1 1 3 4

溥
（13画）
丶 冫 氵 汀 汀 沔 洹 洹 浦 浦 溥 溥 溥
丶 丶 一 一 丨 ㇇ 一 一 丨 丶 一 丨 丶
4 4 1 1 2 5 1 1 2 4 1 2 4

溧
（13画）
丶 冫 氵 汀 汀 沔 洒 洒 洒 洒 溧 溧 溧
丶 丶 一 一 丨 ㇇ 丨 丨 一 一 丨 丿 丶
4 4 1 1 2 5 2 2 1 1 2 3 4

溽（13 画）
丶 丷 氵 汇 沂 沪 泝 泝 泝 泝 溽 溽 溽
丶丶一一丿一一乛丿丶一丨丶
4 4 1 1 3 1 1 5 3 4 1 2 4

源（13 画）
丶 丷 氵 汇 沂 沂 沂 沥 洉 洉 源 源 源
丶丶一一丿丿丨乛一一丨丿丶
4 4 1 1 3 3 2 5 1 1 2 3 4

滤（13 画）
丶 丷 氵 氵 汁 汁 泸 泸 浐 浐 滤 滤 滤
丶丶一丨一乛丿一乛丶乛丶丶
4 4 1 2 1 5 3 1 5 4 5 4 4

滥（13 画）
丶 丷 氵 氵 氵 泄 泄 泄 泄 滥 滥 滥 滥
丶丶一丨丨丿一丶丨乛丨丨一
4 4 1 2 2 3 1 4 2 5 2 2 1

裟（13 画）
丶 丷 氵 氵 氵 氵 沙 沙 沙 浊 裟 裟 裟
丶丶一丨丿丶丿丶一丿乛丿丶
4 4 1 2 3 4 3 4 1 3 5 3 4

溻（13 画）
丶 丷 氵 氵 氵 氵 氵 浔 浔 浔 湿 溻 溻
丶丶一丨乛一一乛丶一乛丶一
4 4 1 2 5 1 1 5 4 1 5 4 1

溷（13 画）
丶 丷 氵 氵 汀 汩 汩 洆 洆 洆 溷 溷 溷
丶丶一丨乛一丿乛丿丿丿丶一
4 4 1 2 5 1 3 5 3 3 3 4 1

溦（13 画）
丶 丷 氵 氵 氵 氵 氵 氵 涚 涚 湚 溦 溦
丶丶一丨乛丨一丿乛丿一丿丶
4 4 1 2 5 2 1 3 5 3 1 3 4

滗（13 画）
丶 丷 氵 氵 氵 氵 氵 氵 氵 涔 涔 滗 滗
丶丶一丿一丶丿一丶丿一一乛
4 4 1 3 1 4 3 1 4 3 1 1 5

滫（13 画）
丶 丷 氵 氵 氵 氵 氵 氵 氵 氵 滫 滫 滫
丶丶一丿丨丨丿乛丶丨乛一一
4 4 1 3 2 2 3 5 4 2 5 1 1

溴（13画）

丶 丶 一 丿 丨 乛 一 一 一 一 丿 丶 丶

4 4 1 3 2 5 1 1 1 1 3 4 4

滏（13画）

丶 丶 一 丿 丶 丿 丶 一 一 丨 丶 丿 一

4 4 1 3 4 3 4 1 1 2 4 3 1

滔（13画）

丶 丶 一 丿 丶 丶 丿 丿 丨 一 乛 一 一

4 4 1 3 4 4 3 3 2 1 5 1 1

溪（13画）

丶 丶 一 丿 丶 丶 丿 乛 乛 丶 一 丿 丶

4 4 1 3 4 4 3 5 5 4 1 3 4

滃（13画）

丶 丶 一 丿 丶 乛 丶 乛 丶 一 乛 丶 一

4 4 1 3 4 5 4 5 4 1 5 4 1

溜（13画）

丶 丶 一 丿 乛 丶 乛 丿 丨 乛 一 丨 一

4 4 1 3 5 4 5 3 2 5 1 2 1

滦（13画）

丶 丶 一 丶 一 丨 丨 丿 丶 一 丨 丿 丶

4 4 1 4 1 2 2 3 4 1 2 3 4

漓（13画）

丶 丶 一 丶 一 丿 丶 乛 丨 丨 乛 乛 丶

4 4 1 4 1 3 4 5 2 2 5 5 4

滚（13画）

丶 丶 一 丶 一 丿 丶 乛 丶 丿 乛 丿 丶

4 4 1 4 1 3 4 5 4 3 5 3 4

溏（13画）

丶 丶 一 丶 一 丿 乛 一 一 丨 丨 乛 一

4 4 1 4 1 3 5 1 1 2 2 5 1

滂（13画）
丶 丶 一 丶 一 丶 ノ 丶 乛 丶 一 乛 ノ
4 4 1 4 1 4 3 4 5 4 1 5 3

溢（13画）
丶 丶 一 丶 ノ 一 ノ 丶 丨 乛 丨 丨 一
4 4 1 4 3 1 3 4 2 5 2 2 1

溯（13画）
丶 丶 一 丶 ノ 一 乛 丨 ノ ノ 乛 一 一
4 4 1 4 3 1 5 2 3 3 5 1 1

滨（13画）
丶 丶 一 丶 丶 乛 ノ 丨 一 丨 一 ノ 丶
4 4 1 4 4 5 3 2 1 2 1 3 4

溶（13画）
丶 丶 一 丶 丶 乛 ノ 丶 ノ 丶 丨 乛 一
4 4 1 4 4 5 3 4 3 4 2 5 1

滓（13画）
丶 丶 一 丶 丶 乛 丶 一 丶 ノ 一 一 丨
4 4 1 4 4 5 4 1 4 3 1 1 2

溟（13画）
丶 丶 一 丶 乛 丨 乛 一 一 丶 一 ノ 丶
4 4 1 4 5 2 5 1 1 4 1 3 4

滘（13画）
丶 丶 一 丶 乛 ノ 丶 一 丨 一 丨 乛 一
4 4 1 4 5 3 4 1 2 1 2 5 1

溺（13画）
丶 丶 一 乛 一 乛 丶 一 乛 一 乛 丶 一
4 4 1 5 1 5 4 1 5 1 5 4 1

滍（13画）
丶 丶 一 乛 丨 丨 一 丨 乛 一 丨 一 丶
4 4 1 5 2 2 1 2 5 1 2 1 4

梁（13 画）

丶 冫 氵 汈 汈 汈 汈 汈 汈 㳨 梁 梁 梁

丶 丶 一 ㇆ 丿 丶 丶 丶 丿 一 丨 丿 丶

4 4 1 5 3 4 4 4 3 1 2 3 4

滩（13 画）

丶 冫 氵 汉 汉 汉 汉 汉 汉 滩 滩 滩 滩

丶 丶 一 ㇇ 丶 丿 丨 丶 一 一 一 丨 一

4 4 1 5 4 3 2 4 1 1 1 2 1

滪（13 画）

丶 冫 氵 汀 汀 汿 抒 浐 浐 浐 浐 滪 滪

丶 丶 一 ㇇ 丶 ㇇ 丨 一 丿 丨 ㇇ 丿 丶

4 4 1 5 4 5 2 1 3 2 5 3 4

愫（13 画）

丶 丷 忄 忄 忄 忄 忄 忄 忄 愫 愫 愫 愫

丶 丶 丨 一 一 丨 一 ㇕ ㇕ 丶 丨 丿 丶

4 4 2 1 1 2 1 5 5 4 2 3 4

慑（13 画）

丶 丷 忄 忄 忄 忄 忄 忄 忄 慑 慑 慑 慑

丶 丶 丨 一 丨 丨 一 一 一 ㇕ 丶 ㇕ 丶

4 4 2 1 2 2 1 1 1 5 4 5 4

慎（13 画）

丶 丷 忄 忄 忄 忄 恄 恄 恄 慎 慎 慎 慎

丶 丶 丨 一 丨 丨 ㇕ 一 一 一 一 丿 丶

4 4 2 1 2 2 5 1 1 1 1 3 4

慥（13 画）

丶 丷 忄 忄 忄 忄 忄 忄 忄 悎 悎 慥 慥

丶 丶 丨 丿 一 丨 一 丨 ㇕ 一 丶 ㇕ 丶

4 4 2 3 1 2 1 2 5 1 4 5 4

慊（13 画）

丶 丷 忄 忄 忄 忄 忄 忄 忄 慊 慊 慊 慊

丶 丶 丨 丶 丿 一 ㇕ 一 一 丨 丨 丿 丶

4 4 2 4 3 1 5 1 1 2 2 3 4

誉（13 画）

丶 丷 ⺌ 兴 兴 兴 兴 誉 誉 誉 誉 誉 誉

丶 丶 丿 一 丿 丶 丶 一 一 一 丨 ㇕ 一

4 4 3 1 3 4 4 1 1 1 2 5 1

鲎（13 画）

丶 丷 ⺌ 𭕄 学 学 学 学 鲎 鲎 鲎 鲎 鲎

丶 丶 丿 丶 ㇇ 丿 ㇇ 丨 ㇕ 一 丨 一 一

4 4 3 4 5 3 5 2 5 1 2 1 1

塞（13画）
丶 丶 冖 一 一 丨 丨 一 丿 丶 一 丨 一
4 4 5 1 1 2 2 1 3 4 1 2 1

骞（13画）
丶 丶 冖 一 一 丨 丨 一 丿 丶 乛 乛 一
4 4 5 1 1 2 2 1 3 4 5 5 1

寞（13画）
丶 丶 冖 一 丨 丨 丨 乛 一 一 一 丿 丶
4 4 5 1 2 2 2 5 1 1 1 3 4

窥（13画）
丶 丶 乛 丿 丶 一 一 丿 丶 丨 乛 丿 乛
4 4 5 3 4 1 1 3 4 2 5 3 5

窦（13画）
丶 丶 乛 丿 丶 一 丨 乛 丶 丶 一 丿 丶
4 4 5 3 4 1 2 5 4 4 1 3 4

窠（13画）
丶 丶 乛 丿 丶 丨 乛 一 一 一 丨 丿 丶
4 4 5 3 4 2 5 1 1 1 2 3 4

窣（13画）
丶 丶 乛 丿 丶 丶 一 丿 丶 丿 丶 一 丨
4 4 5 3 4 4 1 3 4 3 4 1 2

窟（13画）
丶 丶 乛 丿 丶 乛 一 丿 乛 丨 丨 乛 丨
4 4 5 3 4 5 1 3 5 2 2 5 2

寝（13画）
丶 丶 乛 丶 一 丨 乛 一 一 丶 乛 乛 丶
4 4 5 4 1 2 5 1 1 4 5 5 4

谨（13画）
丶 乛 一 丨 丨 一 丨 乛 一 一 一 丨 一
4 5 1 2 2 1 2 5 1 1 1 2 1

裱（13画）
丶フ丨ノ丶一一丨一ノフノ丶
4 5 2 3 4 1 1 2 1 3 5 3 4

褂（13画）
丶フ丨ノ丶一丨一一丨一丨丶
4 5 2 3 4 1 2 1 1 2 1 2 4

褚（13画）
丶フ丨ノ丶一丨一ノ丨フ一一
4 5 2 3 4 1 2 1 3 2 5 1 1

裸（13画）
丶フ丨ノ丶丨フ一一一丨ノ丶
4 5 2 3 4 2 5 1 1 1 2 3 4

裼（13画）
丶フ丨ノ丶丨フ一一ノフノノ
4 5 2 3 4 2 5 1 1 3 5 3 3

裨（13画）
丶フ丨ノ丶ノ丨フ一一ノ一丨
4 5 2 3 4 3 2 5 1 1 3 1 2

裾（13画）
丶フ丨ノ丶フ一ノ一丨丨フ一
4 5 2 3 4 5 1 3 1 2 2 5 1

裰（13画）
丶フ丨ノ丶フ丶フ丶フ丶フ丶
4 5 2 3 4 5 4 5 4 5 4 5 4

禊（13画）
丶フ丨丶一一一丨フノ一ノ丶
4 5 2 4 1 1 1 2 5 3 1 3 4

福（13画）
丶フ丨丶一丨フ一丨フ一丨一
4 5 2 4 1 2 5 1 2 5 1 2 1

谩（13画）

丶乛丨乛一一丨乛丨丨一乛丶

4 5 2 5 1 1 2 5 2 2 1 5 4

谪（13画）

丶乛丶一丶丿丨乛一丨丨乛一

4 5 4 1 4 3 2 5 1 2 2 5 1

谫（13画）

丶乛丶丿一丨乛一一丨丨乛丿

4 5 4 3 1 2 5 1 1 2 2 5 3

谬（13画）

丶乛乛丶一乛丶一丿丶丿丿丿

4 5 5 4 1 5 4 1 3 4 3 3 3

群（13画）

乛一一丿丨乛一丶丿一一一丨

5 1 1 3 2 5 1 4 3 1 1 1 2

殿（13画）

乛一丿一丨丨一丿丶丿乛乛丶

5 1 3 1 2 2 1 3 4 3 5 5 4

辟（13画）

乛一丿丨乛一丶一丶丿一一丨

5 1 3 2 5 1 4 1 4 3 1 1 2

障（13画）

乛丨丶一丶丿一丨乛一一一丨

5 2 4 1 4 3 1 2 5 1 1 1 2

媾（13画）

乛丿一一一丨丨一丨乛丨一一

5 3 1 1 1 2 2 1 2 5 2 1 1

嫫（13画）

乛丿一一丨丨丨乛一一一丿丶

5 3 1 1 2 2 2 5 1 1 1 3 4

媳（13 画）

乛 丿 一 丿 丨 乛 一 一 一 丶 乛 丶 丶

5 3 1 3 2 5 1 1 1 4 5 4 4

媲（13 画）

乛 丿 一 丿 丨 乛 丿 丶 一 一 乛 丿 乛

5 3 1 3 2 5 3 4 1 1 5 3 5

嫒（13 画）

乛 丿 一 丿 丶 丶 丿 丶 乛 一 丿 乛 丶

5 3 1 3 4 4 3 4 5 1 3 5 4

嫉（13 画）

乛 丿 一 丶 一 丿 丶 一 丿 一 一 丿 丶

5 3 1 4 1 3 4 1 3 1 1 3 4

嫌（13 画）

乛 丿 一 丶 丿 一 乛 一 一 丨 丨 丿 丶

5 3 1 4 3 1 5 1 1 2 2 3 4

嫁（13 画）

乛 丿 一 丶 丶 乛 一 丿 乛 丿 丿 丿 丶

5 3 1 4 4 5 1 3 5 3 3 3 4

嫔（13 画）

乛 丿 一 丶 丶 乛 丿 丨 一 丨 一 丿 丶

5 3 1 4 4 5 3 2 1 2 1 3 4

媸（13 画）

乛 丿 一 乛 丨 丨 一 丨 乛 一 丨 一 丶

5 3 1 5 2 2 1 2 5 1 2 1 4

叠（13 画）

乛 丶 乛 丶 乛 丶 丶 乛 丨 乛 一 一 一

5 4 5 4 5 4 4 5 2 5 1 1 1

缙（13 画）

乛 乛 一 一 丨 丨 丶 丿 一 丨 乛 一 一

5 5 1 1 2 2 4 3 1 2 5 1 1

缜（13 画）

乛乛一一丨丨乛一一一一丿丶

5 5 1 1 2 2 5 1 1 1 1 3 4

缚（13 画）

乛乛一一丨乛一一丨丶一丨丶

5 5 1 1 2 5 1 1 2 4 1 2 4

缛（13 画）

乛乛一一丿一一乛丿丶一丨丶

5 5 1 1 3 1 1 5 3 4 1 2 4

缙（13 画）

乛乛一一乛一丨乛乛一丨乛一

5 5 1 1 5 1 2 5 5 1 2 5 1

缝（13 画）

乛乛一丿乛丶一一一丨丶乛丶

5 5 1 3 5 4 1 1 1 2 4 5 4

骝（13 画）

乛乛一丿乛丶乛丿丨乛一丨一

5 5 1 3 5 4 5 3 2 5 1 2 1

缟（13 画）

乛乛一丶一丨乛一丨乛丨乛一

5 5 1 4 1 2 5 1 2 5 2 5 1

缠（13 画）

乛乛一丶一丿丨乛一一丨一一

5 5 1 4 1 3 2 5 1 1 2 1 1

缡（13 画）

乛乛一丶一丿丶乛丨丨乛乛丶

5 5 1 4 1 3 4 5 2 2 5 5 4

缢（13 画）

乛乛一丶丿一丿丶丨乛丨丨一

5 5 1 4 3 1 3 4 2 5 2 2 1

字	笔顺	笔顺编号
缣（13画）	乛乛一丶丿一乛一一丨丨丿丶	5 5 1 4 3 1 5 1 1 2 2 3 4
缤（13画）	乛乛一丶丶乛丿丨一丨一丿丶	5 5 1 4 4 5 3 2 1 2 1 3 4
骟（13画）	乛乛一丶乛一丿乛丶一乛丶一	5 5 1 4 5 1 3 5 4 1 5 4 1
剿（13画）	乛乛乛丨乛一一一丨丿丶丨丨	5 5 5 2 5 1 1 1 2 3 4 2 2
耥（14画）	一一一丨丿丶丨丶丿丨乛丨乛一	1 1 1 2 3 4 2 4 3 2 5 2 5 1
璈（14画）	一一丨一一一丨一乛丿丿一丿丶	1 1 2 1 1 1 2 1 5 3 3 1 3 4
静（14画）	一一丨一丨乛一一丿乛乛一一丨	1 1 2 1 2 5 1 1 3 5 5 1 1 2
碧（14画）	一一丨一丿丨乛一一一丿丨乛一	1 1 2 1 3 2 5 1 1 1 3 2 5 1
瑶（14画）	一一丨一丿丶丶丿丿一一丨乛丨	1 1 2 1 3 4 4 3 3 1 1 2 5 2
璃（14画）	一一丨一丶一丿丶乛丨丨乛乛丶	1 1 2 1 4 1 3 4 5 2 2 5 5 4

塘（14 画）

一一丨一丶一丿乛一一丨丨乛一

1 1 2 1 4 1 3 5 1 1 2 2 5 1

瑢（14 画）

一一丨一丶丶乛丿丶丿丶丨乛一

1 1 2 1 4 4 5 3 4 3 4 2 5 1

獒（14 画）

一一丨一乛丿丿一丿丶一丿丶丶

1 1 2 1 5 3 3 1 3 4 1 3 4 4

赘（14 画）

一一丨一乛丿丿一丿丶丨乛丿丶

1 1 2 1 5 3 3 1 3 4 2 5 3 4

熬（14 画）

一一丨一乛丿丿一丿丶丶丶丶丶

1 1 2 1 5 3 3 1 3 4 4 4 4 4

觏（14 画）

一一丨丨一丨乛丨一一丨乛丿乛

1 1 2 2 1 2 5 2 1 1 2 5 3 5

慝（14 画）

一一丨丨一丿丨乛一乛丶乛丶丶

1 1 2 2 1 3 2 5 1 5 4 5 4 4

嫠（14 画）

一一丨丿丶丿一丿丶一丿乛丿一

1 1 2 3 4 3 1 3 4 1 3 5 3 1

韬（14 画）

一一乛丨丿丶丶丿丿丨一乛一一

1 1 5 2 3 4 4 3 3 2 1 5 1 1

髦（14 画）

一丨一一一乛丶丿丿丿丿一一乛

1 2 1 1 1 5 4 3 3 3 3 1 1 5

墈（14 画）

一丨一一丨丨一一一丿丶乛乛丿

1 2 1 1 2 2 1 1 1 3 4 5 5 3

墙（14 画）

一丨一一丨丶丿一丨乛丨乛一一

1 2 1 1 2 4 3 1 2 5 2 5 1 1

摽（14 画）

一丨一一丨乛丨丨一一一丨丿丶

1 2 1 1 2 5 2 2 1 1 1 2 3 4

墟（14 画）

一丨一丨一乛丿一乛丨丨丶丿一

1 2 1 2 1 5 3 1 5 2 2 4 3 1

墁（14 画）

一丨一丨乛一一丨乛丨丨一乛丶

1 2 1 2 5 1 1 2 5 2 2 1 5 4

撂（14 画）

一丨一丨乛一丨一丿乛丶丨乛一

1 2 1 2 5 1 2 1 3 5 4 2 5 1

摞（14 画）

一丨一丨乛一丨一乛乛丶丨丿丶

1 2 1 2 5 1 2 1 5 5 4 2 3 4

嘉（14 画）

一丨一丨乛一丶丿一乛丿丨乛一

1 2 1 2 5 1 4 3 1 5 3 2 5 1

摧（14 画）

一丨一丨乛丨丿丨丶一一一丨一

1 2 1 2 5 2 3 2 4 1 1 1 2 1

撄（14 画）

一丨一丨乛丿丶丨乛丿丶乛丿一

1 2 1 2 5 3 4 2 5 3 4 5 3 1

赫（14 画）

一丨一丿丨丿丶一丨一丿丨丿丶

1 2 1 3 2 3 4 1 2 1 3 2 3 4

截（14 画）

一丨一丿丨丶一一一丨一乛丿丶

1 2 1 3 2 4 1 1 1 2 1 5 3 4

翥（14 画）

一丨一丿丨乛一一乛丶一乛丶一

1 2 1 3 2 5 1 1 5 4 1 5 4 1

踅（14 画）

一丨一丿丿一丨丨乛一丨一丿丶

1 2 1 3 3 1 2 2 5 1 2 1 3 4

誓（14 画）

一丨一丿丿一丨丶一一一丨乛一

1 2 1 3 3 1 2 4 1 1 1 2 5 1

銎（14 画）

一丨一丿乛丶丿丶一一丨丶丿一

1 2 1 3 5 4 3 4 1 1 2 4 3 1

摭（14 画）

一丨一丶一丿一丨丨一丶丶丶丶

1 2 1 4 1 3 1 2 2 1 4 4 4 4

墉（14 画）

一丨一丶一丿乛一一丨乛一一丨

1 2 1 4 1 3 5 1 1 2 5 1 1 2

境（14 画）

一丨一丶一丶丿一丨乛一一丿乛

1 2 1 4 1 4 3 1 2 5 1 1 3 5

摘（14 画）

一丨一丶一丶丿丨乛一丨丨乛一

1 2 1 4 1 4 3 2 5 1 2 2 5 1

墒（14画）

一丨一丶一丶丿丨乛丿丶丨乛一

1 2 1 4 1 4 3 2 5 3 4 2 5 1

摔（14画）

一丨一丶一乛乛丶丶一丿丶一丨

1 2 1 4 1 5 5 4 4 1 3 4 1 2

撇（14画）

一丨一丶丿丨乛丨丿丶丿一丿丶

1 2 1 4 3 2 5 2 3 4 3 1 3 4

榖（14画）

一丨一丶乛一一丨丿丶丿乛乛丶

1 2 1 4 5 1 1 2 3 4 3 5 5 4

撖（14画）

一丨一乛一丨丨一一一丿一丿丶

1 2 1 5 1 2 2 1 1 1 3 1 3 4

摺（14画）

一丨一乛丶一乛丶一丿丨乛一一

1 2 1 5 4 1 5 4 1 3 2 5 1 1

綦（14画）

一丨丨一一一丿丶乛乛丶丨丿丶

1 2 2 1 1 1 3 4 5 5 4 2 3 4

聚（14画）

一丨丨一一一乛丶丿丨丿丿丿丶

1 2 2 1 1 1 5 4 3 2 3 3 3 4

蔫（14画）

一丨丨一丨一丨一一乛丶丶丶丶

1 2 2 1 2 1 2 1 1 5 4 4 4 4

蔷（14画）

一丨丨一丨丶丿一丨乛丨乛一一

1 2 2 1 2 4 3 1 2 5 2 5 1 1

靺（14 画）

一丨丨一丨乛一一丨一一丨丿丶

1 2 2 1 2 5 1 1 2 1 1 2 3 4

靼（14 画）

一丨丨一丨乛一一丨丨乛一一一

1 2 2 1 2 5 1 1 2 2 5 1 1 1

鞅（14 画）

一丨丨一丨乛一一丨丨乛一丿丶

1 2 2 1 2 5 1 1 2 2 5 1 3 4

靽（14 画）

一丨丨一丨乛一一丨丶丿一一丨

1 2 2 1 2 5 1 1 2 4 3 1 1 2

鞁（14 画）

一丨丨一丨乛一一丨乛丿丨乛丶

1 2 2 1 2 5 1 1 2 5 3 2 5 4

靿（14 画）

一丨丨一丨乛一一丨乛乛丶乛丿

1 2 2 1 2 5 1 1 2 5 5 4 5 3

蔌（14 画）

一丨丨一丨乛一丨丿丶丿乛丿丶

1 2 2 1 2 5 1 2 3 4 3 5 3 4

慕（14 画）

一丨丨丨乛一一一丿丶丨丶丶丶

1 2 2 2 5 1 1 1 3 4 2 4 4 4

暮（14 画）

一丨丨丨乛一一一丿丶丨乛一一

1 2 2 2 5 1 1 1 3 4 2 5 1 1

摹（14 画）

一丨丨丨乛一一一丿丶丿一一丨

1 2 2 2 5 1 1 1 3 4 3 1 1 2

蔓（14画）
一丨丨丨乛一一丨乛丨丨一乛丶
1 2 2 2 5 1 1 2 5 2 2 1 5 4

蔑（14画）
一丨丨丨乛丨丨一一丿丶乛丿丶
1 2 2 2 5 2 2 1 1 3 4 5 3 4

甍（14画）
一丨丨丨乛丨丨一丶乛一乛乛丶
1 2 2 2 5 2 2 1 4 5 1 5 5 4

蒐（14画）
一丨丨丿丨乛一一丿乛乛一丿乛
1 2 2 3 2 5 1 1 3 5 5 1 3 5

蓰（14画）
一丨丨丿丿丨丨一丨一丨一丿丶
1 2 2 3 3 2 2 1 2 1 2 1 3 4

蔹（14画）
一丨丨丿丶一丶丶丿一丿一丿丶
1 2 2 3 4 1 4 4 3 1 3 1 3 4

蔡（14画）
一丨丨丿乛丶丶乛丶一一丨丿丶
1 2 2 3 5 4 4 5 4 1 1 2 3 4

蔗（14画）
一丨丨丶一丿一丨丨一丶丶丶丶
1 2 2 4 1 3 1 2 2 1 4 4 4 4

蔟（14画）
一丨丨丶一乛丿丿一丿一一丿丶
1 2 2 4 1 5 3 3 1 3 1 1 3 4

蔺（14画）
一丨丨丶丨乛丿丨丶一一一丨一
1 2 2 4 2 5 3 2 4 1 1 1 2 1

戳（14 画）

一丨丨丶丿一丨乛一一一乛丿丶

1 2 2 4 3 1 2 5 1 1 1 5 3 4

蔽（14 画）

一丨丨丶丿丨乛丨丿丶丿一丿丶

1 2 2 4 3 2 5 2 3 4 3 1 3 4

蕖（14 画）

一丨丨丶丶一一乛一乛一丨丿丶

1 2 2 4 4 1 1 5 1 5 1 2 3 4

蔻（14 画）

一丨丨丶丶乛一一丿乛丨一乛丶

1 2 2 4 4 5 1 1 3 5 2 1 5 4

蓿（14 画）

一丨丨丶丶乛丿丨一丿丨乛一一

1 2 2 4 4 5 3 2 1 3 2 5 1 1

藹（14 画）

一丨丨丶乛丨乛一一丿乛丿丶乛

1 2 2 4 5 2 5 1 1 3 5 3 4 5

斡（14 画）

一丨丨乛一一一丨丿丶丶丶一丨

1 2 2 5 1 1 1 2 3 4 4 4 1 2

熙（14 画）

一丨丨乛一丨乛乛一乛丶丶丶丶

1 2 2 5 1 2 5 5 1 5 4 4 4 4

蔚（14 画）

一丨丨乛一丿一一丨丿丶一丨丶

1 2 2 5 1 3 1 1 2 3 4 1 2 4

鹕（14 画）

一丨丨乛一丿乛一一丿乛丶乛一

1 2 2 5 1 3 5 1 1 3 5 4 5 1

兢（14画）
一丨丨乛一丿乛一丨丨乛一丿乛
1 2 2 5 1 3 5 1 2 2 5 1 3 5

嘏（14画）
一丨丨乛一乛一丨一一乛一乛丶
1 2 2 5 1 5 1 2 1 1 5 1 5 4

蓼（14画）
一丨丨乛丶一乛丶一丿丶丿丿丿
1 2 2 5 4 1 5 4 1 3 4 3 3 3

榛（14画）
一丨丿丶一一一丿丶丿一丨丿丶
1 2 3 4 1 1 1 3 4 3 1 2 3 4

榧（14画）
一丨丿丶一丨一一一丨一一一乛
1 2 3 4 1 2 1 1 1 2 1 1 1 5

模（14画）
一丨丿丶一丨丨丨乛一一一丿丶
1 2 3 4 1 2 2 2 5 1 1 1 3 4

槚（14画）
一丨丿丶一丨乛丨丨一丨乛丿丶
1 2 3 4 1 2 5 2 2 1 2 5 3 4

槛（14画）
一丨丿丶丨丨丿一丶丨乛丨丨一
1 2 3 4 2 2 3 1 4 2 5 2 2 1

榻（14画）
一丨丿丶丨乛一一乛丶一乛丶一
1 2 3 4 2 5 1 1 5 4 1 5 4 1

榫（14画）
一丨丿丶丿丨丶一一一丨一一丨
1 2 3 4 3 2 4 1 1 1 2 1 1 2

榪（14画）
一丨丿丶丿丨丶一一一丨一一丿
1 2 3 4 3 2 4 1 1 1 2 1 5 3

榜（14画）
一丨丿丶丶一丶丿丶乛丶一乛丿
1 2 3 4 4 1 4 3 4 5 4 1 5 3

榭（14画）
一丨丿丶丿丨乛一一一丿一丨丶
1 2 3 4 3 2 5 1 1 1 3 1 2 4

槟（14画）
一丨丿丶丶丶乛丿丨一丨一丿丶
1 2 3 4 4 4 5 3 2 1 2 1 3 4

槔（14画）
一丨丿丶丿丨乛一一一丿丶一丨
1 2 3 4 3 2 5 1 1 1 3 4 1 2

榨（14画）
一丨丿丶丶丶乛丿丶丿一丨一一
1 2 3 4 4 4 5 3 4 3 1 2 1 1

榴（14画）
一丨丿丶丿乛丶乛丿丨乛一丨一
1 2 3 4 3 5 4 5 3 2 5 1 2 1

榕（14画）
一丨丿丶丶丶乛丿丶丿丶丨乛一
1 2 3 4 4 4 5 3 4 3 4 2 5 1

槁（14画）
一丨丿丶丶一丨乛一丨乛丨乛一
1 2 3 4 4 1 2 5 1 2 5 2 5 1

槠（14画）
一丨丿丶丶乛一丨一丿丨乛一一
1 2 3 4 4 5 1 2 1 3 2 5 1 1

榷（14 画）

一 十 才 木 木 杧 杧 杧 杧 桙 桙 榷
一丨丿丶丶乛丿丨丶一一一
1 2 3 4 4 5 3 2 4 1 1 1
榷榷
丨一
2 1

榍（14 画）

一 十 才 木 杚 杛 杤 栎 栎 栘 栘 榍
一丨丿丶乛一丿丨丶丿丨乛
1 2 3 4 5 1 3 2 4 3 2 5
榍榍
一一
1 1

歌（14 画）

一 丁 丅 可 可 哥 哥 哥 哥 哥 哥 歌
一丨乛一丨一丨乛一丨丿乛
1 2 5 1 2 1 2 5 1 2 3 5
歌歌
丿丶
3 4

遭（14 画）

一 丆 丙 两 曲 曲 曲 曹 曹 曹 曹 曹
一丨乛一丨丨一丨乛一一丶
1 2 5 1 2 2 1 2 5 1 1 4
遭遭
乛丶
5 4

僰（14 画）

一 丅 可 市 朿 朿 朿 朿 朿 棘 棘 棘
一丨乛丨丿丶一丨乛丨丿丶
1 2 5 2 3 4 1 2 5 2 3 4
僰僰
丿丶
3 4

酵（14 画）

一 丆 币 丙 西 西 酉 酉 酎 酎 酵 酵
一丨乛丿乛一一一丨一丿乛
1 2 5 3 5 1 1 1 2 1 3 5
酵酵
丨一
2 1

酽（14 画）

一 丆 币 丙 西 西 酉 酉 酉 酉 酉 酽
一丨乛丿乛一一一丨丨丶丿
1 2 5 3 5 1 1 1 2 2 4 3
酽酽
一丿
1 3

酾（14 画）

一 丆 币 丙 西 西 酉 酉 酉 酉 酾 酾
一丨乛丿乛一一一丨乛丶丨
1 2 5 3 5 1 1 1 2 5 4 2
酾酾
乛丶
5 4

酲（14 画）

一 丆 币 丙 西 西 酉 酉 酉 酉 酲 酲
一丨乛丿乛一一丨乛一一一
1 2 5 3 5 1 1 2 5 1 1 1
酲酲
丨一
2 1

酷（14 画）

一 丆 币 丙 西 西 酉 酉 酉 酎 酷 酷
一丨乛丿乛一一丿一丨一丨
1 2 5 3 5 1 1 3 1 2 1 2
酷酷
乛一
5 1

酶（14 画）

一丨乛丿乛一一丿一乛乛丶 一丶

1 2 5 3 5 1 1 3 1 5 5 4 1 4

酴（14 画）

一丨乛丿乛一一丿丶一一丨 丿丶

1 2 5 3 5 1 1 3 4 1 1 2 3 4

酹（14 画）

一丨乛丿乛一一丿丶丶丿一 丨丶

1 2 5 3 5 1 1 3 4 4 3 1 2 4

酿（14 画）

一丨乛丿乛一一丶乛一一乛 丿丶

1 2 5 3 5 1 1 4 5 1 1 5 3 4

酸（14 画）

一丨乛丿乛一一乛丶丿丶丿 乛丶

1 2 5 3 5 1 1 5 4 3 4 3 5 4

厮（14 画）

一丿一丨丨一一一丿丶丿丿 一丨

1 3 1 2 2 1 1 1 3 4 3 3 1 2

碶（14 画）

一丿丨乛一一一一丨乛丿一 丿丶

1 3 2 5 1 1 1 1 2 5 3 1 3 4

碡（14 画）

一丿丨乛一一一丨一乛乛丶 一丶

1 3 2 5 1 1 1 2 1 5 5 4 1 4

碟（14 画）

一丿丨乛一一丨丨一乛一丨 丿丶

1 3 2 5 1 1 2 2 1 5 1 2 3 4

碴（14 画）

一丿丨乛一一丨丿丶丨乛一 一一

1 3 2 5 1 1 2 3 4 2 5 1 1 1

碱（14 画）

一丿丨乛一一丿一丨乛一乛丿丶

1 3 2 5 1 1 3 1 2 5 1 5 3 4

碣（14 画）

一丿丨乛一丨乛一一丿乛丿丶乛

1 3 2 5 1 2 5 1 1 3 5 3 4 5

碳（14 画）

一丿丨乛一丨乛丨一丿丶丿丿丶

1 3 2 5 1 2 5 2 1 3 4 3 3 4

碲（14 画）

一丿丨乛一丶一丶丿丶乛丨乛丨

1 3 2 5 1 4 1 4 3 4 5 2 5 2

磋（14 画）

一丿丨乛一丶丿一一一丿一丨一

1 3 2 5 1 4 3 1 1 1 3 1 2 1

磁（14 画）

一丿丨乛一丶丿一乛乛丶乛乛丶

1 3 2 5 1 4 3 1 5 5 4 5 5 4

碹（14 画）

一丿丨乛一丶丶乛一丨乛一一一

1 3 2 5 1 4 4 5 1 2 5 1 1 1

碥（14 画）

一丿丨乛一丶乛一丿丨乛一丨丨

1 3 2 5 1 4 5 1 3 2 5 1 2 2

愿（14 画）

一丿丿丨乛一一丨丿丶丶乛丶丶

1 3 3 2 5 1 1 2 3 4 4 5 4 4

劂（14 画）

一丿丶丿一乛丨丿丿乛丿丶丨丨

1 3 4 3 1 5 2 3 3 5 3 4 2 2

臧（14 画）

一ノフ一ノ一丨フ一丨フフ
1 3 5 1 3 1 2 5 1 2 5 5
臧臧
ノ丶
3 4

豨（14 画）

一ノフノノノ丶ノ丶一ノ丨
1 3 5 3 3 3 4 3 4 1 3 2
豨豨
フ丨
5 2

殡（14 画）

一ノフ丶丶丶フノ丨一丨一
1 3 5 4 4 4 5 3 2 1 2 1
殡殡
ノ丶
3 4

需（14 画）

一丶フ丨丶丶丶丶一ノ丨フ
1 4 5 2 4 4 4 4 1 3 2 5
需需
丨丨
2 2

霆（14 画）

一丶フ丨丶丶丶丶ノ一丨一
1 4 5 2 4 4 4 4 3 1 2 1
霆霆
フ丶
5 4

霁（14 画）

一丶フ丨丶丶丶丶丶一ノ丶
1 4 5 2 4 4 4 4 4 1 3 4
霁霁
ノ丨
3 2

辕（14 画）

一フ丨一一丨一丨フ一ノフ
1 5 2 1 1 2 1 2 5 1 3 5
辕辕
ノ丶
3 4

辖（14 画）

一フ丨一丶丶フ一一一丨丨
1 5 2 1 4 4 5 1 1 1 2 2
辖辖
フ一
5 1

辗（14 画）

一フ丨一フ一ノ一丨丨一フ
1 5 2 1 5 1 3 1 2 2 1 5
辗辗
ノ丶
3 4

蜚（14 画）

丨一一一丨一一一丨フ一丨
2 1 1 1 2 1 1 1 2 5 1 2
蜚蜚
一丶
1 4

裴（14画）

丨一一一丨一一一丶一丿乛丿丶

2 1 1 1 2 1 1 1 4 1 3 5 3 4

翡（14画）

丨一一一丨一一一乛丶一乛丶一

2 1 1 1 2 1 1 1 5 4 1 5 4 1

雌（14画）

丨一丨一一乛丿丨丶一一一丨一

2 1 2 1 1 5 3 2 4 1 1 1 2 1

龇（14画）

丨一丨一丿丶乛丨丨一丨一丿乛

2 1 2 1 3 4 5 2 2 1 2 1 3 5

龈（14画）

丨一丨一丿丶乛丨乛一一乛丿丶

2 1 2 1 3 4 5 2 5 1 1 5 3 4

睿（14画）

丨一丶乛一丿丶丿丶丨乛一一一

2 1 4 5 1 3 4 3 4 2 5 1 1 1

裳（14画）

丨丶丿丶乛丨乛一丶一丿乛丿丶

2 4 3 4 5 2 5 1 4 1 3 5 3 4

颗（14画）

丨乛一一一丨丿丶一丿丨乛丿丶

2 5 1 1 1 2 3 4 1 3 2 5 3 4

夥（14画）

丨乛一一一丨丿丶丿乛丶丿乛丶

2 5 1 1 1 2 3 4 3 5 4 3 5 4

瞅（14画）

丨乛一一一丿一丨丿丶丶丿丿丶

2 5 1 1 1 3 1 2 3 4 4 3 3 4

瞍（14 画）
丨乛一一一丿丨一乛一一丨乛丶
2 5 1 1 1 3 2 1 5 1 1 2 5 4

睽（14 画）
丨乛一一一乛丶丿丿丶一一丿丶
2 5 1 1 1 5 4 3 3 4 1 1 3 4

墅（14 画）
丨乛一一丨一一乛丶乛丨一丨一
2 5 1 1 2 1 1 5 4 5 2 1 2 1

嘞（14 画）
丨乛一一丨丨一丨乛一一丨乛丿
2 5 1 1 2 2 1 2 5 1 1 2 5 3

嘈（14 画）
丨乛一一丨乛一丨丨一丨乛一一
2 5 1 1 2 5 1 2 2 1 2 5 1 1

嗽（14 画）
丨乛一一丨乛一丨丿丶丿乛丿丶
2 5 1 1 2 5 1 2 3 4 3 5 3 4

嘌（14 画）
丨乛一一丨乛丨丨一一一丨丿丶
2 5 1 1 2 5 2 2 1 1 1 2 3 4

嘁（14 画）
丨乛一一丿丨一一丨丿丶乛丿丶
2 5 1 1 3 2 1 1 2 3 4 5 3 4

嘎（14 画）
丨乛一一丿丨乛一一一一乛丿丶
2 5 1 1 3 2 5 1 1 1 1 5 3 4

暖（14 画）
丨乛一一丿丶丶丿丶乛一丿乛丶
2 5 1 1 3 4 4 3 4 5 1 3 5 4

暝（14 画）

丨乛一一丶乛丨乛一一丶一

2 5 1 1 4 5 2 5 1 1 4 1

暝暝

丿丶

3 4

踌（14 画）

丨乛一丨一丨一一一一丿一

2 5 1 2 1 2 1 1 1 1 3 1

踌踌

丨丶

2 4

踉（14 画）

丨乛一丨一丨一丶乛一一乛

2 5 1 2 1 2 1 4 5 1 1 5

踉踉

丿丶

3 4

跽（14 画）

丨乛一丨一丨一乛一乛丶乛

2 5 1 2 1 2 1 5 1 5 4 5

跽跽

丶丶

4 4

踊（14 画）

丨乛一丨一丨一乛丶丨乛一

2 5 1 2 1 2 1 5 4 2 5 1

踊踊

一丨

1 2

蜻（14 画）

丨乛一丨一丶一一丨一丨乛

2 5 1 2 1 4 1 1 2 1 2 5

蜻蜻

一一

1 1

蜞（14 画）

丨乛一丨一丶一丨丨一一一

2 5 1 2 1 4 1 2 2 1 1 1

蜞蜞

丿丶

3 4

蜡（14 画）

丨乛一丨一丶一丨丨一丨乛

2 5 1 2 1 4 1 2 2 1 2 5

蜡蜡

一一

1 1

蜥（14 画）

丨乛一丨一丶一丨丿丶丿丿

2 5 1 2 1 4 1 2 3 4 3 3

蜥蜥

一丨

1 2

蜮（14 画）

丨乛一丨一丶一丨乛一一乛

2 5 1 2 1 4 1 2 5 1 1 5

蜮蜮

丿丶

3 4

螺（14画）

丨 冂 口 中 虫 虫 虫丨 虫冂 虫冂 虫日 虫曰 虫田
丨 ㇕ 一 丨 一 丶 丨 ㇕ 一 一 一 丨
2 5 1 2 1 4 2 5 1 1 1 2
螺螺
丿 丶
3 4

蝈（14画）

丨 冂 口 中 虫 虫 虫丨 虫冂 虫冂 虫冂 虫冂 蝈
丨 ㇕ 一 丨 一 丶 丨 ㇕ 一 一 丨 一
2 5 1 2 1 4 2 5 1 1 2 1
蝈蝈
丶 一
4 1

蜴（14画）

丨 冂 口 中 虫 虫 虫丨 虫冂 虫冂 虫日 虫日 虫日
丨 ㇕ 一 丨 一 丶 丨 ㇕ 一 一 丿 ㇕
2 5 1 2 1 4 2 5 1 1 3 5
蜴蜴
丿 丿
3 3

蝇（14画）

丨 冂 口 中 虫 虫 虫丨 虫冂 虫冂 虫冂 虫口 虫口
丨 ㇕ 一 丨 一 丶 丨 ㇕ 一 丨 ㇕ 一
2 5 1 2 1 4 2 5 1 2 5 1
蝇蝇
一 ㇕
1 5

蜘（14画）

丨 冂 口 中 虫 虫 虫丿 虫𠂉 虫𠂉 虫矢 虫矢 虫知
丨 ㇕ 一 丨 一 丶 丿 一 一 丿 丶 丨
2 5 1 2 1 4 3 1 1 3 4 2
蜘蜘
㇕ 一
5 1

蜱（14画）

丨 冂 口 中 虫 虫 虫丿 虫丿 虫白 虫白 虫白 虫白
丨 ㇕ 一 丨 一 丶 丿 丨 ㇕ 一 一 丿
2 5 1 2 1 4 3 2 5 1 1 3
蜱蜱
一 丨
1 2

蜩（14画）

丨 冂 口 中 虫 虫 虫丿 虫冂 虫冂 虫冂 虫冂 虫周
丨 ㇕ 一 丨 一 丶 丿 ㇕ 一 丨 一 丨
2 5 1 2 1 4 3 5 1 2 1 2
蜩蜩
㇕ 一
5 1

蜷（14画）

丨 冂 口 中 虫 虫 虫丶 虫丷 虫䒑 虫䒑 虫龹 虫龹
丨 ㇕ 一 丨 一 丶 丶 丿 一 一 丿 丶
2 5 1 2 1 4 4 3 1 1 3 4
蜷蜷
㇕ ㇕
5 5

蝉（14画）

丨 冂 口 中 虫 虫 虫丶 虫丷 虫丷 虫丷 虫丷 虫丷
丨 ㇕ 一 丨 一 丶 丶 丿 丨 ㇕ 一 一
2 5 1 2 1 4 4 3 2 5 1 1
蝉蝉
一 丨
1 2

蜿（14画）

丨 冂 口 中 虫 虫 虫丶 虫丶 虫宀 虫宀 虫宀 虫宀
丨 ㇕ 一 丨 一 丶 丶 丶 ㇕ 丿 ㇕ 丶
2 5 1 2 1 4 4 4 5 3 5 4
蜿蜿
㇕ ㇕
5 5

螂（14画）

丨 乛 一 丨 一 丶 丶 乛 一 一 乛 丶

2 5 1 2 1 4 4 5 1 1 5 4

螂螂

乛 丨

5 2

蜢（14画）

丨 乛 一 丨 一 丶 乛 丨 一 丨 乛 丨

2 5 1 2 1 4 5 2 1 2 5 2

蜢蜢

丨 一

2 1

嘘（14画）

丨 乛 一 丨 一 乛 丿 一 乛 丨 丨 丶

2 5 1 2 1 5 3 1 5 2 2 4

嘘嘘

丿 一

3 1

嘡（14画）

丨 乛 一 丨 丶 丿 丶 乛 丨 乛 一 一

2 5 1 2 4 3 4 5 2 5 1 1

嘡嘡

丨 一

2 1

鹗（14画）

丨 乛 一 丨 乛 一 一 一 乛 丿 乛 丶

2 5 1 2 5 1 1 1 5 3 5 4

鹗鹗

乛 一

5 1

嘣（14画）

丨 乛 一 丨 乛 丨 丿 乛 一 一 丿 乛

2 5 1 2 5 2 3 5 1 1 3 5

嘣嘣

一 一

1 1

嘤（14画）

丨 乛 一 丨 乛 丿 丶 丨 乛 丿 丶 乛

2 5 1 2 5 3 4 2 5 3 4 5

嘤嘤

丿 一

3 1

嘚（14画）

丨 乛 一 丿 丿 丨 丨 乛 一 一 一 一

2 5 1 3 3 2 2 5 1 1 1 1

嘚嘚

丨 丶

2 4

嘛（14画）

丨 乛 一 丶 一 丿 一 丨 丿 丶 一 丨

2 5 1 4 1 3 1 2 3 4 1 2

嘛嘛

丿 丶

3 4

嘀（14画）

丨 乛 一 丶 一 丶 丿 丨 乛 一 丨 丨

2 5 1 4 1 4 3 2 5 1 2 2

嘀嘀

乛 一

5 1

嗾（14画）
丨㇕一丶一㇕丿丿一丿一一
2 5 1 4 1 5 3 3 1 3 1 1
嗾嗾
丿丶
3 4

嘧（14画）
丨㇕一丶丶㇕丶㇕丶丿丶丨
2 5 1 4 4 5 4 5 4 3 4 2
嘧嘧
㇕丨
5 2

罴（14画）
丨㇕丨丨一一丨一㇕丶丶丶
2 5 2 2 1 1 2 1 5 4 4 4
罴罴
丶丶
4 4

罱（14画）
丨㇕丨丨一一丨丨㇕丶丿一
2 5 2 2 1 1 2 2 5 4 3 1
罱罱
一丨
1 2

幔（14画）
丨㇕丨丨㇕一一丨㇕丨丨一
2 5 2 2 5 1 1 2 5 2 2 1
幔幔
㇕丶
5 4

嶂（14画）
丨㇕丨丶一丶丿一丨㇕一一
2 5 2 4 1 4 3 1 2 5 1 1
嶂嶂
一丨
1 2

幛（14画）
丨㇕丨丶一丶丿一丨㇕一一
2 5 2 4 1 4 3 1 2 5 1 1
幛幛
一丨
1 2

赙（14画）
丨㇕丿丶一丨㇕一一丨丶一
2 5 3 4 1 2 5 1 1 2 4 1
赙赙
丨丶
2 4

罂（14画）
丨㇕丿丶丨㇕丿丶丿一一丨
2 5 3 4 2 5 3 4 3 1 1 2
罂罂
㇕丨
5 2

赚（14画）
丨㇕丿丶丶丿一㇕一一丨丨
2 5 3 4 4 3 1 5 1 1 2 2
赚赚
丿丶
3 4

骷（14画）

丨㇕㇕丶㇕丨㇕一一一丨丨㇕一

2 5 5 4 5 2 5 1 1 1 2 2 5 1

骶（14画）

丨㇕㇕丶㇕丨㇕一一丿㇕一㇕丶

2 5 5 4 5 2 5 1 1 3 5 1 5 4

鹘（14画）

丨㇕㇕丶㇕丨㇕一一丿㇕丶㇕一

2 5 5 4 5 2 5 1 1 3 5 4 5 1

锲（14画）

丿一一一㇕一一一丨㇕丿一丿丶

3 1 1 1 5 1 1 1 2 5 3 1 3 4

锴（14画）

丿一一一㇕一㇕丿㇕丿丨㇕一一

3 1 1 1 5 1 5 3 5 3 2 5 1 1

锶（14画）

丿一一一㇕丨㇕一丨一丶㇕丶丶

3 1 1 1 5 2 5 1 2 1 4 5 4 4

锷（14画）

丿一一一㇕丨㇕一丨㇕一一一㇕

3 1 1 1 5 2 5 1 2 5 1 1 1 5

锸（14画）

丿一一一㇕丿一丨丿丨一㇕一一

3 1 1 1 5 3 1 2 3 2 1 5 1 1

锹（14画）

丿一一一㇕丿一丨丿丶丶丿丿丶

3 1 1 1 5 3 1 2 3 4 4 3 3 4

锻（14画）

丿一一一㇕丿丨一一一丿㇕㇕丶

3 1 1 1 5 3 2 1 1 1 3 5 5 4

锽（14画）

丿一一一乛丿丨乛一一一一丨一

3 1 1 1 5 3 2 5 1 1 1 1 2 1

锾（14画）

丿一一一乛丿丶丶丿一一丿乛丶

3 1 1 1 5 3 4 4 3 1 1 3 5 4

锵（14画）

丿一一一乛丶一丨丿乛丶一丨丶

3 1 1 1 5 4 1 2 3 5 4 1 2 4

锿（14画）

丿一一一乛丶一丨乛一丿乛丿丶

3 1 1 1 5 4 1 2 5 1 3 5 3 4

镀（14画）

丿一一一乛丶一丿一丨丨一乛丶

3 1 1 1 5 4 1 3 1 2 2 1 5 4

镁（14画）

丿一一一乛丶丿一一丨一一丿丶

3 1 1 1 5 4 3 1 1 2 1 1 3 4

镂（14画）

丿一一一乛丶丿一丨丿丶乛丿一

3 1 1 1 5 4 3 1 2 3 4 5 3 1

镃（14画）

丿一一一乛丶丿一乛乛丶乛乛丶

3 1 1 1 5 4 3 1 5 5 4 5 5 4

镄（14画）

丿一一一乛乛一乛丿丨丨乛丿丶

3 1 1 1 5 5 1 5 3 2 2 5 3 4

镅（14画）

丿一一一乛乛丨一丿丨乛一一一

3 1 1 1 5 5 2 1 3 2 5 1 1 1

舞（14画）

丿一一丨丨丨丨一丿㇕丶一 ㇕丨

3 1 1 2 2 2 2 1 3 5 4 1 5 2

犒（14画）

丿一丨一丶一丨㇕一丨㇕丨 ㇕一

3 1 2 1 4 1 2 5 1 2 5 2 5 1

舔（14画）

丿一丨丨㇕一一一丿丶丨丶 丶丶

3 1 2 2 5 1 1 1 3 4 2 4 4 4

稳（14画）

丿一丨丿丶丿㇕㇕一一丶㇕ 丶丶

3 1 2 3 4 3 5 5 1 1 4 5 4 4

熏（14画）

丿一丨㇕丶丿一丨一一丶丶 丶丶

3 1 2 5 4 3 1 2 1 1 4 4 4 4

箐（14画）

丿一丶丿一丶一一丨一丨㇕ 一一

3 1 4 3 1 4 1 1 2 1 2 5 1 1

箦（14画）

丿一丶丿一丶一一丨一丨㇕ 丿丶

3 1 4 3 1 4 1 1 2 1 2 5 3 4

箧（14画）

丿一丶丿一丶一一丶丿一丿 丶㇕

3 1 4 3 1 4 1 1 4 3 1 3 4 5

箍（14画）

丿一丶丿一丶一丨一一丨㇕ 丨㇕

3 1 4 3 1 4 1 2 1 1 2 5 2 5

箸（14画）

丿一丶丿一丶一丨一丿丨㇕ 一一

3 1 4 3 1 4 1 2 1 3 2 5 1 1

箨（14画）
ノ一丶ノ一丶一丨一乛丶一一丨
3 1 4 3 1 4 1 2 1 5 4 1 1 2

箕（14画）
ノ一丶ノ一丶一丨丨一一一ノ丶
3 1 4 3 1 4 1 2 2 1 1 1 3 4

箬（14画）
ノ一丶ノ一丶一丨丨一ノ丨乛一
3 1 4 3 1 4 1 2 2 1 3 2 5 1

算（14画）
ノ一丶ノ一丶丨乛一一一一ノ丨
3 1 4 3 1 4 2 5 1 1 1 1 3 2

箅（14画）
ノ一丶ノ一丶丨乛一丨一一ノ丨
3 1 4 3 1 4 2 5 1 2 1 1 3 2

箩（14画）
ノ一丶ノ一丶丨乛丨丨一ノ乛丶
3 1 4 3 1 4 2 5 2 2 1 3 5 4

箪（14画）
ノ一丶ノ一丶丶ノ丨乛一一一丨
3 1 4 3 1 4 4 3 2 5 1 1 1 2

箔（14画）
ノ一丶ノ一丶丶丶一ノ丨乛一一
3 1 4 3 1 4 4 4 1 3 2 5 1 1

管（14画）
ノ一丶ノ一丶丶丶乛丨乛一乛一
3 1 4 3 1 4 4 4 5 2 5 1 5 1

箜（14画）
ノ一丶ノ一丶丶丶乛ノ丶一丨一
3 1 4 3 1 4 4 4 5 3 4 1 2 1

篼
（14画）
丿一丶丿一丶丶丶乛丿乛丶乛乛
3 1 4 3 1 4 4 4 5 3 5 4 5 5

箫
（14画）
丿一丶丿一丶乛一一丨丿丨丿丶
3 1 4 3 1 4 5 1 1 2 3 2 3 4

箓
（14画）
丿一丶丿一丶乛一一丨丶一丿丶
3 1 4 3 1 4 5 1 1 2 4 1 3 4

毓
（14画）
丿一乛乛丶一丶丶一乛丶丿丨乛
3 1 5 5 4 1 4 4 1 5 4 3 2 5

舆
（14画）
丿丨一一一乛一丨乛一一一丿丶
3 2 1 1 1 5 1 2 5 1 1 1 3 4

僖
（14画）
丿丨一丨一丨乛一丶丿一丨乛一
3 2 1 2 1 2 5 1 4 3 1 2 5 1

儆
（14画）
丿丨一丨丨丿乛丨乛一丿一丿丶
3 2 1 2 2 3 5 2 5 1 3 1 3 4

傈
（14画）
丿丨一丨乛丨丨一丶丿一丨丿丶
3 2 1 2 5 2 2 1 4 3 1 2 3 4

僚
（14画）
丿丨一丿丶丶丿丨乛一一丨丿丶
3 2 1 3 4 4 3 2 5 1 1 2 3 4

僭
（14画）
丿丨一乛丿乛一乛丿乛丨乛一一
3 2 1 5 3 5 1 5 3 5 2 5 1 1

僬（14画）
丿丨丿丨丶一一一丨一丶丶
3 2 3 2 4 1 1 1 2 1 4 4
僬僬
丶丶
4 4

劁（14画）
丿丨丶一一一丨一丶丶丶丶
3 2 4 1 1 1 2 1 4 4 4 4
劁劁
丨丨
2 2

僦（14画）
丿丨丶一丨乛一丨丿丶一丿
3 2 4 1 2 5 1 2 3 4 1 3
僦僦
乛丶
5 4

僮（14画）
丿丨丶一丶丿一丨乛一一丨
3 2 4 1 4 3 1 2 5 1 1 2
僮僮
一一
1 1

僧（14画）
丿丨丶丿丨乛丨丶丿一丨乛
3 2 4 3 2 5 2 4 3 1 2 5
僧僧
一一
1 1

鼻（14画）
丿丨乛一一一丨乛一丨一一
3 2 5 1 1 1 2 5 1 2 1 1
鼻鼻
丿丨
3 2

魄（14画）
丿丨乛一一丿丨乛一一丿乛
3 2 5 1 1 3 2 5 1 1 3 5
魄魄
乛丶
5 4

魅（14画）
丿丨乛一一丿乛乛丶一一丨
3 2 5 1 1 3 5 5 4 1 1 2
魅魅
丿丶
3 4

魃（14画）
丿丨乛一一丿乛乛丶一丿乛
3 2 5 1 1 3 5 5 4 1 3 5
魃魃
丶丶
4 4

魆（14画）
丿丨乛一一丿乛乛丶一乛乛
3 2 5 1 1 3 5 5 4 1 5 5
魆魆
丿丶
3 4

睾（14画）

ノ丨フ丨丨一一丨一丶ノ一一丨

3 2 5 2 2 1 1 2 1 4 3 1 1 2

艋（14画）

ノノフ丶一丶フ丨一丨フ丨丨一

3 3 5 4 1 4 5 2 1 2 5 2 2 1

鄱（14画）

ノ丶ノ一丨ノ丶丨フ一丨一フ丨

3 4 3 1 2 3 4 2 5 1 2 1 5 2

貌（14画）

ノ丶丶ノフノノノ丨フ一一ノフ

3 4 4 3 5 3 3 3 2 5 1 1 3 5

膜（14画）

ノフ一一一丨丨丨フ一一一ノ丶

3 5 1 1 1 2 2 2 5 1 1 1 3 4

膊（14画）

ノフ一一一丨フ一一丨丶一丨丶

3 5 1 1 1 2 5 1 1 2 4 1 2 4

膈（14画）

ノフ一一一丨フ一丨フ丶ノ一丨

3 5 1 1 1 2 5 1 2 5 4 3 1 2

膀（14画）

ノフ一一丶一丶ノ丶フ丶一フノ

3 5 1 1 4 1 4 3 4 5 4 1 5 3

膑（14画）

ノフ一一丶丶フノ丨一丨一ノ丶

3 5 1 1 4 4 5 3 2 1 2 1 3 4

鲑（14画）

ノフ丨フ一丨一一一丨一一丨一

3 5 2 5 1 2 1 1 1 2 1 1 2 1

鲔（14画）

丿乛丨乛一丨一一一丿丨乛一一

3 5 2 5 1 2 1 1 1 3 2 5 1 1

鲟（14画）

丿乛丨乛一丨一一乛一一一丨丶

3 5 2 5 1 2 1 1 5 1 1 1 2 4

鲙（14画）

丿乛丨乛一丨一一丿丶一一乛丶

3 5 2 5 1 2 1 1 3 4 1 1 5 4

疑（14画）

丿乛丿一一丿丶乛丶乛丨一丿丶

3 5 3 1 1 3 4 5 4 5 2 1 3 4

鲚（14画）

丿乛丨乛一丨一一丶一丿丶丿丨

3 5 2 5 1 2 1 1 4 1 3 4 3 2

獐（14画）

丿乛丿丶一丶丿一丨乛一一一丨

3 5 3 4 1 4 3 1 2 5 1 1 1 2

鲛（14画）

丿乛丨乛一丨一一丶一丿丶丿丶

3 5 2 5 1 2 1 1 4 1 3 4 3 4

獍（14画）

丿乛丿丶一丶丿一丨乛一一丿乛

3 5 3 4 1 4 3 1 2 5 1 1 3 5

鲜（14画）

丿乛丨乛一丨一一丶丿一一一丨

3 5 2 5 1 2 1 1 4 3 1 1 1 2

飗（14画）

丿乛丿丶丿乛丶乛丿丨乛一丨一

3 5 3 4 3 5 4 5 3 2 5 1 2 1

觫（14 画）

丿フ丿フ一一丨一丨フ一丨
3 5 3 5 1 1 2 1 2 5 1 2
丿丶
3 4

雒（14 画）

丿フ丶丨フ一丿丨丶一一一
3 5 4 2 5 1 3 2 4 1 1 1
丨一
2 1

孵（14 画）

丿フ丶丿フ丨丶丿丶丶丿フ
3 5 4 3 5 2 4 3 4 4 3 5
丨一
2 1

夤（14 画）

丿フ丶丶丶フ一丨フ一丨一
3 5 4 4 4 5 1 2 5 1 2 1
丿丶
3 4

馑（14 画）

丿フフ一丨丨一丨フ一一一
3 5 5 1 2 2 1 2 5 1 1 1
丨一
2 1

馒（14 画）

丿フフ丨フ一一丨フ丨丨一
3 5 5 2 5 1 1 2 5 2 2 1
フ丶
5 4

銮（14 画）

丶一丨丨丿丶丿丶一一丨丶
4 1 2 2 3 4 3 4 1 1 2 4
丿一
3 1

裹（14 画）

丶一丨フ一一一丨丿丶丿フ
4 1 2 5 1 1 1 2 3 4 3 5
丿丶
3 4

敲（14 画）

丶一丨フ一丨フ丨フ一丨一
4 1 2 5 1 2 5 2 5 1 2 1
フ丶
5 4

豪（14 画）

丶一丨フ一丶フ一丿フ丿丿
4 1 2 5 1 4 5 1 3 5 3 3
丿丶
3 4

膏（14 画）
丶 亠 亡 亩 亨 亭 亭 亭 亭 亭 亭 亭 膏 膏
丶 一 丨 ㇕ 一 丶 ㇖ 丨 ㇕ 一 丨 ㇕ 一 一
4 1 2 5 1 4 5 2 5 1 2 5 1 1

塾（14 画）
丶 亠 亡 亩 亨 享 享 享 孰 孰 孰 孰 塾 塾
丶 一 丨 ㇕ 一 ㇖ 丨 一 丿 ㇈ 丶 一 丨 一
4 1 2 5 1 5 2 1 3 5 4 1 2 1

遮（14 画）
丶 亠 广 广 庐 庐 庐 庐 庶 庶 庶 庶 遮 遮
丶 一 丿 一 丨 丨 一 丶 丶 丶 丶 丶 ㇋ 丶
4 1 3 1 2 2 1 4 4 4 4 4 5 4

麽（14 画）
丶 亠 广 广 广 庐 庐 庐 麻 麻 麻 麽 麽 麽
丶 一 丿 一 丨 丿 丶 一 丨 丿 丶 丿 ㇜ 丶
4 1 3 1 2 3 4 1 2 3 4 3 5 4

廙（14 画）
丶 亠 广 广 庐 庐 庐 庐 庐 庐 庐 廙 廙 廙
丶 一 丿 丨 ㇕ 一 丨 一 一 丨 丨 一 丿 丶
4 1 3 2 5 1 2 1 1 2 2 1 3 4

腐（14 画）
丶 亠 广 广 府 府 府 府 府 腐 腐 腐 腐 腐
丶 一 丿 丿 丨 一 丨 丶 丨 ㇕ 丿 丶 丿 丶
4 1 3 3 2 1 2 4 2 5 3 4 3 4

瘩（14 画）
丶 亠 广 广 疒 疒 疒 疒 疒 疒 瘩 瘩 瘩 瘩
丶 一 丿 丶 一 一 丨 丨 丿 丶 一 丨 ㇕ 一
4 1 3 4 1 1 2 2 3 4 1 2 5 1

瘌（14 画）
丶 亠 广 广 疒 疒 疒 疒 疒 疒 疒 疒 瘌 瘌
丶 一 丿 丶 一 一 丨 ㇕ 一 丨 丿 丶 丨 丨
4 1 3 4 1 1 2 5 1 2 3 4 2 2

瘥（14 画）
丶 亠 广 广 疒 疒 疒 疒 疒 疒 疒 瘥 瘥 瘥
丶 一 丿 丶 一 一 丶 丿 一 丿 丶 一 丨 一
4 1 3 4 1 1 4 3 1 3 4 1 2 1

瘟（14 画）
丶 亠 广 广 疒 疒 疒 疒 疒 疒 瘟 瘟 瘟 瘟
丶 一 丿 丶 一 丨 ㇕ 一 一 丨 ㇕ 丨 丨 一
4 1 3 4 1 2 5 1 1 2 5 2 2 1

瘦（14 画）

丶 亠 广 广 疒 疒 疒 疒 疒 疒 疒 疒 瘦 瘦

、一丿、一丿丨一乛一一丨乛、

4 1 3 4 1 3 2 1 5 1 1 2 5 4

瘊（14 画）

丶 亠 广 广 疒 疒 疒 疒 疒 疒 疒 疒 瘊 瘊

、一丿、一丿丨乛一丿一一丿、

4 1 3 4 1 3 2 5 1 3 1 1 3 4

瘥（14 画）

丶 亠 广 广 疒 疒 疒 疒 疒 疒 疒 疒 瘥 瘥

、一丿、一、丿一一一丿一丨一

4 1 3 4 1 4 3 1 1 1 3 1 2 1

瘘（14 画）

丶 亠 广 广 疒 疒 疒 疒 疒 疒 疒 疒 瘘 瘘

、一丿、一、丿一丨丿、乛丿一

4 1 3 4 1 4 3 1 2 3 4 5 3 1

瘙（14 画）

丶 亠 广 广 疒 疒 疒 疒 疒 疒 疒 疒 瘙 瘙

、一丿、一乛、、丨乛一丨一、

4 1 3 4 1 5 4 4 2 5 1 2 1 4

廖（14 画）

丶 亠 广 广 广 广 广 广 广 广 广 广 廖 廖

、一丿乛、一乛、一丿、丿丿丿

4 1 3 5 4 1 5 4 1 3 4 3 3 3

辣（14 画）

丶 亠 亠 立 立 辛 辛 辛 辛 辛 辛 辣 辣 辣

、一、丿一一丿一丨乛一丨丿、

4 1 4 3 1 1 3 1 2 5 1 2 3 4

彰（14 画）

丶 亠 亠 立 立 产 音 音 音 章 章 章 彰 彰

、一、丿一丨乛一一一丨丿丿丿

4 1 4 3 1 2 5 1 1 1 2 3 3 3

竭（14 画）

丶 亠 亠 立 立 立 立 立 立 立 竭 竭 竭 竭

、一、丿一丨乛一一丿乛丿、乛

4 1 4 3 1 2 5 1 1 3 5 3 4 5

韶（14 画）

丶 亠 亠 立 立 产 音 音 音 韶 韶 韶 韶 韶

、一、丿一丨乛一一乛丿丨乛一

4 1 4 3 1 2 5 1 1 5 3 2 5 1

端（14画）

、一、丿一丨乛丨一丿丨乛丨丨

4 1 4 3 1 2 5 2 1 3 2 5 2 2

旗（14画）

、一乛丿丿一一丨丨一一一丿、

4 1 5 3 3 1 1 2 2 1 1 1 3 4

旖（14画）

、一乛丿丿一一丿、一丨乛一丨

4 1 5 3 3 1 1 3 4 1 2 5 1 2

膂（14画）

、一乛丿丿一丿乛丿、丨乛一一

4 1 5 3 3 1 3 5 3 4 2 5 1 1

阚（14画）

、丨乛乛一丨丨一一一丿一丿、

4 2 5 5 1 2 2 1 1 1 3 1 3 4

鄯（14画）

、丿一一一丨、丿一丨乛一乛丨

4 3 1 1 1 2 4 3 1 2 5 1 5 2

鲞（14画）

、丿一一丿、丿乛丨乛一丨一一

4 3 1 1 3 4 3 5 2 5 1 2 1 1

精（14画）

、丿一丨丿、一一丨一丨乛一一

4 3 1 2 3 4 1 1 2 1 2 5 1 1

粼（14画）

、丿一丨丿、丿乛、一乛丨乛乛

4 3 1 2 3 4 3 5 4 1 5 2 5 5

粹（14画）

、丿一丨丿、、一丿、丿、一丨

4 3 1 2 3 4 4 1 3 4 3 4 1 2

粽（14画）

丶 丷 䒑 半 米 米 米 米 米 米 粽 粽

、丿一丨丿、、、乛一一丨

4 3 1 2 3 4 4 4 5 1 1 2

粽粽

丿、

3 4

糁（14画）

丶 丷 䒑 半 米 米 米 米 米 米 糁 糁

、丿一丨丿、乛、一丿、丿

4 3 1 2 3 4 5 4 1 3 4 3

糁糁

丿丿

3 3

歉（14画）

丶 丷 䒑 当 当 当 兼 兼 兼 兼 歉 歉

、丿一乛一一丨丨丿、丿乛

4 3 1 5 1 1 2 2 3 4 3 5

歉歉

丿、

3 4

槊（14画）

丶 丷 䒑 屰 屰 屰 朔 朔 朔 朔 塑 槊

、丿一乛丨丿丿乛一一一丨

4 3 1 5 2 3 3 5 1 1 1 2

槊槊

丿、

3 4

鹚（14画）

丶 丷 䒑 兹 兹 兹 兹 兹 兹 兹 兹 兹

、丿一乛乛、乛乛、丿乛、

4 3 1 5 5 4 5 5 4 3 5 4

鹚鹚

乛一

5 1

弊（14画）

丶 丷 冂 冂 冂 冂 冂 敝 敝 敝 敝 敝

、丿丨乛丨丿、丿一丿、一

4 3 2 5 2 3 4 3 1 3 4 1

弊弊

丿丨

3 2

熄（14画）

丶 丷 火 火 火 火 炉 炉 炉 炉 熄 熄

、丿丿、丿丨乛一一一、乛

4 3 3 4 3 2 5 1 1 1 4 5

熄熄

、、

4 4

熘（14画）

丶 丷 火 火 火 火 火 火 火 火 熘 熘

、丿丿、丿乛、乛丿丨乛一

4 3 3 4 3 5 4 5 3 2 5 1

熘熘

丨一

2 1

熔（14画）

丶 丷 火 火 火 火 炉 炉 炉 炉 熔 熔

、丿丿、、、乛丿、丿、丨

4 3 3 4 4 4 5 3 4 3 4 2

熔熔

乛一

5 1

煽（14画）

丶 丷 火 火 火 炉 炉 炉 炉 炉 煽 煽

、丿丿、、乛一丿乛、一乛

4 3 3 4 4 5 1 3 5 4 1 5

煽煽

、一

4 1

熥（14 画）
、丿丿、乛、丨乛一一丨、乛、
4 3 3 4 5 4 2 5 1 1 2 4 5 4
熥

潢（14 画）
、、一一丨丨一丨乛一丨一丿、
4 4 1 1 2 2 1 2 5 1 2 1 3 4
潢

潆（14 画）
、、一一丨丨、乛乛乛、丨丿、
4 4 1 1 2 2 4 5 5 5 4 2 3 4
潆

潇（14 画）
、、一一丨丨乛一一丨丿丨丿、
4 4 1 1 2 2 5 1 1 2 3 2 3 4
潇

溇（14 画）
、、一一丨丿、一丨丿、乛丿一
4 4 1 1 2 3 4 1 2 3 4 5 3 1
溇

漆（14 画）
、、一一丨丿、丿、丨、一丿、
4 4 1 1 2 3 4 3 4 2 4 1 3 4
漆

漕（14 画）
、、一一丨乛一丨丨一丨乛一一
4 4 1 1 2 5 1 2 2 1 2 5 1 1
漕

漱（14 画）
、、一一丨乛一丨丿、丿乛丿、
4 4 1 1 2 5 1 2 3 4 3 5 3 4
漱

漂（14 画）
、、一一丨乛丨丨一一一丨丿、
4 4 1 1 2 5 2 2 1 1 1 2 3 4
漂

滹（14 画）
、、一丨一乛丿一乛丿、丿一丨
4 4 1 2 1 5 3 1 5 3 4 3 1 2
滹

漫（14画）
、、一丨乛一一丨乛丨丨一乛、
4 4 1 2 5 1 1 2 5 2 2 1 5 4

漯（14画）
、、一丨乛一丨一乛乛、丨ノ、
4 4 1 2 5 1 2 1 5 5 4 2 3 4

漶（14画）
、、一丨乛一丨乛一丨、乛、、
4 4 1 2 5 1 2 5 1 2 4 5 4 4

潋（14画）
、、一ノ、一、、ノ一ノ一ノ、
4 4 1 3 4 1 4 4 3 1 3 1 3 4

潴（14画）
、、一ノ乛ノ一丨一ノ丨乛一一
4 4 1 3 5 3 1 2 1 3 2 5 1 1

漪（14画）
、、一ノ乛ノ一ノ、一丨乛一丨
4 4 1 3 5 3 1 3 4 1 2 5 1 2

漉（14画）
、、一、一ノ乛丨丨一一乛ノ乛
4 4 1 4 1 3 5 2 2 1 1 5 3 5

漳（14画）
、、一、一、ノ一丨乛一一一丨
4 4 1 4 1 4 3 1 2 5 1 1 1 2

滴（14画）
、、一、一、ノ丨乛一丨丨乛一
4 4 1 4 1 4 3 2 5 1 2 2 5 1

漩（14画）
、、一、一乛ノノ一乛丨一ノ、
4 4 1 4 1 5 3 3 1 5 2 1 3 4

漾（14画）

、、一、丿一一丨一、乛乛丿、

4 4 1 4 3 1 1 2 1 4 5 5 3 4

演（14画）

、、一、、乛一丨乛一丨一丿、

4 4 1 4 4 5 1 2 5 1 2 1 3 4

澉（14画）

、、一乛一丨丨一一一丿一丿、

4 4 1 5 1 2 2 1 1 1 3 1 3 4

漏（14画）

、、一乛一丿一丨乛丨、、、、

4 4 1 5 1 3 1 2 5 2 4 4 4 4

潍（14画）

、、一乛乛一丿丨、一一一丨一

4 4 1 5 5 1 3 2 4 1 1 1 2 1

慢（14画）

、、丨丨乛一一丨乛丨丨一乛、

4 4 2 2 5 1 1 2 5 2 2 1 5 4

慷（14画）

、、丨、一丿乛一一丨、一丿、

4 4 2 4 1 3 5 1 1 2 4 1 3 4

慵（14画）

、、丨、一丿乛一一丨乛一一丨

4 4 2 4 1 3 5 1 1 2 5 1 1 2

寨（14画）

、、乛一一丨丨一丿、一丨丿、

4 4 5 1 1 2 2 1 3 4 1 2 3 4

赛（14画）

、、乛一一丨丨一丿、丨乛丿、

4 4 5 1 1 2 2 1 3 4 2 5 3 4

搴（14 画）
、、乛一一丨丨一丿丶丿一一丨
4 4 5 1 1 2 2 1 3 4 3 1 1 2

寡（14 画）
、、乛一丿丨乛一一一丿丶乛丿
4 4 5 1 3 2 5 1 1 1 3 4 5 3

窬（14 画）
、、乛丿丶丿丶一丨乛一一丨丨
4 4 5 3 4 3 4 1 2 5 1 1 2 2

窨（14 画）
、、乛丿丶丶一丶丿一丨乛一一
4 4 5 3 4 4 1 4 3 1 2 5 1 1

窭（14 画）
、、乛丿丶丶丿一丨丿丶乛丿一
4 4 5 3 4 4 3 1 2 3 4 5 3 1

察（14 画）
、、乛丿乛丶丶乛丶一一丨丿丶
4 4 5 3 5 4 4 5 4 1 1 2 3 4

蜜（14 画）
、、乛丶乛丶丿丶丨乛一丨一丶
4 4 5 4 5 4 3 4 2 5 1 2 1 4

寤（14 画）
、、乛乛丨一丿一丨乛一丨乛一
4 4 5 5 2 1 3 1 2 5 1 2 5 1

寥（14 画）
、、乛乛丶一乛丶一丿丶丿丿丿
4 4 5 5 4 1 5 4 1 3 4 3 3 3

谭（14 画）
丶乛一丨乛丨丨一丨乛一一一丨
4 5 1 2 5 2 2 1 2 5 1 1 1 2

肇（14画）

丶 ㇕ 一 丿 丿 一 丿 丶 ㇕ 一 一 一 一 丨

4 5 1 3 3 1 3 4 5 1 1 1 1 2

綮（14画）

丶 ㇕ 一 丿 丿 一 丿 丶 ㇕ ㇕ 丶 丨 丿 丶

4 5 1 3 3 1 3 4 5 5 4 2 3 4

谮（14画）

丶 ㇕ 一 ㇕ 丿 ㇕ 一 ㇕ 丿 ㇕ 丨 ㇕ 一 一

4 5 1 5 3 5 1 5 3 5 2 5 1 1

褡（14画）

丶 ㇕ 丨 丿 丶 一 丨 丨 丿 丶 一 丨 ㇕ 一

4 5 2 3 4 1 2 2 3 4 1 2 5 1

褙（14画）

丶 ㇕ 丨 丿 丶 丨 一 一 丿 ㇕ 丨 ㇕ 一 一

4 5 2 3 4 2 1 1 3 5 2 5 1 1

褐（14画）

丶 ㇕ 丨 丿 丶 丨 ㇕ 一 一 丿 ㇕ 丿 丶 ㇕

4 5 2 3 4 2 5 1 1 3 5 3 4 5

褓（14画）

丶 ㇕ 丨 丿 丶 丿 丨 丨 ㇕ 一 一 丨 丿 丶

4 5 2 3 4 3 2 2 5 1 1 2 3 4

褛（14画）

丶 ㇕ 丨 丿 丶 丶 丿 一 丨 丿 丶 ㇕ 丿 一

4 5 2 3 4 4 3 1 2 3 4 5 3 1

褊（14画）

丶 ㇕ 丨 丿 丶 丶 ㇕ 一 丿 丨 ㇕ 一 丨 丨

4 5 2 3 4 4 5 1 3 2 5 1 2 2

褪（14画）

丶 ㇕ 丨 丿 丶 ㇕ 一 一 ㇕ 丿 丶 丶 ㇕ 丶

4 5 2 3 4 5 1 1 5 3 4 4 5 4

禚（14画）

丶㇕丨丶丶丿一一丨一丶丶丶丶

4 5 2 4 4 3 1 1 2 1 4 4 4 4

谯（14画）

丶㇕丿丨丶一一一丨一丶丶丶丶

4 5 3 2 4 1 1 1 2 1 4 4 4 4

谰（14画）

丶㇕丶丨㇕一丨㇕丶丿一丨丿丶

4 5 4 2 5 1 2 5 4 3 1 2 3 4

谱（14画）

丶㇕丶丿一丨丨丶丿一丨㇕一一

4 5 4 3 1 2 2 4 3 1 2 5 1 1

谲（14画）

丶㇕㇕丶㇕丨丿丨㇕丿丶丨㇕一

4 5 5 4 5 2 3 2 5 3 4 2 5 1

暨（14画）

㇕一一㇕丶一㇕丿㇕丨㇕一一一

5 1 1 5 4 1 5 3 5 2 5 1 1 1

屣（14画）

㇕一丿丿丿丨丨一丨一丨一丿丶

5 1 3 3 3 2 2 1 2 1 2 1 3 4

鹛（14画）

㇕丨一丿丨㇕一一一丿㇕丶㇕一

5 2 1 3 2 5 1 1 1 3 5 4 5 1

隧（14画）

㇕丨丶丿一丿㇕丿丿丿丶丶㇕丶

5 2 4 3 1 3 5 3 3 3 4 4 5 4

嫣（14画）

㇕丿一一丨一丨一一㇕丶丶丶丶

5 3 1 1 2 1 2 1 1 5 4 4 4 4

嫱（14 画）

乛丿一一丨丶丿一丨乛丨乛一一

5 3 1 1 2 4 3 1 2 5 2 5 1 1

嫩（14 画）

乛丿一一丨乛一丨丿丶丿一丿丶

5 3 1 1 2 5 1 2 3 4 3 1 3 4

嫖（14 画）

乛丿一一丨乛丨丨一一一丨丿丶

5 3 1 1 2 5 2 2 1 1 1 2 3 4

嫦（14 画）

乛丿一丨丶丿丶乛丨乛一丨乛丨

5 3 1 2 4 3 4 5 2 5 1 2 5 2

嫚（14 画）

乛丿一丨乛一一丨乛丨丨一乛丶

5 3 1 2 5 1 1 2 5 2 2 1 5 4

嫘（14 画）

乛丿一丨乛一丨一乛乛丶丨丿丶

5 3 1 2 5 1 2 1 5 5 4 2 3 4

嫜（14 画）

乛丿一丶一丶丿一丨乛一一一丨

5 3 1 4 1 4 3 1 2 5 1 1 1 2

嫡（14 画）

乛丿一丶一丶丿丨乛一丨丨乛一

5 3 1 4 1 4 3 2 5 1 2 2 5 1

嫪（14 画）

乛丿一乛丶一乛丶一丿丶丿丿丿

5 3 1 5 4 1 5 4 1 3 4 3 3 3

鼐（14 画）

乛丿丨乛一一一乛一丿丨一丨乛

5 3 2 5 1 1 1 5 1 3 2 1 2 5

翟（14 画）

乛丶一乛丶一丿丨丶一一一丨一

5 4 1 5 4 1 3 2 4 1 1 1 2 1

翠（14 画）

乛丶一乛丶一丶一丿丶丿丶一丨

5 4 1 5 4 1 4 1 3 4 3 4 1 2

熊（14 画）

乛丶丨乛一一丿乛丿乛丶丶丶丶

5 4 2 5 1 1 3 5 3 5 4 4 4 4

凳（14 画）

乛丶丿丿丶一丨乛一丶丿一丿乛

5 4 3 3 4 1 2 5 1 4 3 1 3 5

瞀（14 画）

乛丶乛丨丿丿一丿丶丨乛一一一

5 4 5 2 3 3 1 3 4 2 5 1 1 1

鹜（14 画）

乛丶乛丨丿丿一丿丶丿乛丶乛一

5 4 5 2 3 3 1 3 4 3 5 4 5 1

骠（14 画）

乛乛一一丨乛丨丨一一一丨丿丶

5 5 1 1 2 5 2 2 1 1 1 2 3 4

缥（14 画）

乛乛一一丨乛丨丨一一一丨丿丶

5 5 1 1 2 5 2 2 1 1 1 2 3 4

缦（14 画）

乛乛一丨乛一一丨乛丨丨一乛丶

5 5 1 2 5 1 1 2 5 2 2 1 5 4

缧（14 画）

乛乛一丨乛一丨一乛乛丶丨丿丶

5 5 1 2 5 1 2 1 5 5 4 2 3 4

骡（14 画）

乛乛一丨乛一丨一乛乛丶丨

5 5 1 2 5 1 2 1 5 5 4 2

骡骡

丿丶

3 4

缨（14 画）

乛乛一丨乛丿丶丨乛丿丶乛

5 5 1 2 5 3 4 2 5 3 4 5

缨缨

丿一

3 1

骢（14 画）

乛乛一丿丨乛丿乛丶一丶乛

5 5 1 3 2 5 3 5 4 1 4 5

骢骢

丶丶

4 4

缩（14 画）

乛乛一丶丶乛丿丨一丿丨乛

5 5 1 4 4 5 3 2 1 3 2 5

缩缩

一一

1 1

缪（14 画）

乛乛一乛丶一乛丶一丿丶丿

5 5 1 5 4 1 5 4 1 3 4 3

缪缪

丿丿

3 3

缫（14 画）

乛乛一乛乛乛丨乛一一一丨

5 5 1 5 5 5 2 5 1 1 1 2

缫缫

丿丶

3 4

慧（15 画）

一一一丨一一一丨乛一一丶

1 1 1 2 1 1 1 2 5 1 1 4

慧慧慧

乛丶丶

5 4 4

耦（15 画）

一一一丨丿丶丨乛一一丨乛

1 1 1 2 3 4 2 5 1 1 2 5

耦耦耦

丨一丶

2 1 4

耧（15 画）

一一一丨丿丶丶丿一丨丿丶

1 1 1 2 3 4 4 3 1 2 3 4

耧耧耧

乛丿一

5 3 1

瑾（15 画）

一一丨一一丨丨一丨乛一一

1 1 2 1 1 2 2 1 2 5 1 1

瑾瑾瑾

一丨一

1 2 1

璜（15 画）

一一丨一一丨丨一丨乛一丨一丿丶

1 1 2 1 1 2 2 1 2 5 1 2 1 3 4

璀（15 画）

一一丨一丨乛丨丿丨丶一一一丨一

1 1 2 1 2 5 2 3 2 4 1 1 1 2 1

瓔（15 画）

一一丨一丨乛丿丶丨乛丿丶乛丿一

1 1 2 1 2 5 3 4 2 5 3 4 5 3 1

璁（15 画）

一一丨一丿丨乛丿乛丶一丶乛丶丶

1 1 2 1 3 2 5 3 5 4 1 4 5 4 4

璋（15 画）

一一丨一丶一丶丿一丨乛一一一丨

1 1 2 1 4 1 4 3 1 2 5 1 1 1 2

璇（15 画）

一一丨一丶一乛丿丿一乛丨一丿丶

1 1 2 1 4 1 5 3 3 1 5 2 1 3 4

璆（15 画）

一一丨一乛丶一乛丶一丿丶丿丿丿

1 1 2 1 5 4 1 5 4 1 3 4 3 3 3

奭（15 画）

一一丿丨乛一一一丿丨乛一一丿丶

1 1 3 2 5 1 1 1 3 2 5 1 1 3 4

撵（15 画）

一丨一一一丿丶一一丿丶一乛一丨

1 2 1 1 1 3 4 1 1 3 4 1 5 1 2

髯（15 画）

一丨一一一乛丶丿丿丿丨乛丨一一

1 2 1 1 1 5 4 3 3 3 2 5 2 1 1

髫（15 画）

一丨一一一乛丶ノノノ乛ノ

1 2 1 1 1 5 4 3 3 3 5 3

丨乛一

2 5 1

撷（15 画）

一丨一一丨一丨乛一一ノ丨

1 2 1 1 2 1 2 5 1 1 3 2

乛ノ丶

5 3 4

撕（15 画）

一丨一一丨丨一一一ノ丶ノ

1 2 1 1 2 2 1 1 1 3 4 3

ノ一丨

3 1 2

撒（15 画）

一丨一一丨丨一丨乛一一ノ

1 2 1 1 2 2 1 2 5 1 1 3

一ノ丶

1 3 4

撅（15 画）

一丨一一ノ丶ノ一乛丨ノノ

1 2 1 1 3 4 3 1 5 2 3 3

乛ノ丶

5 3 4

撩（15 画）

一丨一一ノ丶丶ノ丨乛一一

1 2 1 1 3 4 4 3 2 5 1 1

丨ノ丶

2 3 4

趣（15 画）

一丨一丨一ノ丶一丨丨一一

1 2 1 2 1 3 4 1 2 2 1 1

一乛丶

1 5 4

趟（15 画）

一丨一丨一ノ丶丨丶ノ丨乛

1 2 1 2 1 3 4 2 4 3 2 5

丨乛一

2 5 1

撑（15 画）

一丨一丨丶ノ丶乛丨乛一ノ

1 2 1 2 4 3 4 5 2 5 1 3

一一丨

1 1 2

撮（15 画）

一丨一丨乛一一一丨丨一一

1 2 1 2 5 1 1 1 2 2 1 1

一乛丶

1 5 4

撬（15画）
一 十 扌 扌 扩 抒 捤 挦 捱 撬 撬 撬
一 丨 一 丿 一 一 乛 丿 一 一 乛 丿
1 2 1 3 1 1 5 3 1 1 5 3
撬 撬 撬
一 一 乛
1 1 5

赭（15画）
一 十 土 赤 赤 赤 赤 赤 赤 赤 赭 赭
一 丨 一 丿 丨 丿 丶 一 丨 一 丿 丨
1 2 1 3 2 3 4 1 2 1 3 2
赭 赭 赭
乛 一 一
5 1 1

播（15画）
一 十 扌 扌 扩 扩 扩 挥 挥 採 採 播
一 丨 一 丿 丶 丿 一 丨 丿 丶 丨 乛
1 2 1 3 4 3 1 2 3 4 2 5
播 播 播
一 丨 一
1 2 1

墦（15画）
一 十 土 圹 圹 圹 圹 坪 坪 坪 坪 墦
一 丨 一 丿 丶 丿 一 丨 丿 丶 丨 乛
1 2 1 3 4 3 1 2 3 4 2 5
墦 墦 墦
一 丨 一
1 2 1

擒（15画）
一 十 扌 扌 扌 扌 扌 扌 扌 擒 擒 擒
一 丨 一 丿 丶 丶 一 丿 丶 乛 丨 丨
1 2 1 3 4 4 1 3 4 5 2 2
擒 擒 擒
乛 乛 丶
5 5 4

撸（15画）
一 十 扌 扌 扌 扌 撸 撸 撸 撸 撸 撸
一 丨 一 丿 乛 丨 乛 一 丨 一 一 丨
1 2 1 3 5 2 5 1 2 1 1 2
撸 撸 撸
乛 一 一
5 1 1

鋆（15画）
一 十 土 圴 均 均 均 均 均 鋆 鋆 鋆
一 丨 一 丿 乛 丶 一 丿 丶 一 一 丨
1 2 1 3 5 4 1 3 4 1 1 2
鋆 鋆 鋆
丶 丿 一
4 3 1

墩（15画）
一 十 土 圵 圹 圹 坊 坊 埻 埻 埻 埻
一 丨 一 丶 一 丨 乛 一 乛 丨 一 丿
1 2 1 4 1 2 5 1 5 2 1 3
埻 墩 墩
一 丿 丶
1 3 4

撞（15画）
一 十 扌 扌 扩 扩 护 护 护 揞 揞 揞
一 丨 一 丶 一 丶 丿 一 丨 乛 一 一
1 2 1 4 1 4 3 1 2 5 1 1
撞 撞 撞
丨 一 一
2 1 1

撤（15画）
一 十 扌 扌 扌 扌 扌 扌 揹 揹 揹 揹
一 丨 一 丶 一 乛 丶 丨 乛 一 一 丿
1 2 1 4 1 5 4 2 5 1 1 3
揹 撤 撤
一 丿 丶
1 3 4

撙（15 画）

一丨一丶丿一丨乛丿乛一一一丨丶

1 2 1 4 3 1 2 5 3 5 1 1 1 2 4

增（15 画）

一丨一丶丿丨乛丨丶丿一丨乛一一

1 2 1 4 3 2 5 2 4 3 1 2 5 1 1

撺（15 画）

一丨一丶丶乛丿丶丨乛一丨乛一丨

1 2 1 4 4 5 3 4 2 5 1 2 5 1 2

墀（15 画）

一丨一乛一丿丨丶一丿丶丿一一丨

1 2 1 5 1 3 2 4 1 3 4 3 1 1 2

撰（15 画）

一丨一乛一乛乛一乛一丨丨一丿丶

1 2 1 5 1 5 5 1 5 1 2 2 1 3 4

聩（15 画）

一丨丨一一一丨乛一丨一丨乛丿丶

1 2 2 1 1 1 2 5 1 2 1 2 5 3 4

聪（15 画）

一丨丨一一一丶丿丨乛一丶乛丶丶

1 2 2 1 1 1 4 3 2 5 1 4 5 4 4

觐（15 画）

一丨丨一丨乛一一一丨一丨乛丿乛

1 2 2 1 2 5 1 1 1 2 1 2 5 3 5

鞋（15 画）

一丨丨一丨乛一一丨一丨一一丨一

1 2 2 1 2 5 1 1 2 1 2 1 1 2 1

鞑（15 画）

一丨丨一丨乛一一丨一丿丶丶乛丶

1 2 2 1 2 5 1 1 2 1 3 4 4 5 4

蕙（15 画）

一丨丨一丨乛一一丨一丶丶乛丶丶

1 2 2 1 2 5 1 1 2 1 4 4 5 4 4

鞒（15 画）

一丨丨一丨乛一一丨丿一丿丶丿丨

1 2 2 1 2 5 1 1 2 3 1 3 4 3 2

鞍（15 画）

一丨丨一丨乛一一丨丶丶乛乛丿一

1 2 2 1 2 5 1 1 2 4 4 5 5 3 1

蕈（15 画）

一丨丨一丨乛丨丨一丨乛一一一丨

1 2 2 1 2 5 2 2 1 2 5 1 1 1 2

蕨（15 画）

一丨丨一丿丶丿一乛丨丿丿乛丿丶

1 2 2 1 3 4 3 1 5 2 3 3 5 3 4

藙（15 画）

一丨丨一丿乛丿丿丿丶丿一一丨一

1 2 2 1 3 5 3 3 3 4 3 1 1 2 1

蕞（15 画）

一丨丨丨乛一一一丨丨一一一乛丶

1 2 2 2 5 1 1 1 2 2 1 1 1 5 4

蕺（15 画）

一丨丨丨乛一一丨丨一一一乛丿丶

1 2 2 2 5 1 1 2 2 1 1 1 5 3 4

瞢（15 画）

一丨丨丨乛丨丨一丶乛丨乛一一一

1 2 2 2 5 2 2 1 4 5 2 5 1 1 1

蕉（15 画）

一丨丨丿丨丶一一一丨一丶丶丶丶

1 2 2 3 2 4 1 1 1 2 1 4 4 4 4

劐（15 画）

一 丨 丨 丿 丨 丶 一 一 一 丨 一 乛 丶 丨 丨

1 2 2 3 2 4 1 1 1 2 1 5 4 2 2

蕃（15 画）

一 丨 丨 丿 丶 丿 一 丨 丿 丶 丨 乛 一 丨 一

1 2 2 3 4 3 1 2 3 4 2 5 1 2 1

蕲（15 画）

一 丨 丨 丶 丿 丨 乛 一 一 一 丨 丿 丿 一 丨

1 2 2 4 3 2 5 1 1 1 2 3 3 1 2

蕰（15 画）

一 丨 丨 丶 丶 一 丨 乛 一 一 丨 乛 丨 丨 一

1 2 2 4 4 1 2 5 1 1 2 5 2 2 1

蕊（15 画）

一 丨 丨 丶 乛 丶 丶 丶 乛 丶 丶 丶 乛 丶 丶

1 2 2 4 5 4 4 4 5 4 4 4 5 4 4

赜（15 画）

一 丨 丨 乛 一 丨 乛 一 一 丨 一 丨 乛 丿 丶

1 2 2 5 1 2 5 1 1 2 1 2 5 3 4

蔬（15 画）

一 丨 丨 乛 丨 一 丨 一 丶 一 乛 丶 丿 丨 乛

1 2 2 5 2 1 2 1 4 1 5 4 3 2 5

蕴（15 画）

一 丨 丨 乛 乛 一 丨 乛 一 一 丨 乛 丨 丨 一

1 2 2 5 5 1 2 5 1 1 2 5 2 2 1

鼒（15 画）

一 丨 丿 丨 乛 一 一 一 乛 一 丿 丨 一 丨 乛

1 2 3 2 5 1 1 1 5 1 3 2 1 2 5

槿（15 画）

一 丨 丿 丶 一 丨 丨 一 丨 乛 一 一 一 丨 一

1 2 3 4 1 2 2 1 2 5 1 1 1 2 1

横（15画）
一 十 才 木 木一 木+ 木卄 木卄 木卄 横 横 横
一 丨 丿 丶 一 丨 丨 一 丨 ㇕ 一 丨
1 2 3 4 1 2 2 1 2 5 1 2
横 横 横
一 丿 丶
1 3 4

樯（15画）
一 十 才 木 木一 木+ 木+ 木+ 木+ 木+ 樯 樯
一 丨 丿 丶 一 丨 丶 丿 一 丨 ㇕ 丨
1 2 3 4 1 2 4 3 1 2 5 2
樯 樯 樯
㇕ 一 一
5 1 1

槽（15画）
一 十 才 木 木一 木 木 木 槽 槽 槽 槽
一 丨 丿 丶 一 丨 ㇕ 一 丨 丨 一 丨
1 2 3 4 1 2 5 1 2 2 1 2
槽 槽 槽
㇕ 一 一
5 1 1

槭（15画）
一 十 才 木 木一 木 木 木 木 槭 槭 槭
一 丨 丿 丶 一 丿 丨 一 一 丨 丿 丶
1 2 3 4 1 3 2 1 1 2 3 4
槭 槭 槭
㇕ 丿 丶
5 3 4

樗（15画）
一 十 才 木 木一 木 木 木 木 木 木 木
一 丨 丿 丶 一 丶 ㇕ 丨 丶 丶 丶 丶
1 2 3 4 1 4 5 2 4 4 4 4
樗 樗 樗
一 一 ㇕
1 1 5

樘（15画）
一 十 才 木 木 木 木 木 木 木 樘 樘
一 丨 丿 丶 丨 丶 丿 丶 ㇕ 丨 ㇕ 一
1 2 3 4 2 4 3 4 5 2 5 1
樘 樘 樘
一 丨 一
1 2 1

樱（15画）
一 十 才 木 木 木 木 木 木 木 樱 樱
一 丨 丿 丶 丨 ㇕ 丿 丶 丨 ㇕ 丿 丶
1 2 3 4 2 5 3 4 2 5 3 4
樱 樱 樱
㇕ 丿 一
5 3 1

樊（15画）
一 十 才 木 木 木 木 木 木 樊 樊 樊
一 丨 丿 丶 丿 丶 丿 丶 一 丨 丿 丶
1 2 3 4 3 4 3 4 1 2 3 4
樊 樊 樊
一 丿 丶
1 3 4

橡（15画）
一 十 才 木 木 木 木 木 木 木 橡 橡
一 丨 丿 丶 丿 ㇕ 丨 ㇕ 一 丿 ㇕ 丿
1 2 3 4 3 5 2 5 1 3 5 3
橡 橡 橡
丿 丿 丶
3 3 4

槲（15画）
一 十 才 木 木 木 木 木 木 木 槲 槲
一 丨 丿 丶 丿 ㇕ 丿 ㇕ 一 一 丨 丶
1 2 3 4 3 5 3 5 1 1 2 4
槲 槲 槲
丶 一 丨
4 1 2

樟（15 画）

一丨丿丶丶一丶丿一丨乛一一一丨

1 2 3 4 4 1 4 3 1 2 5 1 1 1 2

橄（15 画）

一丨丿丶乛一丨丨一一一丿一丿丶

1 2 3 4 5 1 2 2 1 1 1 3 1 3 4

敷（15 画）

一丨乛一一丨丶丶一乛丿丿一丿丶

1 2 5 1 1 2 4 4 1 5 3 3 1 3 4

鹝（15 画）

一丨乛一丨乛丶丿一丨丿乛丶乛一

1 2 5 1 2 5 4 3 1 2 3 5 4 5 1

豌（15 画）

一丨乛一丶丿一丶丶乛丿乛丶乛乛

1 2 5 1 4 3 1 4 4 5 3 5 4 5 5

飘（15 画）

一丨乛丨丨一一一丨丿丶丿乛丿丶

1 2 5 2 2 1 1 1 2 3 4 3 5 3 4

醋（15 画）

一丨乛丿乛一一一丨丨一丨乛一一

1 2 5 3 5 1 1 1 2 2 1 2 5 1 1

醌（15 画）

一丨乛丿乛一一丨乛一一一乛丿乛

1 2 5 3 5 1 1 2 5 1 1 1 5 3 5

醇（15 画）

一丨乛丿乛一一丶一丨乛一乛丨一

1 2 5 3 5 1 1 4 1 2 5 1 5 2 1

醉（15 画）

一丨乛丿乛一一丶一丿丶丿丶一丨

1 2 5 3 5 1 1 4 1 3 4 3 4 1 2

醅（15 画）

一丨乛丿乛一一丶一丶丿一丨乛一

1 2 5 3 5 1 1 4 1 4 3 1 2 5 1

靥（15 画）

一丿一丿丶丶一丿丨乛丨丨一一一

1 3 1 3 4 4 1 3 2 5 2 2 1 1 1

魇（15 画）

一丿一丿丶丶丿丨乛一一丿乛乛丶

1 3 1 3 4 4 3 2 5 1 1 3 5 5 4

餍（15 画）

一丿一丿丶丶丿丶丶乛一一乛丿丶

1 3 1 3 4 4 3 4 4 5 1 1 5 3 4

磕（15 画）

一丿丨乛一一丨一乛丶丨乛丨丨一

1 3 2 5 1 1 2 1 5 4 2 5 2 2 1

磊（15 画）

一丿丨乛一一丿丨乛一一丿丨乛一

1 3 2 5 1 1 3 2 5 1 1 3 2 5 1

磔（15 画）

一丿丨乛一丿乛丶一乛丨一丨丿丶

1 3 2 5 1 3 5 4 1 5 2 1 2 3 4

磙（15 画）

一丿丨乛一丶一丿丶乛丶丿乛丿丶

1 3 2 5 1 4 1 3 4 5 4 3 5 3 4

磅（15 画）

一丿丨乛一丶一丶丿丶乛丶一乛丿

1 3 2 5 1 4 1 4 3 4 5 4 1 5 3

碾（15 画）

一丿丨乛一乛一丿一丨丨一乛丿丶

1 3 2 5 1 5 1 3 1 2 2 1 5 3 4

磜（15画）

一丿丨乛一乛丶乛丶乛丶一
1 3 2 5 1 5 4 5 4 5 4 1
丨丿丶
2 3 4

殣（15画）

一丿乛丶一丨丨一丨乛一一
1 3 5 4 1 2 2 1 2 5 1 1
一丨一
1 2 1

慭（15画）

一丶丿一丨丿丶一丿丶丶丶
1 4 3 1 2 3 4 1 3 4 4 4
乛丶丶
5 4 4

震（15画）

一丶乛丨丶丶丶丶一丿一一
1 4 5 2 4 4 4 4 1 3 1 1
乛丿丶
5 3 4

霄（15画）

一丶乛丨丶丶丶丶丨丶丿丨
1 4 5 2 4 4 4 4 2 4 3 2
乛一一
5 1 1

霉（15画）

一丶乛丨丶丶丶丶丿一乛乛
1 4 5 2 4 4 4 4 3 1 5 5
丶一丶
4 1 4

霈（15画）

一丶乛丨丶丶丶丶丶丶一一
1 4 5 2 4 4 4 4 4 4 1 1
丨乛丨
2 5 2

辘（15画）

一乛丨一丶一丿乛丨丨一一
1 5 2 1 4 1 3 5 2 2 1 1
乛丿乛
5 3 5

龉（15画）

丨一丨一丿丶乛丨一丨乛一
2 1 2 1 3 4 5 2 1 2 5 1
丨乛一
2 5 1

龊（15画）

丨一丨一丿丶乛丨丨乛一丨
2 1 2 1 3 4 5 2 2 5 1 2
一丿丶
1 3 4

觑（15 画）

丨一乛丿一乛丨丨丶丿一丨乛丿乛

2 1 5 3 1 5 2 2 4 3 1 2 5 3 5

瞌（15 画）

丨乛一一一一丨一乛丶丨乛丨丨一

2 5 1 1 1 1 2 1 5 4 2 5 2 2 1

瞒（15 画）

丨乛一一一一丨丨一丨乛丿丶丿丶

2 5 1 1 1 1 2 2 1 2 5 3 4 3 4

题（15 画）

丨乛一一一丨一丿丶一丿丨乛丿丶

2 5 1 1 1 2 1 3 4 1 3 2 5 3 4

暴（15 画）

丨乛一一一丨丨一丿丶丨丶一丿丶

2 5 1 1 1 2 2 1 3 4 2 4 1 3 4

瞎（15 画）

丨乛一一一丶丶乛一一一丨丨乛一

2 5 1 1 1 4 4 5 1 1 1 2 2 5 1

瞑（15 画）

丨乛一一一丶乛丨乛一一丶一丿丶

2 5 1 1 1 4 5 2 5 1 1 4 1 3 4

嘻（15 画）

丨乛一一丨一丨乛一丶丿一丨乛一

2 5 1 1 2 1 2 5 1 4 3 1 2 5 1

嘭（15 画）

丨乛一一丨一丨乛一丶丿一丿丿丿

2 5 1 1 2 1 2 5 1 4 3 1 3 3 3

噎（15 画）

丨乛一一丨一丶乛一丨乛一丶丿一

2 5 1 1 2 1 4 5 1 2 5 1 4 3 1

嘶（15 画）
丨㇆一一丨丨一一一丿丶丿
2 5 1 1 2 2 1 1 1 3 4 3
丿一丨
3 1 2

噶（15 画）
丨㇆一一丨丨丨㇆一一丿㇆
2 5 1 1 2 2 2 5 1 1 3 5
丿丶㇆
3 4 5

嘲（15 画）
丨㇆一一丨丨㇆一一一丨丿
2 5 1 1 2 2 5 1 1 1 2 3
㇆一一
5 1 1

颙（15 画）
丨㇆一一丨㇆丨一丶一丿丨
2 5 1 1 2 5 2 1 4 1 3 2
㇆丿丶
5 3 4

暹（15 画）
丨㇆一一丿丨丶一一一丨一
2 5 1 1 3 2 4 1 1 1 2 1
丶㇆丶
4 5 4

嘹（15 画）
丨㇆一一丿丶丶丿丨㇆一一
2 5 1 1 3 4 4 3 2 5 1 1
丨丿丶
2 3 4

影（15 画）
丨㇆一一丶一丨㇆一丨丿丶
2 5 1 1 4 1 2 5 1 2 3 4
丿丿丿
3 3 3

踔（15 画）
丨㇆一丨一丨一丨一丨㇆一
2 5 1 2 1 2 1 2 1 2 5 1
一一丨
1 1 2

踝（15 画）
丨㇆一丨一丨一丨㇆一一一
2 5 1 2 1 2 1 2 5 1 1 1
丨丿丶
2 3 4

踢（15 画）
丨㇆一丨一丨一丨㇆一一丿
2 5 1 2 1 2 1 2 5 1 1 3
㇆丿丿
5 3 3

踏（15画）

丨㇕一丨一丨一丨㇕丿丶丨㇕一一

2 5 1 2 1 2 1 2 5 3 4 2 5 1 1

踟（15画）

丨㇕一丨一丨一丿一一丿丶丨㇕一

2 5 1 2 1 2 1 3 1 1 3 4 2 5 1

踬（15画）

丨㇕一丨一丨一丿丿一丨丨㇕丿丶

2 5 1 2 1 2 1 3 3 1 2 2 5 3 4

踩（15画）

丨㇕一丨一丨一丿丶丶丿一丨丿丶

2 5 1 2 1 2 1 3 4 4 3 1 2 3 4

踮（15画）

丨㇕一丨一丨一丶一丿丨一丨㇕一

2 5 1 2 1 2 1 4 1 3 2 1 2 5 1

踣（15画）

丨㇕一丨一丨一丶一丶丿一丨㇕一

2 5 1 2 1 2 1 4 1 4 3 1 2 5 1

踯（15画）

丨㇕一丨一丨一丶丿一一丿丶㇕丨

2 5 1 2 1 2 1 4 3 1 1 3 4 5 2

踪（15画）

丨㇕一丨一丨一丶丶㇕一一丨丿丶

2 5 1 2 1 2 1 4 4 5 1 1 2 3 4

踺（15画）

丨㇕一丨一丨一㇕一一一一丨㇕丶

2 5 1 2 1 2 1 5 1 1 1 1 2 5 4

踞（15画）

丨㇕一丨一丨一㇕一丿一丨丨㇕一

2 5 1 2 1 2 1 5 1 3 1 2 2 5 1

蝽（15 画）

丨 冂 口 中 虫 虫

丨 ㇆ 一 丨 一 丶 一 一 一 丿 丶 丨

2 5 1 2 1 4 1 1 1 3 4 2

蝽蝽蝽

㇆ 一 一

5 1 1

蝠（15 画）

丨 冂 口 中 虫 虫

丨 ㇆ 一 丨 一 丶 一 丨 ㇆ 一 丨 ㇆

2 5 1 2 1 4 1 2 5 1 2 5

蝠蝠蝠

一 丨 一

1 2 1

蝶（15 画）

丨 冂 口 中 虫 虫

丨 ㇆ 一 丨 一 丶 一 丨 丨 一 ㇆ 一

2 5 1 2 1 4 1 2 2 1 5 1

蝶蝶蝶

丨 丿 丶

2 3 4

蝰（15 画）

丨 冂 口 中 虫 虫

丨 ㇆ 一 丨 一 丶 一 丿 丶 一 丨 一

2 5 1 2 1 4 1 3 4 1 2 1

蝰蝰蝰

一 丨 一

1 2 1

蝾（15 画）

丨 冂 口 中 虫 虫

丨 ㇆ 一 丨 一 丶 一 丨 丨 丶 ㇆ 一

2 5 1 2 1 4 1 2 2 4 5 1

蝾蝾蝾

丨 丿 丶

2 3 4

蝎（15 画）

丨 冂 口 中 虫 虫

丨 ㇆ 一 丨 一 丶 丨 ㇆ 一 一 丿 ㇆

2 5 1 2 1 4 2 5 1 1 3 5

蝎蝎蝎

丿 丶 ㇆

3 4 5

蝴（15 画）

丨 冂 口 中 虫 虫

丨 ㇆ 一 丨 一 丶 一 丨 丨 ㇆ 一 丿

2 5 1 2 1 4 1 2 2 5 1 3

蝴蝴蝴

㇆ 一 一

5 1 1

蝌（15 画）

丨 冂 口 中 虫 虫

丨 ㇆ 一 丨 一 丶 丿 一 丨 丿 丶 丶

2 5 1 2 1 4 3 1 2 3 4 4

蝌蝌蝌

丶 一 丨

4 1 2

蝻（15 画）

丨 冂 口 中 虫 虫

丨 ㇆ 一 丨 一 丶 一 丨 丨 ㇆ 丶 丿

2 5 1 2 1 4 1 2 2 5 4 3

蝻蝻蝻

一 一 丨

1 1 2

蝮（15 画）

丨 冂 口 中 虫 虫

丨 ㇆ 一 丨 一 丶 丿 一 丨 ㇆ 一 一

2 5 1 2 1 4 3 1 2 5 1 1

蝮蝮蝮

丿 ㇆ 丶

3 5 4

螋（15画）

丨乛一丨一丶丿丨一乛一一 丨乛丶

2 5 1 2 1 4 3 2 1 5 1 1 2 5 4

蝗（15画）

丨乛一丨一丶丿丨乛一一一 一丨一

2 5 1 2 1 4 3 2 5 1 1 1 1 2 1

蝓（15画）

丨乛一丨一丶丿丶一丨乛一 一丨丨

2 5 1 2 1 4 3 4 1 2 5 1 1 2 2

蝣（15画）

丨乛一丨一丶丶一乛丿丿一 乛丨一

2 5 1 2 1 4 4 1 5 3 3 1 5 2 1

蝼（15画）

丨乛一丨一丶丶丿一丨丿丶 乛丿一

2 5 1 2 1 4 4 3 1 2 3 4 5 3 1

蝤（15画）

丨乛一丨一丶丶丿一丨乛丿 乛一一

2 5 1 2 1 4 4 3 1 2 5 3 5 1 1

蝙（15画）

丨乛一丨一丶丶乛一丿丨乛 一丨丨

2 5 1 2 1 4 4 5 1 3 2 5 1 2 2

噗（15画）

丨乛一丨丨丶丿一丶丿一一 一丿丶

2 5 1 2 2 4 3 1 4 3 1 1 1 3 4

嘬（15画）

丨乛一丨乛一一一丨丨一一 一乛丶

2 5 1 2 5 1 1 1 2 2 1 1 1 5 4

颚（15画）

丨乛一丨乛一一一乛一丿丨 乛丿丶

2 5 1 2 5 1 1 1 5 1 3 2 5 3 4

嘿（15画）

丨㇆一丨㇆丶丿一丨一一丶
2 5 1 2 5 4 3 1 2 1 1 4
嘿嘿嘿
丶丶丶
4 4 4

噍（15画）

丨㇆一丿丨丶一一一丨一丶
2 5 1 3 2 4 1 1 1 2 1 4
噍噍噍
丶丶丶
4 4 4

噢（15画）

丨㇆一丿丨㇆丶丿一丨丿丶
2 5 1 3 2 5 4 3 1 2 3 4
噢噢噢
一丿丶
1 3 4

噙（15画）

丨㇆一丿丶丶一丿丶㇆丨丨
2 5 1 3 4 4 1 3 4 5 2 2
噙噙噙
㇆㇆丶
5 5 4

噜（15画）

丨㇆一丿㇆丨㇆一丨一一丨
2 5 1 3 5 2 5 1 2 1 1 2
噜噜噜
㇆一一
5 1 1

噌（15画）

丨㇆一丶丿丨㇆丨丶丿一丨
2 5 1 4 3 2 5 2 4 3 1 2
噌噌噌
㇆一一
5 1 1

嘱（15画）

丨㇆一㇆一丿丿丨㇆一丨㇆
2 5 1 5 1 3 3 2 5 1 2 5
嘱嘱嘱
丨一丶
2 1 4

噀（15画）

丨㇆一㇆一㇆㇆一㇆一丨丨
2 5 1 5 1 5 5 1 5 1 2 2
噀噀噀
一丿丶
1 3 4

噔（15画）

丨㇆一㇆丶丿丿丶一丨㇆一
2 5 1 5 4 3 3 4 1 2 5 1
噔噔噔
丶丿一
4 3 1

颛（15画）

丨㇆丨一丿丨㇆丨丨一丿丨
2 5 2 1 3 2 5 2 2 1 3 2
颛颛颛
㇆丿丶
5 3 4

幞（15画）
丨 冂 巾 巾' 巾" 巾'' 巾''' 巾丵 巾丵 巾丵 巾丵 巾丵 巾丵 幞 幞
丨 ㇆ 丨 丨 丨 丶 丿 一 丶 丿 一 一 一 丿 丶
2 5 2 2 2 4 3 1 4 3 1 1 1 3 4

幡（15画）
丨 冂 巾 巾丷 巾丷 巾丷 巾丷 巾平 巾平 巾釆 巾釆 幡 幡 幡 幡
丨 ㇆ 丨 丿 丶 丿 一 丨 丿 丶 丨 ㇆ 一 丨 一
2 5 2 3 4 3 1 2 3 4 2 5 1 2 1

嶓（15画）
丨 山 山 山丷 山丷 山丷 山丷 山平 山平 山釆 山釆 嶓 嶓 嶓 嶓
丨 ㇆ 丨 丿 丶 丿 一 丨 丿 丶 丨 ㇆ 一 丨 一
2 5 2 3 4 3 1 2 3 4 2 5 1 2 1

幢（15画）
丨 冂 巾 巾丶 巾亠 巾亠 巾立 巾立 巾立 巾音 巾音 巾音 幢 幢 幢
丨 ㇆ 丨 丶 一 丶 丿 一 丨 ㇆ 一 一 丨 一 一
2 5 2 4 1 4 3 1 2 5 1 1 2 1 1

嶙（15画）
丨 山 山 山丶 山丷 山丷 山米 山米 山米 山粦 山粦 山粦 嶙 嶙 嶙
丨 ㇆ 丨 丶 丿 一 丨 丿 丶 丿 ㇆ 丶 一 ㇆ 丨
2 5 2 4 3 1 2 3 4 3 5 4 1 5 2

嶝（15画）
丨 山 山 山癶 山癶 山癶 山癶 山癶 山癶 山登 山登 山登 山登 山登 嶝
丨 ㇆ 丨 ㇆ 丶 丿 丿 丶 一 丨 ㇆ 一 丶 丿 一
2 5 2 5 4 3 3 4 1 2 5 1 4 3 1

墨（15画）
丨 冂 冂 冈 四 甲 甲 里 里 黑 黑 黑 黑 墨 墨
丨 ㇆ 丶 丿 一 丨 一 一 丶 丶 丶 丶 一 丨 一
2 5 4 3 1 2 1 1 4 4 4 4 1 2 1

骺（15画）
丨 冂 冂 冂 冎 冎 骨 骨 骨 骨 骨 骺 骺 骺 骺
丨 ㇆ ㇆ 丶 ㇆ 丨 ㇆ 一 一 丿 丿 一 丨 ㇆ 一
2 5 5 4 5 2 5 1 1 3 3 1 2 5 1

骼（15画）
丨 冂 冂 冂 冎 冎 骨 骨 骨 骨 骨 骨 骼 骼 骼
丨 ㇆ ㇆ 丶 ㇆ 丨 ㇆ 一 一 丿 ㇆ 丶 丨 ㇆ 一
2 5 5 4 5 2 5 1 1 3 5 4 2 5 1

骸（15画）
丨 冂 冂 冂 冎 冎 骨 骨 骨 骨 骨 骨 骸 骸 骸
丨 ㇆ ㇆ 丶 ㇆ 丨 ㇆ 一 一 丶 一 ㇆ 丿 丿 丶
2 5 5 4 5 2 5 1 1 4 1 5 3 3 4

镊（15画）

丿一一一乛一丨丨一一一乛丶乛丶

3 1 1 1 5 1 2 2 1 1 1 5 4 5 4

镆（15画）

丿一一一乛一丨丨丨乛一一一丿丶

3 1 1 1 5 1 2 2 2 5 1 1 1 3 4

镇（15画）

丿一一一乛一丨丨乛一一一一丿丶

3 1 1 1 5 1 2 2 5 1 1 1 1 3 4

镈（15画）

丿一一一乛一丨乛一一丨丶一丨丶

3 1 1 1 5 1 2 5 1 1 2 4 1 2 4

镉（15画）

丿一一一乛一丨乛一丨乛丶丿一丨

3 1 1 1 5 1 2 5 1 2 5 4 3 1 2

镋（15画）

丿一一一乛丨丶丿丶乛丨乛一丿乛

3 1 1 1 5 2 4 3 4 5 2 5 1 3 5

镌（15画）

丿一一一乛丿丨丶一一一丨一乛丿

3 1 1 1 5 3 2 4 1 1 1 2 1 5 3

镍（15画）

丿一一一乛丿丨乛一一一一丨丿丶

3 1 1 1 5 3 2 5 1 1 1 1 2 3 4

镎（15画）

丿一一一乛丿丶一丨乛一丿一一丨

3 1 1 1 5 3 4 1 2 5 1 3 1 1 2

镏（15画）

丿一一一乛丿乛丶乛丿丨乛一丨一

3 1 1 1 5 3 5 4 5 3 2 5 1 2 1

镐（15画）

丿一一一乛丶一丨乛一丨乛丨乛一

3 1 1 1 5 4 1 2 5 1 2 5 2 5 1

镑（15画）

丿一一一乛丶一丶丿丶乛丶一乛丿

3 1 1 1 5 4 1 4 3 4 5 4 1 5 3

镒（15画）

丿一一一乛丶丿一丿丶丨乛丨丨一

3 1 1 1 5 4 3 1 3 4 2 5 2 2 1

镓（15画）

丿一一一乛丶丶乛一丿乛丿丿丿丶

3 1 1 1 5 4 4 5 1 3 5 3 3 3 4

镔（15画）

丿一一一乛丶丶乛丿丨一丨一丿丶

3 1 1 1 5 4 4 5 3 2 1 2 1 3 4

靠（15画）

丿一丨一丨乛一丨一一一丨一一一

3 1 2 1 2 5 1 2 1 1 1 2 1 1 1

稽（15画）

丿一丨丿丶一丿乛丶丿乛丨乛一一

3 1 2 3 4 1 3 5 4 3 5 2 5 1 1

稷（15画）

丿一丨丿丶丨乛一丨一丿丶丿乛丶

3 1 2 3 4 2 5 1 2 1 3 4 3 5 4

稻（15画）

丿一丨丿丶丿丶丶丿丿丨一乛一一

3 1 2 3 4 3 4 4 3 3 2 1 5 1 1

黎（15画）

丿一丨丿丶丿乛丿丿丶丨丶一丿丶

3 1 2 3 4 3 5 3 3 4 2 4 1 3 4

稿（15 画）
ノ一丨ノ丶丶一丨乛一丨乛丨乛一
3 1 2 3 4 4 1 2 5 1 2 5 2 5 1

稼（15 画）
ノ一丨ノ丶丶丶乛一ノ乛ノノノ丶
3 1 2 3 4 4 4 5 1 3 5 3 3 3 4

箱（15 画）
ノ一丶ノ一丶一丨ノ丶丨乛一一一
3 1 4 3 1 4 1 2 3 4 2 5 1 1 1

箴（15 画）
ノ一丶ノ一丶一ノ一丨乛一乛ノ丶
3 1 4 3 1 4 1 3 1 2 5 1 5 3 4

篑（15 画）
ノ一丶ノ一丶丨乛一丨一丨乛ノ丶
3 1 4 3 1 4 2 5 1 2 1 2 5 3 4

篁（15 画）
ノ一丶ノ一丶ノ丨乛一一一一丨一
3 1 4 3 1 4 3 2 5 1 1 1 1 2 1

篌（15 画）
ノ一丶ノ一丶ノ丨乛一ノ一一ノ丶
3 1 4 3 1 4 3 2 5 1 3 1 1 3 4

篓（15 画）
ノ一丶ノ一丶丶ノ一丨ノ丶乛ノ一
3 1 4 3 1 4 4 3 1 2 3 4 5 3 1

箭（15 画）
ノ一丶ノ一丶丶ノ一丨乛一一丨丨
3 1 4 3 1 4 4 3 1 2 5 1 1 2 2

篇（15 画）
ノ一丶ノ一丶丶乛一ノ丨乛一丨丨
3 1 4 3 1 4 4 5 1 3 2 5 1 2 2

篆（15 画）

丿一丶丿一丶乛乛一丿乛丿
3 1 4 3 1 4 5 5 1 3 5 3
丿丿丶
3 3 4

僵（15 画）

丿丨一丨乛一丨一一丨乛一
3 2 1 2 5 1 2 1 1 2 5 1
丨一一
2 1 1

牖（15 画）

丿丨一乛丶乛一丿一丨乛一
3 2 1 5 4 5 1 3 1 2 5 1
一丨丶
1 2 4

儇（15 画）

丿丨丨乛丨丨一一丨乛一丿
3 2 2 5 2 2 1 1 2 5 1 3
乛丿丶
5 3 4

儋（15 画）

丿丨丿乛一丿丿丶丶一一一
3 2 3 5 1 3 3 4 4 1 1 1
丨乛一
2 5 1

躺（15 画）

丿丨乛一一一丿丨丶丿丨乛
3 2 5 1 1 1 3 2 4 3 2 5
丨乛一
2 5 1

僻（15 画）

丿丨乛一丿丨乛一丶一丶丿
3 2 5 1 3 2 5 1 4 1 4 3
一一丨
1 1 2

德（15 画）

丿丿丨一丨丨乛丨丨一一丶
3 3 2 1 2 2 5 2 2 1 1 4
乛丶丶
5 4 4

徵（15 画）

丿丿丨丨乛丨一一一丨一丿
3 3 2 2 5 2 1 1 1 2 1 3
一丿丶
1 3 4

艘（15 画）

丿丿乛丶一丶丿丨一乛一一
3 3 5 4 1 4 3 2 1 5 1 1
丨乛丶
2 5 4

磐（15 画）

ノノ乛丶一丶ノ乛乛丶一ノ
3 3 5 4 1 4 3 5 5 4 1 3
丨乛一
2 5 1

虢（15 画）

ノ丶丶ノ一丨丶丨一乛ノ一
3 4 4 3 1 2 4 2 1 5 3 1
乛ノ乛
5 3 5

鹞（15 画）

ノ丶丶ノノ一一丨乛丨ノ乛
3 4 4 3 3 1 1 2 5 2 3 5
丶乛一
4 5 1

鹟（15 画）

ノ丶乛丶乛丶一乛丶一ノ乛
3 4 5 4 5 4 1 5 4 1 3 5
丶乛一
4 5 1

膝（15 画）

ノ乛一一一丨ノ丶ノ丶丨丶
3 5 1 1 1 2 3 4 3 4 2 4
一ノ丶
1 3 4

膘（15 画）

ノ乛一一一丨乛丨丨一一一
3 5 1 1 1 2 5 2 2 1 1 1
丨ノ丶
2 3 4

膛（15 画）

ノ乛一一丨丶ノ丶乛丨乛一
3 5 1 1 2 4 3 4 5 2 5 1
一丨一
1 2 1

滕（15 画）

ノ乛一一丶ノ一一ノ丶丨丶
3 5 1 1 4 3 1 1 3 4 2 4
一ノ丶
1 3 4

鲠（15 画）

ノ乛丨乛一丨一一一丨乛一
3 5 2 5 1 2 1 1 1 2 5 1
一ノ丶
1 3 4

鲡（15 画）

ノ乛丨乛一丨一一一丨乛丶
3 5 2 5 1 2 1 1 1 2 5 4
丨乛丶
2 5 4

鲢（15 画）

丿㇕丨㇕一丨一一一㇕一丨丶㇕丶

3 5 2 5 1 2 1 1 1 5 1 2 4 5 4

鲣（15 画）

丿㇕丨㇕一丨一一丨丨㇕丶一丨一

3 5 2 5 1 2 1 1 2 2 5 4 1 2 1

鲋（15 画）

丿㇕丨㇕一丨一一丨㇕一一一丨丶

3 5 2 5 1 2 1 1 2 5 1 1 1 2 4

鲤（15 画）

丿㇕丨㇕一丨一一丨㇕一一丨一一

3 5 2 5 1 2 1 1 2 5 1 1 2 1 1

鲦（15 画）

丿㇕丨㇕一丨一一丿㇕丶一丨丿丶

3 5 2 5 1 2 1 1 3 5 4 1 2 3 4

鲧（15 画）

丿㇕丨㇕一丨一一丿㇕㇕丶丨丿丶

3 5 2 5 1 2 1 1 3 5 5 4 2 3 4

鲩（15 画）

丿㇕丨㇕一丨一一丶丶㇕一一丿㇕

3 5 2 5 1 2 1 1 4 4 5 1 1 3 5

鲪（15 画）

丿㇕丨㇕一丨一一㇕一一丿丨㇕一

3 5 2 5 1 2 1 1 5 1 1 3 2 5 1

鲫（15 画）

丿㇕丨㇕一丨一一㇕一一㇕丶㇕丨

3 5 2 5 1 2 1 1 5 1 1 5 4 5 2

鲬（15 画）

丿㇕丨㇕一丨一一㇕丶丨㇕一一丨

3 5 2 5 1 2 1 1 5 4 2 5 1 1 2

獉（15 画）

丿㇇丿一丨一丿丨㇇一一一丨丿丶

3 5 3 1 2 1 3 2 5 1 1 1 2 3 4

獗（15 画）

丿㇇丿一丿丶丿一㇇丨丿丿㇇丿丶

3 5 3 1 3 4 3 1 5 2 3 3 5 3 4

獠（15 画）

丿㇇丿一丿丶丶丿丨㇇一一丨丿丶

3 5 3 1 3 4 4 3 2 5 1 1 2 3 4

觯（15 画）

丿㇇丿㇇一一丨丶丿丨㇇一一一丨

3 5 3 5 1 1 2 4 3 2 5 1 1 1 2

鹠（15 画）

丿㇇丶㇇丿丨㇇一丨一丿㇇丶㇇一

3 5 4 5 3 2 5 1 2 1 3 5 4 5 1

馓（15 画）

丿㇇㇇一丨丨一丨㇇一一丿一丿丶

3 5 5 1 2 2 1 2 5 1 1 3 1 3 4

馔（15 画）

丿㇇㇇㇇一㇇㇇一㇇一丨丨一丿丶

3 5 5 5 1 5 5 1 5 1 2 2 1 3 4

熟（15 画）

丶一丨㇇一㇇丨一丿㇇丶丶丶丶丶

4 1 2 5 1 5 2 1 3 5 4 4 4 4 4

摩（15 画）

丶一丿一丨丿丶一丨丿丶丿一一丨

4 1 3 1 2 3 4 1 2 3 4 3 1 1 2

麾（15 画）

丶一丿一丨丿丶一丨丿丶丿一一㇇

4 1 3 1 2 3 4 1 2 3 4 3 1 1 5

褒（15 画）

丶一丿丨丨乛一一丨丿丶丿乛丿丶

4 1 3 2 2 5 1 1 2 3 4 3 5 3 4

廛（15 画）

丶一丿丨乛一一丨一一丿丶一丨一

4 1 3 2 5 1 1 2 1 1 3 4 1 2 1

瘛（15 画）

丶一丿丶一一一一丨乛丿丶乛丶丶

4 1 3 4 1 1 1 1 2 5 3 4 5 4 4

瘼（15 画）

丶一丿丶一一丨丨丨乛一一一丿丶

4 1 3 4 1 1 2 2 2 5 1 1 1 3 4

瘪（15 画）

丶一丿丶一丿丨乛一一一丿丶丿乛

4 1 3 4 1 3 2 5 1 1 1 3 4 3 5

瘢（15 画）

丶一丿丶一丿丿乛丶一丶丿乛乛丶

4 1 3 4 1 3 3 5 4 1 4 3 5 5 4

瘤（15 画）

丶一丿丶一丿乛丶乛丿丨乛一丨一

4 1 3 4 1 3 5 4 5 3 2 5 1 2 1

瘠（15 画）

丶一丿丶一丶一丿丶丿丶丨乛一一

4 1 3 4 1 4 1 3 4 3 4 2 5 1 1

瘫（15 画）

丶一丿丶一乛丶丿丨丶一一一丨一

4 1 3 4 1 5 4 3 2 4 1 1 1 2 1

齑（15 画）

丶一丿丶丿丨丨一一一丨一一一一

4 1 3 4 3 2 2 1 1 1 2 1 1 1 1

鹡（15 画）
丶一丿丶丿丶丨㇕一一丿㇕丶㇕一
4 1 3 4 3 4 2 5 1 1 3 5 4 5 1

凛（15 画）
丶一丶一丨㇕丨㇕一一一一丨丿丶
4 1 4 1 2 5 2 5 1 1 1 1 2 3 4

颜（15 画）
丶一丶丿一丿丿丿丿一丿丨㇕丿丶
4 1 4 3 1 3 3 3 3 1 3 2 5 3 4

毅（15 画）
丶一丶丿一丿㇕丿丿丿丶丿㇕㇕丶
4 1 4 3 1 3 5 3 3 3 4 3 5 5 4

羯（15 画）
丶丿一一一丿丨㇕一一丿㇕丿丶㇕
4 3 1 1 1 3 2 5 1 1 3 5 3 4 5

羰（15 画）
丶丿一一一丿丨㇕丨一丿丶丿丿丶
4 3 1 1 1 3 2 5 2 1 3 4 3 3 4

糊（15 画）
丶丿一丨丿丶一丨丨㇕一丿㇕一一
4 3 1 2 3 4 1 2 2 5 1 3 5 1 1

糇（15 画）
丶丿一丨丿丶丿丨㇕一丿一一丿丶
4 3 1 2 3 4 3 2 5 1 3 1 1 3 4

遴（15 画）
丶丿一丨丿丶丿㇕丶一㇕丨丶㇕丶
4 3 1 2 3 4 3 5 4 1 5 2 4 5 4

糌（15 画）
丶丿一丨丿丶丿㇕丶丨丶丨㇕一一
4 3 1 2 3 4 3 5 4 2 4 2 5 1 1

糍（15 画）

丶丿一丨丿丶丶丿一乛乛丶
4 3 1 2 3 4 4 3 1 5 5 4
糍糍糍
乛乛丶
5 5 4

糈（15 画）

丶丿一丨丿丶乛丨一丿丶丨
4 3 1 2 3 4 5 2 1 3 4 2
糈糈糈
乛一一
5 1 1

糅（15 画）

丶丿一丨丿丶乛丶乛丨丿一
4 3 1 2 3 4 5 4 5 2 3 1
糅糅糅
丨丿丶
2 3 4

翦（15 画）

丶丿一丨乛一一丨丨乛丶一
4 3 1 2 5 1 1 2 2 5 4 1
翦翦翦
乛丶一
5 4 1

遵（15 画）

丶丿一丨乛丿乛一一一丨丶
4 3 1 2 5 3 5 1 1 1 2 4
遵遵遵
丶乛丶
4 5 4

鹣（15 画）

丶丿一乛一一丨丨丿丶丿乛
4 3 1 5 1 1 2 2 3 4 3 5
鹣鹣鹣
丶乛一
4 5 1

憋（15 画）

丶丿丨乛丨丿丶丿一丿丶丶
4 3 2 5 2 3 4 3 1 3 4 4
憋憋憋
乛丶丶
5 4 4

熜（15 画）

丶丿丿丶丿丨乛丿乛丶一丶
4 3 3 4 3 2 5 3 5 4 1 4
熜熜熜
乛丶丶
5 4 4

熵（15 画）

丶丿丿丶丶一丶丿丨乛丿丶
4 3 3 4 4 1 4 3 2 5 3 4
熵熵熵
丨乛一
2 5 1

熠（15 画）

丶丿丿丶乛丶一乛丶一丿丨
4 3 3 4 5 4 1 5 4 1 3 2
熠熠熠
乛一一
5 1 1

潜（15 画）

丶丶一一一丿丶一一丿丶丨

4 4 1 1 1 3 4 1 1 3 4 2

乛一一

5 1 1

澍（15 画）

丶丶一一丨一丨乛一丶丿一

4 4 1 1 2 1 2 5 1 4 3 1

一丨丶

1 2 4

澎（15 画）

丶丶一一丨一丨乛一丶丿一

4 4 1 1 2 1 2 5 1 4 3 1

丿丿丿

3 3 3

澌（15 画）

丶丶一一丨丨一一一丿丶丿

4 4 1 1 2 2 1 1 1 3 4 3

丿一丨

3 1 2

澈（15 画）

丶丶一一丨丨一丨乛一一丿

4 4 1 1 2 2 1 2 5 1 1 3

一丿丶

1 3 4

潮（15 画）

丶丶一一丨丨乛一一一丨丿

4 4 1 1 2 2 5 1 1 1 2 3

乛一一

5 1 1

潸（15 画）

丶丶一一丨丿丶一丨丿丶丨

4 4 1 1 2 3 4 1 2 3 4 2

乛一一

5 1 1

潭（15 画）

丶丶一一丨乛丨丨一丨乛一

4 4 1 1 2 5 2 2 1 2 5 1

一一丨

1 1 2

潦（15 画）

丶丶一一丿丶丶丿丨乛一一

4 4 1 1 3 4 4 3 2 5 1 1

丨丿丶

2 3 4

鲨（15 画）

丶丶一丨丿丶丿丿乛丨乛一

4 4 1 2 3 4 3 3 5 2 5 1

丨一一

2 1 1

潲（15画）

、、一丿一丨丿丶丨丶丿丨𠃍一一

4 4 1 3 1 2 3 4 2 4 3 2 5 1 1

鋈（15画）

、、一丿一丿丶丿丶一一丨丶丿一

4 4 1 3 1 3 4 3 4 1 1 2 4 3 1

潟（15画）

、、一丿丨一𠃍一一丿𠃍丶丶丶丶

4 4 1 3 2 1 5 1 1 3 5 4 4 4 4

澳（15画）

、、一丿丨𠃍丶丿一丨丿丶一丿丶

4 4 1 3 2 5 4 3 1 2 3 4 1 3 4

潘（15画）

、、一丿丶丿一丨丿丶丨𠃍一丨一

4 4 1 3 4 3 1 2 3 4 2 5 1 2 1

潼（15画）

、、一丶一丶丿一丨𠃍一一丨一一

4 4 1 4 1 4 3 1 2 5 1 1 2 1 1

澈（15画）

、、一丶一𠃍丶丨𠃍一一丿一丿丶

4 4 1 4 1 5 4 2 5 1 1 3 1 3 4

澜（15画）

、、一丶丨𠃍一丨𠃍丶丿一丨丿丶

4 4 1 4 2 5 1 2 5 4 3 1 2 3 4

潽（15画）

、、一丶丿一丨丨丶丿一丨𠃍一一

4 4 1 4 3 1 2 2 4 3 1 2 5 1 1

潺（15画）

、、一𠃍一丿𠃍丨一𠃍丨一𠃍丨一

4 4 1 5 1 3 5 2 1 5 2 1 5 2 1

澄（15 画）
丶丶一乛丶丿丿丶一丨乛一 丶丿一
4 4 1 5 4 3 3 4 1 2 5 1 4 3 1

潏（15 画）
丶丶一乛丶乛丨丿丨乛丿丶 丨乛一
4 4 1 5 4 5 2 3 2 5 3 4 2 5 1

懂（15 画）
丶丶丨一丨丨丿一丨乛一一 丨一一
4 4 2 1 2 2 3 1 2 5 1 1 2 1 1

憬（15 画）
丶丶丨丨乛一一丶一丨乛一 丨丿丶
4 4 2 2 5 1 1 4 1 2 5 1 2 3 4

憔（15 画）
丶丶丨丿丨丶一一一丨一丶 丶丶丶
4 4 2 3 2 4 1 1 1 2 1 4 4 4 4

懊（15 画）
丶丶丨丿丨乛丶丿一丨丿丶 一丿丶
4 4 2 3 2 5 4 3 1 2 3 4 1 3 4

憧（15 画）
丶丶丨丶一丶丿一丨乛一一 丨一一
4 4 2 4 1 4 3 1 2 5 1 1 2 1 1

憎（15 画）
丶丶丨丶丿丨乛丨丶丿一丨 乛一一
4 4 2 4 3 2 5 2 4 3 1 2 5 1 1

寮（15 画）
丶丶乛一丿丶丶丿丨乛一一 丨丿丶
4 4 5 1 3 4 4 3 2 5 1 1 2 3 4

窳（15 画）
丶丶乛丿丶丿丿乛丶丶丿丿 乛丶丶
4 4 5 3 4 3 3 5 4 4 3 3 5 4 4

额（15 画）

丶丶乛丿乛丶丨乛一一丿丨乛丿丶

4 4 5 3 5 4 2 5 1 1 3 2 5 3 4

谳（15 画）

丶乛一丨丨乛丶丿一一丨一丿丶丶

4 5 1 2 2 5 4 3 1 1 2 1 3 4 4

翩（15 画）

丶乛一丿丨乛一丨丨乛丶一乛丶一

4 5 1 3 2 5 1 2 2 5 4 1 5 4 1

褥（15 画）

丶乛丨丿丶一丿一一乛丿丶一丨丶

4 5 2 3 4 1 3 1 1 5 3 4 1 2 4

褴（15 画）

丶乛丨丿丶丨丨丿一丶丨乛丨丨一

4 5 2 3 4 2 2 3 1 4 2 5 2 2 1

褫（15 画）

丶乛丨丿丶丿丿丨一乛丿一乛丿乛

4 5 2 3 4 3 3 2 1 5 3 1 5 3 5

褶（15 画）

丶乛丨丶丨乛丨丨一乛丶一乛丶一

4 5 2 4 2 5 2 2 1 5 4 1 5 4 1

谴（15 画）

丶乛丨乛一丨一丨乛一乛一丶乛丶

4 5 2 5 1 2 1 2 5 1 5 1 4 5 4

鹤（15 画）

丶乛丿丨丶一一一丨一丿乛丶乛一

4 5 3 2 4 1 1 1 2 1 3 5 4 5 1

谵（15 画）

丶乛丿乛一丿丿丶丶一一一丨乛一

4 5 3 5 1 3 3 4 4 1 1 1 2 5 1

憨（15 画）

乛一丨丨一一一丿一丿丶丶
5 1 2 2 1 1 1 3 1 3 4 4
乛丶丶
5 4 4

熨（15 画）

乛一丿一一丨丿丶一丨丶丶
5 1 3 1 1 2 3 4 1 2 4 4
丿丿丶
3 3 4

慰（15 画）

乛一丿一一丨丿丶一丨丶丶
5 1 3 1 1 2 3 4 1 2 4 4
乛丶丶
5 4 4

劈（15 画）

乛一丿丨乛一丶一丶丿一一
5 1 3 2 5 1 4 1 4 3 1 1
丨乛丿
2 5 3

履（15 画）

乛一丿丿丿丨丿一丨乛一一
5 1 3 3 3 2 3 1 2 5 1 1
丿乛丶
3 5 4

屦（15 画）

乛一丿丿丿丨丶丿一丨丿丶
5 1 3 3 3 2 4 3 1 2 3 4
乛丿一
5 3 1

嬉（15 画）

乛丿一一丨一丨乛一丶丿一
5 3 1 1 2 1 2 5 1 4 3 1
丨乛一
2 5 1

勰（15 画）

乛丿乛丿乛丿丨乛一丨一丶
5 3 5 3 5 3 2 5 1 2 1 4
乛丶丶
5 4 4

戮（15 画）

乛丶一乛丶一丿丶丿丿丿一
5 4 1 5 4 1 3 4 3 3 3 1
乛丿丶
5 3 4

蝥（15 画）

乛丶乛丨丿丿一丿丶丨乛一
5 4 5 2 3 3 1 3 4 2 5 1
丨一丶
2 1 4

豫（15画）

乛丶乛丨丿乛丨乛一丿乛丿

5 4 5 2 3 5 2 5 1 3 5 3

丿丿丶

3 3 4

缬（15画）

乛乛一一丨一丨乛一一丿丨

5 5 1 1 2 1 2 5 1 1 3 2

乛丿丶

5 3 4

缭（15画）

乛乛一一丿丶丶丿丨乛一一

5 5 1 1 3 4 4 3 2 5 1 1

丨丿丶

2 3 4

缮（15画）

乛乛一丶丿一一一丨丶丿一

5 5 1 4 3 1 1 1 2 4 3 1

丨乛一

2 5 1

缯（15画）

乛乛一丶丿丨乛丨丶丿一丨

5 5 1 4 3 2 5 2 4 3 1 2

乛一一

5 1 1

骣（15画）

乛乛一乛一丿乛丨一乛丨一

5 5 1 5 1 3 5 2 1 5 2 1

乛丨一

5 2 1

畿（15画）

乛乛丶乛乛丶一丨乛一丨一

5 5 4 5 5 4 1 2 5 1 2 1

乛丿丶

5 3 4

耩（16画）

一一一丨丿丶一一丨丨一丨

1 1 1 2 3 4 1 1 2 2 1 2

乛丨一一

5 2 1 1

耨（16画）

一一一丨丿丶一丿一一乛丿

1 1 1 2 3 4 1 3 1 1 5 3

丶一丨丶

4 1 2 4

耪（16画）

一一一丨丿丶丶一丶丿丶乛

1 1 1 2 3 4 4 1 4 3 4 5

丶一乛丿

4 1 5 3

璞（16 画）
一一丨一丨丨丶丿一丶丿一
1 1 2 1 2 2 4 3 1 4 3 1
一一丿丶
1 1 3 4

璟（16 画）
一一丨一丨乛一一丶一丨乛
1 1 2 1 2 5 1 1 4 1 2 5
一丨丿丶
1 2 3 4

靛（16 画）
一一丨一丨乛一一丶丶乛一
1 1 2 1 2 5 1 1 4 4 5 1
丨一丿丶
2 1 3 4

璠（16 画）
一一丨一丿丶丿一丨丿丶丨
1 1 2 1 3 4 3 1 2 3 4 2
乛一丨一
5 1 2 1

璘（16 画）
一一丨一丶丿一丨丿丶丿乛
1 1 2 1 4 3 1 2 3 4 3 5
丶一乛丨
4 1 5 2

聱（16 画）
一一丨一乛丿丿一丿丶一丨
1 1 2 1 5 3 3 1 3 4 1 2
丨一一一
2 1 1 1

螯（16 画）
一一丨一乛丿丿一丿丶丨乛
1 1 2 1 5 3 3 1 3 4 2 5
一丨一丶
1 2 1 4

髻（16 画）
一丨一一一乛丶丿丿丿一丨
1 2 1 1 1 5 4 3 3 3 1 2
一丨乛一
1 2 5 1

髭（16 画）
一丨一一一乛丶丿丿丿丨一
1 2 1 1 1 5 4 3 3 3 2 1
丨一丿乛
2 1 3 5

髹（16 画）
一丨一一一乛丶丿丿丿丿丨
1 2 1 1 1 5 4 3 3 3 3 2
一丨丿丶
1 2 3 4

撵
（16 画）
一丨一一丨丨乛一一一丨丿丶一一丨
1 2 1 1 2 2 5 1 1 1 2 3 4 1 1 2

撼
（16 画）
一丨一一丿一丨乛一乛丿丶丶乛丶丶
1 2 1 1 3 1 2 5 1 5 3 4 4 5 4 4

擂
（16 画）
一丨一一丶乛丨丶丶丶丶丨乛一丨一
1 2 1 1 4 5 2 4 4 4 4 2 5 1 2 1

操
（16 画）
一丨一丨乛一丨乛一丨乛一一丨丿丶
1 2 1 2 5 1 2 5 1 2 5 1 1 2 3 4

熹
（16 画）
一丨一丨乛一丶丿一丨乛一丶丶丶丶
1 2 1 2 5 1 4 3 1 2 5 1 4 4 4 4

[illegible]
（16 画）
一丨一丨乛一丶丿一丿丿丿一乛乛丶
1 2 1 2 5 1 4 3 1 3 3 3 1 5 5 4

擐
（16 画）
一丨一丨乛丨丨一一丨乛一丿乛丿丶
1 2 1 2 5 2 2 1 1 2 5 1 3 5 3 4

擅
（16 画）
一丨一丶一丨乛丨乛一一丨乛一一一
1 2 1 4 1 2 5 2 5 1 1 2 5 1 1 1

擞
（16 画）
一丨一丶丿一丨丿丶乛丿一丿一丿丶
1 2 1 4 3 1 2 3 4 5 3 1 3 1 3 4

磬
（16 画）
一丨一乛丨一丿丿乛乛丶一丿丨乛一
1 2 1 5 2 1 3 3 5 5 4 1 3 2 5 1

鄹（16画）

一丨丨一一一乛丶丿丨丿丿
丿丶乛丨

1 2 2 1 1 1 5 4 3 2 3 3
3 4 5 2

颞（16画）

一丨丨一一一乛丶乛丶一丿
丨乛丿丶

1 2 2 1 1 1 5 4 5 4 1 3
2 5 3 4

蕻（16画）

一丨丨一丨一一一乛丶一丨
丨一丿丶

1 2 2 1 2 1 1 1 5 4 1 2
2 1 3 4

鞘（16画）

一丨丨一丨乛一一丨丨丶丿
丨乛一一

1 2 2 1 2 5 1 1 2 2 4 3
2 5 1 1

燕（16画）

一丨丨一丨乛一丨一一丿乛
丶丶丶丶

1 2 2 1 2 5 1 2 1 1 3 5
4 4 4 4

黇（16画）

一丨丨一丨乛一丨一丿丶丨
一丨乛一

1 2 2 1 2 5 1 2 1 3 4 2
1 2 5 1

颟（16画）

一丨丨一丨乛丿丶丿丶一丿
丨乛丿丶

1 2 2 1 2 5 3 4 3 4 1 3
2 5 3 4

薤（16画）

一丨丨一丿乛丶丨一一一丨
一一一一

1 2 2 1 3 5 4 2 1 1 1 2
1 1 1 1

蕾（16画）

一丨丨一丶乛丨丶丶丶丶丨
乛一丨一

1 2 2 1 4 5 2 4 4 4 4 2
5 1 2 1

薯（16画）

一丨丨丨乛丨丨一一丨一丿
丨乛一一

1 2 2 2 5 2 2 1 1 2 1 3
2 5 1 1

薨（16 画）

一丨丨丨乛丨丨一丶乛一丿
1 2 2 2 5 2 2 1 4 5 1 3
薨
乛丶丿乛
5 4 3 5

薛（16 画）

一丨丨丿丨乛一乛一丶一丶
1 2 2 3 2 5 1 5 1 4 1 4
薛
丿一一丨
3 1 1 2

薇（16 画）

一丨丨丿丿丨丨乛丨一丿乛
1 2 2 3 3 2 2 5 2 1 3 5
薇
丿一丿丶
3 1 3 4

檠（16 画）

一丨丨丿乛丨乛一丿一丿丶
1 2 2 3 5 2 5 1 3 1 3 4
檠
一丨丿丶
1 2 3 4

擎（16 画）

一丨丨丿乛丨乛一丿一丿丶
1 2 2 3 5 2 5 1 3 1 3 4
擎
丿一一丨
3 1 1 2

薪（16 画）

一丨丨丶一丶丿一一丨丿丶
1 2 2 4 1 4 3 1 1 2 3 4
薪
丿丿一丨
3 3 1 2

薏（16 画）

一丨丨丶一丶丿一丨乛一一
1 2 2 4 1 4 3 1 2 5 1 1
薏
丶乛丶丶
4 5 4 4

蕹（16 画）

一丨丨丶一乛乛丿丿丨丶一
1 2 2 4 1 5 5 3 3 2 4 1
蕹
一一丨一
1 1 2 1

薮（16 画）

一丨丨丶丿一丨丿丶乛丿一
1 2 2 4 3 1 2 3 4 5 3 1
薮
丿一丿丶
3 1 3 4

薄（16 画）

一丨丨丶丶一一丨乛一一丨
1 2 2 4 4 1 1 2 5 1 1 2
薄
丶一丨丶
4 1 2 4

颠（16画）

一丨丨乛一一一一丿丶一丿丨乛丿丶

1 2 2 5 1 1 1 1 3 4 1 3 2 5 3 4

翰（16画）

一丨丨乛一一一丨丿丶乛丶一乛丶一

1 2 2 5 1 1 1 2 3 4 5 4 1 5 4 1

噩（16画）

一丨丨乛一丨乛一一丨乛一丨乛一一

1 2 2 5 1 2 5 1 1 2 5 1 2 5 1 1

薜（16画）

一丨丨乛一丿丨乛一丶一丶丿一一丨

1 2 2 5 1 3 2 5 1 4 1 4 3 1 1 2

薅（16画）

一丨丨乛丿一一丿一一乛丿丶一丨丶

1 2 2 5 3 1 1 3 1 1 5 3 4 1 2 4

樾（16画）

一丨丿丶一丨一丨一丿丶一乛乛丿丶

1 2 3 4 1 2 1 2 1 3 4 1 5 5 3 4

橱（16画）

一丨丿丶一丿一丨乛一丶丿一一丨丶

1 2 3 4 1 3 1 2 5 1 4 3 1 1 2 4

橛（16画）

一丨丿丶一丿丶丿一乛丨丿丿乛丿丶

1 2 3 4 1 3 4 3 1 5 2 3 3 5 3 4

橇（16画）

一丨丿丶丿一一乛丿一一乛丿一一乛

1 2 3 4 3 1 1 5 3 1 1 5 3 1 1 5

樵（16画）

一丨丿丶丿丨丶一一一丨一丶丶丶丶

1 2 3 4 3 2 4 1 1 1 2 1 4 4 4 4

檎（16 画）

一丨丿丶丿丶丶一丿丶乛丨丨乛乛丶

1 2 3 4 3 4 4 1 3 4 5 2 2 5 5 4

橹（16 画）

一丨丿丶丿乛丨乛一丨一一丨乛一一

1 2 3 4 3 5 2 5 1 2 1 1 2 5 1 1

橦（16 画）

一丨丿丶丶一丶丿一丨乛一一丨一一

1 2 3 4 4 1 4 3 1 2 5 1 1 2 1 1

樽（16 画）

一丨丿丶丶丿一丨乛丿乛一一一丨丶

1 2 3 4 4 3 1 2 5 3 5 1 1 1 2 4

樨（16 画）

一丨丿丶乛一丿丨丶一丿丶丿一一丨

1 2 3 4 5 1 3 2 4 1 3 4 3 1 1 2

橙（16 画）

一丨丿丶乛丶丿丿丶一丨乛一丶丿一

1 2 3 4 5 4 3 3 4 1 2 5 1 4 3 1

橘（16 画）

一丨丿丶乛丶乛丨丿丨乛丿丶丨乛一

1 2 3 4 5 4 5 2 3 2 5 3 4 2 5 1

橼（16 画）

一丨丿丶乛乛一乛乛一丿乛丿丿丿丶

1 2 3 4 5 5 1 5 5 1 3 5 3 3 3 4

墼（16 画）

一丨乛一一一丨乛丨丿乛乛丶一丨一

1 2 5 1 1 1 2 5 2 3 5 5 4 1 2 1

整（16 画）

一丨乛一丨丿丶丿一丿丶一丨一丨一

1 2 5 1 2 3 4 3 1 3 4 1 2 1 2 1

橐（16画）

一 丨 乛 一 丨 丶 乛 一 丿 丨 乛 一 一 丨 丿 丶

1 2 5 1 2 4 5 1 3 2 5 1 1 2 3 4

融（16画）

一 丨 乛 一 丨 乛 丶 丿 一 丨 丨 乛 一 丨 一 丶

1 2 5 1 2 5 4 3 1 2 2 5 1 2 1 4

翮（16画）

一 丨 乛 一 丨 乛 丶 丿 一 丨 乛 丶 一 乛 丶 一

1 2 5 1 2 5 4 3 1 2 5 4 1 5 4 1

瓢（16画）

一 丨 乛 丨 丨 一 一 一 丨 丿 丶 丿 丿 乛 丶 丶

1 2 5 2 2 1 1 1 2 3 4 3 3 5 4 4

醛（16画）

一 丨 乛 丿 乛 一 一 一 丨 丨 丿 丶 一 一 丨 一

1 2 5 3 5 1 1 1 2 2 3 4 1 1 2 1

醐（16画）

一 丨 乛 丿 乛 一 一 一 丨 丨 乛 一 丿 乛 一 一

1 2 5 3 5 1 1 1 2 2 5 1 3 5 1 1

醍（16画）

一 丨 乛 丿 乛 一 一 丨 乛 一 一 一 丨 一 丿 丶

1 2 5 3 5 1 1 2 5 1 1 1 2 1 3 4

醒（16画）

一 丨 乛 丿 乛 一 一 丨 乛 一 一 丿 一 一 丨 一

1 2 5 3 5 1 1 2 5 1 1 3 1 1 2 1

醚（16画）

一 丨 乛 丿 乛 一 一 丶 丿 一 丨 丿 丶 丶 乛 丶

1 2 5 3 5 1 1 4 3 1 2 3 4 4 5 4

醑（16画）

一 丨 乛 丿 乛 一 一 乛 丨 一 丿 丶 丨 乛 一 一

1 2 5 3 5 1 1 5 2 1 3 4 2 5 1 1

觱（16画）

一丿一丨乛一乛丿丶丿乛丿乛一一丨

1 3 1 2 5 1 5 3 4 3 5 3 5 1 1 2

磺（16画）

一丿丨乛一一丨丨一丨乛一丨一丿丶

1 3 2 5 1 1 2 2 1 2 5 1 2 1 3 4

磲（16画）

一丿丨乛一丶丶一一乛一乛一丨丿丶

1 3 2 5 1 4 4 1 1 5 1 5 1 2 3 4

赝（16画）

一丿丿丨丿丨丶一一一丨一丨乛丿丶

1 3 3 2 3 2 4 1 1 1 2 1 2 5 3 4

飙（16画）

一丿丶丶一丿丶丶一丿丶丶丿乛丿丶

1 3 4 4 1 3 4 4 1 3 4 4 3 5 3 4

殪（16画）

一丿乛丶一丨一丶乛一丨乛一丶丿一

1 3 5 4 1 2 1 4 5 1 2 5 1 4 3 1

霖（16画）

一丶乛丨丶丶丶丶一丨丿丶一丨丿丶

1 4 5 2 4 4 4 4 1 2 3 4 1 2 3 4

霏（16画）

一丶乛丨丶丶丶丶丨一一一丨一一一

1 4 5 2 4 4 4 4 2 1 1 1 2 1 1 1

霓（16画）

一丶乛丨丶丶丶丶丿丨一乛一一丿乛

1 4 5 2 4 4 4 4 3 2 1 5 1 1 3 5

霍（16画）

一丶乛丨丶丶丶丶丿丨丶一一一丨一

1 4 5 2 4 4 4 4 3 2 4 1 1 1 2 1

霎（16 画）

一丶乛丨丶丶丶丶丶一丶丿

1 4 5 2 4 4 4 4 4 1 4 3

一乛丿一

1 5 3 1

錾（16 画）

一乛丨一丿丿一丨丿丶一一

1 5 2 1 3 3 1 2 3 4 1 1

丨丶丿一

2 4 3 1

辙（16 画）

一乛丨一丶一乛丶丨乛一一

1 5 2 1 4 1 5 4 2 5 1 1

丿一丿丶

3 1 3 4

辚（16 画）

一乛丨一丶丿一丨丿丶丿乛

1 5 2 1 4 3 1 2 3 4 3 5

丶一乛丨

4 1 5 2

臻（16 画）

一乛丶一丨一一一一丿丶丿

1 5 4 1 2 1 1 1 1 3 4 3

一丨丿丶

1 2 3 4

冀（16 画）

丨一一丿乛丨乛一丨一一丨

2 1 1 3 5 2 5 1 2 1 1 2

丨一丿丶

2 1 3 4

餐（16 画）

丨一丿乛丶乛丶丿丶丶乛一

2 1 3 5 4 5 4 3 4 4 5 1

一乛丿丶

1 5 3 4

遽（16 画）

丨一乛丿一乛一丿乛丿丿丿

2 1 5 3 1 5 1 3 5 3 3 3

丶丶乛丶

4 4 5 4

氅（16 画）

丨丶丿丨乛丨乛一丿一丿丶

2 4 3 2 5 2 5 1 3 1 3 4

丿一一乛

3 1 1 5

瞟（16 画）

丨乛一一一一丨乛丨丨一一

2 5 1 1 1 1 2 5 2 2 1 1

一丨丿丶

1 2 3 4

瞠（16画）
丨㇕一一一丨丶丿丶㇕丨㇕ / 一一丨一
2 5 1 1 1 2 4 3 4 5 2 5 / 1 1 2 1

瞰（16画）
丨㇕一一一㇕一丨丨一一一 / 丿一丿丶
2 5 1 1 1 5 1 2 2 1 1 1 / 3 1 3 4

嚄（16画）
丨㇕一一丨丨丿丨丶一一一 / 丨一㇕丶
2 5 1 1 2 2 3 2 4 1 1 1 / 2 1 5 4

嚆（16画）
丨㇕一一丨丨丶一丨㇕一丨 / ㇕丨㇕一
2 5 1 1 2 2 4 1 2 5 1 2 / 5 2 5 1

噤（16画）
丨㇕一一丨丿丶一丨丿丶一 / 一丨丿丶
2 5 1 1 2 3 4 1 2 3 4 1 / 1 2 3 4

暾（16画）
丨㇕一一丶一丨㇕一㇕丨一 / 丿一丿丶
2 5 1 1 4 1 2 5 1 5 2 1 / 3 1 3 4

曈（16画）
丨㇕一一丶一丶丿一丨㇕一 / 一丨一一
2 5 1 1 4 1 4 3 1 2 5 1 / 1 2 1 1

蹀（16画）
丨㇕一丨一丨一一丨丨一㇕ / 一丨丿丶
2 5 1 2 1 2 1 1 2 2 1 5 / 1 2 3 4

踏（16画）
丨㇕一丨一丨一一丨丿丶丨 / ㇕一一一
2 5 1 2 1 2 1 1 2 3 4 2 / 5 1 1 1

踶（16画）
丨㇕一丨一丨一丨㇕一一一 / 丨一丿丶
2 5 1 2 1 2 1 2 5 1 1 1 / 2 1 3 4

踹（16 画）

丨㇕一丨一丨一丨㇕丨一丿

2 5 1 2 1 2 1 2 5 2 1 3

丨㇕丨丨

2 5 2 2

踵（16 画）

丨㇕一丨一丨一丿一丨㇕一

2 5 1 2 1 2 1 3 1 2 5 1

一丨一一

1 2 1 1

踽（16 画）

丨㇕一丨一丨一丿丨㇕一丨

2 5 1 2 1 2 1 3 2 5 1 2

㇕丨一丶

5 2 1 4

嘴（16 画）

丨㇕一丨一丨一丿㇕丿㇕丿

2 5 1 2 1 2 1 3 5 3 5 3

㇕一一丨

5 1 1 2

踱（16 画）

丨㇕一丨一丨一丶一丿一丨

2 5 1 2 1 2 1 4 1 3 1 2

丨一㇕丶

2 1 5 4

蹄（16 画）

丨㇕一丨一丨一丶一丶丿丶

2 5 1 2 1 2 1 4 1 4 3 4

㇕丨㇕丨

5 2 5 2

蹉（16 画）

丨㇕一丨一丨一丶丿一一一

2 5 1 2 1 2 1 4 3 1 1 1

丿一丨一

3 1 2 1

蹁（16 画）

丨㇕一丨一丨一丶㇕一丿丨

2 5 1 2 1 2 1 4 5 1 3 2

㇕一丨丨

5 1 2 2

蹂（16 画）

丨㇕一丨一丨一㇕丶㇕丨丿

2 5 1 2 1 2 1 5 4 5 2 3

一丨丿丶

1 2 3 4

螨（16 画）

丨㇕一丨一丶一丨丨一丨㇕

2 5 1 2 1 4 1 2 2 1 2 5

丿丶丿丶

3 4 3 4

蟒（16 画）

｜乛一｜一丶一｜｜一丿丶
2 5 1 2 1 4 1 2 2 1 3 4
丶一丿｜
4 1 3 2

蟆（16 画）

｜乛一｜一丶一｜｜｜乛一
2 5 1 2 1 4 1 2 2 2 5 1
一一丿丶
1 1 3 4

螈（16 画）

｜乛一｜一丶一丿丿｜乛一
2 5 1 2 1 4 1 3 3 2 5 1
一｜丿丶
1 2 3 4

螅（16 画）

｜乛一｜一丶丿｜乛一一一
2 5 1 2 1 4 3 2 5 1 1 1
丶乛丶丶
4 5 4 4

螭（16 画）

｜乛一｜一丶丶一丿丶乛｜
2 5 1 2 1 4 4 1 3 4 5 2
｜乛乛丶
2 5 5 4

螗（16 画）

｜乛一｜一丶丶一丿乛一一
2 5 1 2 1 4 4 1 3 5 1 1
｜｜乛一
2 2 5 1

螃（16 画）

｜乛一｜一丶丶一丶丿丶乛
2 5 1 2 1 4 4 1 4 3 4 5
丶一乛丿
4 1 5 3

螠（16 画）

｜乛一｜一丶丶丿一丿丶｜
2 5 1 2 1 4 4 3 1 3 4 2
乛｜｜一
5 2 2 1

螟（16 画）

｜乛一｜一丶丶乛｜乛一一
2 5 1 2 1 4 4 5 2 5 1 1
丶一丿丶
4 1 3 4

噱（16 画）

｜乛一｜一乛丿一乛一丿乛
2 5 1 2 1 5 3 1 5 1 3 5
丿丿丿丶
3 3 3 4

器（16画）
丨乛一丨乛一一丿丶丶丨乛
2 5 1 2 5 1 1 3 4 4 2 5
一丨乛一
1 2 5 1

噪（16画）
丨乛一丨乛一丨乛一丨乛一
2 5 1 2 5 1 2 5 1 2 5 1
一丨丿丶
1 2 3 4

噬（16画）
丨乛一丿一丶丿一丶一丨丿
2 5 1 3 1 4 3 1 4 1 2 3
丶丿丶一
4 3 4 1

噫（16画）
丨乛一丶一丶丿一丨乛一一
2 5 1 4 1 4 3 1 2 5 1 1
丶乛丶丶
4 5 4 4

噻（16画）
丨乛一丶丶乛一一丨丨一丿
2 5 1 4 4 5 1 1 2 2 1 3
丶一丨一
4 1 2 1

噼（16画）
丨乛一乛一丿丨乛一丶一丶
2 5 1 5 1 3 2 5 1 4 1 4
丿一一丨
3 1 1 2

幪（16画）
丨乛丨一丨丨丶乛一一丿乛
2 5 2 1 2 2 4 5 1 1 3 5
丿丿丿丶
3 3 3 4

罹（16画）
丨乛丨丨一丶丶丨丿丨丶一
2 5 2 2 1 4 4 2 3 2 4 1
一一丨一
1 1 2 1

圜（16画）
丨乛丨乛丨丨一一丨乛一丿
2 5 2 5 2 2 1 1 2 5 1 3
乛丿丶一
5 3 4 1

鹦（16画）
丨乛丿丶丨乛丿丶乛丿一丿
2 5 3 4 2 5 3 4 5 3 1 3
乛丶乛一
5 4 5 1

赠（16画）
丨 ㇕ ノ 丶 丶 ノ 丨 ㇕ 丨 丶 ノ 一 丨 ㇕ 一 一
2 5 3 4 4 3 2 5 2 4 3 1 2 5 1 1

默（16画）
丨 ㇕ 丶 ノ 一 丨 一 一 丶 丶 丶 丶 一 ノ 丶 丶
2 5 4 3 1 2 1 1 4 4 4 4 1 3 4 4

黔（16画）
丨 ㇕ 丶 ノ 一 丨 一 一 丶 丶 丶 丶 ノ 丶 丶 ㇕
2 5 4 3 1 2 1 1 4 4 4 4 3 4 4 5

镖（16画）
ノ 一 一 一 ㇕ 一 丨 ㇕ 丨 丨 一 一 一 丨 ノ 丶
3 1 1 1 5 1 2 5 2 2 1 1 1 2 3 4

镗（16画）
ノ 一 一 一 ㇕ 丨 丶 ノ 丶 ㇕ 丨 ㇕ 一 一 丨 一
3 1 1 1 5 2 4 3 4 5 2 5 1 1 2 1

镘（16画）
ノ 一 一 一 ㇕ 丨 ㇕ 一 一 丨 ㇕ 丨 丨 一 ㇕ 丶
3 1 1 1 5 2 5 1 1 2 5 2 2 1 5 4

镚（16画）
ノ 一 一 一 ㇕ 丨 ㇕ 丨 ノ ㇕ 一 一 ノ ㇕ 一 一
3 1 1 1 5 2 5 2 3 5 1 1 3 5 1 1

镛（16画）
ノ 一 一 一 ㇕ 丶 一 ノ ㇕ 一 一 丨 ㇕ 一 一 丨
3 1 1 1 5 4 1 3 5 1 1 2 5 1 1 2

镜（16画）
ノ 一 一 一 ㇕ 丶 一 丶 ノ 一 丨 ㇕ 一 一 ノ ㇕
3 1 1 1 5 4 1 4 3 1 2 5 1 1 3 5

镝（16画）
ノ 一 一 一 ㇕ 丶 一 丶 ノ 丨 ㇕ 一 丨 丨 ㇕ 一
3 1 1 1 5 4 1 4 3 2 5 1 2 2 5 1

镞（16 画）

ノ一一一乛丶一乛ノノ一ノ
3 1 1 1 5 4 1 5 3 3 1 3
一一ノ丶
1 1 3 4

镠（16 画）

ノ一一一乛乛丶一乛丶一ノ
3 1 1 1 5 5 4 1 5 4 1 3
丶ノノノ
4 3 3 3

氇（16 画）

ノ一一乛ノ乛丨乛一丨一一
3 1 1 5 3 5 2 5 1 2 1 1
丨乛一一
2 5 1 1

氆（16 画）

ノ一一乛丶ノ一丨丨丶ノ一
3 1 1 5 4 3 1 2 2 4 3 1
丨乛一一
2 5 1 1

赞（16 画）

ノ一丨一ノ乛ノ一丨一ノ乛
3 1 2 1 3 5 3 1 2 1 3 5
丨乛ノ丶
2 5 3 4

憩（16 画）

ノ一丨丨乛一ノ丨乛一一一
3 1 2 2 5 1 3 2 5 1 1 1
丶乛丶丶
4 5 4 4

穑（16 画）

ノ一丨ノ丶一丨丶ノ一丨乛
3 1 2 3 4 1 2 4 3 1 2 5
丨乛一一
2 5 1 1

穆（16 画）

ノ一丨ノ丶ノ丨乛一一丨ノ
3 1 2 3 4 3 2 5 1 1 2 3
丶ノノノ
4 3 3 3

穄（16 画）

ノ一丨ノ丶ノ乛丶丶乛丶一
3 1 2 3 4 3 5 4 4 5 4 1
一丨ノ丶
1 2 3 4

篝（16 画）

ノ一丶ノ一丶一一丨丨一丨
3 1 4 3 1 4 1 1 2 2 1 2
乛丨一一
5 2 1 1

篚（16 画）

ノ一丶ノ一丶一丨一一一丨

3 1 4 3 1 4 1 2 1 1 1 2

一一一乛

1 1 1 5

篥（16 画）

ノ一丶ノ一丶一丨乛丨丨一

3 1 4 3 1 4 1 2 5 2 2 1

一丨ノ丶

1 2 3 4

篮（16 画）

ノ一丶ノ一丶丨丨ノ一丶丨

3 1 4 3 1 4 2 2 3 1 4 2

乛丨丨一

5 2 2 1

篡（16 画）

ノ一丶ノ一丶丨乛一一一一

3 1 4 3 1 4 2 5 1 1 1 1

ノ丶乛丶

3 4 5 4

簉（16 画）

ノ一丶ノ一丶ノ一丨一丨乛

3 1 4 3 1 4 3 1 2 1 2 5

一丶乛丶

1 4 5 4

篦（16 画）

ノ一丶ノ一丶ノ丨乛ノ丶一

3 1 4 3 1 4 3 2 5 3 4 1

一乛ノ乛

1 5 3 5

篪（16 画）

ノ一丶ノ一丶ノノ丨一乛ノ

3 1 4 3 1 4 3 3 2 1 5 3

一乛ノ乛

1 5 3 5

篷（16 画）

ノ一丶ノ一丶ノ乛丶一一一

3 1 4 3 1 4 3 5 4 1 1 1

丨丶乛丶

2 4 5 4

篙（16 画）

ノ一丶ノ一丶丶一丨乛一丨

3 1 4 3 1 4 4 1 2 5 1 2

乛丨乛一

5 2 5 1

篱（16 画）

ノ一丶ノ一丶丶一ノ丶乛丨

3 1 4 3 1 4 4 1 3 4 5 2

丨乛乛丶

2 5 5 4

盥（16 画）
丿丨一一丨乛丿丶乛一一丨乛丨丨一
3 2 1 1 2 5 3 4 5 1 1 2 5 2 2 1

儒（16 画）
丿丨一丶乛丨丶丶丶丶一丿丨乛丨丨
3 2 1 4 5 2 4 4 4 4 1 3 2 5 2 2

劓（16 画）
丿丨乛一一一丨乛一丨一一丿丨丨丨
3 2 5 1 1 1 2 5 1 2 1 1 3 2 2 2

翱（16 画）
丿丨乛一一一丿丶一丨乛丶一乛丶一
3 2 5 1 1 1 3 4 1 2 5 4 1 5 4 1

魉（16 画）
丿丨乛一一丿乛乛丶一丨乛丿丶丿丶
3 2 5 1 1 3 5 5 4 1 2 5 3 4 3 4

魈（16 画）
丿丨乛一一丿乛乛丶丨丶丿丨乛一一
3 2 5 1 1 3 5 5 4 2 4 3 2 5 1 1

邀（16 画）
丿丨乛一一丶一乛丿丿一丿丶丶乛丶
3 2 5 1 1 4 1 5 3 3 1 3 4 4 5 4

徼（16 画）
丿丿丨丿丨乛一一丶一乛丿丿一丿丶
3 3 2 3 2 5 1 1 4 1 5 3 3 1 3 4

衡（16 画）
丿丿丨丿乛丨乛一丨一一丿丶一一丨
3 3 2 3 5 2 5 1 2 1 1 3 4 1 1 2

歙（16 画）
丿丶一丨乛一乛丶一乛丶一丿乛丿丶
3 4 1 2 5 1 5 4 1 5 4 1 3 5 3 4

盦（16 画）

丿 丶 丶 乛 一 丨 乛 丿 乛 一 一 丨 乛 丨 丨 一

3 4 4 5 1 2 5 3 5 1 1 2 5 2 2 1

膨（16 画）

丿 乛 一 一 一 丨 一 丨 乛 一 丶 丿 一 丿 丿 丿

3 5 1 1 1 2 1 2 5 1 4 3 1 3 3 3

膪（16 画）

丿 乛 一 一 丶 一 丶 丿 丶 乛 丨 乛 丨 丨 乛 一

3 5 1 1 4 1 4 3 4 5 2 5 2 2 5 1

膳（16 画）

丿 乛 一 一 丶 丿 一 一 一 丨 丶 丿 一 丨 乛 一

3 5 1 1 4 3 1 1 1 2 4 3 1 2 5 1

螣（16 画）

丿 乛 一 一 丶 丿 一 一 丿 丶 丨 乛 一 丨 一 丶

3 5 1 1 4 3 1 1 3 4 2 5 1 2 1 4

膦（16 画）

丿 乛 一 一 丶 丿 一 丨 丿 丶 丿 乛 丶 一 乛 丨

3 5 1 1 4 3 1 2 3 4 3 5 4 1 5 2

膙（16 画）

丿 乛 一 一 乛 一 乛 丨 乛 一 丨 乛 一 丨 一 丶

3 5 1 1 5 1 5 2 5 1 2 5 1 2 1 4

雕（16 画）

丿 乛 一 丨 一 丨 乛 一 丿 丨 丶 一 一 一 丨 一

3 5 1 2 1 2 5 1 3 2 4 1 1 1 2 1

鲭（16 画）

丿 乛 丨 乛 一 丨 一 一 一 一 丨 一 丨 乛 一 一

3 5 2 5 1 2 1 1 1 1 2 1 2 5 1 1

鲮（16 画）

丿 乛 丨 乛 一 丨 一 一 一 丨 一 丿 丶 丿 乛 丶

3 5 2 5 1 2 1 1 1 2 1 3 4 3 5 4

鲯（16 画）

丿乛丨乛一丨一一一丨丨一
3 5 2 5 1 2 1 1 1 2 2 1
一一丿丶
1 1 3 4

鲰（16 画）

丿乛丨乛一丨一一一丨丨一
3 5 2 5 1 2 1 1 1 2 2 1
一一乛丶
1 1 5 4

鲱（16 画）

丿乛丨乛一丨一一丨一一一
3 5 2 5 1 2 1 1 2 1 1 1
丨一一一
2 1 1 1

鲲（16 画）

丿乛丨乛一丨一一丨乛一一
3 5 2 5 1 2 1 1 2 5 1 1
一乛丿乛
1 5 3 5

鲳（16 画）

丿乛丨乛一丨一一丨乛一一
3 5 2 5 1 2 1 1 2 5 1 1
丨乛一一
2 5 1 1

鲴（16 画）

丿乛丨乛一丨一一丨乛一丨
3 5 2 5 1 2 1 1 2 5 1 2
丨乛一一
2 5 1 1

鲵（16 画）

丿乛丨乛一丨一一丿丨一乛
3 5 2 5 1 2 1 1 3 2 1 5
一一丿乛
1 1 3 5

鲷（16 画）

丿乛丨乛一丨一一丿乛一丨
3 5 2 5 1 2 1 1 3 5 1 2
一丨乛一
1 2 5 1

鲸（16 画）

丿乛丨乛一丨一一丶一丨乛
3 5 2 5 1 2 1 1 4 1 2 5
一丨丿丶
1 2 3 4

鲺（16 画）

丿乛丨乛一丨一一乛丿丨乛
3 5 2 5 1 2 1 1 5 3 2 5
一丨一丶
1 2 1 4

鲹（16画）

丿乛丨乛一丨一一乛丶一丿丶丿丿丿

3525121154133333 → 3 5 2 5 1 2 1 1 5 4 1 3 4 3 3 3

鲻（16画）

丿乛丨乛一丨一一乛乛乛丨乛一丨一

3 5 2 5 1 2 1 1 5 5 5 2 5 1 2 1

獴（16画）

丿乛丿一丨丨丶乛一一丿乛丿丿丿丶

3 5 3 1 2 2 4 5 1 1 3 5 3 3 3 4

獭（16画）

丿乛丿一丨乛一丨丿丶丿乛丨乛丿丶

3 5 3 1 2 5 1 2 3 4 3 5 2 5 3 4

獬（16画）

丿乛丿丿乛丿乛一一丨乛丿丿一一丨

3 5 3 3 5 3 5 1 1 2 5 3 3 1 1 2

邂（16画）

丿乛丿乛一一丨乛丿丿一一丨丶乛丶

3 5 3 5 1 1 2 5 3 3 1 1 2 4 5 4

憝（16画）

丶一丨乛一乛丨一丿一丿丶丶乛丶丶

4 1 2 5 1 5 2 1 3 1 3 4 4 5 4 4

⿰享单（16画）

丶一丨乛一乛丨一丶丿丨乛一一一丨

4 1 2 5 1 5 2 1 4 3 2 5 1 1 1 2

鹧（16画）

丶一丿一丨丨一丶丶丶丶丿乛丶乛一

4 1 3 1 2 2 1 4 4 4 4 3 5 4 5 1

磨（16画）

丶一丿一丨丿丶一丨丿丶一丿丨乛一

4 1 3 1 2 3 4 1 2 3 4 1 3 2 5 1

廨（16画）
、一丿丿乛丿乛一一丨乛丿
4 1 3 3 5 3 5 1 1 2 5 3
丿一一丨
3 1 1 2

赟（16画）
、一丿、一一丨一丨一乛、
4 1 3 4 1 1 2 1 2 1 5 4
丨乛丿、
2 5 3 4

癀（16画）
、一丿、一一丨丨一丨乛一
4 1 3 4 1 1 2 2 1 2 5 1
丨一丿、
2 1 3 4

瘭（16画）
、一丿、一一丨乛丨丨一一
4 1 3 4 1 1 2 5 2 2 1 1
一丨丿、
1 2 3 4

瘰（16画）
、一丿、一丨乛一丨一乛乛
4 1 3 4 1 2 5 1 2 1 5 5
、丨丿、
4 2 3 4

廪（16画）
、一丿、一丨乛丨乛一一一
4 1 3 4 1 2 5 2 5 1 1 1
一丨丿、
1 2 3 4

瘿（16画）
、一丿、一丨乛丿、丨乛丿
4 1 3 4 1 2 5 3 4 2 5 3
、乛丿一
4 5 3 1

瘵（16画）
、一丿、一丿乛、、乛、一
4 1 3 4 1 3 5 4 4 5 4 1
一丨丿、
1 2 3 4

瘴（16画）
、一丿、一、一、丿一丨乛
4 1 3 4 1 4 1 4 3 1 2 5
一一一丨
1 1 1 2

癃（16画）
、一丿、一乛丨丿乛、一丿
4 1 3 4 1 5 2 3 5 4 1 3
一一丨一
1 1 2 1

癔（16画）

丶 一 丿 丶 一 乛 丨 丿 乛 乛 一 一 丶 乛 丶 丶

4 1 3 4 1 5 2 3 5 5 1 1 4 5 4 4

瘸（16画）

丶 一 丿 丶 一 乛 丿 丨 乛 一 丨 乛 丿 丶 丿 丶

4 1 3 4 1 5 3 2 5 1 2 5 3 4 3 4

瘳（16画）

丶 一 丿 丶 一 乛 丶 一 乛 丶 一 丿 丶 丿 丿 丿

4 1 3 4 1 5 4 1 5 4 1 3 4 3 3 3

斓（16画）

丶 一 丿 丶 丶 丨 乛 一 丨 乛 丶 丿 一 丨 丿 丶

4 1 3 4 4 2 5 1 2 5 4 3 1 2 3 4

麋（16画）

丶 一 丿 乛 丨 丨 一 一 乛 丿 乛 丿 一 丨 丿 丶

4 1 3 5 2 2 1 1 5 3 5 3 1 2 3 4

麈（16画）

丶 一 丿 乛 丨 丨 一 一 乛 丿 乛 丶 一 一 丨 一

4 1 3 5 2 2 1 1 5 3 5 4 1 1 2 1

凝（16画）

丶 一 丿 乛 丿 一 一 丿 丶 乛 丶 乛 丨 一 丿 丶

4 1 3 5 3 1 1 3 4 5 4 5 2 1 3 4

辨（16画）

丶 一 丶 丿 一 一 丿 丶 丿 丶 一 丶 丿 一 一 丨

4 1 4 3 1 1 3 4 3 4 1 4 3 1 1 2

辩（16画）

丶 一 丶 丿 一 一 丿 丶 乛 丶 一 丶 丿 一 一 丨

4 1 4 3 1 1 3 4 5 4 1 4 3 1 1 2

嬴（16画）

丶 一 乛 丨 乛 一 丿 乛 一 一 乛 丿 一 丿 乛 丶

4 1 5 2 5 1 3 5 1 1 5 3 1 3 5 4

壅（16画）

、一乛乛丿丿丨、一一一丨一一丨一

4 1 5 5 3 3 2 4 1 1 1 2 1 1 2 1

羲（16画）

、丿一一丨一丿一丨丿、一乛乛丿、

4 3 1 1 2 1 3 1 2 3 4 1 5 5 3 4

糙（16画）

、丿一丨丿、丿一丨一丨乛一、乛、

4 3 1 2 3 4 3 1 2 1 2 5 1 4 5 4

糗（16画）

、丿一丨丿、丿丨乛一一一一丿、、

4 3 1 2 3 4 3 2 5 1 1 1 1 3 4 4

糖（16画）

、丿一丨丿、、一丿乛一一丨丨乛一

4 3 1 2 3 4 4 1 3 5 1 1 2 2 5 1

糕（16画）

、丿一丨丿、、丿一一丨一、、、、

4 3 1 2 3 4 4 3 1 1 2 1 4 4 4 4

瞥（16画）

、丿丨乛丨丿、丿一丿、丨乛一一一

4 3 2 5 2 3 4 3 1 3 4 2 5 1 1 1

甑（16画）

、丿丨乛丨、丿一丨乛一一一乛乛、

4 3 2 5 2 4 3 1 2 5 1 1 1 5 5 4

燎（16画）

、丿丿、一丿、、丿丨乛一一丨丿、

4 3 3 4 1 3 4 4 3 2 5 1 1 2 3 4

燠（16画）

、丿丿、丿丨乛、丿一丨丿、一丿、

4 3 3 4 3 2 5 4 3 1 2 3 4 1 3 4

燔（16 画）

丶丿丿丶丿丶丿一丨丿丶丨

4 3 3 4 3 4 3 1 2 3 5 2

乛一丨一

5 1 2 1

燃（16 画）

丶丿丿丶丿乛丶丶一丿丶丶

4 3 3 4 3 5 4 4 1 3 4 4

丶丶丶丶

4 4 4 4

燧（16 画）

丶丿丿丶丶丿一丿乛丿丿丿

4 3 3 4 4 3 1 3 5 3 3 3

丶丶乛丶

4 4 5 4

燊（16 画）

丶丿丿丶丶丿丿丶丶丿丿丶

4 3 3 4 4 3 3 4 4 3 3 4

一丨丿丶

1 2 3 4

燏（16 画）

丶丿丿丶乛丶乛丨丿丨乛丿

4 3 3 4 5 4 5 2 3 2 5 3

丶丨乛一

4 2 5 1

濑（16 画）

丶丶一一丨乛一丨丿丶丿乛

4 4 1 1 2 5 1 2 3 4 3 5

丨乛丿丶

2 5 3 4

濒（16 画）

丶丶一丨一丨一丨丿丿一丿

4 4 1 2 1 2 1 2 3 3 1 3

丨乛丿丶

2 5 3 4

潍（16 画）

丶丶一丨乛一一一丿丨丶一

4 4 1 2 5 1 1 1 3 2 4 1

一一丨一

1 1 2 1

潞（16 画）

丶丶一丨乛一丨一丨一丿乛

4 4 1 2 5 1 2 1 2 1 3 5

丶丨乛一

4 2 5 1

澧（16 画）

丶丶一丨乛一丨丨一一丨乛

4 4 1 2 5 1 2 2 1 1 2 5

一丶丿一

1 4 3 1

澡（16 画）

、、一丨𠃍一丨𠃍一丨𠃍一一丨丿、

4 4 1 2 5 1 2 5 1 2 5 1 1 2 3 4

澴（16 画）

、、一丨𠃍丨丨一一丨𠃍一丿𠃍丿、

4 4 1 2 5 2 2 1 1 2 5 1 3 5 3 4

激（16 画）

、、一丿丨𠃍一一、一𠃍丿丿一丿、

4 4 1 3 2 5 1 1 4 1 5 3 3 1 3 4

澹（16 画）

、、一丿𠃍一丿丿、、一一一丨𠃍一

4 4 1 3 5 1 3 3 4 4 1 1 1 2 5 1

澥（16 画）

、、一丿𠃍丿𠃍一一丨𠃍丿丿一一丨

4 4 1 3 5 3 5 1 1 2 5 3 3 1 1 2

澶（16 画）

、、一、一丨𠃍丨𠃍一一丨𠃍一一一

4 4 1 4 1 2 5 2 5 1 1 2 5 1 1 1

濂（16 画）

、、一、一丿、丿一𠃍一一丨丨丿、

4 4 1 4 1 3 4 3 1 5 1 1 2 2 3 4

澼（16 画）

、、一𠃍一丿丨𠃍一、一、丿一一丨

4 4 1 5 1 3 2 5 1 4 1 4 3 1 1 2

憷（16 画）

、、丨一丨丿、一丨丿、𠃍丨一丿、

4 4 2 1 2 3 4 1 2 3 4 5 2 1 3 4

懒（16 画）

、、丨一丨𠃍一丨丿、丿𠃍丨𠃍丿、

4 4 2 1 2 5 1 2 3 4 3 5 2 5 3 4

憾（16画）

丶 丶 丨 一 丿 一 丨 乛 一 乛 丿 丶

4 4 2 1 3 1 2 5 1 5 3 4

丶 乛 丶 丶

4 5 4 4

懈（16画）

丶 丶 丨 丿 乛 丿 乛 一 一 丨 乛 丿

4 4 2 3 5 3 5 1 1 2 5 3

丿 一 一 丨

3 1 1 2

黉（16画）

丶 丶 丿 丶 乛 一 丨 丨 一 丨 乛 一

4 4 3 4 5 1 2 2 1 2 5 1

丨 一 丿 丶

2 1 3 4

褰（16画）

丶 丶 乛 一 一 丨 丨 一 丿 丶 丶 一

4 4 5 1 1 2 2 1 3 4 4 1

丿 乛 丿 丶

3 5 3 4

寰（16画）

丶 丶 乛 丨 乛 丨 丨 一 一 丨 乛 一

4 4 5 2 5 2 2 1 1 2 5 1

丿 乛 丿 丶

3 5 3 4

窸（16画）

丶 丶 乛 丿 丶 丿 丶 丿 一 丨 丿 丶

4 4 5 3 4 3 4 3 1 2 3 4

丶 乛 丶 丶

4 5 4 4

窿（16画）

丶 丶 乛 丿 丶 乛 丨 丿 乛 丶 一 丿

4 4 5 3 4 5 2 3 5 4 1 3

一 一 丨 一

1 1 2 1

褶（16画）

丶 乛 丨 丿 丶 乛 丶 一 乛 丶 一 丿

4 5 2 3 4 5 4 1 5 4 1 3

丨 乛 一 一

2 5 1 1

禧（16画）

丶 乛 丨 丶 一 丨 一 丨 乛 一 丶 丿

4 5 2 4 1 2 1 2 5 1 4 3

一 丨 乛 一

1 2 5 1

壁（16画）

乛 一 丿 丨 乛 一 丶 一 丶 丿 一 一

5 1 3 2 5 1 4 1 4 3 1 1

丨 一 丨 一

2 1 2 1

避（16画）
乛一丿丨乛一丶一丶丿一一
5 1 3 2 5 1 4 1 4 3 1 1
丨丶乛丶
2 4 5 4

嬖（16画）
乛一丿丨乛一丶一丶丿一一
5 1 3 2 5 1 4 1 4 3 1 1
丨乛丿一
2 5 3 1

犟（16画）
乛一乛丨乛一丨乛一丨一丶
5 1 5 2 5 1 2 5 1 2 1 4
丿一一丨
3 1 1 2

隰（16画）
乛丨丨乛一一乛乛丶乛乛丶
5 2 2 5 1 1 5 5 4 5 5 4
丶丶丶丶
4 4 4 4

嬗（16画）
乛丿一丶一丨乛丨乛一一丨
5 3 1 4 1 2 5 2 5 1 1 2
乛一一一
5 1 1 1

鹨（16画）
乛丶一乛丶一丿丶丿丿丿丿
5 4 1 5 4 1 3 4 3 3 3 3
乛丶乛一
5 4 5 1

翯（16画）
乛丶一乛丶一丶一丨乛一丨
5 4 1 5 4 1 4 1 2 5 1 2
乛丨乛一
5 2 5 1

颡（16画）
乛丶乛丶乛丶一丨丿丶一丿
5 4 5 4 5 4 1 2 3 4 1 3
丨乛丿丶
2 5 3 4

缰（16画）
乛乛一一丨乛一丨一一丨乛
5 5 1 1 2 5 1 2 1 1 2 5
一丨一一
1 2 1 1

缱（16画）
乛乛一丨乛一丨一丨乛一乛
5 5 1 2 5 1 2 1 2 5 1 5
一丶乛丶
1 4 5 4

缲（16画）
乛乛一丨乛一丨乛一丨乛一
5 5 1 2 5 1 2 5 1 2 5 1
一丨丿丶
1 2 3 4

缳（16画）
乛乛一丨乛丨丨一一丨乛一
5 5 1 2 5 2 2 1 1 2 5 1
丿乛丿丶
3 5 3 4

缴（16画）
乛乛一丿丨乛一一丶一乛丿
5 5 1 3 2 5 1 1 4 1 5 3
丿一丿丶
3 1 3 4

璨（17画）
一一丨一丨一丿乛丶乛丶丶
1 1 2 1 2 1 3 5 4 5 4 4
丿一丨丿丶
3 1 2 3 4

璩（17画）
一一丨一丨一乛丿一乛一丿
1 1 2 1 2 1 5 3 1 5 1 3
乛丿丿丿丶
5 3 3 3 4

璐（17画）
一一丨一丨乛一丨一丨一丿
1 1 2 1 2 5 1 2 1 2 1 3
乛丶丨乛一
5 4 2 5 1

璪（17画）
一一丨一丨乛一丨乛一丨乛
1 1 2 1 2 5 1 2 5 1 2 5
一一丨丿丶
1 1 2 3 4

戴（17画）
一丨一丨乛一丨一一丨丨一
1 2 1 2 5 1 2 1 1 2 2 1
丿丶乛丿丶
3 4 5 3 4

螯（17画）
一丨一丿丨丿丶丿一丿丶丨
1 2 1 3 2 3 4 3 1 3 4 2
乛一丨一丶
5 1 2 1 4

擤（17画）
一丨一丿丨乛一一一丨乛一
1 2 1 3 2 5 1 1 1 2 5 1
丨一一丿丨
2 1 1 3 2

壕（17 画）

一 十 土 圹 圹 圹 圹 垆 垆 埠 埻 埻
一丨一丶一丨㇆一丶㇆一ノ
1 2 1 4 1 2 5 1 4 5 1 3
埻 壕 壕 壕 壕
㇆ノノノ丶
5 3 3 3 4

擦（17 画）

一 扌 扌 扌 扌 扩 扩 拶 拶 拶 拶 掠
一丨一丶丶㇆ノ㇆丶丶㇆丶
1 2 1 4 4 5 3 5 4 4 5 4
掠 擦 擦 擦 擦
一一丨ノ丶
1 1 2 3 4

縠（17 画）

一 十 士 声 声 声 壳 壳 壳 壳 壳 壳
一丨一丶㇆一ノ㇆ノ㇆一一
1 2 1 4 5 1 3 5 3 5 1 1
壳 壳 壳 縠 縠
丨ノ㇆㇆丶
2 3 5 5 4

罄（17 画）

一 十 士 声 声 声 声 声 殸 殸 殸 殸
一丨一㇆丨一ノノ㇆㇆丶ノ
1 2 1 5 2 1 3 3 5 5 4 3
殸 罄 罄 罄 罄
一一丨㇆丨
1 1 2 5 2

擢（17 画）

一 扌 扌 扌 扌 扌 扌 扌 扌 扌 扌 扌
一丨一㇆丶一㇆丶一ノ丨丶
1 2 1 5 4 1 5 4 1 3 2 4
扌 擢 擢 擢 擢
一一一丨一
1 1 1 2 1

藉（17 画）

一 十 卄 艹 艹 芊 芊 芊 芊 芊 耤 耤
一丨丨一一一丨ノ丶一丨丨
1 2 2 1 1 1 2 3 4 1 2 2
耤 藉 藉 藉 藉
一丨㇆一一
1 2 5 1 1

薹（17 画）

一 十 卄 艹 芊 芊 芊 芊 菖 菖 菖 菖
一丨丨一丨一丨㇆一丶㇆一
1 2 2 1 2 1 2 5 1 4 5 1
薹 薹 薹 薹 薹
㇆丶一丨一
5 4 1 2 1

鞡（17 画）

一 十 廾 廿 廿 芇 芇 苩 革 革 靪 靪
一丨丨一丨㇆一一丨一丨一
1 2 2 1 2 5 1 1 2 1 2 1
靪 靪 靪 鞡 鞡
丶一丶ノ一
4 1 4 3 1

鞠（17 画）

一 十 廾 廿 廿 芇 芇 苩 革 革 靪 靮
一丨丨一丨㇆一一丨ノ㇆丶
1 2 2 1 2 5 1 1 2 3 5 4
靮 鞠 鞠 鞠 鞠
ノ一丨ノ丶
3 1 2 3 4

藏（17 画）

一 十 卄 艹 芦 芦 芦 芦 芦 芦 芦 芦
一丨丨一ノ㇆一ノ一丨㇆一
1 2 2 1 3 5 1 3 1 2 5 1
芦 藏 藏 藏 藏
丨㇆㇆ノ丶
2 5 5 3 4

薷（17画）

一丨丨一丶乛丨丶丶丶丶一
1 2 2 1 4 5 2 4 4 4 4 1
丿丨乛丨丨
3 2 5 2 2

薰（17画）

一丨丨丿一丨乛丶丿一丨一
1 2 2 3 1 2 5 4 3 1 2 1
一丶丶丶丶
1 4 4 4 4

藐（17画）

一丨丨丿丶丶丿乛丿丿丿丨
1 2 2 3 4 4 3 5 3 3 3 2
乛一一丿乛
5 1 1 3 5

藓（17画）

一丨丨丿乛丨乛一丨一一丶
1 2 2 3 5 2 5 1 2 1 1 4
丿一一一丨
3 1 1 1 2

藁（17画）

一丨丨丶一丨乛一丨乛丨乛
1 2 2 4 1 2 5 1 2 5 2 5
一一丨丿丶
1 1 2 3 4

檬（17画）

一丨丿丶一丨丨丶乛一一丿
1 2 3 4 1 2 2 4 5 1 1 3
乛丿丿丿丶
5 3 3 3 4

檽（17画）

一丨丿丶一丶乛丨丶丶丶丶
1 2 3 4 1 4 5 2 4 4 4 4
丨乛一丨一
2 5 1 2 1

檄（17画）

一丨丿丶丿丨乛一一丶一乛
1 2 3 4 3 2 5 1 1 4 1 5
丿丿一丿丶
3 3 1 3 4

檐（17画）

一丨丿丶丿乛一丿丿丶丶一
1 2 3 4 3 5 1 3 3 4 4 1
一一丨乛一
1 1 2 5 1

檩（17画）

一丨丿丶丶一丨乛丨乛一一
1 2 3 4 4 1 2 5 2 5 1 1
一一丨丿丶
1 1 2 3 4

檀
（17画）

一丨丿丶丶一丨乛丨乛一一
1 2 3 4 4 1 2 5 2 5 1 1
丨乛一一一
2 5 1 1 1

懋
（17画）

一丨丿丶乛丶乛丨丿一丨丿
1 2 3 4 5 4 5 2 3 1 2 3
丶丶乛丶丶
4 4 5 4 4

醢
（17画）

一丨乛丿乛一一一丿丨乛一
1 2 5 3 5 1 1 1 3 2 5 1
丨乛丨丨一
2 5 2 2 1

翳
（17画）

一丿一一丿丶乛丿乛乛丶乛
1 3 1 1 3 4 5 3 5 5 4 5
丶一乛丶一
4 1 5 4 1

繄
（17画）

一丿一一丿丶乛丿乛乛丶乛
1 3 1 1 3 4 5 3 5 5 4 5
乛丶丨丿丶
5 4 2 3 4

礁
（17画）

一丿丨乛一丿丨丶一一一丨
1 3 2 5 1 3 2 4 1 1 1 2
一丶丶丶丶
1 4 4 4 4

礅
（17画）

一丿丨乛一丶一丨乛一乛丨
1 3 2 5 1 4 1 2 5 1 5 2
一丿一丿丶
1 3 1 3 4

磷
（17画）

一丿丨乛一丶丿一丨丿丶丿
1 3 2 5 1 4 3 1 2 3 4 3
乛丶一乛丨
5 4 1 5 2

磴
（17画）

一丿丨乛一乛丶丿丿丶一丨
1 3 2 5 1 5 4 3 3 4 1 2
乛一丶丿一
5 1 4 3 1

鹩
（17画）

一丿丶丶丿丨乛一一丨丿丶
1 3 4 4 3 2 5 1 1 2 3 4
丿乛丶乛一
3 5 4 5 1

霜
（17画）

一丶乛丨丶丶丶丶一丨丿丶
1 4 5 2 4 4 4 4 1 2 3 4
丨乛一一一
2 5 1 1 1

霞
（17画）

一丶乛丨丶丶丶丶乛一丨一
1 4 5 2 4 4 4 4 5 1 2 1
一乛一乛丶
1 5 1 5 4

龋
（17画）

丨一丨一丿丶乛丨丿丨乛一
2 1 2 1 3 4 5 2 3 2 5 1
丨乛丨一丶
2 5 2 1 4

龌
（17画）

丨一丨一丿丶乛丨乛一丿一
2 1 2 1 3 4 5 2 5 1 3 1
乛丶一丨一
5 4 1 2 1

豳
（17画）

丨一丿乛丿丿丿丶一丿乛丿
2 1 3 5 3 3 3 4 1 3 5 3
丿丿丶乛丨
3 3 4 5 2

壑
（17画）

丨一丶乛一丿丶丿丶丨乛一
2 1 4 5 1 3 4 3 4 2 5 1
乛丶一丨一
5 4 1 2 1

黻
（17画）

丨丨丶丿一丶丿丨乛丨丿丶
2 2 4 3 1 4 3 2 5 2 3 4
一丿乛丶丶
1 3 5 4 4

瞭
（17画）

丨乛一一一一丿丶丶丿丨乛
2 5 1 1 1 1 3 4 4 3 2 5
一一丨丿丶
1 1 2 3 4

瞧
（17画）

丨乛一一一丿丨丶一一一丨
2 5 1 1 1 3 2 4 1 1 1 2
一丶丶丶丶
1 4 4 4 4

瞬
（17画）

丨乛一一一丿丶丶丿丶乛丿
2 5 1 1 1 3 4 4 3 4 5 3
乛丶一乛丨
5 4 1 5 2

瞳（17画）

丨乛一一一丶一丶丿一丨乛 一一丨一一

2 5 1 1 1 4 1 4 3 1 2 5 1 1 2 1 1

瞵（17画）

丨乛一一一丶丿一丨丿丶丿 乛丶一乛丨

2 5 1 1 1 4 3 1 2 3 4 3 5 4 1 5 2

瞩（17画）

丨乛一一一乛一丿丿丨乛一 丨乛丨一丶

2 5 1 1 1 5 1 3 3 2 5 1 2 5 2 1 4

瞪（17画）

丨乛一一一乛丶丿丿丶一丨 乛一丶丿一

2 5 1 1 1 5 4 3 3 4 1 2 5 1 4 3 1

嚏（17画）

丨乛一一丨丶乛丨乛一丨一 乛丨一丿丶

2 5 1 1 2 4 5 2 5 1 2 1 5 2 1 3 4

曙（17画）

丨乛一一丨乛丨丨一一丨一 丿丨乛一一

2 5 1 1 2 5 2 2 1 1 2 1 3 2 5 1 1

嚅（17画）

丨乛一一丶乛丨丶丶丶丶一 丿丨乛丨丨

2 5 1 1 4 5 2 4 4 4 4 1 3 2 5 2 2

蹑（17画）

丨乛一丨一丨一一丨丨一一 一乛丶乛丶

2 5 1 2 1 2 1 1 2 2 1 1 1 5 4 5 4

蹒（17画）

丨乛一丨一丨一一丨丨一丨 乛丿丶丿丶

2 5 1 2 1 2 1 1 2 2 1 2 5 3 4 3 4

蹋（17画）

丨乛一丨一丨一丨乛一一乛 丶一乛丶一

2 5 1 2 1 2 1 2 5 1 1 5 4 1 5 4 1

蹈（17画）

丨㇕一丨一丨一丿丶丶丿丿丨一㇕一一

2 5 1 2 1 2 1 3 4 4 3 3 2 1 5 1 1

蹊（17画）

丨㇕一丨一丨一丿丶丶丿㇕㇕丶一丿丶

2 5 1 2 1 2 1 3 4 4 3 5 5 4 1 3 4

蹓（17画）

丨㇕一丨一丨一丿㇕丶㇕丿丨㇕一丨一

2 5 1 2 1 2 1 3 5 4 5 3 2 5 1 2 1

蹐（17画）

丨㇕一丨一丨一丶一丿丶丿丶丨㇕一一

2 5 1 2 1 2 1 4 1 3 4 3 4 2 5 1 1

蟥（17画）

丨㇕一丨一丶一丨丨一丨㇕一丨一丿丶

2 5 1 2 1 4 1 2 2 1 2 5 1 2 1 3 4

螬（17画）

丨㇕一丨一丶一丨㇕一丨丨一丨㇕一一

2 5 1 2 1 4 1 2 5 1 2 2 1 2 5 1 1

螵（17画）

丨㇕一丨一丶一丨㇕丨丨一一一丨丿丶

2 5 1 2 1 4 1 2 5 2 2 1 1 1 2 3 4

瞳（17画）

丨㇕一丨一丶一丶丿一丨㇕一一丨一一

2 5 1 2 1 4 1 4 3 1 2 5 1 1 2 1 1

螳（17画）

丨㇕一丨一丶丨丶丿丶㇕丨㇕一一丨一

2 5 1 2 1 4 2 4 3 4 5 2 5 1 1 2 1

螺（17画）

丨㇕一丨一丶丨㇕一丨一㇕㇕丶丨丿丶

2 5 1 2 1 4 2 5 1 2 1 5 5 4 2 3 4

蟋（17 画）

丨 乛 一 丨 一 丶 丿 丶 丿 一 丨 丿 丶 丶 乛 丶 丶

2 5 1 2 1 4 3 4 3 1 2 3 4 4 5 4 4

蟑（17 画）

丨 乛 一 丨 一 丶 丶 一 丶 丿 一 丨 乛 一 一 一 丨

2 5 1 2 1 4 4 1 4 3 1 2 5 1 1 1 2

蟀（17 画）

丨 乛 一 丨 一 丶 丶 一 乛 乛 丶 丶 一 丿 丶 一 丨

2 5 1 2 1 4 4 1 5 5 4 4 1 3 4 1 2

嚎（17 画）

丨 乛 一 丶 一 丨 乛 一 丶 乛 一 丿 乛 丿 丿 丿 丶

2 5 1 4 1 2 5 1 4 5 1 3 5 3 3 3 4

嚓（17 画）

丨 乛 一 丶 丶 乛 丿 乛 丶 丶 乛 丶 一 一 丨 丿 丶

2 5 1 4 4 5 3 5 4 4 5 4 1 1 2 3 4

羁（17 画）

丨 乛 丨 丨 一 一 丨 丨 一 丨 乛 一 一 丨 乛 乛 一

2 5 2 2 1 1 2 2 1 2 5 1 1 2 5 5 1

罽（17 画）

丨 乛 丨 丨 一 一 丿 丶 丿 丿 丶 丶 丿 丿 丶 丨 丨

2 5 2 2 1 1 3 4 3 3 4 4 3 3 4 2 2

罾（17 画）

丨 乛 丨 丨 一 丶 丿 丨 乛 丨 丶 丿 一 丨 乛 一 一

2 5 2 2 1 4 3 2 5 2 4 3 1 2 5 1 1

嶷（17 画）

丨 乛 丨 丿 乛 丿 一 一 丿 丶 乛 丶 乛 丨 一 丿 丶

2 5 2 3 5 3 1 1 3 4 5 4 5 2 1 3 4

赡（17 画）

丨 乛 丿 丶 丿 乛 一 丿 丿 丶 丶 一 一 一 丨 乛 一

2 5 3 4 3 5 1 3 3 4 4 1 1 1 2 5 1

黜（17画）
丨乛丶丿一丨一一丶丶丶丶
2 5 4 3 1 2 1 1 4 4 4 4
乛丨丨乛丨
5 2 2 5 2

黝（17画）
丨乛丶丿一丨一一丶丶丶丶
2 5 4 3 1 2 1 1 4 4 4 4
乛乛丶乛丿
5 5 4 5 3

髁（17画）
丨乛乛丶乛丨乛一一丨乛一
2 5 5 4 5 2 5 1 1 2 5 1
一一丨丿丶
1 1 2 3 4

髀（17画）
丨乛乛丶乛丨乛一一丿丨乛
2 5 5 4 5 2 5 1 1 3 2 5
一一丿一丨
1 1 3 1 2

镡（17画）
丿一一一乛一丨乛丨丨一丨
3 1 1 1 5 1 2 5 2 2 1 2
乛一一一丨
5 1 1 1 2

镢（17画）
丿一一一乛一丿丶丿一乛丨
3 1 1 1 5 1 3 4 3 1 5 2
丿丿乛丿丶
3 3 5 3 4

镣（17画）
丿一一一乛一丿丶丶丿丨乛
3 1 1 1 5 1 3 4 4 3 2 5
一一丨丿丶
1 1 2 3 4

镤（17画）
丿一一一乛丨丨丶丿一丶丿
3 1 1 1 5 2 2 4 3 1 4 3
一一一丿丶
1 1 1 3 4

镥（17画）
丿一一一乛丿乛丨乛一丨一
3 1 1 1 5 3 5 2 5 1 2 1
一丨乛一一
1 2 5 1 1

镦（17画）
丿一一一乛丶一丨乛一乛丨
3 1 1 1 5 4 1 2 5 1 5 2
一丿一丿丶
1 3 1 3 4

镧（17画）

丿一一一乛丶丨乛一丨乛丶丿一丨丿丶

3 1 1 1 5 4 2 5 1 2 5 4 3 1 2 3 4

镨（17画）

丿一一一乛丶丿一丨丨丶丿一丨乛一一

3 1 1 1 5 4 3 1 2 2 4 3 1 2 5 1 1

镩（17画）

丿一一一乛丶丶乛丿丶丨乛一丨乛一丨

3 1 1 1 5 4 4 5 3 4 2 5 1 2 5 1 2

镪（17画）

丿一一一乛乛一乛丨乛一丨乛一丨一丶

3 1 1 1 5 5 1 5 2 5 1 2 5 1 2 1 4

镫（17画）

丿一一一乛乛丶丿丿丶一丨乛一丶丿一

3 1 1 1 5 5 4 3 3 4 1 2 5 1 4 3 1

罅（17画）

丿一一丨乛丨丨一乛丿一乛丿丶丿一丨

3 1 1 2 5 2 2 1 5 3 1 5 3 4 3 1 2

穗（17画）

丿一丨丿丶一丨乛一一丨一丶丶乛丶丶

3 1 2 3 4 1 2 5 1 1 2 1 4 4 5 4 4

黏（17画）

丿一丨丿丶丿丶丨丶一丿丶丨一丨乛一

3 1 2 3 4 3 4 2 4 1 3 4 2 1 2 5 1

魏（17画）

丿一丨丿丶乛丿一丿丨乛一一丿乛乛丶

3 1 2 3 4 5 3 1 3 2 5 1 1 3 5 5 4

簧（17画）

丿一丶丿一丶一丨丨一丨乛一丨一丿丶

3 1 4 3 1 4 1 2 2 1 2 5 1 2 1 3 4

簌（17画）

ノ 一 丶 ノ 一 丶 一 丨 ㇕ 一 丨 ノ 丶 ノ ㇕ ノ 丶

3 1 4 3 1 4 1 2 5 1 2 3 4 3 5 3 4

篾（17画）

ノ 一 丶 ノ 一 丶 丨 ㇕ 丨 丨 一 一 ノ 丶 ㇕ ノ 丶

3 1 4 3 1 4 2 5 2 2 1 1 3 4 5 3 4

簃（17画）

ノ 一 丶 ノ 一 丶 ノ 一 丨 ノ 丶 ノ ㇕ 丶 ノ ㇕ 丶

3 1 4 3 1 4 3 1 2 3 4 3 5 4 3 5 4

篼（17画）

ノ 一 丶 ノ 一 丶 ノ 丨 ㇕ 一 一 ノ ㇕ ㇕ 一 ノ ㇕

3 1 4 3 1 4 3 2 5 1 1 3 5 5 1 3 5

簏（17画）

ノ 一 丶 ノ 一 丶 丶 一 ノ ㇕ 丨 丨 一 一 ㇕ ノ ㇕

3 1 4 3 1 4 4 1 3 5 2 2 1 1 5 3 5

簇（17画）

ノ 一 丶 ノ 一 丶 丶 一 ㇕ ノ ノ 一 ノ 一 一 ノ 丶

3 1 4 3 1 4 4 1 5 3 3 1 3 1 1 3 4

簖（17画）

ノ 一 丶 ノ 一 丶 丶 ノ 一 丨 ノ 丶 ㇕ ノ ノ 一 丨

3 1 4 3 1 4 4 3 1 2 3 4 5 3 3 1 2

簋（17画）

ノ 一 丶 ノ 一 丶 ㇕ 一 一 ㇕ ノ 丶 丨 ㇕ 丨 丨 一

3 1 4 3 1 4 5 1 1 5 3 4 2 5 2 2 1

繁（17画）

ノ 一 ㇕ ㇕ 丶 一 丶 ノ 一 ノ 丶 ㇕ ㇕ 丶 丨 ノ 丶

3 1 5 5 4 1 4 3 1 3 4 5 5 4 2 3 4

鼢（17画）

ノ 丨 一 ㇕ 一 一 ㇕ 丶 丶 ㇕ 丶 丶 ㇕ ノ 丶 ㇕ ノ

3 2 1 5 1 1 5 4 4 5 4 4 5 3 4 5 3

黛（17 画）
丿丨一乛丶丨乛丶丿一丨一一丶丶丶丶
3 2 1 5 4 2 5 4 3 1 2 1 1 4 4 4 4

儡（17 画）
丿丨丨乛一丨一丨乛一丨一丨乛一丨一
3 2 2 5 1 2 1 2 5 1 2 1 2 5 1 2 1

鵂（17 画）
丿丨丶一一一丨一丶丶丶丶丿乛丶乛一
3 2 4 1 1 1 2 1 4 4 4 4 3 5 4 5 1

鼾（17 画）
丿丨乛一一一丨乛一丨一一丿丨一一丨
3 2 5 1 1 1 2 5 1 2 1 1 3 2 1 1 2

皤（17 画）
丿丨乛一一丿丶丿一丨丿丶丨乛一丨一
3 2 5 1 1 3 4 3 1 2 3 4 2 5 1 2 1

魍（17 画）
丿丨乛一一丿乛乛丶丨乛丶丿一丶一乛
3 2 5 1 1 3 5 5 4 2 5 4 3 1 4 1 5

徽（17 画）
丿丿丨丨乛丨一乛乛丶丨丿丶丿一丿丶
3 3 2 2 5 2 1 5 5 4 2 3 4 3 1 3 4

艚（17 画）
丿丿乛丶一丶一丨乛一丨丨一丨乛一一
3 3 5 4 1 4 1 2 5 1 2 2 1 2 5 1 1

龠（17 画）
丿丶一丨乛一丨乛一丨乛一丨乛一丨丨
3 4 1 2 5 1 2 5 1 2 5 1 2 5 1 2 2

爵（17 画）
丿丶丶丿丨乛丨丨一乛一一乛丶一丨丶
3 4 4 3 2 5 2 2 1 5 1 1 5 4 1 2 4

繇（17画）

ノ、、ノノ一一丨乛丨ノ乛

3 4 4 3 3 1 1 2 5 2 3 5

乛、丨ノ、

5 4 2 3 4

貘（17画）

ノ、、ノ乛ノノ一丨丨丨乛

3 4 4 3 5 3 3 1 2 2 2 5

一一一ノ、

1 1 1 3 4

邈（17画）

ノ、、ノ乛ノノノ丨乛一一

3 4 4 3 5 3 3 3 2 5 1 1

ノ乛、乛、

3 5 4 5 4

貔（17画）

ノ、、ノ乛ノノノ丨乛ノ、

3 4 4 3 5 3 3 3 2 5 3 4

一一乛ノ乛

1 1 5 3 5

臟（17画）

ノ乛一一一丨一丨乛一、ノ

3 5 1 1 1 2 1 2 5 1 4 3

一一丨乛、

1 1 2 5 4

朦（17画）

ノ乛一一一丨丨、乛一一ノ

3 5 1 1 1 2 2 4 5 1 1 3

乛ノノノ、

5 3 3 3 4

臊（17画）

ノ乛一一丨乛一丨乛一丨乛

3 5 1 1 2 5 1 2 5 1 2 5

一一丨ノ、

1 1 2 3 4

膻（17画）

ノ乛一一、一丨乛丨乛一一

3 5 1 1 4 1 2 5 2 5 1 1

丨乛一一

2 5 1 1

臁（17画）

ノ乛一一、一ノ、ノ一乛一

3 5 1 1 4 1 3 4 3 1 5 1

一丨丨ノ、

1 2 2 3 4

臆（17画）

ノ乛一一、一、ノ一丨乛一

3 5 1 1 4 1 4 3 1 2 5 1

一、乛、、

1 4 5 4 4

臃（17 画）
丿 刀 月 月 月丶 肀 肀 肀 肀 肀 肀 肀 臃 臃 臃 臃 臃
丿 ㇇ 一 一 丶 一 ㇇ ㇇ 丿 丿 丨 丶 一 一 一 丨 一
3 5 1 1 4 1 5 5 3 3 2 4 1 1 1 2 1

鲼（17 画）
丿 ㇇ 丨 ㇇ 一 丨 一 一 一 丨 一 丨 丨 丨 ㇇ 丿 丶
3 5 2 5 1 2 1 1 1 2 1 2 2 2 5 3 4

鰈（17 画）
丿 ㇇ 丨 ㇇ 一 丨 一 一 一 丨 丨 一 ㇇ 一 丨 丿 丶
3 5 2 5 1 2 1 1 1 2 2 1 5 1 2 3 4

鳊（17 画）
丿 ㇇ 丨 ㇇ 一 丨 一 一 一 丨 ㇇ 一 丨 ㇇ 一 丨 一
3 5 2 5 1 2 1 1 1 2 5 1 2 5 1 2 1

鳀（17 画）
丿 ㇇ 丨 ㇇ 一 丨 一 一 丨 ㇇ 一 一 一 丨 一 丿 丶
3 5 2 5 1 2 1 1 2 5 1 1 1 2 1 3 4

鳁（17 画）
丿 ㇇ 丨 ㇇ 一 丨 一 一 丨 ㇇ 一 一 丨 ㇇ 丨 丨 一
3 5 2 5 1 2 1 1 2 5 1 1 2 5 2 2 1

鳂（17 画）
丿 ㇇ 丨 ㇇ 一 丨 一 一 丨 ㇇ 一 丨 一 一 ㇇ 丿 丶
3 5 2 5 1 2 1 1 2 5 1 2 1 1 5 3 4

鳃（17 画）
丿 ㇇ 丨 ㇇ 一 丨 一 一 丨 ㇇ 一 丨 一 丶 ㇇ 丶 丶
3 5 2 5 1 2 1 1 2 5 1 2 1 4 5 4 4

鳄（17 画）
丿 ㇇ 丨 ㇇ 一 丨 一 一 丨 ㇇ 一 丨 ㇇ 一 一 一 ㇇
3 5 2 5 1 2 1 1 2 5 1 2 5 1 1 1 5

鳅（17 画）
丿 ㇇ 丨 ㇇ 一 丨 一 一 丿 一 丨 丿 丶 丶 丿 丿 丶
3 5 2 5 1 2 1 1 3 1 2 3 4 4 3 3 4

鳆（17画）

丿 ⺈ 𠂊 角 角 角 角 鱼 鱼 鱼 鱼 鱼
丿 乛 丨 乛 一 丨 一 一 丿 一 丨 乛
3 5 2 5 1 2 1 1 3 1 2 5
鱼 鱼 鱼 鳆 鳆
一 一 丿 乛 丶
1 1 3 5 4

鳇（17画）

丿 ⺈ 𠂊 角 角 角 角 鱼 鱼 鱼 鱼 鱼
丿 乛 丨 乛 一 丨 一 一 丿 丨 乛 一
3 5 2 5 1 2 1 1 3 2 5 1
鱼 鱼 鱼 鳇 鳇
一 一 一 丨 一
1 1 1 2 1

鳈（17画）

丿 ⺈ 𠂊 角 角 角 角 鱼 鱼 鱼 鱼 鱼
丿 乛 丨 乛 一 丨 一 一 丿 丨 乛 一
3 5 2 5 1 2 1 1 3 2 5 1
鱼 鱼 鱼 鳈 鳈
一 丨 乛 丿 丶
1 2 5 3 4

鳉（17画）

丿 ⺈ 𠂊 角 角 角 角 鱼 鱼 鱼 鱼 鱼
丿 乛 丨 乛 一 丨 一 一 丶 一 丨 丿
3 5 2 5 1 2 1 1 4 1 2 3
鱼 鱼 鱼 鳉 鳉
乛 丶 一 丨 丶
5 4 1 2 4

鳊（17画）

丿 ⺈ 𠂊 角 角 角 角 鱼 鱼 鱼 鱼 鱼
丿 乛 丨 乛 一 丨 一 一 丶 乛 一 丿
3 5 2 5 1 2 1 1 4 5 1 3
鱼 鱼 鱼 鳊 鳊
丨 乛 一 丨 丨
2 5 1 2 2

獯（17画）

丿 犭 犭 犭 犭 犭 犭 犭 犭 犭 犭 犭
丿 乛 丿 丿 一 丨 乛 丶 丿 一 丨 一
3 5 3 3 1 2 5 4 3 1 2 1
獯 獯 獯 獯 獯
一 丶 丶 丶 丶
1 4 4 4 4

螽（17画）

丿 夂 冬 冬 冬 冬 冬 冬 冬 冬 冬 冬
丿 乛 丶 丶 丶 丨 乛 一 丨 一 丶 丨
3 5 4 4 4 2 5 1 2 1 4 2
螽 螽 螽 螽 螽
乛 一 丨 一 丶
5 1 2 1 4

燮（17画）

丶 亠 亠 亠 言 言 言 言 言 焅 焅 焅
丶 一 一 一 丨 乛 一 丶 丿 丿 丶 丶
4 1 1 1 2 5 1 4 3 3 4 4
焅 燮 燮 燮 燮
丿 丿 丶 乛 丶
3 3 4 5 4

鹫（17画）

丶 亠 亠 亠 亠 亨 京 京 京 就 就 就
丶 一 丨 乛 一 丨 丿 丶 一 丿 乛 丶
4 1 2 5 1 2 3 4 1 3 5 4
就 鹫 鹫 鹫 鹫
丿 乛 丶 乛 一
3 5 4 5 1

襄（17画）

丶 亠 亠 亠 亠 亠 亠 亠 亠 亠 亠 亠
丶 一 丨 乛 一 丨 乛 一 一 一 丨 丨
4 1 2 5 1 2 5 1 1 1 2 2
襄 襄 襄 襄 襄
一 丿 乛 丿 丶
1 3 5 3 4

糜（17画）

丶一丿一丨丿丶一丨丿丶丶丿一丨丿丶

4 1 3 1 2 3 4 1 2 3 4 4 3 1 2 3 4

縻（17画）

丶一丿一丨丿丶一丨丿丶乛乛丶丨丿丶

4 1 3 1 2 3 4 1 2 3 4 5 5 4 2 3 4

膺（17画）

丶一丿丿丨丿丨丶一一一丨一丨乛一一

4 1 3 3 2 3 2 4 1 1 1 2 1 2 5 1 1

癍（17画）

丶一丿丶一一一丨一丶一丿丶一一丨一

4 1 3 4 1 1 1 2 1 4 1 3 4 1 1 2 1

癌（17画）

丶一丿丶一丨乛一丨乛一丨乛一丨乛丨

4 1 3 4 1 2 5 1 2 5 1 2 5 1 2 5 2

麋（17画）

丶一丿乛丨丨一一乛丿乛丶丿一丨丿丶

4 1 3 5 2 2 1 1 5 3 5 4 3 1 2 3 4

辫（17画）

丶一丶丿一一丿乛乛一丶一丶丿一一丨

4 1 4 3 1 1 3 5 5 1 4 1 4 3 1 1 2

赢（17画）

丶一乛丨乛一丿乛一一丨乛丿丶丿乛丶

4 1 5 2 5 1 3 5 1 1 2 5 3 4 3 5 4

糟（17画）

丶丿一丨丿丶一丨乛一丨丨一丨乛一一

4 3 1 2 3 4 1 2 5 1 2 2 1 2 5 1 1

糠（17画）

丶丿一丨丿丶丶一丿乛一一丨丶一丿丶

4 3 1 2 3 4 4 1 3 5 1 1 2 4 1 3 4

馘（17画）

、丿一丿丨乛一一一一丨乛

4 3 1 3 2 5 1 1 1 1 2 5

一一乛丿、

1 1 5 3 4

燥（17画）

、丿丿、丨乛一丨乛一丨乛

4 3 3 4 2 5 1 2 5 1 2 5

一一丨丿、

1 1 2 3 4

濍（17画）

、、一一丨丨一丨乛丿、丿

4 4 1 1 2 2 1 2 5 3 4 3

、、乛、、

4 4 5 4 4

濡（17画）

、、一一、乛丨、、、、一

4 4 1 1 4 5 2 4 4 4 4 1

丿丨乛丨丨

3 2 5 2 2

濮（17画）

、、一丿丨丨丨、丿一、丿

4 4 1 3 2 2 2 4 3 1 4 3

一一一丿、

1 1 1 3 4

濞（17画）

、、一丿丨乛一一一丨乛一

4 4 1 3 2 5 1 1 1 2 5 1

丨一一丿丨

2 1 1 3 2

濠（17画）

、、一、一丨乛一、乛一丿

4 4 1 4 1 2 5 1 4 5 1 3

乛丿丿丿、

5 3 3 3 4

濯（17画）

、、一乛、一乛、一丿丨、

4 4 1 5 4 1 5 4 1 3 2 4

一一一丨一

1 1 1 2 1

懦（17画）

、、丨一、乛丨、、、、一

4 4 2 1 4 5 2 4 4 4 4 1

丿丨乛丨丨

3 2 5 2 2

豁（17画）

、、乛一一一丨丨乛一丿、

4 4 5 1 1 1 2 2 5 1 3 4

丿、丨乛一

3 4 2 5 1

蹇（17画）

丶丶乛一一丨丨一丿丶丨乛一丨一丿丶

4 4 5 1 1 2 2 1 3 4 2 5 1 2 1 3 4

謇（17画）

丶丶乛一一丨丨一丿丶丶一一一丨乛一

4 4 5 1 1 2 2 1 3 4 4 1 1 1 2 5 1

邃（17画）

丶丶乛丿丶丶丿一丿乛丿丿丿丶丶乛丶

4 4 5 3 4 4 3 1 3 5 3 3 3 4 4 5 4

襕（17画）

丶乛丨丿丶丶丨乛一丨乛丶丿一丨丿丶

4 5 2 3 4 4 2 5 1 2 5 4 3 1 2 3 4

襁（17画）

丶乛丨丿丶乛一乛丨乛一丨乛一丨一丶

4 5 2 3 4 5 1 5 2 5 1 2 5 1 2 1 4

臀（17画）

乛一丿一丨丨一丿丶丿乛乛丶丨乛一一

5 1 3 1 2 2 1 3 4 3 5 5 4 2 5 1 1

檗（17画）

乛一丿丨乛一丶一丶丿一一丨一丨丿丶

5 1 3 2 5 1 4 1 4 3 1 1 2 1 2 3 4

甓（17画）

乛一丿丨乛一丶一丶丿一一丨一乛乛丶

5 1 3 2 5 1 4 1 4 3 1 1 2 1 5 5 4

臂（17画）

乛一丿丨乛一丶一丶丿一一丨丨乛一一

5 1 3 2 5 1 4 1 4 3 1 1 2 2 5 1 1

擘（17画）

乛一丿丨乛一丶一丶丿一一丨丿一一丨

5 1 3 2 5 1 4 1 4 3 1 1 2 3 1 1 2

孺（17画）

乛丨一一丶乛丨丶丶丶丶一

5 2 1 1 4 5 2 4 4 4 4 1

丿丨乛丨丨

3 2 5 2 2

隳（17画）

乛丨一丿一丨一丨乛一一丿

5 2 1 3 1 2 1 2 5 1 1 3

丶丨丶丶丶

4 2 4 4 4

嬷（17画）

乛丿一丶一丿一丨丿丶一丨

5 3 1 4 1 3 1 2 3 4 1 2

丿丶丿乛丶

3 4 3 5 4

翼（17画）

乛丶一乛丶一丨乛一丨一一

5 4 1 5 4 1 2 5 1 2 1 1

丨丨一丿丶

2 2 1 3 4

蟊（17画）

乛丶乛丨丿丨乛一丨一丶丨

5 4 5 2 3 2 5 1 2 1 4 2

乛一丨一丶

5 1 2 1 4

鹬（17画）

乛丶乛丨丿丨乛丿丶丨乛一

5 4 5 2 3 2 5 3 4 2 5 1

丿乛丶乛一

3 5 4 5 1

鍪（17画）

乛丶乛丨丿丿一丿丶丿丶一

5 4 5 2 3 3 1 3 4 3 4 1

一丨丶丿一

1 2 4 3 1

骤（17画）

乛乛一一丨丨一一一乛丶丿

5 5 1 1 2 2 1 1 1 5 4 3

丨丿丿丿丶

2 3 3 3 4

鏊（18画）

一一丨一乛丿丿一丿丶丿丶

1 1 2 1 5 3 3 1 3 4 3 4

一一丨丶丿一

1 1 2 3 4 1

鳌（18画）

一一丨一乛丿丿一丿丶丿乛

1 1 2 1 5 3 3 1 3 4 3 5

丨乛一丨一一

2 5 1 2 1 1

鬹
（18画）

一一丿丶丨乛丿乛一丨乛一
1 1 3 4 2 5 3 5 1 2 5 1
丨乛丶丿一丨
2 5 4 3 1 2

鬈
（18画）

一丨一一一乛丶丿丿丿丶丿
1 2 1 1 1 5 4 3 3 3 4 3
一一丿丶乛乛
1 1 3 4 5 5

鬃
（18画）

一丨一一一乛丶丿丿丿丶丶
1 2 1 1 1 5 4 3 3 3 4 4
乛一一丨丿丶
5 1 1 2 3 4

瞽
（18画）

一丨一丨乛一丶丿一一丨乛
1 2 1 2 5 1 4 3 1 1 2 5
丶丨乛一一一
4 2 5 1 1 1

藕
（18画）

一丨丨一一一丨丿丶丨乛一
1 2 2 1 1 1 2 3 4 2 5 1
一丨乛丨一丶
1 2 5 2 1 4

鞯
（18画）

一丨丨一丨乛一一丨一丨丨
1 2 2 1 2 5 1 1 2 1 2 2
一丿丨乛丨一
1 3 2 5 2 1

鞨
（18画）

一丨丨一丨乛一一丨丨乛一
1 2 2 1 2 5 1 1 2 2 5 1
一丿乛丿丶乛
1 3 5 3 4 5

鞭
（18画）

一丨丨一丨乛一一丨丿丨一
1 2 2 1 2 5 1 1 2 3 2 1
丨乛一一丿丶
2 5 1 1 3 4

鞫
（18画）

一丨丨一丨乛一一丨丿乛丶
1 2 2 1 2 5 1 1 2 3 5 4
一一一丨乛一
1 1 1 2 5 1

鞘
（18画）

一丨丨一丨乛一一丨丶丿一
1 2 2 1 2 5 1 1 2 4 3 1
丨乛丿乛一一
2 5 3 5 1 1

鞣（18画）

一丨丨一丨乛一一丨乛丶乛

1 2 2 1 2 5 1 1 2 5 4 5

丨丿一丨丿丶

2 3 1 2 3 4

藜（18画）

一丨丨丿一丨丿丶丿乛丿丿

1 2 2 3 1 2 3 4 3 5 3 3

丶丨丶一丿丶

4 2 4 1 3 4

藠（18画）

一丨丨丿丨乛一一丿丨乛一

1 2 2 3 2 5 1 1 3 2 5 1

一丿丨乛一一

1 3 2 5 1 1

藤（18画）

一丨丨丿乛一一丶丿一一丿

1 2 2 3 5 1 1 4 3 1 1 3

丶丨丶一丿丶

4 2 4 1 3 4

藩（18画）

一丨丨丶丶一丿丶丿一丨丿

1 2 2 4 4 1 3 4 3 1 2 3

丶丨乛一丨一

4 2 5 1 2 1

鹲（18画）

一丨丨丶乛一一丿乛丿丿丿

1 2 2 4 5 1 1 3 5 3 3 3

丶丿乛丶乛一

4 3 5 4 5 1

檫（18画）

一丨丿丶丶丶乛丿乛丶丶乛

1 2 3 4 4 4 5 3 5 4 4 5

丶一一丨丿丶

4 1 1 2 3 4

檵（18画）

一丨丿丶乛乛丶乛乛丶一乛

1 2 3 4 5 5 4 5 5 4 1 5

乛丶乛乛丶乛

5 4 5 5 4 5

覆（18画）

一丨乛丨丨一丿丿丨丿一丨

1 2 5 2 2 1 3 3 2 3 1 2

乛一一丿乛丶

5 1 1 3 5 4

醪（18画）

一丨乛丿乛一一乛丶一乛丶

1 2 5 3 5 1 1 5 4 1 5 4

一丿丶丿丿丿

1 3 4 3 3 3

蹙（18画）

一ノ丨一一丨ノ丶乛ノ丶丨乛一丨一ノ丶

1 3 2 1 1 2 3 4 5 3 4 2 5 1 2 1 3 4

礞（18画）

一ノ丨乛一一丨丨丶乛一一ノ乛ノノノ丶

1 3 2 5 1 1 2 2 4 5 1 1 3 5 3 3 3 4

礓（18画）

一ノ丨乛一一丨乛一丨一一丨乛一丨一一

1 3 2 5 1 1 2 5 1 2 1 1 2 5 1 2 1 1

礌（18画）

一ノ丨乛一一丶乛丨丶丶丶丶丨乛一丨一

1 3 2 5 1 1 4 5 2 4 4 4 4 2 5 1 2 1

燹（18画）

一ノ乛ノノノ丶一ノ乛ノノノ丶丶ノノ丶

1 3 5 3 3 3 4 1 3 5 3 3 3 4 4 3 3 4

餮（18画）

一ノ乛丶ノ丶ノノノノ丶丶乛一一乛ノ丶

1 3 5 4 3 4 3 3 3 3 4 4 5 1 1 5 3 4

瞿（18画）

丨乛一一一丨乛一一一ノ丨丶一一一丨一

2 5 1 1 1 2 5 1 1 1 3 2 4 1 1 1 2 1

瞻（18画）

丨乛一一一ノ乛一ノノ丶丶一一一丨乛一

2 5 1 1 1 3 5 1 3 3 4 4 1 1 1 2 5 1

瞟（18画）

丨乛一一ノ一丨乛丶ノ一丨一一丶丶丶丶

2 5 1 1 3 1 2 5 4 3 1 2 1 1 4 4 4 4

颢（18画）

丨乛一一丶一丨乛一丨ノ丶一ノ丨乛ノ丶

2 5 1 1 4 1 2 5 1 2 3 4 1 3 2 5 3 4

曜（18画）

丨乛一一乛丶一乛丶一丿丨丶一一一丨一

2 5 1 1 5 4 1 5 4 1 3 2 4 1 1 1 2 1

躇（18画）

丨乛一丨一丨一一丨丨一丨一丿丨乛一一

2 5 1 2 1 2 1 1 2 2 1 2 1 3 2 5 1 1

蹦（18画）

丨乛一丨一丨一丨乛丨丿乛一一丿乛一一

2 5 1 2 1 2 1 2 5 2 3 5 1 1 3 5 1 1

鹭（18画）

丨乛一丨一丨一丿乛丶丨乛一丿乛丶乛一

2 5 1 2 1 2 1 3 5 4 2 5 1 3 5 4 5 1

蹢（18画）

丨乛一丨一丨一丶一丶丿丨乛一丨丨乛一

2 5 1 2 1 2 1 4 1 4 3 2 5 1 2 2 5 1

蹜（18画）

丨乛一丨一丨一丶丶乛丿丨一丿丨乛一一

2 5 1 2 1 2 1 4 4 5 3 2 1 3 2 5 1 1

蟛（18画）

丨乛一丨一丶一丨一丨乛一丶丿一丿丿丿

2 5 1 2 1 4 1 2 1 2 5 1 4 3 1 3 3 3

蟪（18画）

丨乛一丨一丶一丨乛一一丨一丶丶乛丶丶

2 5 1 2 1 4 1 2 5 1 1 2 1 4 4 5 4 4

蟠（18画）

丨乛一丨一丶丿丶丿一丨丿丶丨乛一丨一

2 5 1 2 1 4 3 4 3 1 2 3 4 2 5 1 2 1

蟮（18画）

丨乛一丨一丶丶丿一一一丨丶丿一丨乛一

2 5 1 2 1 4 4 3 1 1 1 2 4 3 1 2 5 1

嚣（18画）

丨㇕一丨㇕一一丨㇕一丨㇕

2 5 1 2 5 1 1 2 5 1 2 5

丨㇕一丨㇕一

2 5 1 2 5 1

嚣（18画）

丨㇕一丨㇕一一㇒丨㇕㇒丶

2 5 1 2 5 1 1 3 2 5 3 4

丨㇕一丨㇕一

2 5 1 2 5 1

鹮（18画）

丨㇕丨丨一一丨㇕一㇓㇆㇓

2 5 2 2 1 1 2 5 1 3 5 3

丶㇓㇆丶㇆一

4 3 5 4 5 1

黠（18画）

丨㇕丶㇒一丨一一丶丶丶丶

2 5 4 3 1 2 1 1 4 4 4 4

一丨一丨㇕一

1 2 1 2 5 1

黟（18画）

丨㇕丶㇒一丨一一丶丶丶丶

2 5 4 3 1 2 1 1 4 4 4 4

㇒㇇丶㇒㇇丶

3 5 4 3 5 4

髅（18画）

丨㇕㇕丶㇕丨㇕一一丶㇒一

2 5 5 4 5 2 5 1 1 4 3 1

丨㇒丶㇛㇒一

2 3 4 5 3 1

髂（18画）

丨㇕㇕丶㇕丨㇕一一丶丶㇇

2 5 5 4 5 2 5 1 1 4 4 5

㇒㇇丶丨㇕一

3 5 4 2 5 1

镬（18画）

㇒一一一㇟一丨丨㇒丨丶一

3 1 1 1 5 1 2 2 3 2 4 1

一一丨一㇇丶

1 1 2 1 5 4

镭（18画）

㇒一一一㇟一丶㇇丨丶丶丶

3 1 1 1 5 1 4 5 2 4 4 4

丶丨㇕一丨一

4 2 5 1 2 1

镯（18画）

㇒一一一㇟丨㇕丨丨一㇒㇆

3 1 1 1 5 2 5 2 2 1 3 5

丨㇕一丨一丶

2 5 1 2 1 4

镰（18画）

丿一一一乛丶一丿丶丿一乛一一丨丨丿丶

3 1 1 1 5 4 1 3 4 3 1 5 1 1 2 2 3 4

镱（18画）

丿一一一乛丶一丶丿一丨乛一一丶乛丶丶

3 1 1 1 5 4 1 4 3 1 2 5 1 1 4 5 4 4

馥（18画）

丿一丨丿丶丨乛一一丿一丨乛一一丿乛丶

3 1 2 3 4 2 5 1 1 3 1 2 5 1 1 3 5 4

簠（18画）

丿一丶丿一丶一丨乛一一丨丶丨乛丨丨一

3 1 4 3 1 4 1 2 5 1 1 2 4 2 5 2 2 1

簟（18画）

丿一丶丿一丶一丨乛丨丨一丨乛一一一丨

3 1 4 3 1 4 1 2 5 2 2 1 2 5 1 1 1 2

簪（18画）

丿一丶丿一丶一乛丿乛一乛丿乛丨乛一一

3 1 4 3 1 4 1 5 3 5 1 5 3 5 2 5 1 1

簦（18画）

丿一丶丿一丶乛丶丿丿丶一丨乛一丶丿一

3 1 4 3 1 4 5 4 3 3 4 1 2 5 1 4 3 1

鼫（18画）

丿丨一乛一一乛丶丶乛丶丶乛一丿丨乛一

3 2 1 5 1 1 5 4 4 5 4 4 5 1 3 2 5 1

鼬（18画）

丿丨一乛一一乛丶丶乛丶丶乛丨乛一丨一

3 2 1 5 1 1 5 4 4 5 4 4 5 2 5 1 2 1

鼩（18画）

丿丨一乛一一乛丶丶乛丶丶乛丿乛丨乛一

3 2 1 5 1 1 5 4 4 5 4 4 5 3 5 2 5 1

雠（18画）

丿丨丶一一一丨一丶乛丿丨丶一一一丨一

3 2 4 1 1 1 2 1 4 5 3 2 4 1 1 1 2 1

艟（18画）

丿丿乛丶一丶丶一丶丿一丨乛一一丨一一

3 3 5 4 1 4 4 1 4 3 1 2 5 1 1 2 1 1

翻（18画）

丿丶丿一丨丿丶丨乛一丨一乛丶一乛丶一

3 4 3 1 2 3 4 2 5 1 2 1 5 4 1 5 4 1

臑（18画）

丿乛一一一丶乛丨丶丶丶丶一丿丨乛丨丨

3 5 1 1 1 4 5 2 4 4 4 4 1 3 2 5 2 2

鳍（18画）

丿乛丨乛一丨一一一丨一丿丿乛丨乛一一

3 5 2 5 1 2 1 1 1 2 1 3 3 5 2 5 1 1

鳎（18画）

丿乛丨乛一丨一一丨乛一一乛丶一乛丶一

3 5 2 5 1 2 1 1 2 5 1 1 5 4 1 5 4 1

鳏（18画）

丿乛丨乛一丨一一丨乛丨丨一丨丿丿丶丶

3 5 2 5 1 2 1 1 2 5 2 2 1 2 3 3 4 4

鳐（18画）

丿乛丨乛一丨一一丿丶丶丿丿一一丨乛丨

3 5 2 5 1 2 1 1 3 4 4 3 3 1 1 2 5 2

鳑（18画）

丿乛丨乛一丨一一丶一丶丿丶乛丶一乛丿

3 5 2 5 1 2 1 1 4 1 4 3 4 5 4 1 5 3

鹱（18画）

丿乛丶乛一一丨丨丿丨丶一一一丨一乛丶

3 5 4 5 1 1 2 2 3 2 4 1 1 1 2 1 5 4

鹰（18画）

丶一丿丿丨丿丨丶一一一丨
4 1 3 3 2 3 2 4 1 1 1 2
一丿乛丶乛一
1 3 5 4 5 1

癞（18画）

丶一丿丶一一丨乛一丨丿丶
4 1 3 4 1 1 2 5 1 2 3 4
丿乛丨乛丿丶
3 5 2 5 3 4

癔（18画）

丶一丿丶一丶一丶丿一丨乛
4 1 3 4 1 4 1 4 3 1 2 5
一一丶乛丶丶
1 1 4 5 4 4

癜（18画）

丶一丿丶一乛一丿一丨丨一
4 1 3 4 1 5 1 3 1 2 2 1
丿丶丿乛乛丶
3 4 3 5 5 4

癖（18画）

丶一丿丶一乛一丿丨乛一丶
4 1 3 4 1 5 1 3 2 5 1 4
一丶丿一一丨
1 4 3 1 1 2

糨（18画）

丶丿一丨丿丶乛一乛丨乛一
4 3 1 2 3 4 5 1 5 2 5 1
丨乛一丨一丶
2 5 1 2 1 4

冁（18画）

丶丿丨乛一一一丨乛一丿一
4 3 2 5 1 1 1 2 5 1 3 1
丨丨一乛丿丶
2 2 1 5 3 4

蹩（18画）

丶丿丨乛丨丿丶丿一丿丶丨
4 3 2 5 2 3 4 3 1 3 4 2
乛一丨一丿丶
5 1 2 1 3 4

瀑（18画）

丶丶一丨乛一一一丨丨一丿
4 4 1 2 5 1 1 1 2 2 1 3
丶丨丶一丿丶
4 2 4 1 3 4

瀍（18画）

丶丶一丶一丿丨乛一一丨一
4 4 1 4 1 3 2 5 1 1 2 1
一丿丶一丨一
1 3 4 1 2 1

漉（18画）

丶 冫 氵 氵丶 氵一 氵广 沪 沪 沪 沪 沪 沪
丶丶一丶一丿𠃍丨丨一一𠃍
4 4 1 4 1 3 5 2 2 1 1 5
沪 漉 漉 漉 漉 漉
丿𠃍丶丶丶丶
3 5 4 4 4 4

鎏（18画）

丶 冫 氵 氵丶 氵一 汸 泫 浐 流 流 流 流
丶丶一丶一𠃍丶丿丨𠃍丿丶
4 4 1 4 1 5 4 3 2 5 3 4
流 流 鎏 鎏 鎏 鎏
一一丨丶丿一
1 1 2 4 3 1

懵（18画）

丶 丷 忄 忄一 忄十 忄艹 忄艹 忄苎 忄苎 忄苎 忄苎 忄苎
丶丶丨一丨丨丨𠃍丨丨一丶
4 4 2 1 2 2 2 5 2 2 1 4
懵 懵 懵 懵 懵 懵
𠃍丨𠃍一一一
5 2 5 1 1 1

襟（18画）

丶 ⺈ 礻 礻 礻 衤 衤 衤 衤 衤 袜 袜
丶𠃍丨丿丶一丨丿丶一丨丿
4 5 2 3 4 1 2 3 4 1 2 3
襟 襟 襟 襟 襟 襟
丶一一丨丿丶
4 1 1 2 3 4

璧（18画）

𠃍 コ 尸 尸 吕 吕 居 居 居 居 辟 辟
𠃍一丿丨𠃍一丶一丶丿一一
5 1 3 2 5 1 4 1 4 3 1 1
辟 璧 璧 璧 璧 璧
丨一一丨一丶
2 1 1 2 1 4

戳（18画）

𠃍 习 习 羽 羽 羽 羽 翟 翟 翟 翟 翟
𠃍丶一𠃍丶一丿丨丶一一一
5 4 1 5 4 1 3 2 4 1 1 1
翟 翟 翟 戳 戳 戳
丨一一𠃍丿丶
2 1 1 5 3 4

彝（18画）

彑 彑 彑 彑 彑 彑 彑 彑 彑 彑 彑 彑
𠃍𠃍一丶丿一丨丿丶𠃍𠃍丶
5 5 1 4 3 1 2 3 4 5 5 4
彝 彝 彝 彝 彝 彝
丨丿丶一丿丨
2 3 4 1 3 2

邋（18画）

𠃋 巛 巛 巛 巤 巤 巤 巤 巤 巤 巤 巤
𠃍𠃍𠃍丨𠃍丿丶一𠃍丶丶𠃍
5 5 5 2 5 3 4 1 5 4 4 5
巤 巤 巤 邋 邋 邋
丶丶𠃍丶𠃍丶
4 4 5 4 5 4

鬏（19画）

一 厂 尸 巨 县 县 县 髟 髟 髟 髟 髟
一丨一一一𠃍丶丿丿丿丿一
1 2 1 1 1 5 4 3 3 3 3 1
鬏 鬏 鬏 鬏 鬏 鬏 鬏
丨丿丶丶丿丿丶
2 3 4 4 3 3 4

擢（19画）

一 丨 扌 扌 扌 扌 扌 扌 扌 扌 扌 扌
一丨一一丶𠃍丨丶丶丶丶丿
1 2 1 1 4 5 2 4 4 4 4 3
擢 擢 擢 擢 擢 擢 擢
丨丶一一一丨一
2 4 1 1 1 2 1

攒（19画）

一丨一丿一丨一丿乛丿一丨
1 2 1 3 1 2 1 3 5 3 1 2
一丿乛丨乛丿丶
1 3 5 2 5 3 4

耩（19画）

一丨丨一丨乛一一丨一一丨
1 2 2 1 2 5 1 1 2 1 1 2
丨一丨乛丨一一
2 1 2 5 2 1 1

鞲（19画）

一丨丨一丨乛一一丨一丨丨
1 2 2 1 2 5 1 1 2 1 2 2
一丿丨乛一一丨
1 3 2 5 1 1 2

藿（19画）

一丨丨一丶乛丨丶丶丶丶丿
1 2 2 1 4 5 2 4 4 4 4 3
丨丶一一一丨一
2 4 1 1 1 2 1

蘧（19画）

一丨丨丨一乛丿一乛一丿乛
1 2 2 2 1 5 3 1 5 1 3 5
丿丿丿丶丶乛丶
3 3 3 4 4 5 4

孽（19画）

一丨丨丿丨乛一乛一丶一丶
1 2 2 3 2 5 1 5 1 4 1 4
丿一一丨乛丨一
3 1 1 2 5 2 1

蘅（19画）

一丨丨丿丿丨丿乛丨乛一丨
1 2 2 3 3 2 3 5 2 5 1 2
一一丿丶一一丨
1 1 3 4 1 1 2

警（19画）

一丨丨丿乛丨乛一丿一丿丶
1 2 2 3 5 2 5 1 3 1 3 4
丶一一一丨乛一
4 1 1 1 2 5 1

蘑（19画）

一丨丨丶一丿一丨丿丶一丨
1 2 2 4 1 3 1 2 3 4 1 2
丿丶一丿丨乛一
3 4 1 3 2 5 1

藻（19画）

一丨丨丶丶一丨乛一丨乛一
1 2 2 4 4 1 2 5 1 2 5 1
丨乛一一丨丿丶
2 5 1 1 2 3 4

麓（19 画）

一丨丿丶一丨丿丶丶一丿乛

1 2 3 4 1 2 3 4 4 1 3 5

丨丨一一乛丿乛

2 2 1 1 5 3 5

攀（19 画）

一丨丿丶丿丶丿丶一丨丿丶

1 2 3 4 3 4 3 4 1 2 3 4

一丿丶丿一一丨

1 3 4 3 1 1 2

醭（19 画）

一丨乛丿乛一一丨丨丶丿一

1 2 5 3 5 1 1 2 2 4 3 1

丶丿一一一丿丶

4 3 1 1 1 3 4

醮（19 画）

一丨乛丿乛一一丿丨丶一一

1 2 5 3 5 1 1 3 2 4 1 1

一丨一丶丶丶丶

1 2 1 4 4 4 4

醯（19 画）

一丨乛丿乛一一丶一乛丶丿

1 2 5 3 5 1 1 4 1 5 4 3

丨乛丨乛丨丨一

2 5 2 5 2 2 1

礤（19 画）

一丿丨乛一一丨丨丿乛丶丶

1 3 2 5 1 1 2 2 3 5 4 4

乛丶一一丨丿丶

5 4 1 1 2 3 4

酃（19 画）

一丶乛丨丶丶丶丶丨乛一丨

1 4 5 2 4 4 4 4 2 5 1 2

乛一丨乛一乛丨

5 1 2 5 1 5 2

霪（19 画）

一丶乛丨丶丶丶丶丶丶一丿

1 4 5 2 4 4 4 4 4 4 1 3

丶丶丿丿一丨一

4 4 3 3 1 2 1

霭（19 画）

一丶乛丨丶丶丶丶丶乛丨乛

1 4 5 2 4 4 4 4 4 5 2 5

一一丿乛丿丶乛

1 1 3 5 3 4 5

黼（19 画）

丨丨丶丿一丶丿丨乛丨丿丶

2 2 4 3 1 4 3 2 5 2 3 4

一丨乛一一丨丶

1 2 5 1 1 2 4

曝（19画）

丨㇕一一丨㇕一一一丨丨一
2 5 1 1 2 5 1 1 1 2 2 1
丿丶丨丶一丿丶
3 4 2 4 1 3 4

嚯（19画）

丨㇕一一丶㇕丨丶丶丶丶丿
2 5 1 1 4 5 2 4 4 4 4 3
丨丶一一一丨一
2 4 1 1 1 2 1

蹰（19画）

丨㇕一丨一丨一一丿一丨㇕
2 5 1 2 1 2 1 1 3 1 2 5
一丶丿一一丨丶
1 4 3 1 1 2 4

蹶（19画）

丨㇕一丨一丨一一丿丶丿一
2 5 1 2 1 2 1 1 3 4 3 1
㇕丨丿丿㇕丿丶
5 2 3 3 5 3 4

蹽（19画）

丨㇕一丨一丨一一丿丶丶丿
2 5 1 2 1 2 1 1 3 4 4 3
丨㇕一一丨丿丶
2 5 1 1 2 3 4

蹼（19画）

丨㇕一丨一丨一丨丨丶丿一
2 5 1 2 1 2 1 2 2 4 3 1
丶丿一一一丿丶
4 3 1 1 1 3 4

蹯（19画）

丨㇕一丨一丨一丿丶丿一丨
2 5 1 2 1 2 1 3 4 3 1 2
丿丶丨㇕一丨一
3 4 2 5 1 2 1

蹴（19画）

丨㇕一丨一丨一丶一丨㇕一
2 5 1 2 1 2 1 4 1 2 5 1
丨丿丶一丿㇕丶
2 3 4 1 3 5 4

蹾（19画）

丨㇕一丨一丨一丶一丨㇕一
2 5 1 2 1 2 1 4 1 2 5 1
㇕丨一丿一丿丶
5 2 1 3 1 3 4

蹲（19画）

丨㇕一丨一丨一丶丿一丨㇕
2 5 1 2 1 2 1 4 3 1 2 5
丿㇕一一一丨丶
3 5 1 1 1 2 4

蹭（19画）

丨乛一丨一丨一丶丿丨乛丨
2 5 1 2 1 2 1 4 3 2 5 2
丶丿一丨乛一一
4 3 1 2 5 1 1

蹿（19画）

丨乛一丨一丨一丶丶乛丿丶
2 5 1 2 1 2 1 4 4 5 3 4
丨乛一丨乛一丨
2 5 1 2 5 1 2

蹬（19画）

丨乛一丨一丨一乛丶丿丿丶
2 5 1 2 1 2 1 5 4 3 3 4
一丨乛一丶丿一
1 2 5 1 4 3 1

蠖（19画）

丨乛一丨一丶一丨丨丿丨丶
2 5 1 2 1 4 1 2 2 3 2 4
一一一丨一乛丶
1 1 1 2 1 5 4

蠓（19画）

丨乛一丨一丶一丨丨丶乛一
2 5 1 2 1 4 1 2 2 4 5 1
一丿乛丿丿丿丶
1 3 5 3 3 3 4

蠋（19画）

丨乛一丨一丶丨乛丨丨一丿
2 5 1 2 1 4 2 5 2 2 1 3
乛丨乛一丨一丶
5 2 5 1 2 1 4

蟾（19画）

丨乛一丨一丶丿乛一丿丿丶
2 5 1 2 1 4 3 5 1 3 3 4
丶一一一丨乛一
4 1 1 1 2 5 1

蠊（19画）

丨乛一丨一丶丶一丿丶丿一
2 5 1 2 1 4 4 1 3 4 3 1
乛一一丨丨丿丶
5 1 1 2 2 3 4

巅（19画）

丨乛丨一丨丨乛一一一一丿
2 5 2 1 2 2 5 1 1 1 1 3
丶一丿丨乛丿丶
4 1 3 2 5 3 4

黪（19画）

丨乛丶丿一丨一一丶丶丶丶
2 5 4 3 1 2 1 1 4 4 4 4
乛丶丿丶丿乛丶
5 4 3 4 3 5 4

髋（19画）

丨乛乛丶乛丨乛一一丶丶乛
2 5 5 4 5 2 5 1 1 4 4 5
一丨丨丨乛丿乛
1 2 2 2 5 3 5

髌（19画）

丨乛乛丶乛丨乛一一丶丶乛
2 5 5 4 5 2 5 1 1 4 4 5
丿丨一丨一丿丶
3 2 1 2 1 3 4

镲（19画）

丿一一一乛丶丶乛丿乛丶丶
3 1 1 1 5 4 4 5 3 5 4 4
乛丶一一丨丿丶
5 4 1 1 2 3 4

籀（19画）

丿一丶丿一丶一丨一丿乛丶
3 1 4 3 1 4 1 2 1 3 5 4
乛丿丨乛一丨一
5 3 2 5 1 2 1

簸（19画）

丿一丶丿一丶一丨丨一一一
3 1 4 3 1 4 1 2 2 1 1 1
丿丶乛丿丨乛丶
3 4 5 3 2 5 4

籁（19画）

丿一丶丿一丶一丨乛一丨丿
3 1 4 3 1 4 1 2 5 1 2 3
丶丿乛丨乛丿丶
4 3 5 2 5 3 4

簿（19画）

丿一丶丿一丶丶丶一一丨乛
3 1 4 3 1 4 4 4 1 1 2 5
一一丨丶一丨丶
1 1 2 4 1 2 4

鳘（19画）

丿一乛乛丶一丶丿一丿丶丿
3 1 5 5 4 1 4 3 1 3 4 3
乛丨乛一丨一一
5 2 5 1 2 1 1

齁（19画）

丿丨乛一一一丨乛一丨一一
3 2 5 1 1 1 2 5 1 2 1 1
丿丨丿乛丨乛一
3 2 3 5 2 5 1

魑（19画）

丿丨乛一一丿乛乛丶丶一丿
3 2 5 1 1 3 5 5 4 4 1 3
丶乛丨丨乛乛丶
4 5 2 2 5 5 4

艨（19画）

㇒ ㇒ ㇆ 丶 一 丶 一 丨 丨 丶 ㇆ 一

3 3 5 4 1 4 1 2 2 4 5 1

一 ㇒ ㇆ ㇒ ㇒ ㇒ 丶

1 3 5 3 3 3 4

鼗（19画）

㇒ 丶 一 ㇆ ㇒ 丶 一 丨 一 丨 ㇆ 一

3 4 1 5 3 4 1 2 1 2 5 1

丶 ㇒ 一 一 丨 ㇆ 丶

4 3 1 1 2 5 4

鳓（19画）

㇒ ㇆ 丨 ㇆ 一 丨 一 一 一 丨 丨 一

3 5 2 5 1 2 1 1 1 2 2 1

丨 ㇆ 一 一 丨 ㇆ ㇒

2 5 1 1 2 5 3

鳔（19画）

㇒ ㇆ 丨 ㇆ 一 丨 一 一 一 丨 ㇆ 丨

3 5 2 5 1 2 1 1 1 2 5 2

丨 一 一 一 丨 ㇒ 丶

2 1 1 1 2 3 4

鳕（19画）

㇒ ㇆ 丨 ㇆ 一 丨 一 一 一 丶 ㇆ 丨

3 5 2 5 1 2 1 1 1 4 5 2

丶 丶 丶 丶 ㇆ 一 一

4 4 4 4 5 1 1

鳗（19画）

㇒ ㇆ 丨 ㇆ 一 丨 一 一 丨 ㇆ 一 一

3 5 2 5 1 2 1 1 2 5 1 1

丨 ㇆ 丨 丨 一 ㇆ 丶

2 5 2 2 1 5 4

鳙（19画）

㇒ ㇆ 丨 ㇆ 一 丨 一 一 丶 一 ㇒ ㇆

3 5 2 5 1 2 1 1 4 1 3 5

一 一 丨 ㇆ 一 一 丨

1 1 2 5 1 1 2

鳚（19画）

㇒ ㇆ 丨 ㇆ 一 丨 一 一 ㇆ 一 ㇒ 一

3 5 2 5 1 2 1 1 5 1 3 1

一 丨 ㇒ 丶 一 丨 丶

1 2 3 4 1 2 4

蟹（19画）

㇒ ㇆ ㇒ ㇆ 一 一 丨 ㇆ ㇒ ㇒ 一 一

3 5 3 5 1 1 2 5 3 3 1 1

丨 丨 ㇆ 一 丨 一 丶

2 2 5 1 2 1 4

颤（19画）

丶 一 丨 ㇆ 丨 ㇆ 一 一 丨 ㇆ 一 一

4 1 2 5 2 5 1 1 2 5 1 1

一 一 ㇒ 丨 ㇆ ㇒ 丶

1 1 3 2 5 3 4

靡（19画）

、一丿一丨丿丶一丨丿丶丨

4 1 3 1 2 3 4 1 2 3 4 2

一一一丨一一一

1 1 1 2 1 1 1

癖（19画）

、一丿、一丿𠃌丨𠃌一丨一

4 1 3 4 1 3 5 2 5 1 2 1

一、丿一一一丨

1 4 3 1 1 1 2

麒（19画）

、一丿𠃌丨丨一一𠃌一𠃌一

4 1 3 5 2 2 1 1 5 1 5 1

丨丨一一一丿、

2 2 1 1 1 3 4

麈（19画）

、一丿𠃌丨丨一一𠃌丿𠃌丿

4 1 3 5 2 2 1 1 5 3 5 3

、一一丨、丿一

4 1 1 2 4 3 1

瓣（19画）

、一、丿一一丿丿丿𠃌、、

4 1 4 3 1 1 3 3 3 5 4 4

、一、丿一一丨

4 1 4 3 1 1 2

蠃（19画）

、一𠃌丨𠃌一丿𠃌一一丨𠃌

4 1 5 2 5 1 3 5 1 1 2 5

一丨一、丿𠃌、

1 2 1 4 3 5 4

羸（19画）

、一𠃌丨𠃌一丿𠃌一一、丿

4 1 5 2 5 1 3 5 1 1 4 3

一一一丨丿𠃌、

1 1 1 2 3 5 4

羹（19画）

、丿一一丨一、、、、、丿

4 3 1 1 2 1 4 4 4 4 4 3

一一丨一一丿、

1 1 2 1 1 3 4

鳖（19画）

、丿丨𠃌丨丿、丿一丿、丿

4 3 2 5 2 3 4 3 1 3 4 3

𠃌丨𠃌一丨一一

5 2 5 1 2 1 1

爆（19画）

、丿丿、丨𠃌一一一丨丨一

4 3 3 4 2 5 1 1 1 2 2 1

丿、丨、一丿、

3 4 2 4 1 3 4

瀚（19画）

、、一一丨丨乛一一一丨丿

4 4 1 1 2 2 5 1 1 1 2 3

、乛、一乛、一

4 5 4 1 5 4 1

瀣（19画）

、、一丨一丿乛、乛、丨一

4 4 1 2 1 3 5 4 5 4 2 1

一一丨一一一一

1 1 2 1 1 1 1

瀛（19画）

、、一、一乛丨乛一丿乛一

4 4 1 4 1 5 2 5 1 3 5 1

一乛丿一丿乛、

1 5 3 1 3 5 4

襦（19画）

、乛丨丿、一、乛丨、、、

4 5 2 3 4 1 4 5 2 4 4 4

、一丿丨乛丨丨

4 1 3 2 5 2 2

谶（19画）

、乛丿、丿、一丨一一一丨

4 5 3 4 3 4 1 2 1 1 1 2

一一一一乛丿、

1 1 1 1 5 3 4

襞（19画）

乛一丿丨乛一、一、丿一一

5 1 3 2 5 1 4 1 4 3 1 1

丨、一丿乛丿、

2 4 1 3 5 3 4

疆（19画）

乛一乛一丨一一丨乛一丨一

5 1 5 1 2 1 1 2 5 1 2 1

一丨乛一丨一一

1 2 5 1 2 1 1

骥（19画）

乛乛一丨一一丿乛丨乛一丨

5 5 1 2 1 1 3 5 2 5 1 2

一一丨丨一丿、

1 1 2 2 1 3 4

缵（19画）

乛乛一丿一丨一丿乛丿一丨

5 5 1 3 1 2 1 3 5 3 1 2

一丿乛丨乛丿、

1 3 5 2 5 3 4

瓒（20画）

一一丨一丿一丨一丿乛丿一

1 1 2 1 3 1 2 1 3 5 3 1

丨一丿乛丨乛丿、

2 1 3 5 2 5 3 4

鬓（20 画）

一丨一一一乛丶丿丿丿丶丶
1 2 1 1 1 5 4 3 3 3 4 4
乛丿丨一丨一丿丶
5 3 2 1 2 1 3 4

壤（20 画）

一丨一丶一丨乛一丨乛一一
1 2 1 4 1 2 5 1 2 5 1 1
一丨丨一丿乛丿丶
1 2 2 1 3 5 3 4

攘（20 画）

一丨一丶一丨乛一丨乛一一
1 2 1 4 1 2 5 1 2 5 1 1
一丨丨一丿乛丿丶
1 2 2 1 3 5 3 4

馨（20 画）

一丨一乛丨一丿丿乛乛丶丿
1 2 1 5 2 1 3 3 5 5 4 3
一丨丿丶丨乛一一
1 2 3 4 2 5 1 1

蘩（20 画）

一丨丨丿一乛乛丶一丶丿一
1 2 2 3 1 5 5 4 1 4 3 1
丿丶乛乛丶丨丿丶
3 4 5 5 4 2 3 4

蘖（20 画）

一丨丨丿丨乛一乛一丶一丶
1 2 2 3 2 5 1 5 1 4 1 4
丿一一丨一丨丿丶
3 1 1 2 1 2 3 4

囊（20 画）

一丨丨丶一丨乛一丨乛一一
1 2 2 4 1 2 5 1 2 5 1 1
一丨丨一丿乛丿丶
1 2 2 1 3 5 3 4

醵（20 画）

一丨乛丿乛一一丨一乛丿一
1 2 5 3 5 1 1 2 1 5 3 1
乛一丿乛丿丿丿丶
5 1 3 5 3 3 3 4

醴（20 画）

一丨乛丿乛一一丨乛一丨丨
1 2 5 3 5 1 1 2 5 1 2 2
一一丨乛一丶丿一
1 1 2 5 1 4 3 1

霰（20 画）

一丶乛丨丶丶丶丶一丨丨一
1 4 5 2 4 4 4 4 1 2 2 1
丨乛一一丿一丿丶
2 5 1 1 3 1 3 4

顬（20画）

一丶乛丨丶丶丶丶一丿丨乛
1 4 5 2 4 4 4 4 1 3 2 5
丨丨一丿丨乛丿丶
2 2 1 3 2 5 3 4

酆（20画）

丨一一一丨一一一丨乛丨一
2 1 1 1 2 1 1 1 2 5 2 1
丨乛一丶丿一乛丨
2 5 1 4 3 1 5 2

耀（20画）

丨丶丿一丿乛乛丶一乛丶一
2 4 3 1 3 5 5 4 1 5 4 1
丿丨丶一一一丨一
3 2 4 1 1 1 2 1

矍（20画）

丨乛一一一丨乛一一一丿丨
2 5 1 1 1 2 5 1 1 1 3 2
丶一一一丨一乛丶
4 1 1 1 2 1 5 4

曦（20画）

丨乛一一丶丿一一丨一丿一
2 5 1 1 4 3 1 1 2 1 3 1
丨丿丶一乛乛丿丶
2 3 4 1 5 5 3 4

躁（20画）

丨乛一丨一丨一丨乛一丨乛
2 5 1 2 1 2 1 2 5 1 2 5
一丨乛一一丨丿丶
1 2 5 1 1 2 3 4

躅（20画）

丨乛一丨一丨一丨乛丨丨一
2 5 1 2 1 2 1 2 5 2 2 1
丿乛丨乛一丨一丶
3 5 2 5 1 2 1 4

蠕（20画）

丨乛一丨一丶一丶乛丨丶丶
2 5 1 2 1 4 1 4 5 2 4 4
丶丶一丿丨乛丨丨
4 4 1 3 2 5 2 2

鼍（20画）

丨乛一丨乛一丨乛一丨一一
2 5 1 2 5 1 2 5 1 2 1 1
丨乛一丨乛一一乛
2 5 1 2 5 1 1 5

嚼（20画）

丨乛一丿丶丶丿丨乛丨丨一
2 5 1 3 4 4 3 2 5 2 2 1
乛一一乛丶一丨丶
5 1 1 5 4 1 2 4

嚷（20画）

丨㇕一丶一丨㇕一丨㇕一一
2 5 1 4 1 2 5 1 2 5 1 1
一丨丨一丿㇕丿丶
1 2 2 1 3 5 3 4

巍（20画）

丨㇕丨丿一丨丿丶㇕丿一丿
2 5 2 3 1 2 3 4 5 3 1 3
丨㇕一一丿㇕㇕丶
2 5 1 1 3 5 5 4

巉（20画）

丨㇕丨丿㇕丨㇕一一㇕丿㇕
2 5 2 3 5 2 5 1 1 5 3 5
丿㇕丨㇕一丿㇕丶
3 5 2 5 1 3 5 4

黩（20画）

丨㇕丶丿一丨一一丶丶丶丶
2 5 4 3 1 2 1 1 4 4 4 4
一丨㇕丶丶一丿丶
1 2 5 4 4 1 3 4

黥（20画）

丨㇕丶丿一丨一一丶丶丶丶
2 5 4 3 1 2 1 1 4 4 4 4
丶一丨㇕一丨丿丶
4 1 2 5 1 2 3 4

镳（20画）

丿一一一㇕丶一丿㇕丨丨一
3 1 1 1 5 4 1 3 5 2 2 1
一㇕丿㇕丶丶丶丶
1 5 3 5 4 4 4 4

镴（20画）

丿一一一㇕㇕㇕㇕丨㇕丿丶
3 1 1 1 5 5 5 5 2 5 3 4
一㇕丶丶㇕丶丶㇕
1 5 4 4 5 4 4 5

黧（20画）

丿一丨丿丶丿㇕丿丨㇕丶丿
3 1 2 3 4 3 5 3 2 5 4 3
一丨一一丶丶丶丶
1 2 1 1 4 4 4 4

籍（20画）

丿一丶丿一丶一一一丨丿丶
3 1 4 3 1 4 1 1 1 2 3 4
一丨丨一丨㇕一一
1 2 2 1 2 5 1 1

纂（20画）

丿一丶丿一丶丨㇕一一一一
3 1 4 3 1 4 2 5 1 1 1 1
丿丶㇕㇕丶丨丿丶
3 4 5 5 4 2 3 4

鼯（20画）

ノ丨一乛一一乛丶丶乛丶丶
3 2 1 5 1 1 5 4 4 5 4 4
乛一丨乛一丨乛一
5 1 2 5 1 2 5 1

雠（20画）

ノ丨丶一一一丨一ノ丨丶一
3 2 4 1 1 1 2 1 3 2 4 1
一一丨一ノ一一丨
1 1 2 1 3 1 1 2

臜（20画）

ノ乛一一ノ一丨一ノ乛ノ一
3 5 1 1 3 1 2 1 3 5 3 1
丨一ノ乛丨乛ノ丶
2 1 3 5 2 5 3 4

鳜（20画）

ノ乛丨乛一丨一一一ノ丶ノ
3 5 2 5 1 2 1 1 1 3 4 3
一乛丨ノノ乛ノ丶
1 5 2 3 3 5 3 4

鳝（20画）

ノ乛丨乛一丨一一丶ノ一一
3 5 2 5 1 2 1 1 4 3 1 1
一丨丶ノ一丨乛一
1 2 4 3 1 2 5 1

鳞（20画）

ノ乛丨乛一丨一一丶ノ一丨
3 5 2 5 1 2 1 1 4 3 1 2
ノ丶ノ乛丶一乛丨
3 4 3 5 4 1 5 2

鳟（20画）

ノ乛丨乛一丨一一丶ノ一丨
3 5 2 5 1 2 1 1 4 3 1 2
乛ノ乛一一一丨丶
5 3 5 1 1 1 2 4

獾（20画）

ノ乛ノ一丨丨丨乛一丨乛一
3 5 3 1 2 2 2 5 1 2 5 1
ノ丨丶一一一丨一
3 2 4 1 1 1 2 1

魔（20画）

丶一ノ一丨ノ丶一丨ノ丶ノ
4 1 3 1 2 3 4 1 2 3 4 3
丨乛一一ノ乛乛丶
2 5 1 1 3 5 5 4

糯（20画）

丶ノ一丨ノ丶一丶乛丨丶丶
4 3 1 2 3 4 1 4 5 2 4 4
丶丶一ノ丨乛丨丨
4 4 1 3 2 5 2 2

灌（20画）

丶丶一一丨丨丨乛一丨乛一丿丨丶一一一丨一

4 4 1 1 2 2 2 5 1 2 5 1 3 2 4 1 1 1 2 1

瀹（20画）

丶丶一丿丶一丨乛一丨乛一丨乛一丨乛一丨丨

4 4 1 3 4 1 2 5 1 2 5 1 2 5 1 2 5 1 2 2

瀵（20画）

丶丶一丶丿一丨丿丶丨乛一丨一一丨丨一丿丶

4 4 1 4 3 1 2 3 4 2 5 1 2 1 1 2 2 1 3 4

譬（20画）

乛一丿丨乛一丶一丶丿一一丨丶一一一丨乛一

5 1 3 2 5 1 4 1 4 3 1 1 2 4 1 1 1 2 5 1

孀（20画）

乛丿一一丶乛丨丶丶丶丶一丨丿丶丨乛一一一

5 3 1 1 4 5 2 4 4 4 4 1 2 3 4 2 5 1 1 1

骧（20画）

乛乛一丶一丨乛一丨乛一一一丨丨一丿乛丿丶

5 5 1 4 1 2 5 1 2 5 1 1 1 2 2 1 3 5 3 4

穰（21画）

一一一丨丿丶一丿丨乛一一丶乛丶乛丶丶丿乛丶

1 1 1 2 3 4 1 3 2 5 1 1 4 5 4 5 4 4 3 5 4

蠢（21画）

一一一丿丶丨乛一一丨乛一丨一丶丨乛一丨一丶

1 1 1 3 4 2 5 1 1 2 5 1 2 1 4 2 5 1 2 1 4

瓘（21画）

一一丨一一丨丨丨乛一丨乛一丿丨丶一一一丨一

1 1 2 1 1 2 2 2 5 1 2 5 1 3 2 4 1 1 1 2 1

鼙（21画）

一丨一丨乛一丶丿一一丨乛丶丿丨乛一一丿一丨

1 2 1 2 5 1 4 3 1 1 2 5 4 3 2 5 1 1 3 1 2

醺（21画）

一丨乛丿乛一一丿一丨乛丶

1 2 5 3 5 1 1 3 1 2 5 4

丿一丨一一丶丶丶丶

3 1 2 1 1 4 4 4 4

礴（21画）

一丿丨乛一一丨丨丶丶一一

1 3 2 5 1 1 2 2 4 4 1 1

丨乛一一丨丶一丨丶

2 5 1 1 2 4 1 2 4

礳（21画）

一丿丨乛一丶一丿一丨丿丶

1 3 2 5 1 4 1 3 1 2 3 4

一丨丿丶一丿丨乛一

1 2 3 4 1 3 2 5 1

霸（21画）

一丶乛丨丶丶丶丶一丨丨一

1 4 5 2 4 4 4 4 1 2 2 1

丨乛一一丨丿乛一一

2 5 1 1 2 3 5 1 1

露（21画）

一丶乛丨丶丶丶丶丨乛一丨

1 4 5 2 4 4 4 4 2 5 1 2

一丨一丿乛丶丨乛一

1 2 1 3 5 4 2 5 1

霹（21画）

一丶乛丨丶丶丶丶乛一丿丨

1 4 5 2 4 4 4 4 5 1 3 2

乛一丶一丶丿一一丨

5 1 4 1 4 3 1 1 2

颦（21画）

丨一丨一丨丿丿一丿丨乛丿

2 1 2 1 2 3 3 1 3 2 5 3

丶丿丨乛一一丿一丨

4 3 2 5 1 1 3 1 2

曩（21画）

丨乛一一丶一丨乛一丨乛一

2 5 1 1 4 1 2 5 1 2 5 1

一一丨丨一丿乛丿丶

1 1 2 2 1 3 5 3 4

躏（21画）

丨乛一丨一丨一一丨丨丶丨

2 5 1 2 1 2 1 1 2 2 4 2

乛丿丨丶一一一丨一

5 3 2 4 1 1 1 2 1

黯（21画）

丨乛丶丿一丨一一丶丶丶丶

2 5 4 3 1 2 1 1 4 4 4 4

丶一丶丿一丨乛一一

4 1 4 3 1 2 5 1 1

髓（21画）

丨乛乛丶乛丨乛一一一丿一

2 5 5 4 5 2 5 1 1 1 3 1

丨一丨乛一一丶乛丶

2 1 2 5 1 1 4 5 4

鼱（21画）

丿丨一乛一一乛丶丶乛丶丶

3 2 1 5 1 1 5 4 4 5 4 4

乛一一丨一丨乛一一

5 1 1 2 1 2 5 1 1

鳡（21画）

丿乛丨乛一丨一一一丿一丨

3 5 2 5 1 2 1 1 1 3 1 2

乛一乛丿丶丶乛丶丶

5 1 5 3 4 4 5 4 4

鳢（21画）

丿乛丨乛一丨一一丨乛一丨

3 5 2 5 1 2 1 1 2 5 1 2

丨一一丨乛一丶丿一

2 1 1 2 5 1 4 3 1

癫（21画）

丶一丿丶一一丨丨乛一一一

4 1 3 4 1 1 2 2 5 1 1 1

一丿丶一丿丨乛丿丶

1 3 4 1 3 2 5 3 4

麝（21画）

丶一丿乛丨丨一一乛丿乛丿

4 1 3 5 2 2 1 1 5 3 5 3

丨乛一一一丿一丨丶

2 5 1 1 1 3 1 2 4

赣（21画）

丶一丶丿一丨乛一一一丨丿

4 1 4 3 1 2 5 1 1 1 2 3

乛丶一丨一丨乛丿丶

5 4 1 2 1 2 5 3 4

夔（21画）

丶丿一丿丨乛一一一丨一丨

4 3 1 3 2 5 1 1 1 2 1 2

一乛一乛丿丶丿乛丶

1 5 1 5 3 4 3 5 4

爝（21画）

丶丿丿丶丿丶丶丿丨乛丨丨

4 3 3 4 3 4 4 3 2 5 2 2

一乛一一乛丶一丨丶

1 5 1 1 5 4 1 2 4

灏（21画）

丶丶一丨乛一一丶一丨乛一

4 4 1 2 5 1 1 4 1 2 5 1

丨丿丶一丿丨乛丿丶

2 3 4 1 3 2 5 3 4

襛（21画）

丶乛丨丶丶一丨乛一丨乛一 一一丨丨一丿乛丿丶

4 5 2 4 4 1 2 5 1 2 5 1 1 1 2 2 1 3 5 3 4

鐾（21画）

乛一丿丨乛一丶一丶丿一一 丨丿丶一一丨丶丿一

5 1 3 2 5 1 4 1 4 3 1 1 2 3 4 1 1 2 4 3 1

羼（21画）

乛一丿丶丿一一一丨丶丿一 一一丿丶丿一一一丨

5 1 3 4 3 1 1 1 2 4 3 1 1 1 3 4 3 1 1 1 2

蠡（21画）

乛乛一丿乛丿丿丿丶丨乛一 丨一丶丨乛一丨一丶

5 5 1 3 5 3 3 3 4 2 5 1 2 1 4 2 5 1 2 1 4

耲（22画）

一一一丨丿丶丶一丨乛丨丨 一丨丶一丿丶丿乛丿丶

1 1 1 2 3 4 4 1 2 5 2 2 1 2 4 1 3 4 3 5 3 4

耱（22画）

一一一丨丿丶丶一丿一丨丿 丶一丨丿丶一丿丨乛一

1 1 1 2 3 4 4 1 3 1 2 3 4 1 2 3 4 1 3 2 5 1

懿（22画）

一丨一丶乛一丨乛一丶丿一 丶一丿乛丿丶丶乛丶丶

1 2 1 4 5 1 2 5 1 4 3 1 4 1 3 5 3 4 4 5 4 4

韂（22画）

一丨丨一丨乛一一丨丿乛一 丿丿丶丶一一一丨乛一

1 2 2 1 2 5 1 1 2 3 5 1 3 3 4 4 1 1 1 2 5 1

蘸（22画）

一丨丨一丨乛丿乛一一丿丨 丶一一一丨一丶丶丶丶

1 2 2 1 2 5 3 5 1 1 3 2 4 1 1 1 2 1 4 4 4 4

鹳（22画）

一丨丨丨乛一丨乛一丿丨丶 一一一丨一丿乛丶乛一

1 2 2 2 5 1 2 5 1 3 2 4 1 1 1 2 1 3 5 4 5 1

蘖（22画）

一丨丨丿丨乛一乛一丶一丶

1 2 2 3 2 5 1 5 1 4 1 4

丿一一丨丶丿一丨丿丶

3 1 1 2 4 3 1 2 3 4

蘼（22画）

一丨丨丶一丿一丨丿丶一丨

1 2 2 4 1 3 1 2 3 4 1 2

丿丶丨一一一丨一一一

3 4 2 1 1 1 2 1 1 1

囊（22画）

一丨乛一丨丶乛丨乛一丨乛

1 2 5 1 2 4 5 2 5 1 2 5

一一一丨丨一丿乛丿丶

1 1 1 2 2 1 3 5 3 4

霾（22画）

一丶乛丨丶丶丶丶丿丶丶丿

1 4 5 2 4 4 4 4 3 4 4 3

乛丿丿丨乛一一丨一一

5 3 3 2 5 1 1 2 1 1

氍（22画）

丨乛一一一丨乛一一一丿丨

2 5 1 1 1 2 5 1 1 1 3 2

丶一一一丨一丿一一乛

4 1 1 1 2 1 3 1 1 5

饕（22画）

丨乛一一乛丨一乛丿一乛丿

2 5 1 1 5 2 1 5 3 1 5 3

乛丿丶丶乛一一乛丿丶

5 3 4 4 5 1 1 5 3 4

躔（22画）

丨乛一丨一丨一丶一丿丨乛

2 5 1 2 1 2 1 4 1 3 2 5

一一丨一一丿丶一丨一

1 1 2 1 1 3 4 1 2 1

躐（22画）

丨乛一丨一丨一乛乛乛丨乛

2 5 1 2 1 2 1 5 5 5 2 5

丿丶一乛丶丶乛丶丶乛

3 4 1 5 4 4 5 4 4 5

髑（22画）

丨乛乛丶乛丨乛一一丨乛丨

2 5 5 4 5 2 5 1 1 2 5 2

丨一丿乛丨乛一丨一丶

2 1 3 5 2 5 1 2 1 4

镵（22画）

丿一一一乛丿乛丨乛一一乛

3 1 1 1 5 3 5 2 5 1 1 5

丿乛丿乛丨乛一丿乛丶

3 5 3 5 2 5 1 3 5 4

镶（22画）

丿一一一乛丶一丨乛一丨乛
3 1 1 1 5 4 1 2 5 1 2 5
一一一丨丨一丿乛丿丶
1 1 1 2 2 1 3 5 3 4

穰（22画）

丿一丨丿丶丶一丨乛一丨乛
3 1 2 3 4 4 1 2 5 1 2 5
一一一丨丨一丿乛丿丶
1 1 1 2 2 1 3 5 3 4

鳤（22画）

丿乛丨乛一丨一一丿一丶丿
3 5 2 5 1 2 1 1 3 1 4 3
一丶丶丶乛丨乛一乛一
1 4 4 4 5 2 5 1 5 1

瓤（22画）

丶一丨乛一丨乛一一一丨丨
4 1 2 5 1 2 5 1 1 1 2 2
一丿乛丿丶丿丿乛丶丶
1 3 5 3 4 3 3 5 4 4

饔（22画）

丶一乛乛丿丿丨丶一一一丨
4 1 5 5 3 3 2 4 1 1 1 2
一丿丶丶乛一一乛丿丶
1 3 4 4 5 1 1 5 3 4

鬻（22画）

乛一乛丶丿一丨丿丶乛一乛
5 1 5 4 3 1 2 3 4 5 1 5
一丨乛一丨乛丶丿一丨
1 2 5 1 2 5 4 3 1 2

鬟（23画）

一丨一一一乛丶丿丿丿丨乛
1 2 1 1 1 5 4 3 3 3 2 5
丨丨一一丨乛一丿乛丿丶
2 2 1 1 2 5 1 3 5 3 4

趱（23画）

一丨一丨一丿丶丿一丨一丿
1 2 1 2 1 3 4 3 1 2 1 3
乛丿一丨一丿乛丨乛丿丶
5 3 1 2 1 3 5 2 5 3 4

攫（23画）

一丨一丨乛一一一丨乛一一
1 2 1 2 5 1 1 1 2 5 1 1
一丿丨丶一一一丨一乛丶
1 3 2 4 1 1 1 2 1 5 4

攮（23画）

一丨一丿一丶丿一丶丨乛一
1 2 1 3 1 4 3 1 4 2 5 1
一一一丿丶乛乛丶丨丿丶
1 1 1 3 4 5 5 4 2 3 4

颧（23画）

一丨丨丨乛一丨乛一丿丨丶
1 2 2 2 5 1 2 5 1 3 2 4
一一一丨一一丿丨乛丿丶
1 1 1 2 1 1 3 2 5 3 4

躜（23画）

丨乛一丨一丨一丿一丨一丿
2 5 1 2 1 2 1 3 1 2 1 3
乛丿一丨一丿乛丨乛丿丶
5 3 1 2 1 3 5 2 5 3 4

罐（23画）

丿一一丨乛丨一丨丨丨乛一
3 1 1 2 5 2 1 2 2 2 5 1
丨乛一丿丨丶一一一丨一
2 5 1 3 2 4 1 1 1 2 1

鼹（23画）

丿丨一乛一一乛丶丶乛丶丶
3 2 1 5 1 1 5 4 4 5 4 4
乛丨乛一一丶丶乛乛丿一
5 2 5 1 1 4 4 5 5 3 1

鼷（23画）

丿丨一乛一一乛丶丶乛丶丶
3 2 1 5 1 1 5 4 4 5 4 4
乛丿丶丶丿乛乛丶一丿丶
5 3 4 4 3 5 5 4 1 3 4

癯（23画）

丶一丿丶一丨乛一一一丨乛
4 1 3 4 1 2 5 1 1 1 2 5
一一一丿丨丶一一一丨一
1 1 1 3 2 4 1 1 1 2 1

麟（23画）

丶一丿乛丨丨一一乛一乛丶
4 1 3 5 2 2 1 1 5 1 5 4
丿一丨丿丶丿乛丶一乛丨
3 1 2 3 4 3 5 4 1 5 2

蠲（23画）

丶丿一丿丶丨乛丨丨一丨乛
4 3 1 3 4 2 5 2 2 1 2 5
丨丨一丿乛丨乛一丨一丶
2 2 1 3 5 2 5 1 2 1 4

矗（24画）

一丨丨乛一一一一一丨丨乛
1 2 2 5 1 1 1 1 1 2 2 5
一一一一一丨丨乛一一一一
1 1 1 1 1 2 2 5 1 1 1 1

蠹（24画）

一丨乛一丨丶乛一丿丨乛一
1 2 5 1 2 4 5 1 3 2 5 1
丨乛一丨一丶丨乛一丨一丶
2 5 1 2 1 4 2 5 1 2 1 4

醾（24画）

一丨乛丿乛一一丶一丿一丨
1 2 5 3 5 1 1 4 1 3 1 2
丿丶一丨丿丶丶丿一丨丿丶
3 4 1 2 3 4 4 3 1 2 3 4

躞（24画）

丨乛一丨一丨一丶一一一丨
2 5 1 2 1 2 1 4 1 1 1 2
乛一丶丿丿丶丶丿丿丶乛丶
5 1 4 3 3 4 4 3 3 4 5 4

衢（24画）

丿丿丨丨乛一一一丨乛一一
3 3 2 2 5 1 1 1 2 5 1 1
一丿丨丶一一一丨一一一丨
1 3 2 4 1 1 1 2 1 1 1 2

鑫（24画）

丿丶一一丨丶丿一丿丶一一
3 4 1 1 2 4 3 1 3 4 1 1
丨丶丿一丿丶一一丨丶丿一
2 4 3 1 3 4 1 1 2 4 3 1

灞（24画）

丶丶一一丶乛丨丶丶丶丶一
4 4 1 1 4 5 2 4 4 4 4 1
丨丨一丨乛一一丨丿乛一一
2 2 1 2 5 1 1 2 3 5 1 1

襻（24画）

丶乛丨丿丶一丨丿丶丿丶丿
4 5 2 3 4 1 2 3 4 3 4 3
丶一丨丿丶一丿丶丿一一丨
4 1 2 3 4 1 3 4 3 1 1 2

纛（25画）

一一丨一乛乛丶一丶丨乛一
1 1 2 1 5 5 4 1 4 2 5 1
一一一丨丿丶丿乛乛丶丨丿
1 1 1 2 3 4 3 5 5 4 2 3
丶
4

鬣（25画）

一丨一一一乛丶丿丿丿乛乛
1 2 1 1 1 5 4 3 3 3 5 5
乛丨乛丿丶一乛丶丶乛丶丶
5 2 5 3 4 1 5 4 4 5 4 4
乛
5

攮（25画）

一丨一一丨乛一丨丶乛丨乛
1 2 1 1 2 5 1 2 4 5 2 5
一丨乛一一一丨丨一丿乛丿
1 2 5 1 1 1 2 2 1 3 5 3

攮
丶
4

囔（25 画）
丨 乛 一 一 丨 乛 一 丨 丶 乛 丨 乛
2 5 1 1 2 5 1 2 4 5 2 5
一 丨 乛 一 一 一 丨 丨 一 丿 乛 丿
1 2 5 1 1 1 2 2 1 3 5 3
囔
丶
4

儴（25 画）
丿 乛 乛 一 丨 乛 一 丨 丶 乛 丨 乛
3 5 5 1 2 5 1 2 4 5 2 5
一 丨 乛 一 一 一 丨 丨 一 丿 乛 丿
1 2 5 1 1 1 2 2 1 3 5 3
儴
丶
4

戆（25 画）
丶 一 丶 丿 一 丨 乛 一 一 一 丨 丿
4 1 4 3 1 2 5 1 1 1 2 3
乛 丶 一 丨 一 丨 乛 丿 丶 丶 乛 丶
5 4 1 2 1 2 5 3 4 4 5 4
戆
丶
4

蠼（26 画）
丨 乛 一 丨 一 丶 丨 乛 一 一 一 丨
2 5 1 2 1 4 2 5 1 1 1 2
乛 一 一 一 丿 丨 丶 一 一 一 丨 一
5 1 1 1 3 2 4 1 1 1 2 1
蠼
乛 丶
5 4

爨（30 画）
丿 丨 一 一 丨 乛 一 丨 乛 一 乛 一
3 2 1 1 2 5 1 2 5 1 5 1
一 丶 乛 一 丨 丿 丶 一 丨 丿 丶 一
1 4 5 1 2 3 4 1 2 3 4 1
爨
丿 丶 丶 丿 丿 丶
3 4 4 3 3 4

齉（36 画）
丿 丨 乛 一 一 一 丨 乛 一 丨 一 一
3 2 5 1 1 1 2 5 1 2 1 1
丿 丨 一 丨 乛 一 丨 丶 乛 丨 乛 一
3 2 1 2 5 1 2 4 5 2 5 1
丨 乛 一 一 一 丨 丨 一 丿 乛 丿 丶
2 5 1 1 1 2 2 1 3 5 3 4

注：

①“车”用作偏旁“车”时，笔顺为一乛丨一。

②“牛”用作偏旁“牜”时，笔顺为丿一丨一。

③“雨”用作雨字头“⻗”（宋体）时，其中四个短横“一”仍视为点“丶”。